A História
do Rio de Janeiro

Armelle Enders

A História
do Rio de Janeiro

Tradução de Joana Angélica D'Ávila Melo

GRYPHUS

Rio de Janeiro

"*Histoire de Rio de Janeiro*" de Armelle Enders
World copyright © Librairie Arthème Fayard 2000

Editoração eletrônica
Rejane Megale Figueiredo

Revisão
Maria Helena da Silva

Copy desk
Herminia Maria Totti de Castro

Capa
Axel Sande – axel@gabinetedeartes.com.br

Adequado ao novo acordo ortográfico da língua portuguesa

1ª edição – 2002
2ª edição – 2008
3ª edição – 2015 – 3ª reimpressão 2025

CIP-Brasil. Catalogação-na-fonte.
Sindicato Nacional dos Editores de Livros, RJ.
....
E47h
3.ed.
        Enders, Armelle
           A História do Rio de Janeiro / Armelle Enders; tradução
      Joana Angélica d'Ávila Melo. 3. ed. – Rio de Janeiro: Gryphus, 2015.
      412 p. : il. ; 23 cm.

        Tradução de: Histoire de Rio de Janeiro
        Inclui bibliografia
        ISBN: 978-85-8311-030-9

      1. Rio de Janeiro (RJ) – História. I. Título.

14-18802   CDD 981.53
                                                                      CDD 94(815.3)
....
GRYPHUS
www.gryphus.com.br – e-mail: gryphus@gryphus.com.br
Rua Major Rubens Vaz, 456 – Gávea
Rio de Janeiro – RJ – 22470-070
Tel: (0XX21) 2533-2508 – Fax: (0XX21) 2533-2508

Sumário

Samba do avião 01

**I
Na órbita de Lisboa**

1. O RIO ANTES DO RIO.. 11

Uma entrada obscura na história ocidental, 11. - A terra dos tupinambás, 14. - O comércio do pau-brasil, 17. - Rio de Janeiro, ninho de corsários franceses, 22. - A França Antártica, 26. - A ofensiva portuguesa, 29.

2. UMA FORTALEZA NO ATLÂNTICO SUL.. 33

São Sebastião do Rio de Janeiro, uma fundação em etapas, 33. - Uma cidade portuguesa, 36. - Açúcar, aguardente e baleias, 39. - Índios, jesuítas e africanos, 42. - Sob o reinado de Salvador Correia de Sá e Benevides, 49.

3. DA PERIFERIA AO CENTRO 57

Os caminhos do ouro, 57. - Rio, cidade aberta, 58. - Devotos e devoções, 63. - A virada dos anos 1750, 69. - Um império que pende para o Sul, 72. - O Rio e os vice-reis, 76. - Da conjuração de Minas Gerais à utopia do "poderoso império", 81.

II
A fabricação de uma capital

4. AS REVOLUÇÕES DO RIO (1808-1822)... 89

O êxodo e o vice-reino, 90. - Um novo império no Novo Mundo, 93. - Dom João VI, rei do Brasil, 97. - E o Rio se torna a Corte, 102. - As Cortes contra a Corte, 106.

5. NOVAS REVOLUÇÕES (1822-1840) 111

"Digam ao povo que fico!", 111. - Da nação portuguesa à nação brasileira, 113. - O império ambíguo, 116. - "Pés de cabra" e "pés de chumbo", 120. - O império do Brasil segundo a Assembleia Geral, 125. - Nascimento da "Velha Província" e do Município Neutro, 129. - O ouro verde do vale do Paraíba, 132. - A maioridade antecipada do imperador, 135.

6. A ESCRAVIDÃO NO SEIO DA SOCIEDADE FLUMINENSE
(c. 1750 - 1850). 139

Os escravos em números, 141. - Fortunas negreiras, 145. - Do Valongo à senzala: percurso de escravo, 148. - Tráfico transatlântico e tráfico entre as províncias, 151. - Sair da escravidão, 153.

III
Da civilização à modernidade

7. CAPITAL IMPERIAL, DISTRITO FEDERAL 159

Rio de Janeiro, ateliê da renovação monárquica, 160. - A desforra póstuma dos tamoios, 164. - A preeminência do poder moderador,

SUMÁRIO

167. - O tempo dos "Voluntários da Pátria", 168. - A monarquia burguesa e as ideias novas, 170. - O longo caminho em direção ao 13 de maio de 1888, 175. - A proclamação da República, 179. - O Rio de Janeiro nas crises republicanas, 185.

8. RUA DO OUVIDOR 191

As cidades de D. Pedro, 194. - Da cidade à metrópole, 196. - Rio, terra prometida, 199. - As ambiguidades da capoeira, 203. - A "capital da febre amarela", 206.

9. AVENIDA CENTRAL 211

Francisco Pereira Passos, um procônsul no Rio, 211. - A Revolta da Chibata, 216. - Do remo ao futebol, 219. - As reviravoltas do carnaval e do samba, 221.

IV
O laboratório e a vitrine

10. SOB O SIGNO DE ZÉ CARIOCA 231

O ano de todas as turbulências: 1922, 232. - A conquista do Rio de Janeiro pelos gaúchos, 236. - O Cristo do Corcovado, 239. - A excessiva autonomia do Distrito Federal, 242. - Estado Novo, novo Rio, 246. - A oficialização das escolas de samba, 252. - O triunfo de Zé Carioca, 256. - Metamorfoses urbanas, 260. - Uma capital bipolarizada, 262. - Drama no Maracanã, 264. - Suicídio no Catete, 266. - O repúdio, 270. - "A voz do morro" e "Garota de Ipanema", 272.

11. POLÍTICA E FRUSTRAÇÕES 275

Carlos Lacerda, rei da Guanabara, 276. - A antecâmara do golpe de Estado, 279. - Uma sexta-feira 13 que durou dez anos, 286. - Uma cidade domada, 291. - O bastião do "socialismo moreno", 294. - O apogeu do sufrágio universal direto, 298.

12. "REI DE JANEIRO"..305

Aglomerados sub-normais, 321. - Rio, cidade perigosa, 324. - Guerra e paz?, 326. - Rio de Janeiro, rei do petróleo, 331. - Trabalhos olímpicos, 332. – "Avenida Brasil", 336.

Notas 327

Cronologia 359

Siglas 371

Bibliografia 373

Índice onomástico 385

Índice dos lugares 395

Quadro das ilustrações e dos mapas 401

Os mapas foram realizados por Études et Cartographie.
© Librairie Arthème Fayard, 2000.

Samba do avião

Minha alma canta
Vejo o Rio de Janeiro
Estou morrendo de saudade
Rio, teu mar, praias sem fim,
Rio, você foi feito pra mim
Dentro de mais um minuto
estaremos no Galeão

Samba do avião,
Antônio Carlos Jobim, 1968.

O viajante que chega hoje ao Rio de Janeiro por um voo de longo curso é privado do espetáculo que, desde o século XVI, se oferecia aos seus predecessores. Durante centenas de anos, a aproximação pelo mar propiciou relatos igualmente maravilhados frente à silhueta de gigante que desenham as montanhas ou as luzes da baía. Em contrapartida, os milhares de escravos que transitaram pelo porto do Rio devem ter experimentado sentimentos bem diversos. Para eles, essa costa era cheia de incertezas e ameaças.

Por não exercerem o mesmo fascínio, os bairros que separam o aeroporto Antônio Carlos Jobim do litoral ancoram o Rio de Janeiro na mais dura realidade e em sua história humana. Ao longe, se veem os cartões-postais familiares, a maciça bonomia do Pão de Açúcar, a estátua do Cristo coroando a insolente eminência do Corcovado, as favelas. Outros espetáculos chamam a atenção: as áreas militares do Galeão, a superfície enegrecida e nauseabunda das águas que contornam o fundo da baía, a triste cidade universitária relegada à ilha do Fundão,¹ os conjuntos de casas populares e as instalações portuárias degradadas. O deslumbramento fica para mais tarde.

Não seria correto enfatizar uma inevitável decadência contemporânea. Desde a fundação da cidade pelos portugueses, as crônicas e as correspondências da época sempre mesclaram o encantamento suscitado pela exuberância do lugar e o desagrado provocado por um serviço ineficiente de limpeza urbana e pelas condições sanitárias lamentáveis. No Rio de Janeiro, a ordem e a desordem parecem sempre caminhar juntas.

Quem segue do Galeão para o centro da cidade e a orla marítima, logo percebe que o Rio de Janeiro se organiza em torno do maciço da Tijuca, coberto de florestas. De um lado estende-se a Zona Norte, onde os vestígios do passado imperial se escondem por entre as fábricas, os armazéns, os bairros residenciais modestos, pobres ou paupérrimos. Do outro, os bairros da Zona Sul, nascidos nos séculos XIX e XX, veiculam a luxuosa mitologia da cidade: Flamengo, Botafogo, Copacabana, Ipanema, Leblon... A Zona Oeste, para onde se expande a urbanização, parece indicar os traços de um Rio futuro.

Parece impossível escapar ao ritmo binário das oposições e antíteses quando se evoca o Rio, espécie de capital contrastada do país dos contrastes, um verdadeiro achado para manual de geografia. Enquanto uma visita a São Paulo oferece apenas um exemplo de megalópole americana ou de novo país industrializado, uma fotografia do Rio é bem mais instrutiva. Nela se reconhecem facilmente a riqueza e a pobreza, a verticalidade dos morros e a platitude das acumulações sedimentares, a doçura das praias e a brutalidade das ruas, a mixórdia das favelas e a organização dos planos em ângulo reto, a natureza suntuosa e os estragos da poluição. O que mais impressiona no Rio de Janeiro não são os panoramas, mas seu cubismo social.

Essa é, sem dúvida, uma das múltiplas razões pelas quais o termo "carioca", isto é, "do Rio", se mantém no estrangeiro como um sinônimo fácil para "brasileiro". O Rio de Janeiro continua a fazer figura de capital simbólica do Brasil, apesar da expansão econômica e cultural de São Paulo e da transferência, em 1960, da sede dos poderes federais para Brasília. O antigo Distrito Federal partilha com um punhado de outras metrópoles a particularidade de possuir uma personalidade forte, de ocupar um lugar considerável na história de seu país, e de representá-lo, mesmo sendo uma cidade atípica. O Rio de Janeiro é o Brasil, ainda que dele se distinga profundamente.

Sua pretensão de encarnar uma espécie de brasilidade exemplar sempre foi contestada pelo resto do país. Essa representação se apoia no estatuto de capital que a cidade teve entre 1763 e 1960. Durante dois séculos, o Rio serviu de porta de entrada para os modelos de civilização importados da Europa, de cadinho onde os talentos vindos de todo o país se perceberam pertencentes a uma mesma nação, de lugar de discussão – às vezes conflituoso – entre o nacionalismo e o cosmopolitismo.

A propaganda turística reforça os preconceitos e priva o Rio de Janeiro de história. As "cidades históricas" situam-se na Bahia e em Minas Gerais. A tarefa de definir o Brasil de hoje é atribuída a Brasília e São Paulo. Os esplendores da natureza se fazem ver na Amazônia e no Pantanal. Não seria a capital destituída apenas uma grande cidade média, ou um balneário de inexpugnável vista?

Um passeio pelas ruas não permite recuar muito além do século XIX. Para achar o passado do Rio de Janeiro, é preciso fazer-se mais arqueólogo que historiador. Os topônimos indígenas são menos numerosos do que em São Paulo, mas a baía de Guanabara (braço de mar) e o bairro de Ipanema (água ruim) perenizam a presença dos antigos donos do lugar. Quanto ao resto, os sucessivos planos de urbanização prevaleceram sobre as construções do período colonial. Há poucos edifícios que lembrem o tempo em que o Rio de Janeiro abrigava o vice-rei, exportava para Lisboa o ouro e as pedras preciosas de Minas Gerais e era um dos maiores portos negreiros das Américas. Por ironia, as recentes e amplas reformas urbanas, que almejam sintonizar a velha capital com os tempos globais, trazem à luz vestígios da fortuna escravista do Rio de Janeiro: cais por onde desembarcavam escravos e arquiduquesas, ossadas de pretos novos e louças imperiais... O saudosismo contemporâneo recicla em patrimônio e memória a brutalidade da dominação e das exploração antigas.

Em meio a todas essas mudanças, o cenário natural parece intacto, e permite facilmente imaginar o Rio anterior à metropolização. Paul Claudel, diplomata e poeta famoso*, que dirigiu a legação francesa no Brasil de 1917 a 1918, escreveu em 1927 que "o Rio de Janeiro é a única cidade grande que eu conheço que não conseguiu banir a natureza. Aqui nos misturamos ao mar, à montanha, à floresta virgem que, de todas as partes, despenca dentro dos nossos jardins [...]. Os próprios bairros baixos, antes de alcançarem o oceano, ainda dançam e cavalgam sobre os morros que são os últimos movimentos da montanha. E de todos os lugares, do terraço dos hotéis, da janela dos salões, basta erguer a cabeça para ver toda a sorte de cimos e chifres bizarros envoltos pelo escuro manto da floresta, Tijuca, Gávea, Campo dos Antes, Corcovado e o Perfil de Luís XVI".[2]

Os "cimos" e "chifres bizarros" visíveis de toda parte, o verde que surge inopinadamente acima de um cruzamento movimentado, o gostinho salgado do ar – que às vezes lembra, no interior dos escritórios, dos ateliês e das bibliotecas, a presença do mar no fim da avenida – fazem esquecer o quanto essa "natureza" foi retocada. Em matéria de triunfo da natureza, o Rio de Janeiro denota antes a derrota do determinismo geográfico, a tal ponto a cidade é obra da adaptação permanente do meio natural às necessidades ou às exigências dos citadinos. Embora vários milhões de anos nos contemplem do alto do Pão de Açúcar, não se pode contar com a eternidade dos basaltos para compensar a ausência das velhas pedras que, até data muito recente, pagaram o preço da busca frenética por uma modernidade concebida inicialmente como urbana e arquitetônica.

Desde que os portugueses fundaram, em janeiro de 1565, a cidade de São Sebastião do Rio de Janeiro, as autoridades mandaram secar os pântanos, arrasar e escavar os morros, canalizar os cursos de água. Perfuraram-se túneis, retificaram-se costas, redesenharam-se praias, e o mar teve de recuar diante das atividades humanas. A superfície da baía de Guanabara, estimada em 468 km² no século XVI, reduz-se a 377 km² nos dias de hoje.[3] O maciço da Tijuca, que se orgulha de abrigar a maior floresta urbana do mundo, é obra de uma política de reflorestamento adotada no século XIX. A célebre praia de Ipanema já

---

* Paul Claudel (1868-1955) talvez seja mais conhecido no Brasil pela irmã, a escultora Camille Claudel (1864-1943)

teria desaparecido há muito tempo sob as ondas se não fosse regularmente reabastecida de areia, e a de Copacabana foi alargada.

O município do Rio de Janeiro cobre atualmente 1.171 dos 43.305 km² do estado homônimo, do qual é capital. E constitui o núcleo de uma região metropolitana que reúne dezessete municipalidades e três quartos dos habitantes do estado do Rio de Janeiro.[4]

Evidentemente, esses dados estatísticos não bastam para dar conta daquilo que o Rio de Janeiro tem de original em relação às grandes cidades do mundo. Se, no Brasil, a identidade nacional é um tema perpétuo de interrogação e debate, a existência de um espírito carioca individualizado não constitui dúvida para ninguém. Essa observação vale também para paulistas ou baianos. Assim, as "pequenas pátrias" parecem oferecer uma imagem e uma coerência mais palpáveis e menos polêmicas do que a grande.

A própria denominação dos habitantes da cidade do Rio de Janeiro, os cariocas, é fruto de uma série de oposições. Os índios tamoio batizam de "carioca", isto é, "casa de branco", a primeira construção de pedra que os portugueses edificam, em 1531, à beira do rio onde se abastecem, e esse curso de água, que desce da floresta da Tijuca, acaba por chamar-se Carioca. No século XVII, os portugueses instalados no Rio recorrem de bom grado a essa alcunha para designar seus compatriotas naturais do lugar e sublinhar-lhes a forte mestiçagem ameríndia. O substantivo e o adjetivo que se referem ao Rio de Janeiro e seus habitantes é fluminense, derivado de *flumen*, "rio" em latim. Fluminense e carioca – o qual, popularizando-se, perde sua conotação pejorativa – coexistem até o fim do século XIX. Em 1834, uma alteração da Constituição imperial faz da capital do Brasil o Município Neutro, ou Município da Corte, e a separa da província do Rio de Janeiro. Desde então, o metropolitano 'carioca' e o provinciano 'fluminense' seguem destinos separados, mas é somente a partir de 1889 que a distinção linguística se torna estrita.[5] As relações agridoces entre o carioca da cidade e o fluminense do campo alimentam as caricaturas recíprocas e contribuem para a afirmação identitária de um e de outro. A inclusão da cidade do Rio no estado do mesmo nome, em 1975, não eliminou as diferenças segundo as quais, como diz uma canção: "Carioca é carioca e fluminense é fluminense".[6]

Os clichês contemporâneos sobre os cariocas são numerosos e repetitivos. O *Jornal do Brasil*, diário cuja sede fica no Rio de Janeiro, homenageava esse "povo sexy, esperto, que não gosta de dias nublados nem de sinal fechado".[7] Nessa compilação exemplar da maneira como os cariocas são vistos e como se veem – incluindo-se a ironia e as tiradas de gíria –, cada palavra merece comentário: o culto do corpo, as praias, o jogo de cintura, uma tendência a não levar a lei a sério, a gozação, a autoironia, o clima de insegurança que leva os motoristas a não respeitar a sinalização. Os cariocas podem notar nessa frase alusões a autores que cantaram ou criticaram sua cidade.

Esse retrato-falado é mais marcado socialmente do que parece, pois faz das classes médias (as que redigem e leem o *Jornal do Brasil*) os cariocas típicos. A expressão é dificilmente traduzível em francês por *classes moyennes*, cujo espectro é muito mais estreito. No Brasil, as classes médias assemelham-se mais às *middle classes* anglossaxônicas, que englobam elementos pertencentes aos meios populares (*lower middle classes*) e avançam sobre as classes superiores (*upper middle classes*). As classes médias cariocas se confundem com o impulso tomado pela Zona Sul a partir da década de 1940. Copacabana e depois Ipanema tornam-se laboratório e vitrine de um modo de vida nascido do desenvolvimento econômico do Sudeste do país.

Contrariamente ao que sugerem os clichês, o carioca não saiu munido de um calção de banho e bola de futebol do rio que lhe deu o nome. Esses clichês são fruto de uma elaboração bastante recente. Até os anos 1920, os habitantes do Rio não eram particularmente reconhecidos como festeiros. No começo do século XIX, o inglês John Luccock até se espantava com o fato de serem eles bem pouco inclinados ao entusiasmo e às manifestações ruidosas.[8]

Se a mestiçagem está presente desde a fundação, sua valorização é muito mais tardia e nem sempre reflete a realidade social. A história do Rio de Janeiro confirma que nem os portugueses nem os brasileiros carregam em si um gene misterioso que os preservaria do racismo. A vitrine da mestiçagem e da "democracia racial" conheceu, e ainda conhece, discriminações de toda natureza baseadas na cor da pele. Não se pode negar, contudo, que a antiga capital do

Brasil foi de fato o cadinho de uma nação mestiça, da qual continua a ser a porta-bandeira internacional.

As páginas que se seguem concernem ao Rio de Janeiro, e não pretendem se estender a outras regiões do Brasil, muito menos ao país inteiro. Em vários domínios, como a escravidão, a imigração, a industrialização, as relações com o Estado federal, o Rio de Janeiro apresenta uma trajetória singular e se distingue especialmente de São Paulo.

Esta biografia do Rio de Janeiro foi escrita entre 1999 e 2000 para uma editora francesa e se destinava, assim, a um público estrangeiro. A versão brasileira, publicada pela Gryphus Editora em 2002, confirmou o ditado que "santo de casa não faz milagre" e o livro encontrou mais leitores cariocas do que gringos. É portanto àqueles que se volta prioritariamente esta edição revisada e atualizada.

Em quinze anos, a cidade e seus habitantes mudaram muito, mesmo considerando este curto espaço de tempo à luz dos 450 anos transcorridos desde a fundação da Vila de São Sebastião do Rio de Janeiro. A historiadora, cuja profissão consiste, dentre outras atribuições, em observar as mutações através do tempo, está desorientada diante da atualidade, onde as lentas transformações estruturais se fundem e se perdem na espuma dos dias. Tratar do presente é, por conseguinte, um saudável exercício de humildade e reforça a natureza provisória e parcial dos trabalhos afetos às ciências humanas.

Na vida de uma mulher, quinze anos pesam com toda a sua força, de experiências, alegrias e perdas. Muitos daqueles que me acompanharam pelas peregrinações cariocas ainda no século passado, já se foram. O último capítulo, que relata o que o Rio de Janeiro se tornou depois que se foram, lhes é integralmente dedicado. O conjunto desta nova edição, por outro lado, celebra os vivos, todos aqueles que fazem desta Cidade a minha, e enriquecem, a cada temporada, a minha geografia sentimental. E para não esquecer ninguém, registrarei os topônimos cariocas e fluminenses como testemunho de meu afeto. Os interessados, em sua maioria nascidos nos quatro cantos do Brasil e do mundo, e não na Cidade Maravilhosa, saberão se reconhecer.

Ruas Alice, Felipe de Oliveira, Mauriti Santos, Paissandu, Cesário Alvim, General Ribeiro da Costa, das Laranjeiras, Jornalista Orlando Dantas, Taylor, Praça São Salvador, Largo do Machado, Largo de São Francisco, praia de Botafogo, mureta da Urca, campus Francisco Negrão de Lima, estrada da fazenda Santana, Lídice, Rio Claro... Salve!

I

Na Órbita de Lisboa

Procissão marítima diante do hospital dos Lázaros.
Leandro Joaquim, fim do século XVIII.

1. O Rio antes do Rio

Uma entrada obscura na história ocidental

As circunstâncias precisas da chegada dos portugueses à baía do Rio são pouco conhecidas. Conforme opinião disseminada desde o século XVI,[1] o primeiro grande historiador brasileiro, Francisco Adolfo Varnhagen (1816-1878), atribui a descoberta e o batismo do lugar ao navegador Gonçalo Coelho, em 1º de janeiro de 1502. Essa cronologia foi contestada, mas ainda prevalece, embora muitos fatos a tornem incerta: os mapas não mencionam nenhum "Rio de Janeiro" antes do atlas de Lopo Homem de 1519, e os marinheiros falavam da baía de Santa Luzia ou da baía dos Inocentes até os anos 1520.[2]

Essas origens obscuras demonstram o pouco interesse que, nos primórdios do século XVI, a costa da América do Sul e a baía que as populações indígenas chamavam de Guanabara despertavam nos portugueses. Era a Ásia que lhes chamava toda a atenção.

Desde o reinado de D. João II (1481-1495), os portugueses procuram estabelecer, contornando a África, uma ligação direta com a península indiana e o Extremo Oriente. Quanto aos espanhóis, estes exploram o Atlântico seguindo em direção ao oeste e chegam à América. Em 1494, mediante o tratado de Tordesilhas, os dois reinos ibéricos partilham as terras que descobriram e as que viessem a ser descobertas. Em virtude desse tratado, eles definem seus respectivos domínios de um lado e de outro de uma linha meridiana fixada

A frota de Cabral.

pelos diplomatas em 370 léguas a oeste das ilhas de Cabo Verde, reservando-se os portugueses o mundo situado a leste da linha. Em 1498, Vasco da Gama conclui a obra esboçada por tantos navegadores. Alcança Calicute e, no ano seguinte, retorna triunfalmente a Lisboa. Animado por esse sucesso, o rei Manuel I envia em direção à Índia uma segunda frota, sob o comando de Pedro Álvares Cabral (1467-1520). O navegador parte em 9 de março de 1500. A partir do arquipélago de Cabo Verde, segue as recomendações de seus predecessores e distancia-se do continente africano, pois o regime dos ventos do Atlântico Sul impede que as embarcações acompanhem facilmente a costa. Para atingir o cabo da Boa Esperança, os marinheiros se afastam muito em direção ao largo, e, uma vez transposto o equador, reatravessam o oceano de oeste para leste, na latitude da África austral.[3] Mas o desvio feito por Cabral é tão amplo que o leva, em 22 de abril de 1500, após uma jornada de 44 dias, a avistar uma terra a que chama "ilha de Vera Cruz". Ali faz uma curta escala antes de retomar sua navegação para a Índia.

Portanto, a chegada de Cabral ao Brasil não passa de um episódio marginal da conquista da Ásia pelos portugueses. Pelo menos, não há provas que confirmem a hipótese de que Cabral teria recebido instruções encarregando-o de tomar posse daquelas terras, cuja existência teria sido conhecida em Lisboa, mas mantida em segredo. O debate entre os que pensam que a descoberta do Brasil foi intencional e os que estimam ter sido ela fortuita dura desde o século XIX, e não parece prestes a se encerrar.

O primeiro contato oficial entre os portugueses e a costa meridional da América ocorreu no 17º grau de latitude sul, a mil quilômetros, ao norte do Rio de Janeiro, num ancoradouro a que Cabral deu o nome de Porto Seguro. O navegador logo despacha uma nau de sua armada para anunciar a descoberta a D. Manuel e levar-lhe a narrativa do escrivão de bordo, Pero Vaz de Caminha, que registrou as impressões dos portugueses diante daquele novo mundo e de seus estranhos habitantes.[4]

Em maio de 1501, o rei envia uma expedição, comandada provavelmente por Gonçalo Coelho, e da qual participa o navegador florentino Américo Vespúcio, para reconhecer o que passa a ser chamado "Terra de Santa Cruz". As caravelas acompanham a costa a partir do Rio Grande do Norte até a ilha de Cananeia, no litoral de São Paulo,[5] e possivelmente alcançam a entrada da baía de Guanabara em 1º de janeiro de 1502.

Não dispomos de nenhum texto comparável ao de Pero Vaz de Caminha para seguir os primeiros olhares que os portugueses pousaram sobre esse rio salgado, defendido do oceano por uma barra pouco favorável. Uma vez transposta a passagem de um quilômetro e meio que se abre ao pé de um cume rochoso em forma de pão de açúcar, o campo de visão abrange uma vasta baía, com largura de vinte quilômetros em certos pontos, e de onde emerge uma multidão de ilhotas. De cada lado, numerosas enseadas prometem bons ancoradouros. A margem oeste, onde se destaca um maciço montanhoso coberto pela floresta, é pontuada por morros menos elevados, arredondados ou abruptos, arborizados, isolados por pântanos e ligados à terra firme por cordões arenosos. Na outra margem, que os ameríndios chamam de "Niterói", o relevo ondulado se inclina mais suavemente para o mar. No horizonte além da baía, a 25 km, elevam-se a serra do Mar e os picos dilacerados da serra dos Órgãos, cujos cumes chegam a dois mil metros de altitude.[6]

A baía de Guanabara e seus arredores têm em comum com Porto Seguro o manto florestal que impressionou Pero Vaz de Caminha em abril de 1500.[7] A mata atlântica, ou floresta atlântica, ocupava toda a planície costeira do Brasil do 8° ao 28° graus de latitude sul. No planalto central, mais seco e mais fresco do que o litoral, ela cedia a vez a uma paisagem de savana.[8] Hoje, da floresta só restam alguns farrapos, que dificilmente preservam a diversidade de sua fauna e de sua flora. Metade das espécies que vivem na mata atlântica é endêmica.

A terra dos tupinambás

A costa brasileira foi ocupada muito mais tarde do que o interior do continente.[9] Seis mil anos antes de nossa era, populações itaipu colonizavam o litoral do Rio de Janeiro, onde viviam da pesca de moluscos e da coleta de vegetais. Desses primeiros habitantes conhecidos, subsistem apenas montículos de conchas, de sedimentos e de ossadas, os sambaquis, sobre os quais se erguiam suas cabanas. Certos sambaquis – "amontoados de conchas", em tupi – atingem até trinta metros de altura e se estendem por várias dezenas de metros. Os mais antigos foram edificados seis mil anos atrás. Ainda se encontram alguns deles, às vezes parcialmente destruídos, nas margens da baía de Guanabara.

1. O RIO ANTES DO RIO

No início da nossa era, populações de tradição tupi-guarani começam a deixar as bacias dos rios Paraná e Paraguai para ganharem a costa. No século V, os tupis dominam a região do Rio de Janeiro, de onde expulsam os primeiros habitantes. Em 1500, suas tribos povoam o litoral, da embocadura do Amazonas até Santa Catarina. Assim, a baía de Guanabara é habitada pelos tamoios, que são tupinambás e, portanto, pertencem ao grupo linguístico e cultural tupi.

Os europeus que se aventuram por essas paragens no século XVI não encontram um mundo vazio, mas regiões bem povoadas. Em razão do drástico recuo demográfico que os ameríndios conhecerão no contato com eles, facilmente se supõem imensos espaços desabitados. Essa imagem errônea nasceu também das hesitações científicas e da impossibilidade de chegar a um entendimento, se não quanto à contagem precisa das populações indígenas no momento das descobertas, pelo menos quanto a uma ordem de grandeza. Para as planícies da América do Sul, as estimativas oscilam entre 1 milhão e 8,5 milhões de índios no fim do século XV, mas convergem cada vez mais para uma escala compreendida entre cinco e seis milhões de habitantes.[10] A densidade demográfica da região do Rio de Janeiro por volta de 1500 aproximava-se talvez de 14 habitantes por km², ou seja, uma ocupação comparável à da Península Ibérica na mesma época.[11] Um século mais tarde, a população tupi instalada no litoral entre São Vicente e Cabo Frio está reduzida a quatro mil ou cinco mil indivíduos.[12] As sucessivas epidemias dizimaram-na ainda mais do que a escravidão e os confrontos com os colonizadores.

Durante suas primeiras temporadas, portanto, os europeus encontram quase exclusivamente tribos de língua tupi-guarani. Desconcertados pela extrema fragmentação das sociedades indígenas, eles se esforçam por identificar-lhes as características comuns e as englobam na família tupi. A partir da segunda metade do século XVI, missionários jesuítas preparam uma "língua franca", a "língua geral", uma espécie de esperanto tupi-guarani que permite aos colonos comunicar-se com as diferentes tribos. Aos tupis, os europeus opõem os tapuias, categoria pela qual os tupis designam os ameríndios pertencentes aos outros grupos linguísticos e culturais. Os brancos do litoral tendem, assim, a simplificar a geografia e a etnologia indígenas: de um lado os tupis, com os quais estão familiarizados, e do outro os tapuias, de quem ignoram as línguas, os usos e os costumes, e que conhecem essencialmente pelo prisma dos tupis.[13]

Os tupis se organizam em aldeias, cada uma das quais reúne, em média, seiscentas pessoas. Vivem da caça, da coleta e da pesca, e cultivam mandioca, milho, feijão-preto, amendoim e algodão, em clareiras abertas pelo fogo. A cada dois ou três anos, abandonam a clareira, que se reintegra à floresta ao cabo de uns vinte anos. Assim, boa parte da mata atlântica que os portugueses descobrem no século XVI já é uma floresta secundária, que voltou a crescer sobre as queimadas da agricultura indígena. Quando rareia a caça, a aldeia é deslocada. A mata atlântica, difícil de penetrar, é entrecortada por uma rede de caminhos indígenas que permitem algumas trocas e facilitam o acesso às zonas de caça e as migrações. Os tupis dominam igualmente os cursos de água, para fins pacíficos, mas também belicosos.

"O baile dos brasileiros",
oferecido por ocasião da entrada de Henrique II em Rouen, 1550.

De fato, a guerra é a principal dinâmica da sociedade tupi. As aldeias e os grupos de aldeias mantêm relações baseadas em alianças ou numa tradição de hostilidade. Vingam perpetuamente os reveses e as vítimas das guerras precedentes. Os tupinambás do litoral, entre Guanabara e São Vicente, alimentam assim um ódio inexpiável pelos tupiniquins do planalto brasileiro. Uma testemunha francesa, Jean de Léry, assistiu aos preparativos e às batalhas de uma guerra entre os tamoios da Guanabara e seus inimigos margajás. Ele fala de "oito a dez mil homens", seguidos pelas mulheres e pelos carregadores das provisões, que entram em campanha e vão lutar a 25 ou 30 quilômetros de suas casas.[14] Os vencedores destroem as aldeias dos vencidos e obrigam os sobreviventes a fugir. Levam consigo prisioneiros a quem espancam, "moqueiam" (isto é, assam sobre um "moquém", grelha de varas) e comem, depois de vários meses de cativeiro. A antropofagia, abundantemente descrita e denunciada em todos os relatos que tratam dos "selvagens americanos", é um ritual ao mesmo tempo guerreiro e religioso. Por muito tempo resiste às proibições impostas pelos europeus e à participação cada vez maior dos ameríndios nas atividades de seus visitantes.

O comércio do pau-brasil

Na primeira metade do século XVI, os portugueses estão presentes de modo intermitente na baía de Guanabara. Alguns europeus, desembarcados de navios franceses ou espanhóis, ali se estabeleceram e vivem no meio dos índios. Outras armadas, especialmente as que se dirigem ao sul do continente, vêm reabastecer-se de água e fazer provisão de víveres junto aos tupinambás. A frota de João Dias de Solis, navegador português a serviço dos reis católicos, detém-se em 1515 por ocasião da expedição que o conduz ao rio da Prata. Em dezembro de 1519, Fernão de Magalhães descansa no lugar por cerca de dez dias. As linhas dedicadas a essa estada em seu diário de bordo constituem o primeiro texto consagrado à baía de Guanabara.[15]

As escalas de Solis e Magalhães anunciam a principal vocação dessa baía para os europeus. O Rio de Janeiro é a última grande etapa antes do sul e mesmo do interior do continente, ao qual o rio da Prata dá acesso. Essa posição desperta o interesse da Espanha e também da França que, por sua vez, se lança às conquistas marítimas e coloniais.

Desde o início do século, com efeito, a costa reivindicada pelo rei de Portugal atrai os franceses e, em menor medida, os holandeses e os ingleses, que ali obtêm o único recurso em que ela parece abundante: o pau-brasil. Os primeiros contatos com a Terra de Santa Cruz, também conhecida pelos marinheiros como "Terra dos Papagaios", não revelaram a existência de metais preciosos.

O único produto digno de consideração é a árvore ibirapitanga ou *caesalpinia brasiliensis*, na qual os portugueses reconhecem uma variedade de pau-brasil. Reduzido a pó e fermentado, o pau-brasil fornece uma tintura que vai do vermelho ao marrom, ideal para tingir tecidos comuns.[16] Em 1502, o rei de Portugal, retomando o método que presidira ao reconhecimento das costas da Guiné no século anterior, arrenda por três anos o monopólio do comércio de pau-brasil a um grupo de comerciantes chefiado por Fernando de Noronha. Em troca, estes se comprometem a construir um forte, a fretar seis navios, para explorar trezentas léguas de costa por ano, e a pagar à Coroa uma percentagem da mercadoria, a partir do segundo ano do contrato.[17]

Em poucos anos, a exploração do pau-brasil se desenvolve em três regiões: Pernambuco, sul da Bahia e litoral situado entre Cabo Frio e Rio de Janeiro, que os franceses visitam regularmente. Os portugueses têm dificuldade em manter sua soberania e seu monopólio sobre um território tão vasto. Além disso, preferem comerciar com o norte do Brasil, mais próximo deles do que o sul. Assim, deixam o campo livre para os armadores normandos, que procuram pau-brasil para os fabricantes de tecidos de Dieppe e de Rouen. Na primeira metade do século XVI, a maioria dos livros de bordo portugueses assinala a presença de navios normandos ao longo da costa da *terra brasilis*, designação que pouco a pouco substitui a de "Santa Cruz".

As flotilhas portuguesas, normandas ou holandesas precisam de apoio local e se aliam às tribos ameríndias. Portugueses e franceses

1. O RIO ANTES DO RIO

Le Breſilien;
L'homme du lieu auquel le Breſil croiſt.
Eſt tel qu'icy, à l'œil il apparoiſt,
Leur naturel exercice s'applique
Coupper Breſil, pour en faire trafique,

O brasileiro.

deixam ali alguns homens para servirem de intermediários por ocasião de futuras visitas. Assim, uns e outros estabelecem feitorias nos pontos em que as condições o permitem, de preferência em ilhotas costeiras, pois, em caso de ataque, estas são mais fáceis de defender do que os acampamentos em terra firme, além de reduzirem os contatos entre os marinheiros e os índios.

Quando da segunda expedição dirigida por Gonçalo Coelho (1503-1504), da qual ainda participa Américo Vespúcio, uma feitoria é fundada em Cabo Frio. Os portugueses ali permanecem cinco meses e, ao partirem, deixam em terra 24 homens para organizar o "resgate" (a troca) do pau-brasil. Os trabalhos e os dias dessa feitoria nos são conhecidos graças ao livro de bordo da nau *Bretoa*, que, em 1511, passa dois meses no lugar. O capitão recebeu instruções para a viagem e a estada no Brasil.¹⁸ O feitor que dirige o estabelecimento, único responsável pelas relações com os índios, tem o encargo de trocar a força de trabalho deles e a preciosa madeira por ferramentas e miçangas. Para limitar as deserções, o regulamento proíbe que as tripulações se dirijam ao continente: "Que ninguém permaneça nesta terra, como já ocorreu algumas vezes, pois isto é algo sobremaneira odioso para o comércio e o serviço do rei nosso Senhor".¹⁹ As instruções do capitão são claras: "Proibireis ao mestre e a toda a companhia da nau causar dano ou fazer mal às gentes da terra. [...] Com efeito, é absolutamente necessário [...] negociar da melhor maneira possível e evitar qualquer escândalo, pois disso poderiam resultar graves prejuízos".²⁰ Os marinheiros têm direito de levar consigo, por sua própria conta, animais exóticos e alguns escravos, desde que o escrivão de bordo lhes faça um inventário. Os cativos são prisioneiros que os índios trocam por mercadorias e que, assim, escapam à morte no moquém. Além disso, a Coroa dissuade os capitães de embarcar os índios que, por sua vez e por livre e espontânea vontade, desejem descobrir Portugal: "Não deveis de modo algum levar a bordo da dita nau um natural da terra do Brasil que tivesse o desejo de vir viver neste reino. Pois se alguns vierem a morrer aqui em Portugal, os de lá pensarão que nós os matamos para comê-los, como têm costume de fazer entre si".²¹

Em 1517, o navegador Cristóvão Jacques decide abandonar a feitoria de Cabo Frio e transferi-la para Pernambuco, menos distante de Portugal.²² Os franceses então se instalam no lugar, onde permanecem por muito tempo.

Se o rei de Portugal e os outros armadores demonstram tantas precauções em relação aos índios, é que a colaboração destes se mostra indispensável. Os europeus não são suficientemente numerosos no Novo Mundo para dar conta da rude tarefa de penetrar na mata atlântica, assinalar os paus-brasis, abatê-los, cortar os galhos e transportar os troncos até o local de embarque. Além do famoso pau-brasil, os índios fornecem às embarcações os víveres necessários à travessia de volta ou a expedições ainda mais distantes. O testemunho de Jean de Léry sobre o tráfico de pau-brasil no Rio de Janeiro por volta de 1555 ilustra esse momento da colonização do Brasil:

1. O RIO ANTES DO RIO

"Tanto por causa da dureza e, consequentemente, da dificuldade que existe em cortar essa madeira, quanto por não existirem nessa terra cavalos, asnos nem outros animais para transportar, carrear ou arrastar os fardos, é absolutamente necessário que sejam os homens a fazer esse serviço, e os estrangeiros que por lá viajam, se não fossem auxiliados pelos selvagens, não poderiam carregar um navio médio em um ano. Portanto, em troca de alguns trajes de frisa, camisas de algodão, chapéus, facas e outras mercadorias que lhes são entregues, os selvagens, com as machadinhas, as cunhas de ferro e outras ferramentas que os franceses e outros daqui lhes dão, não somente cortam, serram, racham, toram e arredondam esse pau-brasil, mas também o transportam sobre os ombros nus, no mais das vezes até por uma ou duas léguas, através de montanhas e léguas bastante incômodas, até a beira do mar, junto às embarcações que estão ancoradas, onde os marinheiros o recebem. Digo expressamente que os selvagens, desde que os franceses e os portugueses frequentam seu país, cortam seu pau-brasil: pois antes, conforme ouvi dos anciãos, não tinham quase nenhum modo de abater uma árvore, exceto o de atear-lhe fogo ao pé".[23]

O tempo do pau-brasil e das escalas é o da troca, das alianças estabelecidas com os caciques ameríndios e das primeiras mestiçagens. De fato, era frequente que náufragos, ex-condenados ali esquecidos, para mais tarde servirem de intérpretes ou ainda desertores, recomeçassem a vida de maneira pouco cristã em meio aos "selvagens americanos". Jean de Léry cita, para condená-los, "certos normandos, que se achavam naquele país desde muito tempo antes, se haviam salvo de um navio que naufragara e tinham permanecido entre os selvagens, onde, vivendo sem temor a Deus, fornicavam com as mulheres e moças, como vi algumas que deles tinham filhos já com quatro a cinco anos".[24]

Os índios acreditavam levar vantagem nessas relações obtendo bens que desconheciam até então, assim como novos aliados contra seus inimigos. O intercâmbio com os portugueses e os franceses cria novos fluxos comerciais e se insere nos conflitos que opõem entre si as tribos do litoral brasileiro.

Rio de Janeiro, ninho de corsários franceses

Como os franceses não reconheciam a soberania do rei de Portugal sobre as terras em que os súditos deste não estavam firmemente estabelecidos, frotas de pesca ou de comércio armadas nos portos bretões e normandos sulcavam os mares que portugueses e espanhóis consideravam como seus, ainda que neles não estivessem presentes. Francisco I se junta, então, aos empreendimentos de seus súditos e obtém do papa Clemente VII (1523-1534) uma interpretação do tratado de Tordesilhas menos favorável às duas monarquias ibéricas. Admite-se, assim, que a partilha de 1494 abrangia apenas "as terras conhecidas, e não as terras ulteriormente descobertas pelas outras Coroas [25]". Segundo o rei da França, somente "os lugares habitados e defendidos" dependem legitimamente da soberania de uma Coroa, os outros são de quem os tomar".[26]

Enquanto isso, a frequentação intensa da costa brasileira por frotas estrangeiras incita Portugal a reforçar sua autoridade naquelas paragens e a colonizar a terra firme. Em 1530, Martim Afonso de Sousa é nomeado governador da terra do Brasil. Sua missão consiste em garantir a defesa dessa terra e em lembrar a soberania do seu rei plantando ao longo do trajeto os padrões, marcos de pedra com as armas portuguesas esculpidas. No início de 1531, a expedição percorre a costa sul do Brasil e intercepta vários barcos franceses. De 30 de março a 1° de agosto, a flotilha fica ancorada na baía do Rio de Janeiro, onde são fabricadas duas embarcações e é edificada uma casa de pedra, na foz do rio que os índios, por causa dessa construção, chamam de Carioca, "a casa de branco". A palavra teria sido forjada a partir de *oca*, casa, e *acará*, peixe de escamas grossas. Para os índios, o acará evocava talvez os portugueses, munidos de capacetes e vestidos de armaduras.[27]

O irmão de Martim Afonso, Pero Lopes de Sousa, escrivão da expedição, redige para uso dos navegadores uma descrição do lugar, a primeira em língua portuguesa: [28] "A região que circunda este rio é formada de montes e montanhas elevadas. A água que se encontra aqui é excelente. Passamos três meses neste lugar e juntamos víveres

1. O RIO ANTES DO RIO

suficientes para alimentar quatrocentos homens durante um ano".[29] Em 1531 e 1532, Pero Lopes de Sousa dá continuidade ao reconhecimento das terras e persegue os corsários até o estuário do rio da Prata. Ao longo da costa, instala postos de guarda e de abastecimento.

Os portugueses procuram se implantar na saída dos caminhos indígenas. Por essa razão, num primeiro período negligenciam a Guanabara, que lhes parece isolada do planalto central, e escolhem um sítio mais meridional, à beira de um estuário. Esse lugar, chamado Temiuru ('provisão') pelos índios e Porto dos Escravos pelos portugueses, é erigido em vila por Martim Afonso de Sousa em 1532 e ganha o nome de São Vicente, padroeiro de Lisboa.[30] É a primeira "cidade" fundada pelos portugueses no Brasil. Dali parte uma trilha indígena que atravessa o continente até o rio Paraguai.[31]

No mesmo ano, a Coroa portuguesa decide implantar no Brasil o sistema de capitanias que já experimentara com sucesso, no século XV, nas ilhas atlânticas, como a da Madeira, e que lhe permitira desenvolver nesses lugares o povoamento e a economia de plantação. A costa brasileira é dividida em faixas paralelas de cinquenta léguas de largura, que se estendem pelo interior até o meridiano fixado em Tordesilhas. Cada uma das capitanias assim definidas é atribuída a um donatário. Esse capitão donatário tem toda a liberdade para administrar e defender seu bem. Cabe-lhe especialmente distribuir grandes domínios, as sesmarias, a particulares que os devem explorar, sob pena de serem destituídos de seus direitos se os deixarem abandonados. Graças a essa forma de colonização, a Coroa espera garantir, com poucas despesas, a defesa e a valorização econômica do Brasil.[32]

Em 6 de outubro de 1534, Martim Afonso de Sousa recebe do rei, D. João III, as capitanias de São Vicente e do Rio de Janeiro. O capitão donatário concentra seus esforços na cidade de São Vicente, cuja localização parece mais favorável que a do Rio à prosperidade de uma colônia.

Enquanto as plantações de cana e as moendas começam a produzir açúcar em São Vicente, raros são os portugueses no norte da capitania. Em contrapartida, sobejam por ali os barcos estrangeiros, que recebem desavergonhadamente suas cargas de pau-brasil em

O sul do Brasil e o Peru

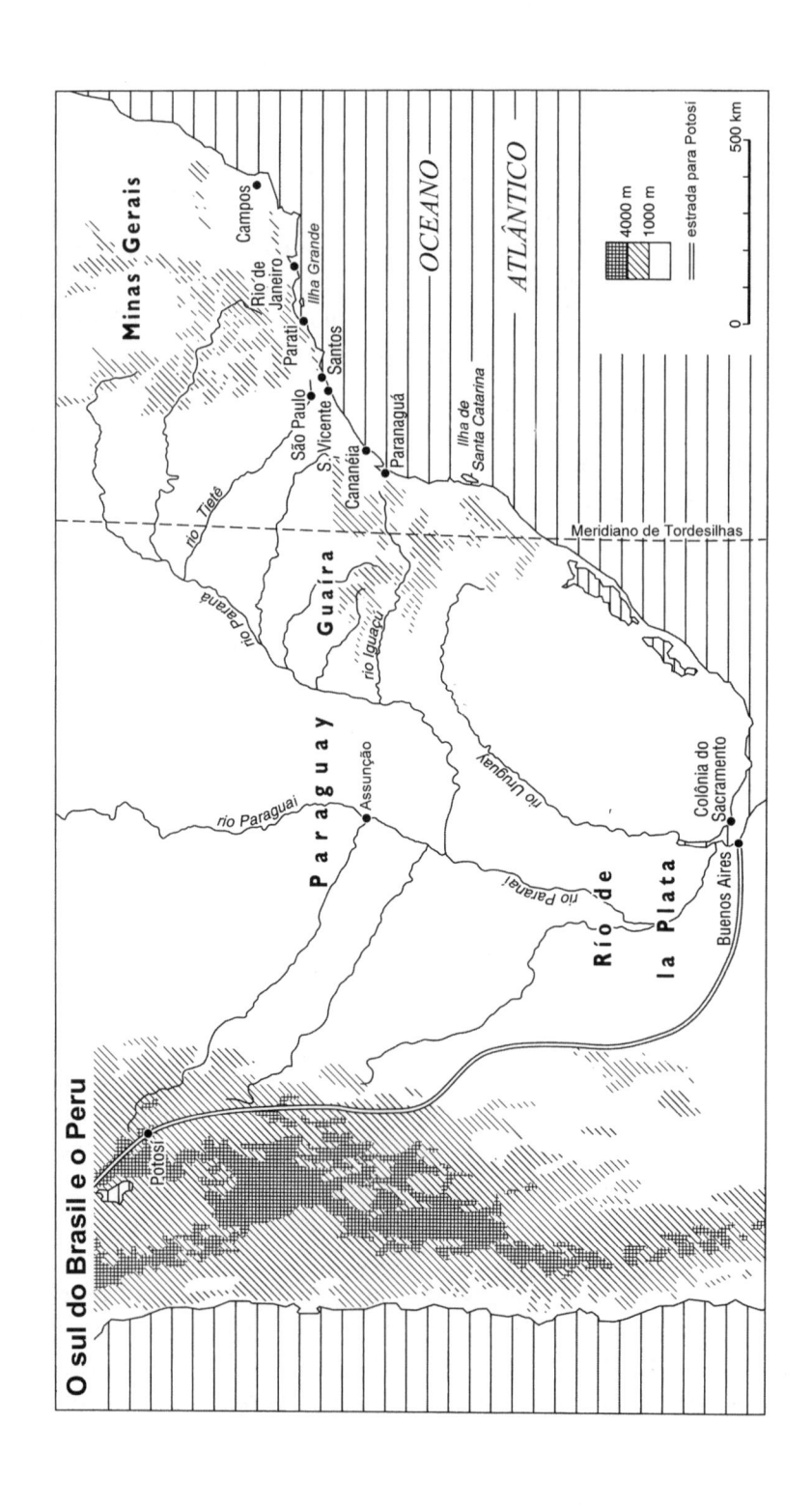

Minas Gerais
Campos
Rio de Janeiro
Parati
Ilha Grande
Santos
São Paulo
S. Vicente
Cananéia
Paranaguá
Ilha de Santa Catarina

rio Tietê
rio Paraná
Guaíra
rio Iguaçu

Paraguay
rio Paraguai
Assunção
rio Uruguay
rio Paraná

Colônia do Sacramento
Buenos Aires
Río de la Plata

Potosí

OCEANO ATLÂNTICO

Meridiano de Tordesilhas

4000 m
1000 m
estrada para Potosí
0 500 km

1. O RIO ANTES DO RIO

Cabo Frio ou no Rio de Janeiro e, se preciso, atacam os navios portugueses que têm a infelicidade de cruzar com eles. Os corsários e entrelopos normandos tendem cada vez mais a evitar a costa setentrional do Brasil, mais defendida, para frequentar assiduamente as capitanias do Espírito Santo e de São Vicente, onde fazem amizade e aliança com os índios. São tão numerosos que em 1550 Pero Góis, um oficial do rei, informa a D. João III que a baía do Rio de Janeiro constitui a "maior escala de corsários" do Brasil.[33]

Desde alguns anos antes, a dominação portuguesa se encontra em situação crítica. De São Vicente, Luís de Góis envia a D. João III, em 12 de maio de 1548, esta mensagem: "Se Vossa Alteza não socorrer rapidamente estas capitanias e a costa do Brasil, perderemos nossas vidas e nossas plantações, e Vossa Alteza perderá o país".[34]

O rei responde a essas dificuldades com a criação do governo do Brasil, atribuído em 1549 a Tomé de Sousa. Não se trata de abolir o sistema dos capitães donatários, mas de lhes dar apoio e coordenar os esforços.[35] A partir de então, a América portuguesa compreende capitanias hereditárias e outras administradas por capitães-mores, oficiais do rei, que exercem seu cargo no Brasil durante alguns anos antes de continuarem sua carreira sob latitudes mais gloriosas.[36] De fato, até o século XVIII, para a velha nobreza de espada é mais prestigioso servir ao rei nas Índias e nas fortalezas do norte da África do que no Brasil.[37] Durante muito tempo, o governador da Índia recebe mais honrarias do que o governador-geral do Brasil, que só usa frequentemente o título de vice-rei a partir de 1720. Passará a ostentá-lo depois da transferência da capital para o Rio, em 1763.[38]

A Coroa continua a privilegiar o norte do Estado do Brasil. Prova disso é a fundação em 1549, num promontório da baía de Todos os Santos, da cidade de Salvador, onde terão sede as principais autoridades civis e eclesiásticas da colônia. As incursões francesas no sul praticamente não são afetadas por isso. Em 1552, os tamoios, aliados dos franceses, mostram-se suficientemente dissuasivos para impedir o governador Tomé de Sousa de desembarcar na baía de Guanabara.[39] A influência francesa parece sólida o bastante para se converter em estabelecimento de terra firme, e a baía do Rio de Janeiro acolhe uma efêmera colônia entre 1555 e 1560.

A França Antártica

Apesar de sua brevidade e de suas escassas consequências, a França Antártica permaneceu nas memórias em virtude do caráter insólito que o recuo do tempo lhe deu e da qualidade das obras literárias que ela inspirou. De sua estada na baía de Guanabara, os franceses trouxeram um relato, feito pelo frade franciscano André Thevet, *Les Singularités de la France antarctique*, e a refutação deste pelo huguenote Jean de Léry, autor de *Voyage faict en la Terre du Brésil*, publicado em Genebra em 1578. Esses dois viajantes deixaram descrições saborosas acerca dos costumes dos tamoios, que há aproximadamente cinquenta anos viviam em contato com os europeus.

Com a morte de Francisco I, o almirante de Coligny, chefe do partido protestante, inspira a política colonial da França e defende a ideia de um estabelecimento permanente e fortificado na América do Sul. A baía do Rio de Janeiro presta-se a esse projeto: fica situada na rota do estuário do rio da Prata e, consequentemente, do Alto Peru e de Potosí – cujas minas de prata são exploradas pelos espanhóis desde 1545, e que nem é habitada nem defendida pelos portugueses.

Em maio de 1555, o cavaleiro de Malta Nicolas Durand de Villegagnon, que se beneficia igualmente do apoio do cardeal de Guise, deixa o porto do Havre com seiscentos homens. Em meados de novembro de 1555, penetra na baía do Rio de Janeiro e se estabelece numa ilhota rochosa, próxima da margem que os índios chamam Serigipe e que ele rebatiza de Coligny. Os franceses projetam fundar uma "Henriville" no continente, em homenagem a Henrique II. No início de fevereiro de 1556, uma parte dos colonos, entre os quais André Thevet, retorna à Europa. Villegagnon manda pedir a Calvino, seu antigo condiscípulo na faculdade de Orléans, novos missionários a fim de "melhor reformar a ele e sua gente, e mesmo para atrair os selvagens ao conhecimento de sua salvação".[40] Os reforços, aos quais se juntou Jean de Léry, desembarcam, em março de 1557, no forte de Coligny.

No momento em que a França Antártica se esforça por crescer, a baía de Guanabara está saindo de uma guerra indígena que assistiu, em 1555, à vitória dos tamoios sobre os temiminós do chefe Maracajaguaçu (grande gato selvagem), implantados na ilha dos Maracajás ("gato selvagem", atual ilha do Governador). Reunidos numa espécie de liga, os tamoios controlam um imenso território que se estende do Espírito Santo até o planalto de Piratininga, onde, um ano antes, os jesuítas haviam fundado São Paulo. Os temiminós foram salvos pelos portugueses, que recolhem os sobreviventes nas regiões mantidas por eles e por seus aliados tupiniquins.[41] Os franceses resgatam, entre seus amigos tupinambás, cativos que lhes servem de escravos.

A pequena colônia do Forte de Coligny dedica-se a melhorar as condições da ilha rochosa e desprovida de água na qual se estabeleceu. Villegagnon completa com obras a fortificação natural e dispõe a artilharia. A mão de obra indígena constrói à sua maneira os alojamentos onde os franceses descobrem as delícias das redes de algodão. O despojamento e a duração de sua estada os obrigam a adotar numerosos costumes indígenas, particularmente alimentares, já que se abastecem nas aldeias. Jean de Léry consagra alguns parágrafos à fabricação dos diversos preparados à base de mandioca e sobretudo das farinhas, cujo gosto ele aprecia, ainda que sejam impróprias para fazer pão.

Os índios descritos por Léry se mostram resistentes à aculturação. Estão longe de se precipitar para reconhecer em Jesus Cristo o seu Salvador, o que torna impossíveis os casamentos cristãos e limita a mestiçagem, especialmente porque Villegagnon exige de seus normandos férrea disciplina, e os proíbe de "fornicar" com as índias, sob pena de prisão e até de morte, em caso de reincidência. Os franceses também não conseguem convencer os tamoios a usar roupas, e assim estes continuam a circular "costumeiramente tão nus quanto saem do ventre de sua mãe".[42] Somente a coerção física consegue impor o uso de roupa às cativas do Forte de Coligny. Jean de Léry espanta-se também com isso: "Embora fizéssemos cobrir à força as prisioneiras de guerra que havíamos comprado e que mantínhamos como escravas para trabalharem em nosso forte, assim que caía a noite, no entanto, elas despiam secretamente suas camisas e os outros trapos que lhes eram dados; era preciso que, para seu prazer e antes de se deitarem, caminhassem totalmente nuas pela nossa ilha.

Enfim, se pudessem escolher, e se, a fortes chicotadas, não tivessem sido obrigadas a vestir-se, essas pobres miseráveis teriam preferido suportar as queimaduras e o calor do sol, e até mesmo ter os braços e os ombros esfolados por carregarem continuamente a terra e as pedras, a suportar algo sobre elas".[43]

O testemunho de Jean de Léry confirma que os europeus continuavam a depender estreitamente de seus anfitriões ameríndios, não só para a coleta do pau-brasil ou o abastecimento, mas sempre que precisavam se afastar da margem por alguns passos. A fauna sul-americana, tão diferente, e o mundo inquietante da mata atlântica tornavam indispensável a presença de guias e protetores indígenas. Léry relata haver conhecido um dos grandes medos de sua vida quando, tendo desobedecido a essa regra, viu-se na floresta cara a cara com um "monstruoso lagarto" maior que um homem, em companhia de dois franceses tão despreparados e tomados de pânico quanto ele.[44]

A curiosidade de Jean de Léry pelos "brasileiros" e seu país se exerce sobre um fundo de decadência da França Antártica, minada pelo autoritarismo de Villegagnon e pelas querelas internas. De fato, a baía

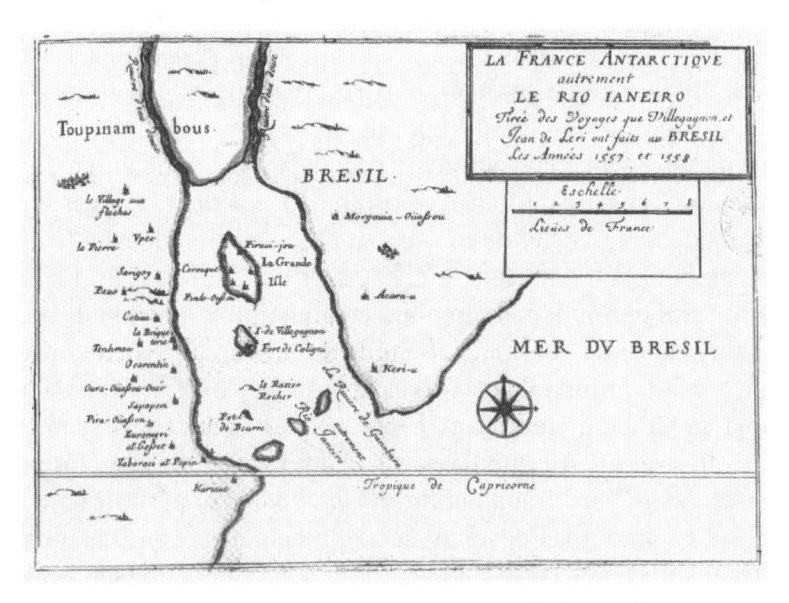

"A França Antártica, ou seja, o Rio de Janeiro"

de Guanabara torna-se o palco de uma burlesca guerra de religião que, à sua maneira, prefigura as que explodem na França a partir de 1562. Durante muito tempo, Villegagnon se mostrara favorável a um compromisso entre catolicismo e Reforma, mas, no Pentecostes de 1557, após um debate sobre a Eucaristia, rompe com os calvinistas que havia chamado ao Brasil.[45] Villegagnon defende firmemente o dogma da presença real e rejeita Calvino, "maldoso herético desviado da Fé",[46] assim como os adeptos deste. Os huguenotes do Forte de Coligny entram então em dissidência. Como recusam as corveias, são privados de alimento. Em outubro de 1557, para escapar a seu perseguidor, refugiam-se em terra firme, no lugar chamado "Olaria", na foz do rio Carioca, onde aguardam que uma embarcação os reconduza à França. Jean de Léry, que consegue, não sem dificuldade, deixar o Brasil em 4 de janeiro de 1558 num navio "carregado de madeira do Brasil, pimentão, algodão, fêmeas de chimpanzé, saguis, papagaios e outras coisas raras por aqui",[47] está impaciente por relatar os atos de crueldade que Villegagnon inflige tanto aos índios quanto aos colonos. No início de 1558, ele mandou afogar três reformados que precisaram voltar a Coligny depois de um naufrágio e tinham-se recusado a abjurar sua fé.

Para consolidar sua colônia e defender-se das críticas, Nicolas de Villegagnon confia o governo da França Antártica ao seu sobrinho Bois-le-Comte e retorna a Paris. Enquanto se esforça por desafiar Calvino a respeito da Ceia e por recrutar reforços, os portugueses retomam o controle da baía de Guanabara.

A ofensiva portuguesa

Em meados da década de 1550, Portugal deseja estender sua soberania ao sul de Cananeia, onde passa o meridiano de Tordesilhas, e alcançar o rio da Prata, mas precisa enfrentar dois obstáculos constantes: os franceses e os tupinambás.

Em 1556, D. João III nomeia Mem de Sá governador-geral das capitanias do Brasil e lhe confere poderes superiores àqueles de que dispunham seus dois predecessores. Mem de Sá, que irá exercer essa função até sua morte, em 1572, empenha-se em pacificar o norte da capitania de São Vicente, erradicar a colonização francesa e submeter os tamoios, que atrapalham consideravelmente o desenvolvimento da cidade de São Vicente e suas comunicações com os colonos isolados no planalto. Fazendo seus os protestos dos colonos e dos jesuítas, Mem de Sá pede então soldados e armas a Lisboa, a fim de restabelecer a situação portuguesa ao sul da colônia.

Na esteira do governo-geral havia desembarcado, em 1549, uma missão de seis jesuítas, chefiados pelo padre Manuel da Nóbrega (1517-1570), encarregados de evangelizar os índios. Nomeado provincial da ordem em 1554, Nóbrega faz de São Vicente o núcleo do esforço missionário e, nesse mesmo ano, funda o colégio de São Paulo em Piratininga, onde os jesuítas começaram a agrupar os índios em aldeias.[48] As missões de Piratininga deparam-se com a hostilidade dos tupinambás e sobretudo dos tamoios, que ameaçam seus deslocamentos e seus estabelecimentos. Nóbrega encontra em Mem de Sá um apoio constante: muito ligado à Companhia de Jesus, o terceiro governador-geral do Brasil é familiarizado com os *Exercícios espirituais* de Inácio de Loyola.[49]

Em 15 de março de 1560, os portugueses atacam a França Antártica e os tamoios. Durante dois dias, estavam diante da resistência do Forte de Coligny. As forças que se enfrentam variam segundo as fontes. O padre Manuel da Nóbrega, que assiste aos combates, fala de sessenta franceses e oitocentos índios entrincheirados na fortaleza.[50] Mem de Sá estima em 116 o número de franceses, apoiados por mais de mil índios, contra uma centena de portugueses e um número pouco maior de nativos. André Thevet, que deixara o Brasil havia muito tempo, prefere imaginar que os franceses não passam de uma dezena a lutar contra dois mil invasores, bem equipados com canhões e armas de fogo.[51]

A falta d'água obriga os sitiados a abandonar a praça e a fugir a bordo de canoas. "Depois de haver tomado o forte, o governador atacou uma aldeia de índios, onde matou muitos deles", relata Manuel da Nóbrega. Para o padre jesuíta, que, voluntária ou involuntariamente, ignora a reviravolta religiosa de Villegagnon, o Forte de Coligny era um ninho de calvinistas prontos a semear a heresia entre os indígenas.[52]

1. O RIO ANTES DO RIO

A vitória dos portugueses desmantela o Forte de Coligny e dispersa seus últimos habitantes, mas não põe termo nem à presença francesa na região, nem à hostilidade que os tamoios manifestam diante de seus inimigos tupiniquins e portugueses. Mem de Sá deve contentar-se em destruir as instalações da ilha de Villegagnon, pois não dispõe de homens sufi cientes para ocupar o lugar. Em carta enviada ao cardeal infante D. Henrique de Portugal, Manuel da Nóbrega afirma que a vitória de Mem de Sá pode não ter futuro, se não forem tomadas as medidas que se impõem: "Esses franceses permaneceram entre os índios e esperam socorro da França, sobretudo aqueles que pretendem estar aqui, a pedido do rei da França, para descobrir os metais preciosos que existiriam neste país. Assim, há muitos franceses espalhados pelas terras, para melhor procurá-los.

"Parece-me absolutamente necessário povoar o Rio de Janeiro e fundar aqui uma outra cidade como a da Bahia, graças à qual tudo ficará mais garantido, tanto a capitania de São Vicente quanto a do Espírito Santo, que atualmente estão bem enfraquecidas; os franceses seriam definitivamente expulsos e os índios, mais fáceis de sujeitar".[53]

Em São Paulo, em 1562, os jesuítas, graças à indefectível aliança do chefe tupiniquim Tibiriçá, resistem aos tamoios. Em 23 de abril de 1563, Manuel da Nóbrega, secundado por José de Anchieta, lança-se a uma perigosa embaixada no território inimigo, em Iperoígue. Embora os tamoios estejam preparando uma ofensiva de grande envergadura contra São Vicente, os dois padres obtêm uma trégua. Em troca desta, José de Anchieta permanece como refém em Iperoígue, de junho a setembro de 1563.[54] A momentânea pacificação da costa entre São Vicente e o Rio de Janeiro, em todo caso, permite ao governador-geral objetivar novas operações na baía de Guanabara.

2. Uma fortaleza no Atlântico Sul

São Sebastião do Rio de Janeiro, uma fundação em etapas

Em 1° de março de 1565, Estácio de Sá, parente do governador geral, desembarca prudentemente numa península situada à entrada da baía de Guanabara, nas proximidades do Pão de Açúcar. É ali, ao pé de um morro cuja forma lembra a de uma cabeça de cachorro (Cara de Cão), que ele funda, na presença de Manuel da Nóbrega e José de Anchieta, uma povoação instalada sob a invocação de são Sebastião, padroeiro do rei de Portugal, D. Sebastião (1554-1578).

Fundar uma povoação desse tipo é prerrogativa de soberania delegada pelo rei ao governador-geral. São Sebastião é uma cidade e, a esse título, tem mais autonomia administrativa e judiciária do que uma simples vila. Como é cabível, a nova municipalidade recebe da Coroa um regimento e um foral, que detalham seus deveres e seus privilégios. Um pelourinho simboliza suas atribuições de justiça.

Em 1° de julho, Estácio de Sá cria duas sesmarias. A primeira, e mais vasta, é atribuída à Companhia de Jesus, que permanecerá como a maior proprietária de terras da capitania até sua expulsão do Brasil, em 1759. A segunda pertence à municipalidade: além do espaço para construções (termo), compreende pastagens (rossio) que irão permitir à povoação prover às suas necessidades.[1] Essas "terras públicas", oficialmente atribuídas à cidade por Estácio de Sá em 24 de julho, estendem-se muito além da península de onde se eleva o Pão de Açúcar e confinam com a zona controlada pelos tamoios e pelos franceses.[2]

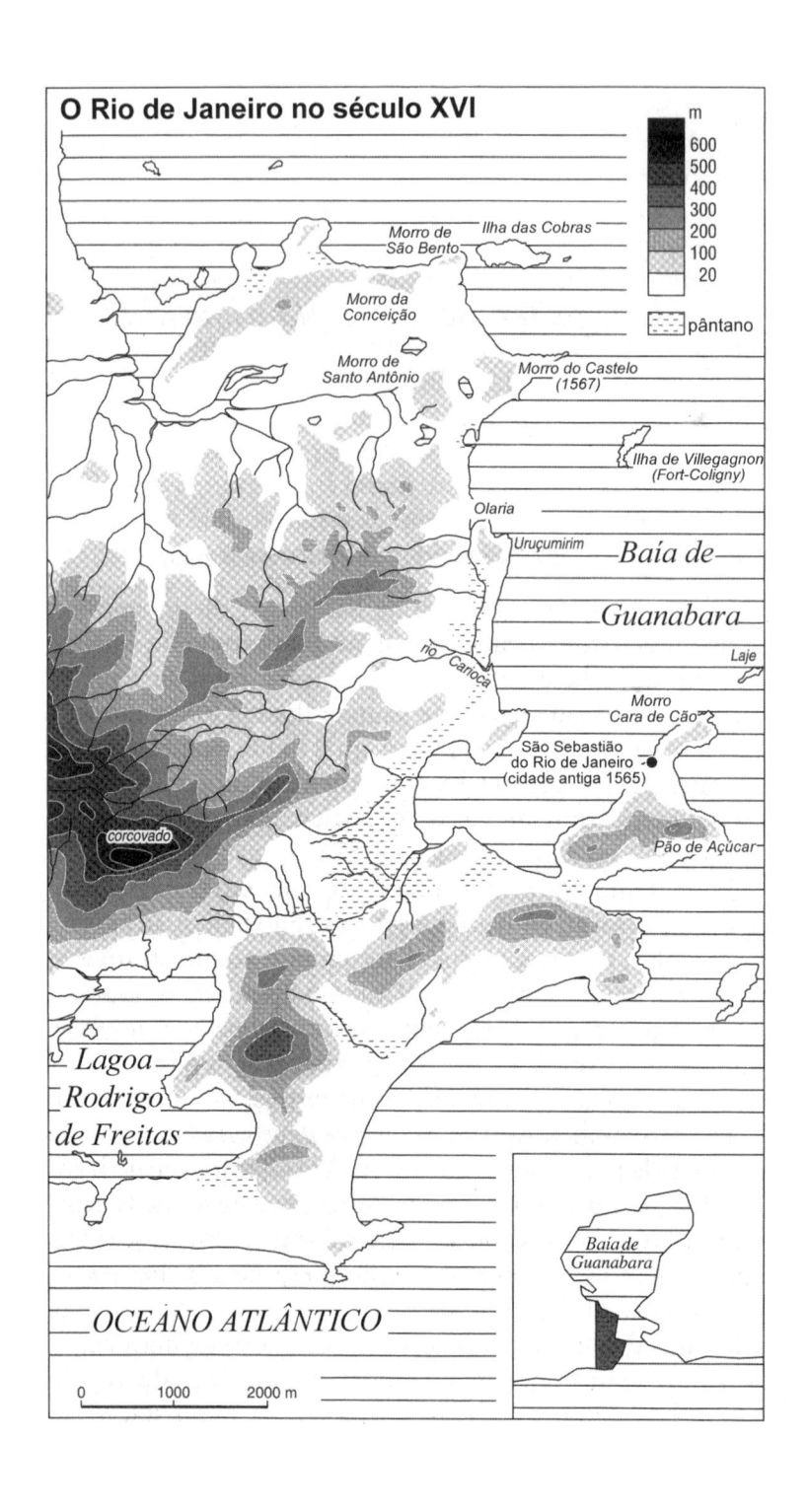

O Rio de Janeiro no século XVI

m
600
500
400
300
200
100
20

pântano

Morro de São Bento
Ilha das Cobras
Morro da Conceição
Morro de Santo Antônio
Morro do Castelo (1567)
Ilha de Villegagnon (Fort-Coligny)
Olaria
Uruçumirim
Baía de Guanabara
rio Carioca
Laje
Morro Cara de Cão
São Sebastião do Rio de Janeiro (cidade antiga 1565)
Pão de Açúcar
corcovado
Lagoa Rodrigo de Freitas
Baía de Guanabara
OCEANO ATLÂNTICO

0 1000 2000 m

Os primeiros tempos de São Sebastião do Rio de Janeiro ilustram os obstáculos que os portugueses devem enfrentar para impor sua presença na região. O lugar é exíguo, desprovido de água doce e, sobretudo, exposto aos ataques dos índios. Por várias vezes, em 1566, flotilhas que reúnem centenas de canoas tentam surpreendê-los e lhes causam perdas importantes. A colônia vai vivendo como pode, enquanto espera socorro.

Em 18 de janeiro de 1567, uma frota comandada pelo governador-geral Mem de Sá chega finalmente à entrada da baía de Guanabara. Dois dias depois, data da festa de são Sebastião, os portugueses apoderam-se com dificuldade da aldeia de Uruçu-mirim, não longe do rio Carioca, na atual praia do Flamengo. Os tamoios são derrotados e cinco franceses que se encontravam entre eles são enforcados pelos vencedores. Durante a batalha de Uruçu-mirim, Estácio de Sá tem a mesma sorte de São Sebastião e é mortalmente ferido no rosto por uma flecha. Alguns dias depois, Mem de Sá expulsa os franceses e os tamoios da grande ilha dos Maracajás.

Tais vitórias põem fim às ameaças que pesavam sobre a pequena colônia. Os portugueses já não correm o risco de serem repelidos para o mar, e decidem trocar sua praia desconfortável por uma acrópole mais apropriada. Abandonando a Cidade Velha, que não tem ainda dois anos, instalam-se no morro de São Januário, um promontório guarnecido de árvores, quase insular, que do alto de seus sessenta metros domina o sudoeste da baía e emerge dos pântanos costeiros. A escolha desse local, assim como a de São Salvador da Bahia, obedece preocupações tanto estratégicas quanto sanitárias: a altitude e os ventos afastam os miasmas dos brejos vizinhos. O morro, que logo passa a se chamar do Castelo, é fortificado e se cobre de casas de pedra e taipa. Em 1568, os jesuítas, que participaram ativamente do nascimento da cidade, erguem ali um colégio, cuja direção é confiada a Manuel da Nóbrega, que morrerá dois anos mais tarde.

O morro do Castelo, berço da cidade do Rio de Janeiro e túmulo de seu fundador, desapareceu da paisagem em 1922. A dinamite e os golpes de picareta acabaram por arrasar essa colina que atrapalhava a circulação e o urbanismo dos anos loucos. Somente alguns metros da ladeira da Misericórdia, um dos aclives pelos quais se chegava ao topo, lembram os primeiros anos do Rio, mas seus traços se perdem imediatamente nas ruas retilíneas que brotaram sobre os escombros. A colina escolhida por Mem de Sá transformou-se em "esplanada do Castelo" e, nos anos 1940, cobriu-se de arranha-céus. Seu entulho foi jogado ao mar e serviu para ganhar terreno sobre a baía. Quanto à ilha de Villegagnon, foi recoberta de concreto e ligada ao continente, e desde 1938 abriga as instalações da Escola Naval. É vizinha às pistas do aeroporto Santos Dumont, aberto ao tráfego em 1936. Os vestígios antagonistas do Rio de Janeiro do século XVI sofreram o mesmo nivelamento.

Uma cidade portuguesa

Após a morte do fundador, o novo "capitão e governador da cidade de São Sebastião do Rio de Janeiro" é outro parente de Mem de Sá, Salvador Correia de Sá – Salvador o Velho –, cuja família não tarda a dominar a nova colônia. Contrariamente aos "capitães donatários" que haviam precedido a instituição do governo-geral em 1549, os "governadores" são oficiais da Coroa que, em princípio, ficam apenas alguns anos no posto. Seu título de "capitão" remete a suas funções militares. A dominação dos Correia de Sá no Rio de Janeiro, de 1565 aos anos 1660, assemelha-se à experiência dos donatários. Embora seus cargos lhes sejam conferidos pelo rei, os Correia de Sá estabelecem no Rio de Janeiro um verdadeiro feudo que transmitem entre si de geração em geração.[3]

Salvador Correia de Sá recebe sesmarias nas quais logo prosperam plantações de cana-de-açúcar e moendas onde se fabrica o precioso gênero, enquanto seus sobrinhos, primos e protegidos exercem funções mais ou menos eminentes na cidade. Seu filho Martim Correia de Sá, nascido em 1575 no Rio de Janeiro, sucede-lhe como governador e capitão em 1602. Por fim, em 1637, Salvador Correia de Sá e Benevides (1602-c.1682) – Salvador o Moço, ou Benevides

– tem atribuídas a si as mesmas funções, e muitas outras ainda, até ser convocado a Portugal em 1661.

Além de ser regida pelo governador, subordinado ao rei, São Sebastião do Rio de Janeiro conta com instituições municipais. O sistema é quase idêntico em todo o mundo português. A Câmara Municipal é dirigida por um senado (Senado da Câmara), composto de dois juízes, um procurador e três vereadores. O povo, isto é, a aristocracia colonial, elege os membros da Câmara para um período de três anos.[4] As cidades devem financiar sua segurança e garantir a manutenção das fortificações e das milícias, assim como pagar impostos ordinários e extraordinários à Coroa.

Com o fim das ameaças e o crescimento da população, São Sebastião se estende pouco a pouco. Surgem casas nos morros vizinhos, de São Bento, Santo Antônio, da Conceição, e depois ao longo da margem. No Castelo erguem-se a catedral de São Sebastião, para a qual é transferido em 1583 o túmulo de Estácio de Sá, e o colégio dos jesuítas. O padre Fernão Cardim (c.1548-1625), de passagem pela baía de Guanabara no Natal de 1584, maravilha-se com a vista de que gozam seus irmãos sobre "uma baía que parece ter sido pintada pelo supremo pintor e arquiteto do mundo, Deus Nosso Senhor, e é assim a coisa mais bela e mais agradável que existe em todo o Brasil".[5] Ele também admira o frutuoso pomar do colégio. Mas o Castelo, onde a água é rara, é progressivamente abandonado. Por volta de 1635, quase já não se mora lá e o senado municipal não se reúne mais nesse local.

No século XVII, dilui-se a oposição entre a cidade alta e a cidade baixa, típica das outras grandes fundações portuguesas. As primeiras ruas ligam um morro a outro, desenham os lados de um quadrilátero do qual a cidade levará muito tempo para escapar. Assim se esboça a rua Direita (atual Primeiro de Março), entre o pé do Castelo e o de São Bento, onde, em 1628, os beneditinos erigem um convento. Em 1641, a parte urbanizada se estende até a rua da Vala (atual Uruguaiana). Durante muito tempo, esta última não passa de um fosso concebido para drenar o pântano estagnado ao pé do morro de Santo Antônio, assim como as imundícies da povoação. A umidade e as chuvas tropicais facilmente transformam as vias de passagem em torrentes lamacentas e, depois, em relheiras pestilentas onde pululam mosquitos. As queixas contra as inundações e seus transtornos são recorrentes na história da cidade do Rio de Janeiro, desde Mem de Sá até os nossos dias.

Em meados do século XVII, a cidade tem apenas três ou quatro ruas que se estendem por menos de dois quilômetros. Faz modesta figura se comparada a Salvador da Bahia e Olinda (Pernambuco), enriquecidas pelo açúcar, ou à Vila Imperial de Potosí, no Alto Peru, a cidade da prata, onde vivem então 150.000 habitantes.[6] Pouco a pouco, o centro se desloca em direção à zona portuária e comercial, rejeitando o morro do Castelo para a periferia.[7] Os imóveis dos particulares misturam as funções residenciais e comerciais. A parte da frente das casas térreas serve geralmente de quitanda. Os sobrados, construídos em dois ou três pavimentos, reservam o térreo às atividades mercantis e o andar superior à habitação propriamente dita.

Entre os morros do Castelo e de São Bento estende-se a praia onde são desembarcadas as mercadorias provenientes de Portugal

A lagoa do Boqueirão e o aqueduto da Carioca.
Leandro Joaquim, fim do século XVIII.

mas também os víveres que vêm das fazendas distantes da cidade. Até a segunda metade do século XIX, as águas da baía de Guanabara, verdadeiro mar interior, servem de meio de comunicação privilegiado entre seus ribeirinhos. Logicamente, é ao longo dessa praia que se concentra a atividade comercial do Rio.

O abastecimento de água doce é uma preocupação constante dos edis. Por muito tempo, são índios – livres ou escravos – que trazem água em potes e barris; com frequência, vão buscá-la no vale das Laranjeiras, árvores que os portugueses plantaram já no início do século XVI. Em 1617, a Câmara Municipal decide a execução de obras de canalização que só serão concluídas de fato em 1750, quando o vice-rei Gomes Freire de Andrade inaugura o aqueduto. Um bonde vetusto, relíquia balouçante do Rio da Belle Époque, ainda hoje circula por ele.

Ao sul do morro do Castelo, o caminho que leva à Cidade Velha abandonada acompanha uma margem batida por violenta ressaca, a praia do Sapateiro (futura praia do Flamengo), e depois a enseada dita de Francisco Velho, que no século XVIII será chamada de Botafogo, do sobrenome de um de seus habitantes, José de Sousa Botafogo.

Em torno do núcleo urbanizado, nas terras úmidas situadas entre o litoral e os contrafortes do maciço da Tijuca, estendem-se numerosas chácaras, meio fazendas, meio vilegiaturas. Particulares abastados alugam essas propriedades à Câmara, por somas muitas vezes simbólicas. O poder territorial deles atrapalha a extensão organizada da cidade e anuncia as atividades agrícolas da região rural.

Açúcar, aguardente e baleias

Desde a introdução da cana-de-açúcar em São Vicente, no início dos anos 1530, as zonas de povoamento português cobriram-se de plantações e de engenhos de açúcar. A produção deste, que demanda uma mão de obra numerosa, é um dos principais motivos da importação de escravos africanos. Pernambuco e o Recôncavo Baiano são os principais produtores, mas as outras capitanias dedicam-se de igual modo a essa indústria. No Rio de Janeiro, existem três engenhos já em 1583, e 120 no fim do século XVII.

A cana-de-açúcar alimenta também as destilarias, onde é transformada em aguardente de qualidade variável, a cachaça ou geribita. Muito apreciada num país onde o vinho de Portugal é caro e suporta sofrivelmente o balanço das travessias, a cachaça é igualmente trocada por escravos na África.[8] Em 1679, em Lisboa, o Conselho Ultramarino proíbe em nome do rei a venda de cachaça brasileira em Angola. À semelhança da maioria das proibições do Ancien Régime na França, essa medida estimula o contrabando e é suprimida em 1695.

O inglês Anthony Knivet conservou uma lembrança penosa do trabalho nas plantações. Detido entre 1591 e 1602 por Salvador Correia de Sá, depois de ter participado das incursões do corsário inglês Candish contra Santos, Knivet é enviado, sem dúvida a título de punição, a um engenho pertencente ao governador. Ao cabo de três meses, conta ele, "todas as minhas roupas converteram-se em trapos, à força de trabalhar num barco, indo noite e dia buscar cana-de-açúcar e madeira para a moenda. Eu não recebia nem comida nem roupa, mas tantos golpes quantos os que recebem os escravos das galeras. Decidi então fugir para a floresta, pois tinha vergonha de que os portugueses me vissem nu".[9] O governador põe fim à escapadela e Knivet tem de voltar ao serviço.

Os canaviais e os engenhos, que se encontram num raio de alguns quilômetros em torno do núcleo urbano e dos quais muitos pertencem aos Correia de Sá, fazem a primeira fortuna do Rio de Janeiro. Em 1636, Salvador o Moço obtém autorização da municipalidade para mandar construir um entreposto a fim de pesar e estocar o açúcar de suas propriedades, assim como o de todos os produtores da região, que devem lhe pagar uma taxa. Esse monopólio permanecerá na família Correia de Sá até 1851, data em que o governo imperial o resgata a peso de ouro.[10] Nos anos 1630, Salvador Correia de Sá possui setecentos escravos, espalhados por vastas terras que fazem dele o primeiro proprietário rural da capitania e talvez do Brasil.[11] Vinte anos mais tarde, ele afirma ser dono de cinco plantações e de umas quarenta herdades no interior do Rio de Janeiro. No norte da capitania, na região de Campos dos Goytacazes, ele também adquire terras onde trabalham 160 escravos e pastam sete mil cabeças de gado.[12]

Cerca de trinta anos depois de sua fundação, o Rio de Janeiro exporta farinha de mandioca, cachaça, madeira, peixe salgado e óleo de iluminação para as capitanias do norte, São Vicente, a costa angolana e o estuário do rio da Prata.[13]

A partir do século XVII, a cidade tira proveito dos recursos da baía de Guanabara, onde as baleias são numerosas entre junho e o fim de agosto.[14] Jean de Léry mencionara com terror as "horríveis e pavorosas baleias" que se aproximavam da ilha de Coligny à distância de um tiro de arcabuz. Na época, só se capturavam as que tinham a infelicidade de encalhar na margem. Assim foi que o almirante de Coligny recebeu a língua salgada de uma baleia que se desgarrara nas proximidades da França Antártica.[15]

Por volta de 1640, o litoral da capitania do Rio de Janeiro, em particular Búzios, Niterói e Ilha Grande, se torna um centro de pesca. A exploração de baleias, cujas técnicas foram introduzidas no Brasil pelos bascos, no começo do século XVII, implica uma divisão precisa de tarefas. Uma flotilha de pequenas embarcações se ocupa de acuar o animal, arpoá-lo e rebocá-lo até a margem. A seguir, outra equipe o esquarteja e derrete a gordura para extrair o óleo, que serve principalmente para alimentar as lâmpadas, embora tenha vários outros usos. Nada se perde da baleia: a carne é consumida pelas populações pobres, pelos escravos dos engenhos, pelas tripulações que atravessam o Atlântico. As cartilagens e os tendões são úteis aos sapateiros e o âmbar, aos perfumistas.

A Coroa de Portugal, que mantém o monopólio da pesca da baleia até 1801, concede a particulares o direito de construir armações, ou seja, instalações necessárias a essa atividade. Além dos barcos, dos molhes e dos dispositivos para içamento, a extração do óleo e dos subprodutos pressupõe fornos, tinas de estocagem, entrepostos, oficinas, acampamentos para os escravos e os operários. Todas essas operações requerem madeira e água em abundância.

Pesca da baleia na baía de Guanabara. Em primeiro plano, a ilha de Villegagnon. Leandro Joaquim, fim do século XVIII.

Índios, jesuítas e africanos

O Rio não tinha ainda completado vinte anos quando o padre Fernão Cardim participou da reconstituição do martírio de são Sebastião: "Tínhamos levado para o barco uma relíquia do glorioso Sebastião, incrustada num braço de prata. Ela havia sido conservada a bordo de maneira que os colonos e os estudantes pudessem festejá-la como o desejavam, dado que essa cidade usava seu nome e o tinha como padroeiro e protetor. Uma noite, fez-se uma festa que ficou célebre. O senhor governador e os outros portugueses passaram em revista os arcabuzeiros, e assim, com seus tambores, pífanos e estandartes, dirigiram-se à margem. Subimos, o padre visitador, o governador, as pessoas importantes da cidade e alguns padres a uma grande barca enfeitada com bandeiras e dotada de numerosos remos [...]. Afluíram umas vinte canoas bem equipadas, algumas pintadas, outras emplumadas, com remos de diversas cores. Entre eles, havia o índio Martim Afonso, comendador da Ordem de Cristo, grande e valente cavaleiro que ajudou muito os portugueses quando da tomada do Rio. [...]

"Depois de desembarcarmos, seguimos em procissão até a Misericórdia, que fica perto da praia, com a relíquia sob o pálio [...]. À porta da Misericórdia, o pano de boca abrigava um palco, e a santa relíquia foi depositada sobre um rico altar, enquanto se representava um piedoso mistério sobre o martírio do santo, com coros e personagens ricamente vestidos; um jovem amarrado a um poste sofreu o suplício: esse espetáculo provocou em toda a cidade lágrimas de devoção e alegria, porque representava verdadeiramente o martírio do santo, e até mesmo as mulheres lho assistiram. Terminado o diálogo, como nossa igreja era pequena, eu os entretive com os milagres e as graças que eles haviam recebido desse glorioso mártir por ocasião da tomada do Rio. Em seguida, o padre visitador fez com que todos beijassem a relíquia e recomeçamos a procissão com danças até a nossa igreja. Era preciso ver a dança de meninos índios – o mais velho tinha oito anos –, todos nus, cobertos de belas pinturas, com seus guizos nos pés, e os braços, as pernas, a cintura e a cabeça ornados com todo tipo de invenções, diademas de penas, colares, braceletes".[16]

Segundo o padre Cardim, as mulheres também assistiram às festividades. Até o fim do século XIX, as senhoras do Rio abstinham-se de participar das comemorações públicas. Raramente se aventuram fora de casa e acompanham o espetáculo das ruas a partir da janela, protegidas pelos muxarabiês.

Esse relato, em que toda a sociedade parece em comunhão ao redor dos jesuítas, descreve apenas um aspecto das relações entre portugueses e índios. Se os portugueses se implantaram em São Vicente e em São Paulo de Piratininga graças a alianças e a uma coabitação pacífica com os tupiniquins, em contrapartida precisaram travar uma guerra impiedosa para apoderar-se da baía de Guanabara. No lugar dos tamoios, reinstalaram os inimigos destes, os temiminós, repatriados do Espírito Santo, onde se haviam refugiado alguns anos antes. Essa transferência ilustra as grandes linhas da política adotada pelos portugueses em relação aos ameríndios. Durante todo o período colonial, os portugueses distinguem cuidadosamente os índios aliados, reunidos em aldeias ou aldeamentos, dos índios inimigos, disseminados nos sertões,[17] e lhes reservam um tratamento muito diferente.

Os colonos, assim como as autoridades civis e religiosas, esforçam-se por fazer os índios saírem da mata a fim de catequizá-los e sedentarizá-los. Algumas expedições, sempre acompanhadas de um jesuíta, partem a fim de convencer as tribos a trocarem os sertões por aldeias indígenas, instaladas nas proximidades dos núcleos de povoamento português. Nelas os índios são livres, proprietários de suas terras e, se prestarem algum serviço aos moradores, devem em princípio receber o justo salário pelo seu trabalho. A legislação colonial insta com os portugueses que evitem qualquer violência contra os índios e respeitem sua liberdade, pois os índios das aldeias continuam essenciais para produzir víveres, fornecer tropas em caso de conflito, servir de guias para as explorações nos sertões e ajudar às vezes, mediante salário, nos trabalhos dos colonos.[18]

Os temiminós, que contribuíram para a vitória de Mem de Sá, são aliados. Em 1568, destroçaram uma nova expedição de franceses e tamoios contra o Rio de Janeiro.[19] Em recompensa, seu chefe, Martim Afonso Arariboia – convertido ao cristianismo e mencionado pelo padre Cardim como um dos chefes que acolhem a relíquia de São Sebastião –, recebe do rei Sebastião uma sesmaria, uma pensão e o hábito da Ordem de Cristo.* As aldeias temiminós ficam do outro lado da baía, em São Lourenço e São Barnabé, um pouco mais longe. Somam três mil índios por volta de 1584 e são administradas por jesuítas que moram lá. O padre Fernão Cardim descreve o sucesso da catequese junto a eles: "O padre visitador dirigiu-se a São Lourenço, onde residem os padres, e, no dia de Reis, celebrou para eles uma missa cantada, executada pelos índios com suas flautas: ele casou alguns e deu a comunhão a outros. Eu batizei somente dois adultos, pois todos os outros eram cristãos".[20]

---

* A Ordem de Cristo é uma ordem de cavalaria fundada em Portugal para a reconquista contra os mouros. Em seguida, participa da expansão colonial portuguesa.

Dois séculos mais tarde, em 1757, a situação se deteriorou. O bispo do Rio descreve as doze aldeias que vegetam nos arredores da cidade como "antros de bêbados"; e propõe educar as indiazinhas instalando-as em famílias honradas e casando-as com portugueses. As autoridades veem então com maus olhos a mestiçagem entre índios e negros, e desencorajam tais uniões.[21]

No fim do século XVI, os "índios inimigos" – como os tamoios, que matam e "moqueiam" os portugueses quando estes passam ao alcance de suas maças – são destinados à morte ou à escravidão em caso de guerra. A partir de 1570, só é lícita a escravização dos índios inimigos que tiverem sido detidos ao término de "guerras justas", cuja "justeza", contudo, é deixada à apreciação dos portugueses. Os colonos são também autorizados a resgatar os prisioneiros condenados à antropofagia ritual, para fazê-los escravos.[22]

A resistência dos tamoios, sempre apoiados pelos franceses, suscita amplas operações, provedoras de mão de obra servil. Em 1575, confrontos entre tamoios da região de Niterói e habitantes do Rio levam o governador Antônio de Salema a decidir-se pela pacificação da capitania até Cabo Frio. A expedição reúne cerca de quatrocentos brancos e setecentos aliados índios. Faz centenas de mortos, milhares de cativos e obriga os tamoios sobreviventes a recuar para o interior do continente.

Vinte anos depois, ainda perduram os ódios, se nos fiarmos nas lembranças de Anthony Knivet. Em 1597, o pirata inglês se perde longe da costa, com doze portugueses, e vai parar nas aldeias de tamoios. Faz-se passar por francês e escapa à sorte dos seus companheiros, que foram massacrados e comidos pelos índios. Knivet passa, então, vários meses com os tamoios, ensina-lhes algumas técnicas de combate e convence-os a empreender uma longa migração para o Sul, a fim de se estabelecerem numa costa virgem de qualquer presença portuguesa. Knivet refere-se à região do Rio Grande do Sul. De fato, um ancião tamoio contou-lhe que seu povo vivia outrora em Cabo Frio e obtinha facas e machados dos franceses, antes que seu deslocamento forçado o reduzisse à miséria.[23] Segundo o testemunho de Knivet, trinta mil tamoios o seguem em direção ao oceano. Após um longo périplo para evitar os portugueses e as tribos hostis, chegam ao litoral, na região de Santos, em pleno território dos carijós, de cujas aldeias apoderam-se. Os carijós vão buscar ajuda em São Vicente e no Rio de Janeiro, de onde chega uma armada comandada por Martim Correia de Sá. Quando descobriram que seus compatriotas haviam sido devorados pelos tamoios, "os portugueses mataram todos os velhos e mulheres, e todos os que tiveram alguma participação na morte dos portugueses, o que dá ao todo dez mil, e dividiram entre si os outros vinte mil como escravos". [24]

De acordo com os relatos ao mesmo tempo terríveis e rocambolescos de Knivet, os habitantes do Rio de Janeiro, como os de São Vicente e São Paulo de Piratininga, têm objetivos permanentes e contraditórios: liquidar as revoltas indígenas e dispor de escravos em abundância. De fato, a pacificação seca a principal fonte de "negros da terra" (os escravos indígenas), cuja captura exige que se vá cada vez mais longe, no sertão.[25] Os habitantes de São Paulo são os mais ativos em penetrar o interior do continente para capturar índios e, nessas mesmas ocasiões, fazem progredir o conhecimento do país. Esses "paulistas", também chamados mamelucos, provêm frequentemente do mundo indígena, ou da mestiçagem com os portugueses.[26] No fim do século XIX, eles serão popularizados como descobridores dos sertões e construtores do espaço nacional brasileiro, sob o nome de bandeirantes.

Tais expedições contam com o apoio da Coroa, que encoraja a busca de jazidas de ouro e de pedras preciosas. As que partem de São Paulo de Piratininga são mais conhecidas que as originadas no Rio de Janeiro. Por isso mesmo, o testemunho de Knivet é ainda mais precioso: o pirata participa de várias missões no interior, cujo objetivo é, sobretudo, capturar escravos. Em 1591, ele acompanha Martim Correia de Sá a uma aldeia onde, "em troca de facas e machadinhas, os índios vendem suas mulheres e seus filhos".[27] Em outubro de 1597, outra expedição, que reúne setecentos portugueses e duzentos índios, deixa o Rio à procura de tamoios, cuja punição os aliados índios desejam. A iniciativa resulta em desastre. Após três semanas de marcha em condições pavorosas, os sobreviventes encontram somente uma aldeia abandonada.[28]

A partir dos anos 1620, os mamelucos multiplicam as incursões ao alto Uruguai, onde a Companhia de Jesus fundou missões importantíssimas, as reduções, para evangelizar os guaranis. Pouco a pouco, os interesses dos proprietários e dos caçadores de escravos passam a divergir radicalmente das posições defendidas pelos jesuítas.

Diante das repetidas violações da liberdade dos índios e dos ataques dos paulistas às reduções jesuíticas de Guaíra e do alto Uruguai, a legislação pontifícia e real é reforçada. No breve *Commissum nobis* (22 de abril de 1639), o papa Urbano VIII reafirma, depois de Paulo III em 1537, a proibição de reduzir os índios à escravidão, qualquer que seja o pretexto. Filipe II envia ordens para que o vice-rei do Peru venha em auxílio aos jesuítas contra seus agressores. Os missionários logo armam os guaranis das reduções e, em março de 1641, estes infligem em Mbororé uma severa derrota aos paulistas, que batem em retirada durante alguns anos.[29]

As medidas de Filipe II referiam-se apenas à parte espanhola das colônias americanas. Desde 1580, o rei da Espanha reina também sobre Portugal, mas suas decisões só se aplicam ao Brasil mediante a aquiescência de Lisboa. O capricho dos ventos e a tenacidade do padre Francisco Diaz Taño irão decidir diferentemente e provocar uma grave crise no Rio de Janeiro, mas também em São Vicente e São Paulo.[30]

Forçados a deter-se longamente no Rio de Janeiro antes de continuar seu trajeto para o rio da Prata, Taño e seus companheiros não esperam a publicação oficial do breve *Commissum nobis* nas capitanias de São Vicente e Rio de Janeiro. Em 20 de maio de 1640, os jesuítas leem o documento para os fiéis que assistem à missa no morro do Castelo. A revolta dos moradores, muitos dos quais, no entanto, têm mãe ou esposa índia, transforma-se em motim. Uma multidão enfurecida acaba tomando de assalto o colégio jesuíta, aos gritos de "Mata! Mata!" ou "Fora! Fora!".[31] Salvador Correia de Sá intervém a tempo para salvar os padres do linchamento. No dia seguinte, uma reunião entre as diferentes partes acalma momentaneamente os ânimos. Argúcias jurídicas permitem suspender o breve pontifício que continua a planar como uma ameaça sobre os proprietários de escravos índios. A raiva resmunga em torno do morro do Castelo. Um mês depois, os jesuítas são obrigados a voltar atrás em suas decisões e a declarar lícita a escravidão de todos os índios que servem os colonos do Rio de Janeiro, tanto nas residências quanto nos campos. Além disso, comprometem-se a devolver aos respectivos senhores os escravos que tentarem refugiar-se nas missões.[32] Acontecimentos similares produzem-se em Santos e São Paulo, de onde a Companhia de Jesus é expulsa. Os jesuítas só voltarão lá em 1653.[33]

A rarefação dos "índios inimigos" e as pressões dos jesuítas incitam a mandar buscar na África uma mão de obra considerada mais robusta. Datam dos anos 1610 os primeiros contratos que concedem a particulares o privilégio de abastecer de cativos africanos o Rio de Janeiro. Estes últimos são familiares aos portugueses, que os utilizaram assim que entraram em relação com a Guiné.* De fato, "peças da Guiné" desembarcaram em 1444 em Portugal, em Lagos. Muitos outros os seguiram para servir em Portugal mesmo, e depois nos canaviais das ilhas de Cabo Verde e São Tomé. No Brasil, alguns africanos chegam a São Vicente em 1538, para trabalhar nos engenhos. Cerca de quarenta anos mais tarde, Pero de Magalhães Gândavo conta entre dois mil e três mil deles em todo o Estado do Brasil.[34] Os escravos vêm, em parte, da costa do golfo de Benim, e depois, cada vez mais, da costa de Angola, onde os portugueses fundaram São Paulo de Luanda em 1576 e São Felipe de Benguela em 1617. Por isso, os escravos das regiões açucareiras logo serão majoritariamente africanos; têm fama de resistir melhor que os índios às epidemias e às penosas condições de trabalho. No Rio de Janeiro, contudo, eles só serão importados maciçamente na última década do século XVII. Por volta de 1640, os jesuítas do Rio de Janeiro possuem seiscentos escravos, quase todos africanos, o que lhes permite defender a liberdade dos índios.[35]

Quanto aos índios e aos mamelucos, estes frequentemente aproveitam seu conhecimento do terreno para exercer as funções de

---

* A Guiné designa de início toda a África subsaariana ocidental, e depois, à medida que ocorrem as descobertas e conquistas portuguesas, novas regiões se distinguem: a "costa de Mina" (ao longo do golfo de Benim), o Congo, Angola.

capitães do mato, que localizam os escravos fugitivos. Os capitães do mato só desaparecerão da sociedade carioca nos anos 1820.[36]

O Rio de Janeiro, a cinquenta dias de mar a partir da costa de Angola, torna-se um importante porto negreiro. Embora os pernambucanos e os baianos sejam mais ricos e estejam mais próximos da costa africana do que eles, os mercadores do Rio de Janeiro se mostram bastante ativos. As "peças" que chegam à cidade destinam-se às plantações, mas são também reexportadas para Buenos Aires e para o vice-reino do Peru. De fato, o século XVII corresponde, para o Rio de Janeiro, à construção e ao desenvolvimento de uma rede de trocas no Atlântico Sul, com eixo em Angola e no rio da Prata.

Sob o reinado de Salvador Correia de Sá e Benevides

Para melhor controlar a capitania de São Vicente, os portugueses fundaram São Sebastião do Rio de Janeiro. Esse papel de sentinela se amplia nas décadas seguintes e ganha uma dimensão imperial. Da capitania do Rio de Janeiro dependem, com efeito, as capitanias de baixo, isto é, o sul do Estado do Brasil até as margens do rio da Prata. Portanto, a cidade comanda a fronteira e os contatos com o Alto Peru.

Tal vocação se reforça ainda mais durante os anos 1580-1640, quando as coroas portuguesa e espanhola são reunidas sobre a cabeça do Rei Muito Católico. Em 1578, D. Sebastião de Portugal morre numa cruzada, no Marrocos, na batalha de Alcácer-Quibir. Seu tio, o cardeal D. Henrique, sucedeu-lhe, mas desaparece dois anos mais tarde sem deixar herdeiro. Nessa data, Filipe II da Espanha assume também o título de D. Filipe I de Portugal. A união dinástica dura até a secessão portuguesa, em 1640, que restaura a independência e consagra o advento do duque de Bragança, sob o nome de D. João IV.

Do outro lado do Atlântico, a união das duas Coroas traz consequências múltiplas. No plano administrativo, não acarreta muitas mudanças, já que as conquistas portuguesas continuam a ser dirigidas a partir de Lisboa, mas, durante os anos 1580 a 1625, os portugueses se aproveitam disso para ampliar seu território na América e intensificar sua influência nas províncias do Alto Peru.[37]

O Rio de Janeiro, sob a férula dos Correia de Sá, também pratica em sua escala a união ibérica, uma vez que Martim Correia de Sá (c. 1575-1632) se casa com a filha do governador de Cádiz, Maria de Mendoza e Benevides. Aliás, é em Cádiz que seu filho Salvador Correia de Sá e Benevides nasce, em 1602, e passa seus primeiros anos.

Em 1627, o governador do Alto Peru, D. Luís de Céspedes Xeria, a caminho de Assunção, onde deve assumir suas funções, detém-se por algumas semanas no Rio. Três meses de marcha perigosa através do continente separam a baía de Guanabara de Assunção. Martim Correia de Sá cerca D. Luís com uma hospitalidade generosa e empenha-se em ajudá-lo nos preparativos de viagem. A amizade das duas famílias é selada por um casamento. D. Luís fica noivo de D. Vitória, sobrinha de Martim de Sá. Salvador Correia de Sá, filho de Martim, escolta a prima até Assunção, e depois decide instalar-se no Alto Peru. Ali, Salvador o Moço põe suas competências militares a serviço do governador e participa, com suas milícias índias, da pacificação da província de Tucumán.[38] Rapidamente constrói uma bela fortuna em terras e casa-se por sua vez com uma rica herdeira castelhana. Cinco anos mais tarde, ao saber da morte do pai, retorna ao Rio de Janeiro. Em 1637, torna-se governador e capitão da cidade, como o haviam sido seu avô e seu pai.

Quando Portugal recupera a independência, em 1640, tantas alianças e tantos interesses comuns entre os Correia de Sá do Rio de Janeiro e Castela levam o governo a temer que as capitanias do sul se mantenham fiéis ao rei da Espanha e se desliguem de Portugal. Em fevereiro de 1641, contudo, Salvador Correia de Sá e a Câmara do Rio de Janeiro aderem a D. João IV. Dois dias de festas comemoram a proclamação do novo rei. Procissões religiosas, paradas militares, desfiles de carros alegóricos percorrem a cidade, cujos edifícios públicos e residências foram iluminados.[39]

A restauração de Portugal não modifica a situação catastrófica em que se encontra o império. A Companhia Holandesa das Índias Ocidentais (W.I.C.),* aproveitando a expiração da trégua de doze anos estabelecida em 1609 na guerra que opõe a Espanha às Províncias Unidas, dirige seus ataques contra o Brasil. Em maio de 1624, o almirante holandês Piet Heyn apoderou-se de Salvador da Bahia, sede do governo-geral do Brasil e capital da segunda região produtora de açúcar. Para recuperá-la, o rei da Espanha convocou os vassalos de todos os seus Estados e enviou uma armada de setenta navios e 12.500 soldados castelhanos, portugueses e italianos. A Jornada dos Vassalos, nome sob o qual a expedição passou à posteridade, liberta a cidade um ano mais tarde.

Em 1628, Piet Heyn apossa-se em Cuba da frota espanhola que comboiava o ouro do México. Graças a essa apreensão, a W.I.C. dispõe de meios para preparar uma campanha de envergadura contra Pernambuco, o coração econômico do Império português. Em 1630, os holandeses apoderam-se de Olinda e Recife; a seguir, sob o governo de Maurício de Nassau (1637-1644), ampliam e consolidam sua dominação. Paralelamente, empenham-se em conquistar as fortalezas portuguesas na África ocidental, de modo a controlar o tráfico de escravos, indispensável ao funcionamento das capitanias brasileiras, particularmente das que produzem grandes quantidades de açúcar. Antes que uma nova trégua congele por dez anos as hostilidades entre os dois países, os holandeses tomam São Jorge da Mina em 1637, depois São Tomé e, sobretudo, em 1641, São Paulo de Luanda, cujos habitantes se refugiam no interior do país.

A situação de Portugal parece bastante comprometida. Manietado pela trégua e pelo estado de suas finanças, o reino deve defender-se da Espanha e enfrentar a ocupação holandesa das feitorias de Angola e da metade do Brasil. Em 1643, D. João IV solicita os conselhos de Salvador Correia de Sá e Benevides, o qual propõe, entre outros projetos, uma expedição à África para libertar

---

* A Companhia Holandesa das Índias Orientais (V.O.C.) foi fundada em 1602 e combatia os portugueses na Ásia. A Companhia Holandesa das Índias Ocidentais (W.I.C.), surgida em 1621, atacava as possessões espanholas e portuguesas do Atlântico.

seus compatriotas. Logo parte da Bahia uma frota, mas é aniquilada pelos africanos.[40]

Salvador Correia de Sá pleiteia sobretudo a organização de comboios entre Brasil e Portugal. Uma escolta armada acompanharia os navios mercantes e os protegeria dos corsários holandeses. Tal medida inspira-se nas frotas que garantem o tráfico entre Sevilha e a América espanhola, mas se defronta com as objeções dos plantadores e armadores. Estes últimos denunciam as dificuldades de um sistema que concentraria o tráfico nos portos de Lisboa e da Bahia; e temem também a imobilização das cargas que aguardam a partida, os entraves à liberdade do comércio, o aumento de custo que a proteção acarreta. Os argumentos de Salvador Correia de Sá vencem. O governador é nomeado por dez anos general da frota[41] e, em 15 de outubro de 1645, chega a bom porto, às margens do Tejo, com 25 barcos carregados de açúcar.

A organização do tráfico entre o Brasil e a metrópole ganha em rigor no decorrer do tempo, até a abolição das frotas, em 1765. Os carregamentos são feitos segundo uma ordem preferencial. No Rio de Janeiro embarcam-se prioritariamente o açúcar, a madeira e o couro, destinados a Portugal, e os outros produtos ocupam o espaço restante. Em geral, os navios e sua escolta deixam Lisboa entre fevereiro e julho e partem do Rio de Janeiro durante os seis últimos meses do ano. A travessia dura em média sessenta dias, nos séculos XVII e XVIII.[42]

Salvador Correia de Sá continua em Lisboa, onde participa das sessões do Conselho Ultramarino, quando se torna conhecido o desastre da expedição partida da Bahia. No início de março de 1647, é nomeado governador e capitão-geral de Angola, além de suas numerosas atribuições. Sua missão, que a trégua de dez anos com a Holanda obriga D. João IV a não reconhecer oficialmente, consiste em reconquistar as praças perdidas. Portanto, ele precisa recrutar homens e barcos para completar os dois galeões reais que lhe são confiados. De volta ao Rio de Janeiro, convoca suas milícias índias e convence os plantadores, que tanto precisam das "peças de Angola", a contribuir generosamente para o esforço de guerra.

Em 12 de maio de 1648, Salvador Correia de Sá deixa a baía de Guanabara à frente de uma armada. Após dois meses de travessia, a costa africana está à vista. Apesar dos reveses que afetam a expedição, ele obtém não só a rendição da guarnição de Luanda como a evacuação de todas as feitorias que os holandeses tomaram aos portugueses. O governador e capitão-geral de Angola faz então uma entrada suntuosa em Luanda. Extirpa a heresia calvinista, devolve as igrejas ao culto católico e consagra Luanda a Nossa Senhora da Assunção,[43] enquanto seus homens perseguem os africanos que aderiram aos holandeses e os reduzem à escravidão. Desta forma, os portugueses retomam o tráfico negreiro em direção ao Brasil e à América espanhola. Como recompensa por seus bons serviços, Salvador Correia de Sá deixa Angola em 1652 e torna-se membro do Conselho de Guerra do rei.

Sua grande ambição, no entanto, consistia em obter a separação administrativa entre as capitanias do Sul e o governo-geral da Bahia. Por duas breves ocasiões, entre 1574 e 1578 e, mais tarde, entre 1608 e 1612, o Rio de Janeiro já dependera diretamente de Lisboa, mas a experiência havia acabado de repente.* Em 17 de setembro de 1658, a regente D. Luisa de Guzmán parece satisfazer Salvador Correia de Sá, promovido a governador e capitão do sul do Brasil (Repartição do Sul), mas o vínculo com a Bahia não é formalmente rompido, e a definição geográfica da área não é claramente especificada.[44] Aos olhos do *condottiere* fluminense, seu domínio se estende desde o limite norte do Espírito Santo – onde, acredita, se encontra uma fabulosa "montanha de esmeraldas" – até o rio da Prata. Desde muito tempo antes, ele é favorável a colonização da costa e do interior que separam do Império espanhol as últimas povoações portuguesas, como Santos ou Cananeia, pois tem a esperança de ali achar ouro, mais abundante que as pequenas lâminas desse metal encontradas nos rios da capitania de São Paulo, ou uma "montanha de prata", uma Potosí situada do lado bom da linha traçada em Tordesilhas.[45] Seu filho João parte em busca

---

* Em 1621, a mesma solução fora aplicada ao Estado do Maranhão, desligado do governo-geral do Brasil.

das esmeraldas do Espírito Santo, enquanto ele mesmo vai explorar, em 1660, a região de Paranaguá.

Salvador Correia de Sá deseja igualmente estimular a construção de galeões com tonelagem bem superior à das caravelas tradicionais, e também mais aptos a enfrentar os corsários. Convidam-se especialistas para trabalhar nos projetos e na realização de uma das maiores embarcações feitas no século XVII. Assim, o *Padre Eterno* é construído na ilha do Governador, na ponta dita "do Galeão", onde aterrissam e de onde decolam, hoje em dia, os aviões do Aeroporto Internacional do Rio de Janeiro. O navio é batizado no Natal de 1663 e segue ao encontro da frota real em Lisboa.

A administração autoritária do Rio de Janeiro, a imposição de taxas destinadas a subvencionar as despesas militares, o suporte constante aos jesuítas e à defesa que eles fazem da liberdade dos índios, o invasivo império dos Correia de Sá e de seus prepostos, tudo isso alimenta vivos ressentimentos. Em outubro de 1660, a partida do governador das capitanias do Sul para São Paulo ocasiona uma verdadeira revolução da qual participam ao mesmo tempo as elites hostis e as camadas modestas, que denunciam a tirania oligárquica.

Os habitantes de São Gonçalo, paróquia situada do outro lado da baía, recusam-se a quitar a capitação imposta por Salvador Correia de Sá. Seu chefe, Jerônimo Barbalho, reforça essa recusa com uma lista de queixas e, em 8 de novembro, depõe o governador da cidade, Tomé Correia de Alvarenga, assim como todos os parentes e partidários de Salvador Correia de Sá que ocupam funções públicas. Além de ter suas casas pilhadas pelo populacho, são presos e enviados a Lisboa com uma longa e pesada lista de acusações. A Câmara pode agora retomar seus direitos e prerrogativas.

Enquanto isso, Salvador Correia de Sá demora-se em São Paulo, onde aguarda as primeiras divisões internas entre seus inimigos, assim como reforços, para retomar a cidade rebelde. Em 6 de abril de 1661, apodera-se dela sem dificuldade. Jerônimo Barbalho é logo julgado, condenado à morte e executado; os outros conjurados são entregues ao governo-geral da Bahia para que se faça justiça. A Coroa, contudo, poupa seus vassalos de ultramar, pois teme que um excesso de exasperação os jogue nos braços do rei da Espanha ou de algum outro protetor. E não reconduz Salvador Correia de Sá às suas funções, mas o substitui, em abril de 1662, por um novo governador vindo de Portugal.[46] Desta forma, põe termo à anomalia representada pela sucessão dos Correia de Sá à frente do governo do Rio de Janeiro, por seu poder tentacular e pelo desvirtuamento das instituições municipais e reais em proveito deles.

A partir de 1663, Salvador Correia de Sá reside em Lisboa e conhece ainda algumas adversidades nos sobressaltos da vida política portuguesa. Participa quase sem interrupções, até janeiro de 1681, do Conselho Ultramarino. Sem dúvida, influencia bastante a decisão de materializar as reivindicações portuguesas sobre a margem norte do rio da Prata.

Em 1676, o Rio de Janeiro foi erigido em bispado; a diocese se estende então até o estuário do rio da Prata, a quatorze dias de navegação. Três anos mais tarde, o Conselho Ultramarino encarrega D. Manuel Lobo, governador do Rio de Janeiro, de construir uma fortaleza na ilha de São Gabriel, em frente à costa norte do estuário, e depois em terra firme. Mas a iniciativa enfrenta a oposição da província espanhola do rio da Prata. Algumas horas de travessia bastam ao governador de Buenos Aires para trazer tropas e destruir o forte e seus defensores, com risco para a paz entre os dois reinos ibéricos.[47] Para preservá-la, Madri ordena a devolução da praça aos portugueses, mas retoma-a durante a guerra da Sucessão da Espanha (1701-1713), quando as duas monarquias ibéricas se veem em campos opostos. Ao término do conflito, o tratado de Utrecht reconhece os direitos de Portugal sobre a Colônia do Sacramento, limite meridional da América portuguesa. Longe de pôr fim à querela entre Espanha e Portugal, ele não passa de um dos lances de uma longa partida militar e diplomática, pontuada por recuos e desforras.

3. Da periferia ao centro

A sorte do Rio de Janeiro continua a depender da dinâmica colonial portuguesa e dos conflitos entre potências europeias.[1] Ao longo do século XVIII, o centro de gravidade da América portuguesa desvia-se do Nordeste para o Sudeste, e o Rio de Janeiro se impõe, pela vontade real, como a principal cidade brasileira. Seu progresso se deve à sua função militar, pois é a partir do Rio que os portugueses colonizam o sul do Brasil e dirigem as hostilidades contra os espanhóis do rio da Prata. Ele repousa também sobre a descoberta do ouro em Minas Gerais.

Os caminhos do ouro

No século XVII, os Correia de Sá haviam mandado expedições ao interior e ao sul da colônia na esperança de ali encontrar minas. A descoberta de jazidas auríferas, contudo, escapa aos habitantes do Rio. No começo dos anos 1690, bandeirantes vindos de São Paulo percorrem o noroeste da capitania e encontram ouro em abundância nas águas e nos arredores do rio das Mortes. A notícia chega ao litoral em 1695 e provoca uma verdadeira corrida ao ouro.

Deslocado em relação à região das minas, que só é separada da capitania de São Paulo em 1720, o Rio de Janeiro, num primeiro momento, conhece apenas os inconvenientes da descoberta desse eldorado. A cidade se ressente da atração exercida por Minas Gerais sobre a mão de obra, que abandona os campos do recôncavo; seus habitantes têm de suportar o encarecimento dos gêneros e dos escravos provocado pelo *boom* mineiro. Além disso, o Rio fica afastado das duas estradas que levam ao ouro. Entre a costa e as zonas de extração, o caminho mais curto é o Caminho Velho, por onde os bandeirantes seguiram a partir de São Paulo, e que pode ser alcançado à altura do pequeno porto de Parati, a um dia de mar ao sul do Rio de Janeiro. A outra estrada, mais comprida, liga Minas Gerais a Salvador da Bahia pelo vale do rio São Francisco, mas a distância é em parte compensada por uma viagem mais confortável. Salvador oferece também a vantagem de ficar sensivelmente mais próxima da metrópole do que o Rio de Janeiro.

Os rebanhos de bois e os comboios de mulas que vão e vêm entre Minas Gerais e as cidades portuárias circulam por essas duas vias até 1705, quando a Coroa manda abrir o Caminho Novo. Esta parte do Rio, serpenteia ao longo de cinco dias através das montanhas e alcança finalmente o antigo trajeto. Em seguida, é necessário contar entre quinze e vinte dias para chegar ao destino.[2] Preocupada com o contrabando, a Coroa portuguesa empenha-se em concentrar no Rio o escoamento do ouro, e fecha os outros caminhos.

O Caminho Novo amplia o interior do Rio de Janeiro, que se reduzia ao recôncavo,[3] e acrescenta à vocação marítima e atlântica da cidade uma função continental. Desta forma, lhe confere uma vantagem definitiva sobre suas rivais São Paulo e Salvador nas relações com Minas Gerais. Por fim, faz do Rio de Janeiro uma presa atraente para os adversários de Portugal.

Rio, cidade aberta

Por duas vezes, a guerra da Sucessão da Espanha repercute no Rio de Janeiro. Em 1703, D. Pedro II, rei de Portugal, alia-se à Inglaterra. Em maio daquele ano, os diplomatas britânicos John e Paul Methuen conseguiram atrair Lisboa para a grande aliança contra a

França, ao lado da Inglaterra, dos Países Baixos e da Savoia. Em dezembro, o tratado político é completado por um acordo comercial da maior importância. Os tecidos ingleses de lã são isentos de impostos na entrada em Portugal, enquanto os vinhos portugueses se beneficiam das mesmas vantagens no mercado britânico. O "tratado Methuen" liga por muito tempo esses dois países.

D. Pedro II apoia, portanto, as pretensões dos Habsburgo contra as do neto de Luís XIV, e em 1704 abre os portos portugueses aos partidários do arquiduque Carlos. As possessões coloniais de Portugal, mais ou menos bem defendidas, tornam-se então outros tantos alvos possíveis para os corsários franceses, que não se sentem à vontade diante da Marinha britânica mas são excelentes nos ataques às cidades litorâneas.[4] Várias feitorias portuguesas, como Benguela em 1705, Príncipe no ano seguinte, São Tomé em 1709 ou Santiago de Cabo Verde em 1712, são atacadas por embarcações francesas.[5] O Rio de Janeiro, evidentemente, era um objetivo de envergadura totalmente diversa.

As autoridades municipais e reais deixaram-se entorpecer pelas qualidades defensivas da baía, cuja entrada é controlada por uma barra estreita e difícil de transpor: os navios devem contornar uma ilhota rochosa e passar ao alcance dos canhões das fortalezas de Santa Cruz, a estibordo, ou de São João, a bombordo. Essa manobra complicada parece-lhes sufi cientemente dissuasiva.

O primeiro alerta sério, contudo, ocorre em setembro de 1710. Seis navios franceses comandados por Duclerc desistem de forçar a entrada da baía e aportam discretamente, em 11 de setembro, na enseada de Guaratiba, algumas dezenas de quilômetros ao sul da cidade. Guiados por escravos fugitivos, 1.500 soldados abrem caminho através da floresta, enquanto o governador do Rio de Janeiro, Francisco de Castro Morais, espera um ataque vindo do mar. Em 18 de setembro, os franceses se apossam da terra dos jesuítas, em Santa Cruz. No dia seguinte, alcançam a rua da Vala, o fosso cheio de água que marca o limite entre a cidade e o sertão. Os combates são encarniçados e fazem numerosas vítimas, tanto entre os invasores quanto entre os defensores da cidade. Ao cabo de algumas horas, Duclerc e cerca de seiscentos sobreviventes se entrincheiram num trapiche, à beira do porto, para aguardar o reforço da frota. Submetidos a intenso bombardeio, os franceses negociam sua rendição e são dispersados pelos quartéis do Rio de Janeiro.[6]

Tanto em Lisboa quanto no Brasil, a derrota dos marinheiros do Rei Sol é celebrada por ações de graças e festas grandiosas. Em março de 1711, Duclerc, que purga seu cativeiro numa confortável residência de notáveis, é assassinado em seu quarto por homens embuçados. Os assassinos não tiveram qualquer dificuldade para aproximar-se da vítima nem para desaparecer na noite. O atentado tem grande repercussão na Europa. Alguns mencionam a cumplicidade do governador, cujo irmão havia sido morto durante o ataque dos franceses. O Conselho Ultramarino providencia um inquérito que não chega a resultado algum.[7]

Se a tentativa francesa não serve de lição aos habitantes do Rio de Janeiro no sentido de reforçar a proteção da cidade, o assassinato de Duclerc fornece ao capitão René Duguay-Trouin, de Saint-Malo, um pretexto para organizar uma incursão de grande amplitude: "As notícias segundo as quais se soubera da derrota do senhor Duclerc e de suas tropas davam conta de que os portugueses, insolentes vencedores, exerciam para com esses prisioneiros toda espécie de crueldade, que os faziam morrer de fome e de miséria nos calabouços, e que o senhor Duclerc havia sido por eles assassinado, embora se tivesse rendido mediante acordo".

"Todas essas considerações, acrescidas a um imenso butim, e sobretudo à honra que se podia adquirir num empreendimento tão difícil, despertaram em mim a vontade de ir levar as armas do rei àqueles climas distantes, e de punir a desumanidade dos portugueses com a destruição daquela colônia florescente".[8] Instruído pela experiência de seu infeliz compatriota, Duguay-Trouin obtém a aquiescência do ministro da Marinha e os recursos materiais para suas ambições. Em dois meses, arma uma frota de dezoito navios, financiada por negociantes de Saint-Malo. Apesar da discrição que cerca esses preparativos, os ingleses ouvem falar de suas intenções e tentam bloquear o porto de Brest, onde Duguay-Trouin havia previsto reunir suas forças.

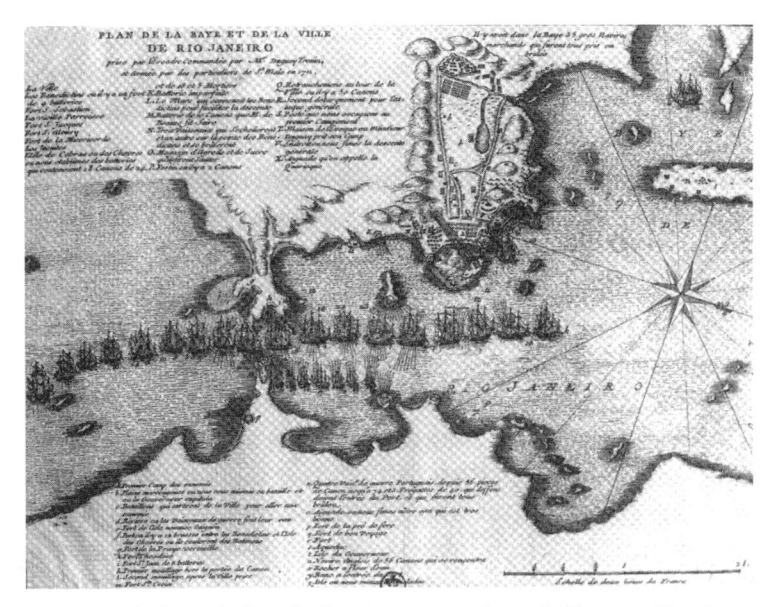

Mapa da baía do Rio de Janeiro, com a frota de Duguay-Trouin

Finalmente, o francês zarpa de La Rochelle, em 7 de junho de 1711. Um navio inglês logo cruza o Atlântico para prevenir Lisboa e o Rio de Janeiro da trama que está em curso, mas o governador Francisco de Castro Morais subestima o aviso.

Alguns meses mais tarde, Duguay-Trouin encontra-se diante do Rio, sem ter sido notado, e transpõe a entrada da baía considerada inexpugnável. Aproveita-se do nevoeiro e da chuva para surpreender as baterias que vigiam a barra. Os defensores do Rio de Janeiro, embora reforçados pela presença, no porto, de uma parte da escolta da frota do Brasil, são tomados de surpresa. Os navios de linha portugueses são avariados ou destruídos pelo canhoneio francês.

No dia seguinte, os franceses ocupam um local estratégico, a ilha das Cobras, que figura em seus mapas como ilha das Cabras e que deixa o centro ao alcance dos seus fuzis. Em 12 de setembro, mais de três mil deles desembarcam armados na margem da baía, enquanto sua artilharia toma posição nos morros. Os habitantes se refugiam no morro de São Bento, fortificado às pressas por Gilles Dubocage, um normando instalado desde alguns anos antes na colônia portuguesa. A 19 de setembro, Duguay-Trouin envia um ultimato ao governador Francisco de Castro Morais, que o rejeita num primeiro momento. Dois dias depois, as elites da cidade realizam no convento dos beneditinos um conselho de guerra dramático. Após um debate acalorado, decidem resistir até a chegada de reforços vindos de Minas Gerais, mas a defecção da milícia, que deserta em massa, torna vã qualquer resistência. Na noite de 21 para 22 de setembro, a cidade é evacuada em condições dantescas, pois uma violenta tempestade tropical se acrescenta ao pânico da fuga.

Os franceses haviam julgado impossível impedir qualquer retirada dos inimigos para o interior, mas não tinham imaginado que estes abandonariam o Rio dessa maneira. Na manhã de 22 de setembro, somente os antigos companheiros de Duclerc e alguns "cristãos-novos", condenados à deportação para Lisboa e ao tribunal da Inquisição, acolhem os invasores no Rio deserto e entregue à pilhagem. Como o ouro de Minas Gerais fora guardado em lugar seguro, Duguay-Trouin, para ter algum lucro, só poderá contar somente com um resgate. Para libertar a cidade, ele exige do governador a soma de 610.000 cruzados, em parte adiantados sobre o imposto real, cem caixas de açúcar e duzentas cabeças de gado.[9] A frota francesa se lança então ao largo com seu butim.

Três dias depois, as tropas do capitão e governador de Minas Gerais, Antônio de Albuquerque, alcançam o Rio de Janeiro. Francisco de Castro Morais é mandado para Lisboa, onde é julgado e condenado ao degredo num fortim da Índia.

Após esse episódio, um engenheiro militar francês, Jean Massé, que servia o rei de Portugal, é paradoxalmente encarregado de reformar o sistema defensivo do Rio de Janeiro. Além do reforço das fortalezas existentes, Massé preconiza em 1713 a construção de muralhas entre os quatro principais morros que circundam a cidade. O projeto, que implica um largo cinturão sem edificações e a perda, por parte da municipalidade, de aluguéis e rendas sobre suas terras, é visto com maus olhos pelos habitantes. Dez anos mais tarde, enquanto as obras se arrastam, o governador Luís Vahia Monteiro aconselha escavar um largo canal, a fim de transformar a praça em ilha. Esquecida pelas autoridades, jamais concluída, depredada pelos habitantes, que ali apanham material de construção, a muralha do Rio de Janeiro desaparecerá pouco a pouco da paisagem na segunda metade do século XVIII.¹⁰

Devotos e devoções

Nos séculos XVII e XVIII, os morros do Castelo, de Santo Antônio e de São Bento são encimados respectivamente pelo colégio dos jesuítas e a catedral de São Sebastião, pela igreja e convento dos franciscanos e pelo mosteiro beneditino. Esses campanários não são as únicas referências geográficas e espirituais que orientam a cidade do Rio de Janeiro. À margem do clero secular e das ordens regulares, desenvolvem-se irmandades e ordens terceiras animadas por leigos.

As ordens terceiras dependem das ordens regulares e atraem principalmente as elites da sociedade colonial. A Ordem Terceira de São Francisco, sem dúvida a mais rica da América portuguesa, aparece no Rio em 1619. Sua igreja, concluída em 1736, eleva-se ao lado do convento franciscano, no morro de Santo Antônio. Esse belo exemplo do barroco carioca encanta ainda hoje pelo refinamento e pela opulência de suas madeiras esculpidas.¹¹

As irmandades são diferentes das ordens terceiras. Para terem uma existência legal, elas devem reunir pelo menos trinta fiéis na devoção ao mesmo santo e ter seu compromisso aprovado pelo bispo e pelo rei.

A primeira irmandade que aparece no Rio é a de Misericórdia, que nasceu em Lisboa em 1498 e se disseminou por todo o Império português. Trata-se de uma instituição particular, presente em quase todo o Império – mas cada entidade é autônoma em relação às outras – e dotada de numerosos privilégios. Além da assistência aos prisioneiros e da manutenção de hospitais, a Santa Casa da Misericórdia goza de um quase monopólio sobre os enterros, o que garante uma parte importante de sua renda e dirige para ela muitos legados e doações.[12] Sua administração é confiada às mais altas personagens da sociedade colonial.

Na segunda metade do século XVIII, o Rio conta com cerca de sessenta irmandades reservadas aos brancos.[13] Tais exclusões originam as irmandades de negros e de mestiços, chamados pardos.

Em Lisboa, a irmandade de Nossa Senhora do Rosário, ligada ao mosteiro de São Domingos, acolhia desde 1460 os africanos, livres ou escravos.[14] A partir desse modelo, é criada no Rio de Janeiro, nos anos 1640, uma irmandade de mesmo nome, cuja sede fica durante alguns anos na catedral de São Sebastião.

As irmandades de escravos ou de alforriados tendem a homenagear santos negros, como Elesbão, príncipe etíope do século VI que protegeu os cristãos das perseguições e se retirou para um convento; Efigênia, mártir núbia; ou Antônio de Noto e Benedito de Palermo, dois escravos de origem africana que entraram para as ordens no século XVI, na Sicília.[15] Uma irmandade de pretos, consagrada ao culto de são Benedito, aparece pouco tempo depois da de Nossa Senhora do Rosário, e funde-se com ela em 1667.

Os devotos da Virgem do Rosário enfrentam grandes dificuldades para sobreviver às intrigas de que são objeto. De fato, o capítulo da catedral busca expulsá-los do morro do Castelo. Além disso, a Santa Casa de Misericórdia obriga-os a negociar por alto preço o direito de enterrar seus mortos. Os diretores da irmandade submetem-se às regras vigentes e obtêm influentes protetores. Assim, uma senhora da sociedade doa à confraria um terreno, fora dos limites da cidade, para que se construa ali uma capela. A irmandade consegue então angariar fundos para erguer uma igreja de tão bela aparência que o capítulo da catedral de São Sebastião, a qual se encontra em lamentável estado, consegue ser transferido para lá! E ali ficará até 1808.[16] A partir de 1758, a direção da irmandade é confiada a brancos, sem dúvida para atrair mais benevolência.

As irmandades de negros tendem a multiplicar-se em torno das "nações", que correspondem às grandes regiões do tráfico negreiro na África. As certidões de batismo dos escravos incluem necessariamente essa menção ou, para os "crioulos" nascidos no Brasil, a nação de suas mães. A irmandade de Nossa Senhora dos Remédios reúne sobretudo negros pertencentes à nação "Mina", isto é, que foram embarcados na costa de Mina. No século XVIII, existe no Rio uma dúzia de associações culturais negras que exercem suas atividades na periferia imediata da cidade, ao redor das igrejas da Lampadosa e de Santana.

Os pardos são excluídos das irmandades dos brancos e das dos negros, e devem organizar-se entre si. Muito numerosos nas artes e ofícios, eles dominam certas corporações, como as dos músicos, reunidas na irmandade de Santa Cecília, à qual uma ordenação real de 1760 atribuiu o monopólio da música. O padre José Maurício Nunes Garcia, mulato e membro fundador da irmandade de Santa Cecília no Rio, ensinava música e deixou obras de música sacra. Quanto a Valentim da Fonseca e Silva, o Mestre Valentim, mulato originário de Minas Gerais, pouco tempo após sua chegada ao Rio, em 1765, afilia-se à irmandade de Nossa Senhora da Conceição. A pedido do vice-rei Luís de Vasconcelos, projeta e realiza o primeiro jardim público, o Passeio Público, inaugurado em 1783. O Passeio, cujas árvores se elevam por sobre a antiga lagoa do Boqueirão, entre o aqueduto da Lapa e a margem, oferece aos transeuntes uma vista deliciosa da baía de Guanabara.[17] Ele ainda existe, ilhota escura e fechada ao pé dos antiquados arranha-céus da Cinelândia. O mar que batia em suas grades recuou, repelido pelas pistas de rolamento e pelos arranjos paisagísticos do Aterro. As alamedas desbastadas e a vegetação organizada da época das Luzes foram substituídas, sob o reinado de D. Pedro II, por uma adaptação tropical e cerrada dos jardins à inglesa.

As irmandades, embora estejam voltadas para populações cuidadosamente definidas, têm fins mais ou menos similares; mas, para os escravos, os alforriados e os mestiços, representam uma das raras ocasiões lícitas de reunir-se entre si e constituem o lugar privilegiado de uma construção identitária, em torno de "nações" ou de "etnias" no mais das vezes forjadas na escravidão.

O sucesso das irmandades entre os escravos e os indigentes baseou-se inicialmente no desejo de beneficiar-se de uma sepultura decente. O fato de pertencer a uma delas afastava a perspectiva de ser jogado entre os detritos ou permitia escapar à vala comum da Santa Casa da Misericórdia, sortes reservadas a muitos escravos. Quando morria um irmão, rezavam-se missas e todos, usando capas e insígnias, acompanhavam o defunto até o canteiro de túmulos destinado à irmandade. Quanto mais alto o lugar ocupado pelo morto entre os irmãos, mais imponente era o serviço funerário.

De fato, as irmandades repousam sobre uma hierarquia muito precisa, à imagem da sociedade do Ancien Régime francês. Por ocasião das grandes festas que requerem a participação de todos, as procissões obedecem a uma ordem rígida. À frente vêm as irmandades mais ricas, como a do Divino Espírito Santo, que só admite entre seus membros pessoas de reconhecida "pureza de sangue" e exclui os negros, os mulatos e os cristãos-novos.

Os estatutos definem as diferentes funções que regem a irmandade. À frente desta encontra-se geralmente um juiz, assistido por um escrivão, um tesoureiro e um procurador, todos eleitos pelos irmãos. Algumas irmandades escolhem pessoas que não se incluem entre seus membros, o que às vezes contribui para pacificar as dissensões internas e atrair proteções. Esses cargos só podem ser atribuídos a pessoas que possuam algum bem, à medida que impõem a contribuição com uma soma menos ou mais importante para a irmandade. As receitas vêm principalmente das esmolas que os irmãos são autorizados a pedir nas ruas e das doações dos devotos.

As irmandades de negros do Rio deram muita amplitude a uma instituição que já figurava nos estatutos de seu modelo lisboeta do século XV. Ao lado da direção da irmandade, existe frequentemente um "reino", e até um "Estado imperial", com seu rei, seus duques, seus marqueses, seus condes, escolhidos por ocasião de comemorações conhecidas pelo nome de "folia". No Brasil, os "imperadores", os "reis" e a nobreza deles têm por missão organizar os aspectos profanos das festas da irmandade.[18] É sobretudo durante a festa anual da irmandade, no dia em que a Igreja celebra o santo, que a folia exibe com o máximo de orgulho os estandartes, as coroas, os cetros e outros ornamentos de sua realeza. Ao redor da igreja, onde acontecem as cerimônias religiosas, aparecem barracas de feirantes, músicos tocam, desocupados dançam e, ao som dos tambores e dos tantãs, se fazem reuniões das "nações" africanas do Rio de Janeiro. Esses batuques, considerados ruidosos e lascivos, não agradam muito aos edis e são mais ou menos disciplinados pela direção das irmandades.

Durante muito tempo, uma das festas mais populares é a da irmandade do Divino Espírito Santo, ligada à igreja de Santana, e que ocorria entre o Pentecostes e o dia da padroeira, num terreno baldio do subúrbio.[19] A festa, ou melhor, "o império", desaparece na segunda metade do século XIX sob o efeito das restrições impostas pela municipalidade, mas também em razão da urbanização do bairro do Campo de Santana. A própria igreja é demolida em 1856 a fim de abrir espaço à estação ferroviária Central do Brasil.[20] O romancista Manuel Antônio de Almeida (1831-1861) evoca, em *Memórias de um sargento de milícias* (1851), as festas de sua infância:

"Rei" e seu cortejo.
Francisco Julião, fim do século XVIII.

"[...] Como todos sabem, a festa do Espírito Santo é uma das festas prediletas do povo fluminense. Hoje mesmo que se vão perdendo certos hábitos, uns bons outros maus, essa festa ainda é motivo de grande agitação. [...] Durante os nove dias que precediam ao Espírito Santo ou mesmo, não sabemos se antes disso, saía pelas ruas da cidade um rancho de meninos, todos de 9 a 11 anos, caprichosamente vestidos à pastora: sapatos de cor de rosa, meias brancas, calção da cor do sapato, faixas à cintura, camisa branca de longos e caídos colarinhos, chapéus de palha de abas largas ou forrados de seda, tudo isto enfeitado com grinaldas de flores, e com uma quantidade prodigiosa de laços de fita encarnada. Cada um destes meninos portava um instrumento pastoril em que tocavam pandeiro, manchete e tamboril. Caminhavam formando um quadrado no meio do qual ia o chamado Imperador do Divino, acompanhados por uma música de barbeiros e precedidos e cercados por uma chusma de irmãos de opa levando bandeiras encarnadas e outros emblemas, os quais tiravam esmolas enquanto eles cantavam e tocavam.

"O imperador, como dissemos, ia no meio: ordinariamente era um menino mais pequeno que os outros, vestido de casaca de veludo verde, calção de igual fazenda e cor, meias de seda, sapatos afivelados, chapéu de pasta, e um enorme e rutilante emblema do Espírito Santo ao peito: caminhava pausadamente e com ar grave.

"Confessem os leitores se não era coisa deveras extravagante ver-se um imperador vestido de veludo e seda percorrendo as ruas cercado por um rancho de pastores, ao toque de pandeiros e manchetes. Entretanto, apenas se ouvia ao longe a fanhosa música dos barbeiros, tudo corria à janela para ver passar a Folia: irmãos aproveitavam-se do ensejo e iam colhendo esmolas de porta em porta".[21]

Com o desaparecimento da festa do Divino, os costumes religiosos e profanos herdados da escravidão prosseguem numa semiclandestinidade ou transferem-se para outras datas do calendário litúrgico. Aquilo que, no início do século XX, virá a ser o carnaval carioca mergulha parte de suas raízes nessas tradições.

A virada dos anos 1750

Em 1750, D. José I sucede a seu pai, D. João V, no trono de Portugal. Essa data redonda é uma articulação cômoda, cujo alcance não se limita ao advento de um novo soberano. Com a mudança de monarca, entra em cena Sebastião José de Carvalho e Melo (16991782), que recebe o título de conde de Oeiras em 1759 e, dez anos mais tarde, o de marquês de Pombal. O reinado de D. José I e o governo de seu principal ministro coincidem exatamente, pois este último perde suas atribuições após a morte do rei, em 1777.

O futuro marquês de Pombal fez carreira de embaixador em Londres e depois em Viena, onde se ligou a personalidades da corte de Maria Teresa.[22] Foi chamado a Lisboa em 1749 pela rainha Maria Ana da Áustria, que exerceu a regência durante a agonia de D. João V. É, portanto, no seio da Europa das Luzes que Sebastião José de Carvalho e Melo forja as linhas diretoras que vão orientar sua ação. Ele partilha as opiniões formuladas pela corrente intelectual e política conhecida em Portugal como a dos "estrangeirados", ilustrada especialmente por D. Luís da Cunha (1662-1749), mentor do novo ministro dos Negócios Estrangeiros e da Guerra e sobretudo do seu tio, Marcos Antônio de Azevedo Coutinho, outro estrangeirado notável. O apelido de estrangeirado se deve à atenção dada por esses homens de Estado, muitos oriundos da diplomacia portuguesa, à evolução da situação europeia e à emergência da potência inglesa.

Os estrangeirados querem remediar as fraquezas de Portugal, principalmente em relação a Castela, e a dependência sempre crescente que a aliança com a Inglaterra faz pesar sobre o reino. Dom Luís da Cunha é autor de vários ensaios que atacam os tratados de comércio com a Grã-Bretanha e sugerem criar companhias comerciais portuguesas, segundo o modelo da Companhia das Índias britânica e das V.O.C. e W.I.C. holandesas. Ele vê no Brasil a salvação de Portugal e almeja a transferência da Corte para o Rio de Janeiro.

Sebastião de Carvalho e Melo aproveitou largamente sua estada londrina para participar desse esforço de reflexão. Nas bibliotecas e nas sociedades eruditas, tomou conhecimento das teorias de economia política mais recentes e fundamentou com leituras o empirismo de suas observações de diplomata. Como os estrangeirados, o ministro está convencido de que a chave da independência de Portugal diante das outras potências europeias é o Brasil. Por isso é importante defender a América portuguesa não apenas das usurpações espanholas, mas também da cobiça inglesa. Trata-se de reforçar a organização militar do Brasil e do Maranhão,* de proceder à rigorosa demarcação das fronteiras, imprecisas no sul e na Amazônia, e de estimular o povoamento do Brasil favorecendo as uniões entre os portugueses e as ameríndias.

O aspecto econômico da política de Sebastião José de Carvalho e Melo consiste em reduzir tanto quanto possível a desigualdade das trocas anglo-portuguesas. De fato, o ministro está convencido de que, desde o fim do século XVII, o ouro de Minas Gerais escoa irresistivelmente para a Grã-Bretanha, por efeito dos tratados de 1654 e 1703, que concederam muitas vantagens aos mercadores ingleses. Para o conde de Oeiras, a captação das riquezas brasileiras pelo jogo do comércio está, em grande parte, na origem da Marinha e do poderio ingleses da segunda metade do século XVIII.[23] Seus esforços têm por objetivo afrouxar esse vínculo por diversos meios, que darão seus frutos nos anos 1760.

O ano de 1755 assiste à conjugação de várias iniciativas que visam a devolver aos mercadores portugueses a preeminência que eles haviam perdido. Uma Junta de Comércio, cuja função é regulamentar a profissão e as trocas, é instalada em Lisboa. Os entrelopos, espécie de bufarinheiros que, a título individual, viajavam para a América, levando malas cheias de mercadorias e ignorando os monopólios, concessões e privilégios dos mercadores e da Coroa, são proibidos de exercer seu mister e perseguidos. Finalmente, funda-se uma primeira companhia regulamentada, para o comércio do Estado do Grão-Pará e do Maranhão.[24]

---

* Em 1621, o Estado do Maranhão é separado do Estado do Brasil pela administração portuguesa.

Em carta endereçada a seu irmão, Francisco Xavier Mendonça Furtado, que governa aquele estado, o ministro define a companhia como "o único meio de retirar todo o comércio da América portuguesa das mãos dos estrangeiros".[25] Uma segunda companhia, cuja concessão se estende a Pernambuco, surge quatro anos mais tarde. Tais companhias não só gozam do monopólio do comércio numa determinada área como, em contrapartida, devem favorecer o desenvolvimento de culturas rentáveis nesses locais. Dessa maneira, a Companhia Geral do Comércio do Grão-Pará e Maranhão introduz no norte do Brasil o arroz e o algodão, que abastecem Portugal e são reexportados para outros países europeus.

O desenvolvimento de novas plantações deve, assim, reforçar a complementaridade entre as economias colonial e metropolitana e compensar o declínio da extração de metais preciosos, que começa a se delinear a partir de 1755.

No Sul, os governadores e mais tarde, a partir de 1763, os vice-reis recebem a missão de melhorar a renda do Tesouro real, aplicando à economia colonial as receitas mercantilistas e fazendo respeitar as proibições reais. No Rio de Janeiro, a presença dos oficiais do rei se intensifica proporcionalmente às suspeitas que pesam sobre a cidade no sentido de escoar de maneira ilícita o ouro de Minas Gerais. Em 1750, o governo português havia fixado em cem arrobas de ouro por ano o montante do quinto que Minas Gerais devia recolher ao Tesouro real. Caso não se atingisse esse montante, Portugal se reservava o direito de cobrar uma taxa *per capita*, a derrama, para zerar a diferença. Ora, vinte anos mais tarde, os contribuintes mineiros já não conseguem atingir aquela cota. Por muito tempo, a redução das exportações de ouro e das trocas de Minas é interpretada pelas autoridades metropolitanas como resultado de ineficácia administrativa, de fraudes e do contrabando, e não como consequência do esgotamento dos filões. As diretivas endereçadas aos representantes da Coroa, especialmente aos vice-reis, fazem da luta contra a evasão fiscal uma prioridade.

Assim, em 1766, o vice-rei, o conde da Cunha, denuncia o número suspeito de operários empregados nas oficinas da rua dos Ourives: "O ouro que se trabalha nessa rua", escreve ele, "é muito mais importante do que se pode pensar. A maior parte é desviada das fundições e não paga o quinto: por esse aqueduto, o ouro escoa para Buenos Aires e todas as nações estrangeiras, graças aos navios que delas provêm e que chegam a esse porto".[26] No mesmo ano, o exercício do ofício de ourives é proibido nas capitanias da Bahia, de Minas Gerais e do Rio de Janeiro. O conde da Cunha alude aqui aos velhos laços comerciais ilícitos que unem o Rio e o estuário do Prata.

Um império que pende para o Sul

Em 1680, a fundação, acionada a partir do Rio de Janeiro, da Colônia do Sacramento, na margem esquerda do rio da Prata, é apenas o primeiro episódio de uma questão que envenena as relações luso-espanholas durante todo o século XVIII e da qual há várias ressurgências no século seguinte. Qualquer conflito na Europa entre as metrópoles repercute imediatamente nessa região disputada.

O tratado de Utrecht atribuiu aos portugueses a Colônia do Sacramento. A povoação continua a atrair os comerciantes do rio da Prata, que ali compram, com a prata (cada vez menos abundante) das minas de Potosí, escravos e mercadorias europeias, mais numerosas, mais variadas e menos caras que as oferecidas pelos intermediários devidamente autorizados pelo rei da Espanha.[27] Em 1725, os espanhóis fundam, algumas dezenas de quilômetros a leste de Sacramento, a cidade e porto de San Felipe y Santiago de Montevideo, para concorrer com o enclave português.

As hostilidades, portanto, não tardam a recrudescer em torno da Colônia do Sacramento, sitiada em 1735. O capitão e governador geral do Rio de Janeiro, Gomes Freire de Andrade, logo corre em seu socorro.[28] De fato, a defesa da fronteira do Sul é a principal missão dos capitães e governadores-gerais do Rio de Janeiro, cuja esfera de ação se estende em 1738 à capitania de Santa Catarina e, quatro anos mais tarde, à do Rio Grande.[29] Durante uma parte de sua permanência no Brasil (1733-1763), Gomes Freire de Andrade acumula o governo do Rio de Janeiro e o de Minas Gerais e, por duas vezes, administra interinamente a capitania de São Paulo, o que corrobora o papel crescente do Rio na América portuguesa.

Os espanhóis circunscrevem cuidadosamente as tentativas portuguesas de estender a colonização da margem norte do estuário a partir da Colônia do Sacramento. O movimento inverso – fazer a presença portuguesa progredir em direção ao Sul – é então empreendido, sempre sob a condução dos capitães e governadores-gerais estabelecidos no Rio de Janeiro. Em 1737 funda-se Rio Grande de São Pedro (no atual Rio Grande do Sul). É o início da colonização sistemática do Sul pela implantação de ranchos ao longo dos eixos de comunicação. Nesses vastos espaços criam-se não somente bovinos – cuja carne, depois de salgada, irá alimentar, via Rio de Janeiro, os habitantes de Minas Gerais, Bahia e Pernambuco –, mas também cavalos e mulas, indispensáveis às trocas e às obras das regiões mineiras.[30] O clima local também propicia a cultura do trigo, cuja produção satisfaz em poucos anos as necessidades do Brasil, o que igualmente alivia Portugal, obrigado a importar esse cereal para seu próprio consumo.

Para consolidar a fronteira meridional, os portugueses ocupam toda a costa e fundam na ilha de Santa Catarina, em 1747, a cidade de Nossa Senhora do Desterro, que constitui uma escala útil entre o Rio de Janeiro, São Pedro e a Colônia do Sacramento.

Tais esforços não parecem suficientes para garantir a segurança da Colônia do Sacramento, e os diplomatas portugueses decidem fazê-lo mediante um acordo entre as chancelarias. O tratado de Madri, firmado em 13 de janeiro de 1750, divide a América do Sul entre as duas monarquias, não mais em função da linha traçada em Tordesilhas em 1494, mas em virtude do princípio de *uti possidetis*, ou seja, da posse pela ocupação efetiva dos territórios. Por ele, a Coroa portuguesa ganha o reconhecimento de suas numerosas usurpações a oeste do meridiano que lhe fora atribuído, particularmente na zona aurífera de Mato Grosso e da Amazônia. As fronteiras atuais do Brasil são então traçadas em suas grandes linhas.

Pelo tratado de Madri, contudo, Portugal consente na perda de sua controvertida colônia. Um dos principais negociadores dessa

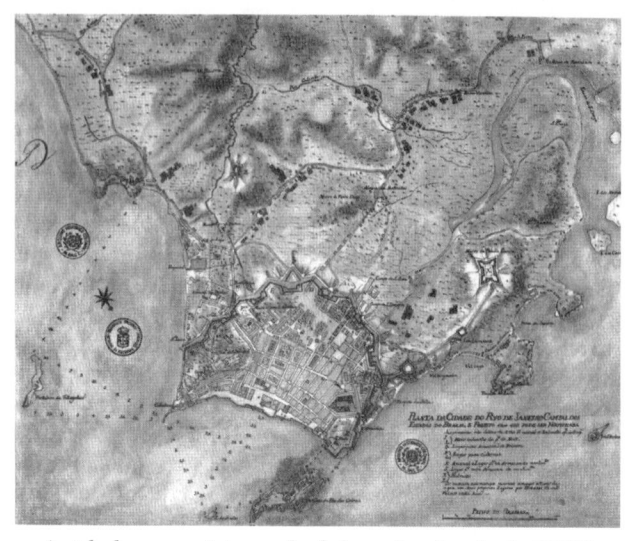

A cidade e seu sistema de defesa, fim do século XVIII.

renúncia é Alexandre de Gusmão, originário de Santos e favorável à troca dessa povoação isolada, fonte de preocupação permanente, pela Banda Oriental do rio Uruguai e os Sete Povos das Missões. Naquela terra de ninguém, imprensada entre os confins do vice-reinado do Peru e do Estado do Brasil, haviam prosperado as reduções jesuíticas de Santo Ângelo, São Nicolau, São João, São Lourenço, São Luís, São Miguel e São Borja, como um apêndice meridional da província jesuítica do Paraguai. O tratado de Madri previa a transferência para terra espanhola dos trinta mil índios guaranis sedentarizados nas missões. Para os portugueses, só era admissível devolver a Colônia após a pacificação dos Sete Povos.

Os guaranis, sob a condução dos jesuítas espanhóis, haviam aprendido desde um século antes a resistir pelas armas aos caçadores paulistas de escravos. Não estavam dispostos a abandonar as missões nem a submeter-se à tutela direta de uma ou de outra Coroa. Quando, em 1753, as tropas portuguesas chegam à região, em virtude do tratado de Madri, eles se sublevam. Somente operações militares luso-espanholas conseguem liquidar a guerra guaranítica em 1756 e fazer entrarem em vigor os acordos diplomáticos.[31]

Esses acordos, na verdade, não satisfazem nenhuma das duas partes, que não admitem a delimitação da fronteira na região platina. Em 1761, o tratado do Pardo anula o de Madri. As Sete Missões, desorganizadas pela Guerra Guaranítica, retornam à província jesuítica do Paraguai, enquanto a Colônia do Sacramento volta para as mãos de Portugal, que nunca a abandonara verdadeiramente. Em 1762, a guerra dos Sete Anos, entre a França e a Inglaterra, arrasta Espanha e Portugal para campos opostos, e reacende o conflito na margem esquerda do estuário do Prata. Os espanhóis ocupam São Pedro do Rio Grande, e a seguir tentam retomar os territórios situados ao norte do arroio Chuí.

Depois da paz de Paris (1763), o Brasil parece tanto mais vulnerável quanto se acrescentam, à tradicional ameaça espanhola, os desígnios imperialistas que o governo português atribui ao onipotente e sufocante aliado britânico. É por esse motivo que, em 1763, a capital é transferida de Salvador para o Rio de Janeiro, mais central. Em caso de ataque ao sul do Brasil, o vice-rei, cujas principais atribuições são militares, estará mais próximo para enfrentar a invasão.[32] O fortalecimento do Rio de Janeiro, promovido a cidadela da América portuguesa, faz-se acompanhar da modernização de seu sistema de defesa, confiado ao general austríaco Johann Heinrich Böhm e ao engenheiro sueco Jacques Funck.

Tais disposições provam sua eficácia quando a guerra se desencadeia no Sul, a partir de 1772. Em 1776, os espanhóis são obrigados a recuar para o sul do Chuí,* mas uma frota vinda de Cádiz apodera-se da ilha de Santa Catarina, enquanto o governador de Buenos Aires obtém a rendição da Colônia do Sacramento.[33] Menos favorável aos portugueses do que o tratado de Madri, o tratado de Santo Ildefonso (1777) lhes atribui Santa Catarina e toda a capitania do Rio Grande, mas os faz perder ao mesmo tempo a Colônia e os Sete Povos das Missões.[34] A reorganização da região platina pelos espanhóis – criação do vice-reino do Rio da Prata (1776),

---

* Em nossos dias, o arroio Chuí é a fronteira mais meridional do Brasil, e o separa do Uruguai.

legislação que autoriza o comércio direto entre a Espanha e Buenos Aires – dá o golpe final num contrabando já prejudicado pelas hostilidades.[35] As ambições geopolíticas sobrepõem-se definitivamente às considerações econômicas nas pretensões luso brasileiras sobre a margem norte do estuário, que perduram além do tratado de Santo Ildefonso.

O Rio e os vice-reis

A instalação do governo-geral do Brasil no Rio de Janeiro não necessita de adaptação profunda. A expansão comercial e militar da cidade, graças a Minas Gerais, fizera-se acompanhar, na primeira metade do século XVIII, de um crescente papel administrativo. Uma intendência-geral do ouro, como as que existiam em Salvador e Minas Gerais, fora estabelecida no Rio; e, em 1751, criara-se ali o Tribunal de Relação do Rio de Janeiro, a segunda corte de apelação do Brasil depois da de Salvador.

Na realidade, o "vice-rei do mar e da terra do Brasil" dispõe de um poder mais honorífico do que efetivo sobre a América portuguesa. Bem mais que Salvador ou o Rio de Janeiro, Lisboa é o verdadeiro centro do poder. As nove capitanias gerais do Brasil do século XVIII, assim como as outras nove capitanias que lhes são subordinadas, quase não se comunicam entre si, e são unidas apenas por uma mesma obediência à Coroa e pela solidariedade militar. O secretário de Estado da Marinha e do Ultramar e o Conselho Ultramarino administram o Brasil, como se se tratasse de uma "federação colonial"[36] formada por unidades isoladas.

Com a elevação do Rio de Janeiro à dignidade de capital, o coração da cidade se fixa duradouramente ao redor do largo da residência dos vice-reis, em que desemboca a rua Direita. A disposição do espaço lembra a de outras cidades portuguesas, como Luanda ou Goa, e se inspira no Terreiro do Paço, em Lisboa: edifícios públicos e algumas moradias ricas organizam-se em torno de um vasto quadrilátero aberto para o mar. A residência dos vice-reis, a construção mais imponente, distingue-se das outras por suas numerosas janelas envidraçadas. Do outro lado da rua Direita, eleva-se o Convento do Carmo.

Na segunda metade do século XVIII, o Rio de Janeiro finalmente ultrapassa o recinto imaginário formado por seus quatro morros originais. Surgem novos bairros, antigos caminhos se transformam em ruas. O crescimento demográfico, assim como as razões territoriais ligadas à querela que opõe a monarquia portuguesa à Companhia de Jesus, explicam esses avanços da urbanização.

Desde os primeiros anos do governo de Sebastião José de Carvalho e Melo, as relações entre a Coroa e os jesuítas tornaram-se execráveis. Entre outras queixas, os padres são acusados de incitar os índios, e a guerra guaranítica lhes é imputada. Em 1759, D. José I escapa de um atentado em que se vislumbrou a influência deles; a expulsão da Companhia de Jesus de Portugal e de suas possessões ultramarinas é então ordenada pelo rei.

Tal decisão tem consequências sobre a ocupação do solo da cidade do Rio de Janeiro, onde, graças à sesmaria que lhes foi atribuída por Estácio de Sá em 1565, os jesuítas são titulares de um imenso patrimônio territorial e imobiliário. Além do colégio do morro do Castelo, possuem 71 edificações distribuídas pelas melhores ruas do Rio, assim como fazendas e plantações em São Cristóvão, Engenho Velho, Engenho Novo e Santa Cruz.[37] Depois da expulsão decretada em 1759, a Coroa confisca os bens dos jesuítas e os vende progressivamente, mas a fazenda de Santa Cruz, com seus hectares de culturas, seus milhares de cabeças de gado, e situada a cerca de dez horas de viagem do centro da cidade, permanece sob o domínio real.

A cidade também se estende absorvendo as casas de campo, ou chácaras, agora encerradas no tecido urbano. Estas são desmembradas e loteadas, em torno da colina onde se ergue a igreja da Glória, ou então junto ao Campo de Santana, perto do qual logo se estendem as ruas da Cidade Nova.

As transformações do Rio são também de ordem intelectual. As Luzes chegam à América portuguesa. Alguns anos após o apareci-

Panorama da cidade em 1760.

mento de sociedades eruditas em Lisboa, mentes cultivadas do Rio de Janeiro abrem na cidade academias mais ou menos efêmeras. Nos anos 1750, a Academia dos Felizes ou a Academia dos Seletos se reúnem para ler as obras poéticas compostas por seus membros, às vezes em homenagem ao vice-rei. O marquês do Lavradio, cuja atuação à frente do Brasil (1769-1779) ilustra perfeitamente o pombalismo colonial, apoia tais esforços e acolhe em seu salão, em 1772, a primeira sessão da Academia Fluminense, Médica, Cirúrgica, Botânica e Farmacêutica – a Academia Científica do Rio de Janeiro, cujos trabalhos dão continuidade à política do vice-rei.[38]

De fato, a Academia Científica tem o encargo de fazer um jardim botânico para experimentar as plantas tropicais que poderão ser cultivadas no Brasil e proporcionar novas exportações.[39] O marquês do Lavradio apadrinha a introdução do cânhamo, da cochonilha e, sobretudo, do anil. A capitania torna-se o principal produtor mundial deste último no fim do século XVIII, antes que o anil fluminense sucumbisse à concorrência do produzido na península indiana.[40] Nos anos 1770, o fato mais notável é a extensão dos canaviais ao redor de Campos dos Goytacazes. O número de engenhos duplica em pouco tempo e a produção de açúcar aumenta em 235%.[41]

A expansão econômica das capitanias brasileiras não se faz em benefício apenas da metrópole e de seus comerciantes. Dois terços do tráfico do porto do Rio concernem às trocas com Campos e o Rio Grande do Sul, o qual despacha seus couros, sua carne salgada e seu trigo para a capital. Minas Gerais vive menos do ouro e dos diamantes que da produção de víveres destinados aos habitantes do Rio.[42]

A política econômica do marquês de Pombal estimulou, em Portugal, a fabricação de produtos (especialmente de tecidos de algodão) até então importados da Inglaterra, e teve consequências similares em Minas Gerais e no Rio de Janeiro. Nas possessões coloniais, Lisboa só autorizava a tecelagem de panos grosseiros, as atividades ligadas à construção naval, a transformação das matérias-primas que não concorriam com as mercadorias portuguesas. Nos anos 1770, contudo, tecidos de seda, finos algodões, galões de ouro e de prata saem dos

*Revista militar no largo do Paço em 1789.
Em primeiro plano, o chafariz de Mestre Valentim. Leandro Joaquim.*

ateliês que se multiplicam na capital do Estado do Brasil. Os comerciantes portugueses e o Conselho Ultramarino acabam reagindo a isso. Uma ordenação de D. Maria I, em 5 de janeiro de 1785, lembra solenemente que as manufaturas são proibidas no Brasil. Ela demonstra a divisão do trabalho entre os reinos metropolitanos de Portugal e Algarve, de um lado, e os "domínios" americanos de outro:

"Eu, a Rainha, faço saber a todos os que virem esta ordenação que o grande número de fábricas e manufaturas, as quais de alguns anos para cá se disseminaram por diferentes capitanias do Brasil, traz grave prejuízo à agricultura e à exploração das minas desse vasto continente; porque, dada a grande fraqueza bem conhecida da população, é evidente que, quanto mais se multiplica o número de fabricantes, mais diminui o dos cultivadores e menos pessoas existem a poder dedicar-se à descoberta e à abertura de uma grande parte desses imensos domínios, que não poderão prosperar nem florescer sem os benefícios da agricultura [...]. Nas regiões mineiras cessará totalmente, como já diminuiu consideravelmente, a extração do ouro e dos diamantes, tudo isso por causa da falta de mão de obra, a qual, em vez de dedicar-se a esses úteis e vantajosos trabalhos, despreza-os e os abandona, e consagra-se a outros totalmente diferentes, como as mencionadas fábricas e manufaturas. A riqueza verdadeira e sólida consiste nos frutos e produtos da terra, os quais só se obtêm graças a colonos e cultivadores, e não por artesãos e fabricantes. Além disso, dado que as produções do Brasil formam a base e o fundamento, não só das trocas mercantis, mas também da navegação e do comércio entre meus vassalos dos reinos de Portugal e Algarve e os de minhas possessões brasileiras, devo estimulá-las e sustentá-las, para o benefício mútuo de uns e de outros, suprimindo desde a raiz os obstáculos que lhes são prejudiciais e nocivos".⁴³

A rainha, portanto, proíbe aos seus súditos brasileiros toda fabricação de tecidos, galões ou aviamentos, à exceção de panos grosseiros de algodão reservados à vestimenta dos escravos e ao ensacamento das colheitas. Em virtude dessa ordenação, dezesseis fábricas são fechadas no Rio de Janeiro em 1785, entre as quais a de um lionês, Jacob Munier, que se estabelecera no Brasil.⁴⁴ Deve-se ver nisso não o indício de uma crise da economia brasileira, mas o sinal da modificação das relações entre a metrópole e sua possessão de ultramar.

Da conjuração de Minas Gerais à utopia do "poderoso império"

As relações entre Brasil e Portugal tornam-se cada vez mais paradoxais a partir dos anos 1780. Lisboa reforça as proibições que freiam o desenvolvimento do Brasil a fim de deter o crescente desequilíbrio das trocas entre a metrópole e sua poderosa colônia, mas, ao mesmo tempo, são cada vez mais numerosos os "portugueses brasileiros" a estudarem em Coimbra e ocuparem os cargos da Coroa, em Portugal ou no resto do Império. Entre 1772 e 1800, 527 pessoas originárias do Brasil, entre as quais 119 fluminenses, passam pela universidade que o marquês de Pombal reformou. Muitos antigos estudantes não voltam às suas capitanias ao retornarem da Europa, mas instalam-se no Rio de Janeiro, que lhes oferece mais perspectivas.[45] Isso confirma o papel de "capital" que a cidade exerce progressivamente na América portuguesa.

É nesse meio favorecido pela fortuna e pela monarquia que nascem as primeiras contestações do regime colonial. Em 1786, José Joaquim da Maia, um fluminense estudante de medicina em Montpellier, faz contato secretamente com Thomas Jefferson, a quem conhece em Nîmes. Testemunha-lhe seu entusiasmo pela Revolução Americana e afirma a vontade dos brasileiros no sentido de seguir esse glorioso exemplo. As discussões param aí, mas a iniciativa de José Joaquim da Maia reflete uma corrente que abre caminho entre as elites intelectuais da colônia. Atentas aos acontecimentos do mundo, estas professam sua admiração por uma obra difundida no Brasil em bibliotecas de letrados, a *Histoire philosophique et politique des établissements et du commerce des Européens dans les Indes*, do abade Raynal, na qual ocupam lugar de destaque o Império português e as possibilidades do Brasil.[46]

As elites de Minas Gerais são as primeiras a interrogar-se acerca do vínculo colonial que une sua capitania e a metrópole. Desde o esgotamento das minas, Minas Gerais tende a sair do quadro extrovertido da economia colonial e a distanciar-se de Lisboa e do Porto. A essa situação, que estimula os pensamentos autonomistas, vem acrescentar-se o aperto fiscal empreendido em 1788 pelo governador da capitania, o visconde de Barbacena, e que fere os interesses dos mais abastados.

Esboça-se uma conspiração nos belos casarões de Vila Rica do Ouro Preto, onde vivem notáveis que frequentemente acumulam as rendas de suas fazendas, os benefícios de negócios lucrativos e o serviço da Coroa. A trama consiste em esperar o decreto da derrama devida por Minas Gerais ao Tesouro real para assassinar o governador e proclamar a independência da capitania. À frente dos conjurados encontra-se Cláudio Manuel da Costa, veterano de Coimbra, poeta renomado, e um dos maiores proprietários de terras e de escravos de

O martírio de Tiradentes. Aurélio de Figueiredo, fim do século XIX.

Minas, assim como Tomás Antônio Gonzaga, também ele nascido na púrpura luso-brasileira, ouvidor de Vila Rica desde 1782, e poeta de talento.[47] A eles junta-se outro homem de letras, Inácio José de Alvarenga Peixoto, admiradores da Revolução Americana, como o cônego Luís Vieira da Silva, e um simples alferes do regimento de dragões, Joaquim José da Silva Xavier, apelidado Tiradentes em razão de seus talentos de dentista. Por fim, os conjurados decidem sustar o desencadeamento da revolta, mas são traídos por um comparsa em março de 1789.

O envolvimento da fina flor luso-brasileira no projeto de rebelião e a amplitude das cumplicidades surpreendem e embaraçam as autoridades coloniais, que têm dificuldade em conduzir um inquérito rigoroso e em esclarecer todos os mistérios desse grande escândalo.

Em meados de maio, os conjurados são presos. Cláudio Manuel da Costa é a primeira vítima: seu suicídio na prisão, em Vila Rica, provoca suspeitas. Os boatos falam de assassinato.

A história da "conjuração de Minas Gerais", a Inconfidência Mineira, desenrola-se a seguir no Rio de Janeiro, nas masmorras da ilha das Cobras e diante do tribunal especial reunido para julgar os rebeldes.[48] A sentença é baixada em 18 de abril de 1792, na presença do vice-rei, por ocasião de uma cerimônia cuja intensidade dramática foi cuidadosamente calculada. Tiradentes é condenado à forca, decapitação e ao esquartejamento. Sua cabeça será exposta na praça principal de Vila Rica e seus membros, espalhados pelos caminhos que levam a Minas. Sua casa será demolida e sobre as fundações se jogará sal. Espera-se sorte comparável para os outros acusados. No fim do dia, sobrevém uma virada que faz parte da encenação da clemência real. Uma carta de D. Maria I, lida em voz alta, informa ao público que as penas de morte foram comutadas em degredo perpétuo nos climas insalubres de Angola e Moçambique, à exceção da condenação que coube ao alferes Tiradentes.

O dia da execução marcou as testemunhas, que o descreveram às suas famílias e aos seus descendentes. O patíbulo foi instalado de modo a ficar visível a partir dos quatro principais morros da cidade. Era exatamente o que tencionavam as decisões reais: tratava-se de semear entre os vassalos de ultramar a alegria pela clemência e, ao mesmo tempo, o terror pelo castigo de um culpado.[49]

Na manhã de 21 de abril, o condenado deixa a prisão, situada na atual rua da Assembleia, perto da residência dos vice-reis, em direção ao Rossio, no limite da cidade. Por trás das fileiras de tropas, ou das janelas das casas, os habitantes do Rio espiam o homem de camisão branco de supliciado, rodeado pela irmandade da Santa Casa da Misericórdia. As opiniões divergem sobre os sentimentos do público, dividido entre a lealdade para com a rainha magnânima e a piedade inspirada pela dignidade do condenado à morte.

A simpatia por Tiradentes, que logo foi percebido como o bode expiatório da Inconfidência, alimenta uma memória subterrânea que ressurgirá uma ou duas gerações mais tarde. Neste comenos, os deportados já de volta ao país e os que assistiram aos últimos momentos do condenado deram seu testemunho. A lembrança da conjuração de Minas Gerais se enche de conotações políticas. Assim, o local exato da execução de Tiradentes foi objeto de polêmicas e controvérsias. Em meados do século XIX, os liberais e, a seguir, os republicanos elegem o Rossio (atual praça Tiradentes) como a última etapa do martírio de seu herói, para se oporem à vontade imperial de dedicar essa praça à monarquia. Na verdade, parece que o patíbulo foi erguido nas proximidades do Rossio, mas na atual avenida Passos.[50]

A descoberta e o castigo da conjuração de Minas Gerais muda a atmosfera do Rio de Janeiro. A partir de 1789, as autoridades coloniais restringem as liberdades e traem uma certa paranoia. A Sociedade Literária do Rio de Janeiro, fundada em 1786 por iniciativa do vice-rei Luís de Vasconcelos, é fechada em 1794 pelo sucessor deste, o conde de Resende, que envia para o calabouço alguns leitores de Voltaire e do abade Raynal.

Os vagos projetos republicanos esboçados pelos inconfidentes são varridos pelas consequências da Revolução Francesa nos trópicos. A insurreição de São Domingos, em 1792, faz temer os efeitos das ideias democráticas na população escrava ou vinda da escravidão, isto é, dois terços dos habitantes da América portuguesa. Em 1798, em Salvador da Bahia, a Revolta dos Alfaiates confirma os perigos da politização das classes baixas e da penetração da influência francesa. A Inconfidência como oposição à Coroa portuguesa já não está na ordem do dia entre os letrados do Brasil, mas as circunstâncias lhes parecem propícias a fazer o pacto colonial evoluir.

A revolta de São Domingos fez também subir o preço do açúcar e estimulou as plantações e o comércio nas regiões produtoras do Brasil, as capitanias do Nordeste, assim como na região fluminense de Campos dos Goytacazes. Esse impulso acentua o desequilíbrio das relações entre Portugal e sua colônia, para onde a matriz deverá exportar ouro pela primeira vez, a fim de obter açúcar nos anos 1790.[51]

As agitações na Europa e o fortalecimento da colônia impelem à reflexão dos dois lados do Atlântico. Dom Rodrigo de Sousa Coutinho, fidalgo pertencente à velha nobreza do reino e que herdou da mãe propriedades em Minas Gerais, preconiza grandes reformas. Afilhado do marquês de Pombal, foi educado no colégio dos nobres de Coimbra, cadinho das elites da monarquia portuguesa, e em 1779 passou uma temporada na França, onde teve oportunidade de conversar com o abade Raynal e com d'Alembert [52]. Membro da Academia Real de Ciências de Lisboa, D. Rodrigo coleciona informações sobre as riquezas das diferentes partes do mundo português e baseia-se muito nos trabalhos dos seus amigos do Brasil, numerosos em sua roda. Nomeado ministro da Marinha e do Ultramar em 1796, dois anos mais tarde expõe diante do Conselho de Ministros de Portugal seu programa de renovação imperial. Seu objetivo apregoado é o de conservar os vastos domínios, sobretudo americanos, que, segundo ele, constituem a base do trono português, pois, afirma, "Portugal reduzido a si mesmo não passaria de uma província da Espanha, em brevíssimo prazo".[53] Nesse "sistema político" que ele propõe, o reino formará o centro de um império composto de províncias administradas em pé de igualdade e construído em torno do "sacrossanto princípio de unidade".[54] O Brasil, cujas fronteiras, segundo o ministro, se estendem do Amazonas ao rio da Prata, poderá ser dividido em dois, tendo o Pará como capital do Norte e o Rio de Janeiro no Sul. Dom Rodrigo visa igualmente a uma ampla reforma fiscal, destinada a estimular a atividade das futuras "províncias" de ultramar, incluídas as manufaturas. Em 1800, como presidente do Tesouro real, obtém a abolição de um certo número de monopólios caducos, como os relativos ao sal ou à pesca da baleia, e autoriza os habitantes do Brasil a extrair e transformar o minério de ferro.

Como sua política não obtém a aquiescência de todos em Portugal, especialmente entre os negociantes de Lisboa e do Porto, D. Rodrigo deixa o governo em 1803, não sem ter preparado um plano de transferência do centro da monarquia para o Brasil, caso Portugal venha a ser invadido. A invasão das tropas de Napoleão ao território português em 1807 precipita seu retorno à linha de frente e lhe dá a oportunidade de lançar as bases do "poderoso império" do qual o Rio de Janeiro irá tornar-se a capital.

II

A fabricação de uma capital

Panorama da cidade do Rio de Janeiro em meados do século XIX. Em segundo plano, por trás das torres da igreja, o morro do Castelo (página anterior).

4. As revoluções do Rio
(1808-1822)

O momento em que surge o sentimento nacional brasileiro contemporâneo continua a ser objeto de discussões e questionamentos. Dependendo dos autores, das definições que eles adotam e dos seus pressupostos, a nação Brasil teria nascido em algum momento entre o fim do século XVIII e o início dos anos 1830, entre a conjuração de Minas Gerais (1789) e a abdicação de D. Pedro I (1831). Os termos que integram o vocabulário das nacionalidades e do nacionalismo nos séculos XIX e XX, tais como "pátria", "nação", "liberdade", "emancipação", "independência", "português", "brasileiro", são utilizados bem cedo e com frequência, mas seu conteúdo é de enorme fluidez segundo os períodos, as regiões, os contextos, as pessoas que os empregam. Num mundo fracionado pelas distâncias e pela demora das comunicações, as identidades são particularmente tributárias da sociedade local. Ser "português" ou "brasileiro" nem sempre significa a mesma coisa no mesmo momento em Lisboa, no Rio de Janeiro, na Bahia ou em Recife.

Tais incertezas refletem, na verdade, as condições particulares da independência do Brasil. A separação política em relação a Portugal, quer tenha sido decidida já no fim de 1821 ou improvisada como um gesto intempestivo em setembro de 1822, está longe de ser fruto de madura reflexão e planejamento. As reivindicações e expectativas formuladas no Brasil no início dos anos 1820 facilmente se ajustavam à união com Portugal. Assim, o nacionalismo brasileiro é bem menos a causa da independência do Brasil do que sua consequência um tanto laboriosa.

Por certo, o processo de independência do Brasil não tem o Rio de Janeiro como único ator. Os livros de história atribuem um merecido lugar aos políticos paulistas que assumiram a liderança do combate às imposições vindas de Lisboa. A imagística cívica quis reter, como certidão de nascimento do Brasil, o gesto marcial do príncipe D. Pedro, a bradar de espada em punho "Independência ou morte!", em 7 de setembro de 1822, às margens plácidas do riacho Ipiranga, a poucos quilômetros de São Paulo. De igual modo, as reações das províncias do Norte e do Nordeste constituem episódios essenciais da emancipação política do Brasil.

É, contudo, no Rio de Janeiro, capital de um efêmero império luso-brasileiro entre 1808 e 1821, que a independência apresenta uma parte de suas intrigantes singularidades. A cidade passa a ser o coração de um Estado centralizador, ao redor do qual gravita o território brasileiro. Até a perda de seu estatuto de capital, em 1960, os grandes momentos de sua história se confundem com os da história do Brasil. É também no Rio de Janeiro, investido da missão de civilizar todo o país, que se elaboram as diferentes maneiras de transformar os habitantes do Brasil em brasileiros.

O êxodo e o vice-reino

Entre os transtornos que o período revolucionário e napoleônico provocou, a instalação da Corte portuguesa na América é sem dúvida um dos mais originais. Por várias vezes, desde a primeira metade do século XVIII, se aventara tal possibilidade, mas a ameaça de uma invasão francesa levara a analisar melhor essa hipótese. Para a Coroa portuguesa, ficar em Lisboa e sofrer a ocupação era arriscar-se a ver a Grã-Bretanha se apoderar das mais preciosas possessões ultramarinas. Assim, os dois países firmam em 22 de outubro de 1807 uma convenção, e se comprometem a lhe dar sequência mediante um tratado comercial. Por esse acordo, a Inglaterra reconhece e protege a soberania de D. Maria I sobre suas terras, o que não a impede de, em dezembro, anexar a ilha da Madeira, que só com dificuldade devolverá a Portugal.[1]

Diante do avanço das tropas francesas, em Lisboa haviam sido estabelecidas disposições sobre o que convinha levar para garantir a continuidade do Estado, a começar pelas 14.000 obras da Biblioteca Real. Fizeram-se também listas das pessoas que deviam acompanhar a família real e das que deviam enfrentar o inimigo.

Em 29 de novembro de 1807, quando os soldados de Junot entram em Lisboa, a rainha D. Maria I,* o príncipe-regente D. João e sua esposa, D. Carlota Joaquina, o príncipe da Beira, herdeiro do trono, cerca de dez membros da família real e algumas dezenas de altas personalidades embarcam precipitadamente.

Acompanhados por uma escolta inglesa, os refugiados se detêm primeiro em Salvador e, algumas semanas depois, seguem para o Rio de Janeiro. Em 5 de março de 1808, a frota real entra na baía de Guanabara e os viajantes aguardam três dias antes de desembarcarem no cais fronteiro à antiga residência dos vice-reis, promovida pelas circunstâncias à dignidade, se não ao brilho, de palácio real. As construções adjacentes, o convento das carmelitas, a velha prisão e o senado municipal foram requisitados para servirem de anexos.

Em 8 de março, toda a população do Rio de Janeiro se encontrou nas proximidades do palácio e nos arredores da catedral Nossa Senhora do Rosário para assistir ao espetáculo inaudito de uma rainha entre seus vassalos de ultramar. Um cenário efêmero acolhe os ilustres visitantes. Numa tela imensa, o príncipe-regente está representado entre alegorias da Ásia, da África e da América a prestar-lhe submissão. A América, encarnada por um índio, ajoelha-se respeitosamente diante de Sua Alteza e lhe oferece, além de ouro e diamantes, seu coração. O artista pintou a chegada da família real sob um céu sereno, sinal da felicidade que ela traz consigo.[2] Forma-se em direção à catedral uma

---

* Dom João exerce a regência desde 1792, pois D. Maria I estava demente.

longa procissão que percorre as ruas estreitas, cujo chão foi recoberto de fina areia branca e pétalas de flores.

A importância do acontecimento, o número e a qualidade das pessoas que subitamente desembarcaram na capital da América portuguesa levaram os contemporâneos ao exagero. A estimativa de 15.000 refugiados, devido a um testemunho não muito confiável, é comumente mencionada no conjunto de obras que mencionam o episódio. Valendo-se de bom senso e método crítico, o historiador Nireu Cavalcanti demonstrou de modo convincente que tal número ultrapassava de longe a capacidade de transporte da frota de guerra portuguesa e era incompatível com as fontes existentes. É mais razoável pensar que o êxodo da Corte portuguesa limitou-se, em 1808 e 1809, a quinhentos indivíduos, aos quais devem-se acrescentar o pessoal de guerra e as tripulações.

A presença da Corte, de qualquer modo, contribuiu para atrair ao Rio de Janeiro ondas de migrantes, movidos por razões diversas. Assim, soldados portugueses vêm pôr-se a serviço do regente e das ambições deste no estuário do Prata. Súditos fiéis do rei da Espanha encontram um porto monárquico no Rio de Janeiro, no momento em que os vice-reinados vizinhos do Brasil estão abalados por movimentos libertadores e republicanos.[3] Entre 1799 e 1821, o centro da cidade passa de 43.000 a 79.000 habitantes; duplica-se a população livre, que ultrapassa 45.000 indivíduos.[4]

A mudança é igualmente qualitativa. Uma capital colonial não acolhe sem transformação profunda as elites de uma metrópole imperial como Portugal. Com a chegada da Corte e suas consequências, os estrangeiros afluem para a América portuguesa em maior número do que antes. Afirma-se o caráter cosmopolita do centro fluminense.

A transferência da sede da monarquia portuguesa para o Rio, durante treze anos, não inverte apenas a noção de ultramar. Modifica também o equilíbrio entre as antigas capitanias. Não é sem dificuldade que o norte e o nordeste do Brasil trocam a dominação de Lisboa pela do Rio de Janeiro. Essa dupla tensão, ao mesmo tempo transatlântica e meridiana, confere um caráter singular à independência brasileira e à construção do Estado nacional.[5]

Um novo império no Novo Mundo

A alegria que os fluminenses manifestam pela chegada da família real tem razões sólidas. Desde seus primeiros passos em solo brasileiro, D. João rompe radicalmente com vários séculos de política em relação às capitanias do Brasil. A medida mais importante, embora a carta régia especifique seu caráter provisório, refere-se à abertura dos portos brasileiros ao comércio com as nações amigas, decretada em 28 de janeiro de 1808 em Salvador da Bahia.[6] O bloqueio decretado por Napoleão havia interrompido as trocas entre Portugal e a Europa continental e perturbado a atividade dos portos brasileiros, nos quais se amontoavam as mercadorias. Os negociantes de Salvador tinham informado Sua Alteza de suas dificuldades e da necessidade de liberar o comércio, assim como de considerar os navios franceses como inimigos.

A liberdade de comércio significava, concretamente, estabelecer ligações diretas entre a América portuguesa e a Inglaterra. Na esteira da Corte portuguesa e de seus conselheiros britânicos, acorrem negociantes ingleses que rapidamente formam uma pequena comunidade no Rio de Janeiro e em outras localidades brasileiras. Vários deles, como John Luccock, que desembarca no Rio em junho de 1808 e fica dez anos no Brasil, deixarão preciosos testemunhos sobre esse período. O tratado comercial, anunciado pela convenção de 22 de outubro de 1807, é longamente negociado por D. Rodrigo de Sousa Coutinho e *lord* Strangford, ministro plenipotenciário de Sua Graciosa Majestade, e assinado em fevereiro de 1810 no Rio de Janeiro, longe das resistências opostas pelos negociantes de Lisboa e do Porto. O documento estipula que os cinco principais portos do Brasil estão abertos às exportações britânicas e gozam de um regime fiscal favorecido. Em contrapartida, a Grã-Bretanha atribui às exportações brasileiras a classificação de "nação mais favorecida". Na realidade, somente as taxas sobre o algodão brasileiro sofrem redução na Grã-Bretanha; o açúcar, suscetível de concorrer com o das Antilhas britânicas, não se beneficia do mesmo privilégio.

Os ingleses se imiscuem mais no comércio do Prata, em detrimento do Rio de Janeiro, obtendo permissão para estabelecer um porto franco em Santa Catarina. Finalmente, pelo tratado de 1810, Portugal se compromete a colaborar com a Inglaterra na luta contra o tráfico negreiro.[7] A aliança com o Reino Unido amarra Portugal cada vez mais.

A abertura dos portos foi uma revolução: pôs fim ao pacto colonial e inverteu as relações entre o Portugal metropolitano e a possessão brasileira. A ordenação de 1º de abril de 1808 vai no mesmo sentido, pois revoga a de 5 de janeiro de 1785. Não apenas autoriza as manufaturas no Brasil, mas até recomenda seu desenvolvimento.

A reorganização do Império passa também por transformações culturais. Lisboa deixa forçosamente de ser o centro único de onde se irradiam o ensino, as letras e as ciências. Em 13 de maio de 1808, dia de seus 41 anos, D. João funda a Impressão Régia, que publica os textos oficiais mas está também autorizada a dar a lume todo tipo de obra, desde que não ofenda a Igreja, o governo ou os bons costumes. A responsabilidade da Impressão Régia é confiada ao ministro da Guerra e dos Negócios Estrangeiros, D. Rodrigo de Sousa Coutinho, que exercerá essas funções até sua morte, em 1815. Graças à Impressão Régia, os primeiros jornais começam a circular no Brasil. A partir de 10 de setembro de 1808, a *Gazeta do Rio de Janeiro* informa seus leitores sobre a evolução da situação internacional, a agenda dos príncipes, os escravos perdidos e encontrados.[8]

Em 1813 é inaugurado no Rossio o Teatro Real São João, cuja arquitetura se inspira fortemente na do Teatro São Carlos de Lisboa. Assim, pode-se imaginar sua réplica carioca, que desapareceu devido a incêndios sucessivos, e que ficava no local do atual Teatro João Caetano, na praça Tiradentes. Na primeira metade do século XIX, o Teatro São João torna-se o coração palpitante da vida cultural, política e mundana da monarquia portuguesa e depois brasileira. Seu pano de boca, obra do pintor Jean-Baptiste Debret, representa a chegada da família real à baía do Rio. Diante dos 1.200 espectadores da sala, sob o olhar dos camarotes reservados à aristocracia, representam-se dramas e comédias e festejam-se os nascimentos, os aniversários, os esponsais dos Bragança.[9] Os arredores do teatro são invadidos pela multidão quando das primeiras emoções populares que o Brasil

O Teatro São João, no Rossio. Gravura de J. Arago.

conhece nos anos 1820. É também para o Teatro São João que se precipitará em setembro de 1822 D. Pedro, filho mais velho de D. João VI, ao voltar de São Paulo depois de ter proclamado ali a independência do Brasil.

Na mesma perspectiva, a de fazer o Rio de Janeiro alcançar o mais alto grau de civilização e servir à propaganda monárquica, o conde da Barca, ministro dos Negócios Estrangeiros de D. João, manda recrutar artistas por intermédio do marquês de Marialva, embaixador de Portugal em Paris.

Os membros da "missão artística francesa", que trazem de Paris material de trabalho e 54 quadros, transpõem a barra da Guanabara no fim de março de 1816.[10] À frente dos dezoito "missionários" encontra-se Joachim Le Breton, membro do Institut de France. Com ele embarcaram o arquiteto Grandjean de Montigny, pintores de temas históricos, Jean-Baptiste Debret e Nicolas Antoine Taunay, escultores como Auguste Marie Taunay e Marc Ferrez, gravadores como Charles Simon Pradier e Zéphyrin Ferrez. Le Breton faz-se acompanhar de artesãos, carpinteiros, mecânicos,

*Desembarque da princesa Leopoldina no Rio de Janeiro, ao pé do morro de
São Bento (1817). Litografia segundo Jean-Baptiste Debret para sua obra*
Viagem pitoresca e histórica ao Brasil.

serralheiros, pois o projeto real não se limita às belas-artes, mas abrange também as ciências e as artes e ofícios.[11]

Essa ambiciosa escola destinada a formar artistas, engenheiros, administradores, a fazer brilharem as luzes do progresso e da civilização por todo o Brasil, não virá à luz, afinal, por falta de recursos. Em contrapartida, a Academia de Belas-Artes é criada em novembro de 1820 e organiza-se com dificuldade sob a direção dos professores franceses. Alguns, como os irmãos Taunay e os irmãos Ferrez, plantarão raízes no Brasil. Outros passarão alguns anos no país, antes de retornarem à Europa. É o caso de Jean-Baptiste Debret (1768-1848), que põe em cena as festas reais e imperiais, antes de publicar entre 1834 e 1839, já de volta a Paris, a *Viagem pitoresca e histórica ao Brasil, ou Estada de um artista francês no Brasil, de 1816 a 1831*. Seu relato e sobretudo os desenhos e aquarelas que o ilustram constituem uma das mais belas fontes documentais sobre o Brasil dos anos 1810 e 1820.

A exploração científica do Brasil é vivamente estimulada pelo governo real, que em 6 de junho de 1818 funda o Museu Real (atual Museu Nacional), a fim de coletar e estudar a fauna, a flora e a geologia do país. Tal iniciativa é também aberta aos estrangeiros. O botânico francês Auguste de Saint-Hilaire percorre o Rio de Janeiro e as províncias vizinhas entre 1816 e 1822. A princesa austríaca Leopoldina, que em 1817 se casa com D. Pedro, herdeiro da coroa portuguesa, chega ao Brasil com vários artistas e cientistas. Assim, partem para a descoberta dos costumes, da flora e da fauna brasileiras o pintor Thomas Ender e os naturalistas bávaros Karl Friedrich Philipp von Martius e Johann Baptist von Spix.[12] O médico alemão Langsdorff, cônsul-geral da Rússia no Rio de Janeiro, faz de sua propriedade fluminense, a Fazenda Mandioca, um lugar onde se encontram e passam temporadas o pintor Rugendas, Saint-Hilaire, Spix e Martius, assim como estudiosos em trânsito. Langsdorff conduz em 1825 uma expedição que percorre 15.000 quilômetros através de Mato Grosso e da Amazônia, e da qual participam o desenhista Hercule Florence e o pintor Aimé Adrien Taunay.[13]

Dom João VI, rei do Brasil

Todas essas mudanças, que viram a página do "período colonial", afetam profundamente o papel do Rio de Janeiro em relação ao resto do Brasil. A transferência da capital em 1763 não fizera absolutamente da cidade o centro da América portuguesa. O Rio permanecia como uma simples escala militar da metrópole numa região de importância vital e dispunha, no máximo, de uma influência sobre a frente de povoamento do Sul. As capitanias só se ligavam entre si por vínculos muito tênues. A instalação do governo no Rio de Janeiro introduz o esboço de uma centralização até então desconhecida. Esta assume formas concretas, como a decisão de facilitar o acesso à Corte – o termo é sinônimo de capital durante todo o período monárquico – graças à construção de estradas, ou a missão confiada ao

Jardim Botânico real de enviar sementes para as províncias. E ganha um sentido simbólico mediante a submissão comum à família real.

O negociante inglês John Luccock observou a evolução dos espíritos na conjuntura de 1815-1816. No dia do aniversário de D. Maria I, em dezembro de 1815, o regente anuncia a elevação do Brasil à dignidade de reino: doravante, D. Maria é soberana do Reino Unido de Portugal, Brasil e Algarve, e as capitanias se tornam províncias. O Rio de Janeiro é então, para os habitantes dispersos do reino do Brasil, "a nascente de sua segurança, o foco e a fonte das riquezas e das honras".[14] A esfera armilar escolhida em 1816 para simbolizar o reino do Brasil é, aliás, tomada de empréstimo às armas que Estácio de Sá havia conferido em 1565 à cidade do Rio.[15] Para o observador britânico, a morte de D. Maria em 1816 assinala uma nova etapa na expressão do sentimento de pertencer a um mesmo conjunto político, à medida que as exéquias são motivo de cerimônias em todas as cidades e aldeias do Brasil.[16]

O Rio de Janeiro é o palco da aclamação, rito essencial à monarquia portuguesa, que, desde D. Sebastião I, no século XVI, dispensava a sagração e a coroação. A aclamação de D. João VI tem lugar em 1818, sob o olhar do público que se reuniu na praça do palácio real e para assistir por entre as fileiras de soldados, a esse grande momento de fervor monárquico. Uma galeria construída ao longo do palácio abriga a cerimônia. Usando traje vermelho, D. João VI recebe os juramentos da nobreza e promete proteger e respeitar a religião, a lei e os privilégios do povo. Em seguida, é aclamado durante meia hora pelos vivas da multidão e pelas salvas de artilharia.[17]

Um incidente simbólico, que ocorre por ocasião dos preparativos da cerimônia, revela tensões que se acentuarão cada vez mais. A aclamação implica um personagem que representa o povo, o juiz do povo, tradicionalmente designado pelas 24 corporações da cidade de Lisboa. O Rio de Janeiro reivindica essa honra, o que lhe é contestado pela capital portuguesa. Finalmente, convenciona-se que o juiz do povo virá mesmo de Lisboa e que as cidades do Brasil terão o direito de enviar deputados para representá-las.[18]

Para além das mesuras e das suscetibilidades protocolares, a prolongada estada de D. João VI no Brasil começa a suscitar muitas interrogações em Portugal. O restabelecimento da paz na Europa supõe o retorno completo ao normal e o abandono de medidas que só a tormenta napoleônica podia justificar. Duas tendências cada vez menos conciliáveis surgem no seio da classe política portuguesa. A primeira se inscreve na herança de D. Luís da Cunha, o qual, nos anos 1730, entrevia um império centrado no Brasil, e na orientação de D. Rodrigo de Sousa Coutinho, conde de Linhares, que foi o artífice da transferência de 1808. Esse "partido" luso-brasileiro empreendeu a restauração de Portugal a partir do Brasil, mais forte e promissor do que a pequena metrópole ibérica. Uma parte das elites portuguesas que acompanharam a família real não parece disposta a retornar tão cedo a Portugal. A construção de palácios e mansões, como as que José Joaquim de Azevedo, futuro barão do Rio Seco, manda erguer em 1812 e 1813, as numerosas casas de veraneio de D. Carlota Joaquina, as obras de ampliação da Quinta da Boa Vista – residência real –, iniciadas em 1815, não indicam muitos preparativos para um próximo retorno à Europa. Outros indícios, como a aquisição de terras e fazendas pelos novos imigrantes, são confirmatórios. O bibliotecário de D. João VI, Luís dos Santos Marrocos, que, por sua vez, se entedia na América e gostaria de rever o Tejo, queixa-se disso numa correspondência de grande valor documental.[19] Esses portugueses que se implantam no Rio de Janeiro compartilham dos pontos de vista e dos interesses da centena de grandes comerciantes crioulos que acolheram a monarquia e lhe prestam seu concurso. O soerguimento do mundo português implica perenizar as medidas tomadas em 1808 em detrimento da burguesia mercantil do Porto e de Lisboa e manter o tráfico negreiro, apesar das pressões da Grã-Bretanha.

Em Portugal, as coisas não são necessariamente vistas assim. O país saiu enfraquecido da guerra contra a França, mas nutre o sentimento de que seu sacrifício heroico merece compensações, como a restauração de seus privilégios coloniais. A atitude da diplomacia portuguesa no Congresso de Viena indica que o oceano que separa o mar de Palha das margens da Guanabara está se alargando. O marquês de Palmela, que negocia em Viena os dividendos da vitória, esforça-se por fazer a Inglaterra aceitar a anulação do tratado comercial de 1810, que dá prejuízo ao comércio português metropolitano e colonial.

Ultrapassando suas instruções, Palmela está disposto até a prometer a abolição do tráfico de escravos, a fim de alcançar seu objetivo. A política externa conduzida por D. João, ao contrário, é mais ditada por considerações geopolíticas americanas do que pelos interesses europeus do Império.

A invasão da Guiana Francesa, a partir de novembro de 1808, situa-se na continuidade das guerras contra Napoleão, mais do que reflete intenções expansionistas bem nítidas. Ocupada, mas nunca anexada ao território brasileiro, a Guiana é finalmente devolvida em 1817 à França da Restauração, e suas fronteiras com o Brasil são fixadas no Oiapoque, por ocasião do congresso de Viena.[20] O empreendimento relativo ao Rio da Prata é mais complexo e mais ambicioso. De fato, nele se mesclam os primeiros sintomas da desagregação do Império espanhol, as antigas reivindicações portuguesas sobre a margem norte do Prata e os dissabores de Lisboa, que não obtivera do rei da Espanha a restituição da cidade de Olivença, quando dos entendimentos de paz em 1814 e 1815.

Em março de 1816, uma divisão de voluntários chega de Portugal a fim de ser expedida dois meses mais tarde para o Sul. Saudada em peso pela família real, a partida das tropas de Praia Grande (Niterói) foi imortalizada por Jean-Baptiste Debret.[21] Montevidéu é tomada pelos portugueses em janeiro de 1817, e a Cisplatina se torna, em 1821, a vigésima província do Brasil. Vista de Portugal, a questão das fronteiras do Brasil parece tanto menos crucial quanto deteriora as relações do país com a Espanha e contribui para seu isolamento na Europa da Santa Aliança.[22]

A prolongada estada fluminense de D. João VI e os contornos americanos do "novo Império" reanimam os debates sobre o futuro da monarquia portuguesa. A linha de fratura que se desenha passa talvez entre a costa portuguesa e o Rio de Janeiro, mas não ainda entre "brasileiros" e "portugueses", duas noções que, nos anos 1810, não haviam adquirido plenamente seu sentido contemporâneo. Até a independência de 1822, é português no Brasil quem nasceu em Portugal, e brasileiro quem nasceu no Brasil. Como o adjetivo "brasileiro" ainda é ambíguo e eventualmente faz pensar nos índios, sente-se com frequência a necessidade de distinguir os "portugueses brasileiros" dos "portugueses europeus". São numerosos os "portugueses europeus" que se instalaram na América e defendem as medidas de emancipação concedidas ao Brasil desde 1808. E muitos "portugueses brasileiros", especialmente entre as elites que fizeram seus estudos em Coimbra, experimentam uma solidariedade incomparavelmente mais forte em relação a seus compatriotas europeus do que aos índios e negros, os quais só partilham com eles um mesmo local de nascimento. Para José Bonifácio de Andrada, arquétipo do luso-brasileiro partidário do "novo Império" e futuro Patriarca da Independência, ainda está longe o tempo, em 1813, de ver os componentes tão heteróclitos da população do Brasil se amalgamarem num corpo político.[23]

Além disso, se certos "portugueses" fazem causa comum, no Rio de Janeiro, com os defensores da nova cartada imperial, há "brasileiros" que dificilmente admitem-lhe as consequências. As províncias do Nordeste e do Norte, habituadas a corresponder-se diretamente com Lisboa – mais próxima de algumas, por mar, do que o Rio –, não veem com bons olhos sua sujeição quase colonial perante a Corte. São, aliás, largamente solicitadas a contribuir, por intermédio de taxas sobre o açúcar, o algodão ou o fumo, para financiar as despesas militares e as grandes obras que a monarquia realiza no Sul.[24]

A revolta de Pernambuco em 1817 resulta em parte das mudanças que o nascimento do reino do Brasil provocou. Em março, uma conspiração apoiada por um movimento popular depõe as autoridades e forma em Recife o "governo provisório da República de Pernambuco". A insurreição rejeita a dominação portuguesa, essa tirania fiscal sediada no Rio de Janeiro, mas não visa a libertar um hipotético "Brasil". O governo real responde energicamente à tentativa de secessão. Tropas afluem das províncias e convergem para Pernambuco, cujos portos são bloqueados por uma esquadra vinda do Rio. A *Gazeta do Rio de Janeiro* transmite a seus leitores os comunicados oficiais sobre o desenrolar das operações. Os fluminenses dão provas de uma vibrante fidelidade monárquica e patriótica e contribuem com dinheiro para o esforço de guerra. Milhares de voluntários alistam-se no corpo expedicionário recrutado pelo governo.[25] Em 20 de maio de 1817, a república de Pernambuco acabou e o Rio de Janeiro, aliviado, pôde celebrar a vitória em torno de seu monarca.

E o Rio se torna a Corte

John Luccock, que se ausenta do Rio por alguns anos, fica impressionado com a rápida transformação da cidade. Em 1808, a mata atlântica circundava a planície urbanizada e suas poucas clareiras. Quando retorna, em 1813, o espetáculo é totalmente diverso: nos lugares onde se passava bruscamente dos prados dos subúrbios à selva, "a floresta foi extirpada, o terreno dividido e cercado por sebes luxuriantes, numerosas casas foram construídas, e o refúgio dos animais selvagens transformou-se em prósperas colônias humanas", constata o negociante inglês.[26] O poder real está na origem dessas mudanças.

Em 10 de maio de 1808 é criada a Intendência Geral de Polícia da Corte e do Estado do Brasil, à imagem da instituição existente em Portugal desde 1760. O termo "polícia" deve ser tomado aqui no sentido mais amplo. De fato, as atribuições do intendente-geral compreendem não só a ordem pública e a repressão aos crimes e delitos, mas também as grandes obras, o sistema viário, o abastecimento da cidade. O primeiro titular do cargo é, durante treze anos, Paulo Fernandes Vianna, que se empenha em transformar o burgo colonial em capital.[27] A administração municipal passa assim para o estreito controle do poder central e acaba por enfraquecer instituições municipais como o Senado da Câmara, em lento declínio desde um século antes.

Em junho é instituída a décima urbana, a ser paga pelos proprietários de imóveis, e que financia as obras viárias e de urbanização. A décima urbana exige a elaboração de um cadastro e a definição do perímetro urbano, ampliado nessa ocasião.[28]

Vianna manda providenciar a pavimentação de novas ruas. Em junho de 1809, proíbe o tradicional uso de gelosias e ordena que se lhes removam das casas no prazo de oito dias. Na resolução cuidadosamente argumentada, o intendente-geral de polícia apresenta-as como um costume arcaico que enfeia desnecessariamente e é indigno de uma cidade civilizada.²⁹ As considerações sobre o progresso acompanham a preocupação com a segurança. Os muxarabiês, afirma-se, prestam-se às emboscadas, assim como as ruas mal iluminadas. Vianna dota o Rio de uma verdadeira iluminação pública, multiplicando os lampiões a óleo de baleia, e faz a Guarda Real patrulhar uma cidade considerada pouco segura.

Ele melhora também o abastecimento de água, perpetuamente deficiente, canalizando os rios Comprido e Maracanã em direção ao Campo de Santana, onde é edificado um conjunto de fontes e lavatórios. A evacuação das águas usadas é feita pelos escravos, por meio de tonéis cujo conteúdo é lançado em determinados horários nas praias mais próximas. Os transeuntes, assustados pelo cheiro pestilencial e pelas possíveis consequências de um tropeço, deram o apelido de "tigres" aos temíveis barris, cuja aproximação provoca um salve-se-quem-puder geral.³⁰ A construção dos primeiros esgotos cobertos, em 1857, dará um fim a esse nauseabundo balé.

As paróquias centrais da Candelária, São José, Santa Rita, ou Sacramento, continuam a ser densamente povoadas. A rua Direita é a do comércio por atacado; os artesãos alinham suas tendas ao longo das ruas da Vala (atual Uruguaiana), da Cadeia (atual Assembleia), do Sabão (destruída no início dos anos 1940) e São José. A rua do Rosário concentra quase todas as tabernas da cidade.³¹ Mais afastados, em terrenos deixados vagos por serem pantanosos ou isolados por um dos numerosos caprichos topográficos do Rio de Janeiro, amontoam-se os casebres e choças da população miserável.

Para o regente e sua roda, o centro de gravidade do Rio deve deixar os horizontes sufocantes do largo do Paço por áreas novas, mais ventiladas e mais conformes aos cânones neoclássicos. O próprio D. João passa temporadas principalmente no campo, em São Cristóvão, onde em 1808 ganhou de um dos homens mais ricos do Rio, Elias Antônio Lopes, a Quinta da Boa Vista, local de veraneio mais digno de um soberano do que a austera e desconfortável residência dos vice-reis. Originário do Porto, esse negociante se estabelecera no Brasil no fim do século XVIII e se tornara um dos maiores importadores de tecidos orientais e de escravos. Além da amizade do príncipe, a doação do palacete lhe valeu numerosas recompensas, sob a forma de honrarias e de cargos vantajosos.[32] Entre 1810 e 1820, a propósito, D. João distribui 254 títulos de nobreza, boa parte dos quais entre seus vassalos americanos.[33]

O regente aprecia São Cristóvão, cujos jardins e pomares manda embelezar. A conselho médico, vai regularmente à praia do Caju, entra numa banheira cheia de água do mar e assim acalma os tormentos que lhe infligem os terríveis carrapatos do Brasil.[34]

No centro, a antiga residência dos vice-reis torna-se com o passar do tempo a sede administrativa da monarquia. Dom Pedro II, nascido em 1825 na Quinta da Boa Vista, abandonará cada vez mais o largo do Paço e transferirá para São Cristóvão uma parte dos assuntos públicos.[35] Outras casas de campo aristocráticas se instalam nas vizinhanças do palácio de São Cristóvão, agora ligado à Cidade Velha por uma boa estrada que transpõe rios e pântanos. A marquesa de Santos, favorita de D. Pedro I, constrói uma bela casa, nas proximidades da residência de seu amante imperial.

Entre a Quinta da Boa Vista e o Paço da Cidade ficam portanto o Campo de Santana e outros locais públicos sem tratamento. Ali o povinho festeja anualmente o Divino Espírito Santo, os escravos conversam ao redor dos lavatórios, desenvolve-se um pequeno tráfico, os contestatários se encontram. Ao longo de todo o século XIX, as autoridades tentam limitar as desordens na área e pouco a pouco transformam aqueles prados em praças "civilizadas".[36] Desta forma, o Rossio, outrora marginalizado, tornou-se um dos pontos centrais da vida política portuguesa e depois brasileira, mas o Campo de Santana resistiu por mais tempo a esses esforços de urbanismo.

Auguste Grandjean de Montigny (1776-1850), membro da missão artística francesa, prêmio de Roma e antigo arquiteto de Jerônimo Bonaparte, rei da Vestfália, exerce considerável influência sobre a fisionomia da cidade e a formação dos artistas brasileiros, ainda que a maior parte de suas realizações tenha há muito tempo sucumbido às pás mecânicas dos demolidores. A Casa França-Brasil, que ocupa a antiga Bolsa de Comércio, é um dos últimos testemunhos da arquitetura neoclássica no Rio de Janeiro. A Academia Imperial de Belas-Artes, por sua vez, foi destruída em 1938 para dar lugar a um estacionamento.[37] Somente seu pórtico sobreviveu, e hoje ornamenta uma alameda do Jardim Botânico.

Por falta de recursos, muitos projetos de Grandjean de Montigny, como a abertura de uma larga avenida entre a Academia de Belas-Artes e o Rossio, não sairiam do papel. Em 1827, o arquiteto havia imaginado fontes monumentais, uma estátua equestre de D. Pedro I e um arco do triunfo que deveriam ser edificados no Campo de Santana – o qual, com a independência, passa a chamar-se Praça da Aclamação.[38]

Ao sul do Centro, do lado oposto a São Cristóvão, as regiões ainda muito campestres do Catete e de Botafogo também seduzem a alta sociedade vinda da Europa. Entre suas numerosas propriedades e residências fluminenses, a esposa de D. João, Carlota Joaquina, tem uma casa que dá para a enseada de Botafogo. Na ilha do Governador e sobretudo na de Paquetá, alternam-se as barracas de pescadores, as fazendas e os palacetes românticos. Dom João VI agrada-se igualmente do espetáculo encantador da Banda d'Além, a "outra margem" da baía de Guanabara. Em 1819, ele a destaca do território

Quinta da Boa Vista, São Cristóvão. Desenho de E. Boudiez.

da cidade do Rio e funda a Vila Real de Praia Grande,[39] que em 1834 se torna uma verdadeira municipalidade e retoma o nome original de Niterói (água escondida) dado pelos tupis.

As sinuosidades e as cores da baía de Guanabara são os raros luxos de que gozam a família real e seus próximos. Se os "vassalos de ultramar" se deslumbram com a etiqueta de uma corte, os olhos europeus, habituados à pompa que comumente rodeia os monarcas, impressionam-se com a modéstia e até a miséria do estilo de vida dos Bragança no Brasil. Luccock descreve em termos pobres o aniversário de D. Maria em 1808: "Pode-se fazer uma ideia do baixo desenvolvimento da colônia – baixo no que se refere às artes e às comodidades da vida – a partir do fato de que, para o aniversário da rainha [...], só fora possível reunir para a ocasião seis veículos, todos abertos, de duas rodas, puxados cada um por um miserável par de mulas e conduzidos por negros sujos. No entanto, era dia de gala, e a porção opulenta da sociedade fizera todo o possível para causar boa impressão".[40] O comerciante britânico não se cansa de enumerar os uniformes desencontrados e as botas lamacentas dos soldados que escoltam os príncipes. Essa decadência material é compensada pelo fervor religioso que se manifesta quando eles passam. Por mais de longe que se perceba o carro de um membro da família real, é de praxe não só descobrir a cabeça, mas também ajoelhar-se. Qualquer pessoa a serviço de Sua Majestade, mesmo que vestida de farrapos, deve receber uma forma de homenagem. A criadagem de D. Carlota Joaquina é famosa por fustigar facilmente os dorsos, muitas vezes estrangeiros, que remancham em se inclinar diante da princesa de Bourbon e Bragança e seus serviçais.[41]

As Cortes contra a Corte

No fim do ano de 1820, os acontecimentos sobrevindos em Portugal perturbam o desabrochar do "novo Império" e dão início à sua desagregação. Em 24 de agosto, explodiu no Porto uma revolução de inspiração liberal, mas a notícia só chega ao Rio em 17 de outubro. Entrementes, em 15 de setembro, Lisboa aderiu ao movimento, o que só se saberá na Corte em 15 de novembro. A distância, configurada nesses desencontros, reforça os mal-entendidos e os erros de apreciação. Por causa da revolução de 1820, um novo poder se ergue diante do monarca: uma assembleia constituinte – as Cortes – pretende dirigir Portugal e contesta as prerrogativas recentemente conquistadas pelo Rio de Janeiro.

Do outro lado do Atlântico, essas insurreições provocam reações contrastantes. Ao redor de D. João VI, ministros e conselheiros desejam sobretudo evitar que o incêndio se espalhe. A opinião pública fluminense, ainda embrionária, tende a acolher favoravelmente o liberalismo alegado pelos revolucionários e adere de bom grado à ideia de uma monarquia constitucional. O abrandamento da censura favorece o aparecimento de jornais políticos como *A Malagueta*, *O Correio do Rio de Janeiro* ou o *Revérbero Constitucional Fluminense*, dirigido pelo cônego Januário da Cunha Barbosa e por Joaquim Gonçalves Ledo. Essas folhas de pequena tiragem reproduzem artigos da imprensa europeia, difundem as análises do *Correio Braziliense*, publicado em Londres por Hipólito da Costa e frequentemente proibido no Brasil, e permitem acompanhar os rumores da vida política na Corte.

No Rio, defende-se preferencialmente a ideia de uma união entre dois reinos juridicamente iguais, cada um dos quais dispondo de seu parlamento. A emancipação política e econômica ainda é concebida somente na unidade da nação portuguesa.[42] Em Portugal, o que domina os debates é a concepção de uma nação una, indivisível e centralizada em Lisboa.

Nas grandes cidades brasileiras, as tropas trazidas de Portugal para participarem das campanhas do Prata e pacificar Pernambuco em 1817 são atraídas para a causa das Cortes. A Divisão Auxiliadora, estacionada no Rio de Janeiro, não tarda a deixar isso claro a tiros de canhão.[43]

De fato, em 26 de fevereiro de 1821, a população fluminense é acordada ao som da artilharia. Brancos pobres, membros do baixo clero, mestiços, negros e índios juntam-se aos soldados da Divisão

*Aceitação provisória da Constituição de Lisboa no Rio.
O Teatro São João e o pelourinho.*

Auxiliadora para exigir do soberano que, de antemão, jure fidelidade à Constituição cujos grandes princípios as Cortes já elaboraram. Aglomerados no Rossio, os insurretos pedem, além disso, a saída dos "absolutistas" do ministério. Diante do rumo tomado pelos acontecimentos e do risco de que a revolução do Rio conclua aquilo que a revolução do Porto havia iniciado, o príncipe herdeiro D. Pedro e seu irmão D. Miguel dirigem-se ao Teatro São João, cuja sacada domina o Rossio, e, diante da multidão e da Câmara Municipal do Rio, prestam juramento à futura constituição do Reino Unido de Portugal, Brasil e Algarve. Algumas horas mais tarde, D. João VI, pressionado pelo filho, decide fazer o mesmo.[44] A lembrança do 26 de fevereiro, dia em que os Bragança fingiram ser os autores de uma desordem que ameaçava varrê-los, será cuidadosamente cultivada por D. Pedro: até 1824, essa data é objeto de celebrações oficiais no Brasil, enquanto o Rossio ganha o nome de praça da Constituição, conservado durante todo o período imperial.

O 26 de fevereiro de 1821 mostrou que havia no Rio elementos revolucionários enquadrados por uma minoria de ativistas "democratas", como o padre Macamboa, sacerdote e advogado nascido em Portugal, que faz eloquentes discursos populares entre fevereiro e abril e incita as multidões ao "patriotismo" contra o "despotismo" e a "tirania".⁴⁵ Em 7 de março, alguns dias após a revolta do Rossio, D. João VI anuncia por decreto que retornará a Portugal e confia a regência do Brasil a D. Pedro, cuja presença, segundo se acredita, irá preservar o equilíbrio do Reino Unido e, principalmente, a existência de um centro capaz de confederar as províncias. Depois da "emancipação", a unidade do Brasil é de fato o segundo tema a respeito do qual o "partido brasileiro" não está disposto a transigir.⁴⁶

Longe de acalmar os espíritos, a iminente partida do soberano desperta no Rio uma agitação que chega ao auge por ocasião das eleições dos representantes da província às Cortes de Lisboa. Em 8 de abril de 1821, os cidadãos maiores de 25 anos, devidamente recenseados nas respectivas paróquias, procedem à aprendizagem do direito de sufrágio, após a missa e sob a invocação do Espírito Santo. Na verdade, eles participaram da primeira etapa de um complicado sistema de quatro graus, que se concluirá com a eleição dos deputados das províncias.⁴⁷ Assim, em 13 de abril, os eleitos em 8 de abril escolhem os "eleitores paroquiais" dentre os quais devem sair os eleitores de comarca, que votarão *in fine* para enviar a Lisboa os deputados da província. Em 20 de abril os grandes eleitores do Rio são convocados ao espaçoso saguão que Grandjean de Montigny acaba de concluir para abrigar a Bolsa de Comércio (Praça do Comércio, atual Casa França-Brasil), a fim de procederem à eleição dos deputados. A eles se anuncia sobretudo a partida iminente de D. João VI, sobre o qual circulam os mais alarmantes rumores.

A sessão logo se transforma em motim. Uma multidão semelhante à de 26 de fevereiro cerca a Praça do Comércio. Seus líderes exigem que o rei adote imediatamente a Constituição espanhola, mais liberal e avançada que o projeto das Cortes, e que os cofres do Tesouro sejam desembarcados dos navios de partida. Uma delegação se dirige em vão à Quinta da Boa Vista. Ao amanhecer, na hora em que a assembleia decide formar um conselho de governo, o Exército atira, sob ordens do príncipe D. Pedro. O balanço dessa "noite execrável", na expressão do ministro Silvestre Pinheiro, varia de um a trinta mortos, segundo os observadores.⁴⁸ Os corpos das vítimas são levados às escondidas para o Arsenal da Marinha, e outros são lançados ao mar durante os dias seguintes. Um anônimo prega na Praça do Comércio, devastada e desvirtuada da função original, um cartaz com a inscrição: "Açougue dos Bragança".

Restabelecida a calma, a Corte envia seus cinco deputados às Cortes de Lisboa, onde chegarão em setembro. O embarque sem pompas de D. João VI, em 26 de abril de 1821, arrasta o "poderoso império" para um período de incerteza.

5. Novas revoluções
(1822-1840)

"Digam ao povo que fico!"

Em Lisboa, a minoria de deputados que representam o Brasil nas Cortes só começa a ter assento um ano depois da reunião do Parlamento. O rumo dos debates a lança majoritariamente na oposição. Os "brasileiros" recusam o "pacto comercial" que lhes querem impor e que lembra desagradavelmente o "pacto colonial" abolido em 1808. No plano político, a assembleia decreta, em 29 de setembro de 1821, o que estava em gestação havia alguns meses: cada província do Brasil será governada por uma junta que responderá por suas decisões e seus atos perante o rei e as Cortes. Esses governos provinciais privam o Rio de qualquer preeminência e arruínam o esforço de centralização empreendido desde 1808. Com tal sistema, a regência não tem mais razão de ser. A ordem de retornar a Lisboa é dada a D. Pedro em 1º de outubro.

Uma corrente "integracionista", e hostil às aspirações brasileiras, ganha adeptos nos meios políticos portugueses. A imprensa liberal exalta cada vez mais a primazia do Portugal civilizador, enquanto justifica a política desigual das Cortes diante de um Brasil que ela prefere descrever como povoado de índios preguiçosos, de "negrinhos" ou de "macacos", incapazes de se governar e de se defender sozinhos.[1] Teme-se também em Lisboa que, ao morrer seu pai, D. Pedro, herdeiro da coroa portuguesa e regente do Brasil, restabeleça em favor do Rio de Janeiro a relação de forças invertida pela revolução de 1820.² Conjetura-se que, em caso de secessão das províncias do Sul em torno do Rio, o norte do Brasil permanecerá fiel às Cortes. Alguns até julgam a ruptura com o Brasil preferível ao "novo Império", que implica a subordinação de Portugal. É o que o deputado português Fernandes Tomás expõe às Cortes em 22 de março de 1822, num discurso que permaneceu nos anais sob o título de "Adeus, senhor Brasil".³

Quando as decisões de setembro se tornam conhecidas no Rio, em 11 de dezembro de 1821, as Cortes ficam definitivamente desacreditadas e associadas ao absolutismo mais obscurantista. A causa da liberdade, sinônimo da causa do Brasil, congrega uma grande maioria de fluminenses, por nascimento ou por adoção, e adota as cores do príncipe, o verde dos Bragança associado ao amarelo dos Habsburgo, representado na figura da princesa Leopoldina.

Jornais, sociedades secretas, lojas maçônicas, tabernas e salões se mobilizam para manter o regente. Uma petição, que logo obtém oito mil assinaturas, solicita ao príncipe que permaneça no Brasil. Em 9 de janeiro de 1822, D. Pedro anuncia à municipalidade do Rio de Janeiro e às delegações vindas de quase todo o país: "Como é para o bem de todos e felicidade geral da Nação, digam ao povo que fico!" Essa frase figura em lugar de destaque em todos os manuais de história do Brasil de vocação patriótica. Alguns dias mais tarde, o regente confirma sua resistência às Cortes trazendo para o governo José Bonifácio de Andrada e Silva, vice-presidente da junta de São Paulo, a mais virulenta no exigir a autonomia do Brasil.

Se a hostilidade às Cortes faz a união, a disputa entre facções pela conquista do poder e da amizade do príncipe já está em curso. Os mais liberais ou "democratas" reúnem-se em torno da Câmara Municipal do Rio de Janeiro, presidida por José Clemente Pereira, e do jornal *Revérbero Constitucional Fluminense*, dirigido pelo cônego Januário da Cunha Barbosa e por Joaquim Gonçalves Ledo. Em 13 de maio de 1822, dia do aniversário de D. Pedro, José Clemente Pereira atribui ao príncipe, em nome da municipalidade do Rio de Janeiro, o título de Protetor e Defensor Perpétuo e Constitucional do Brasil. Embora recuse o primeiro termo, insuficientemente monárquico para seu gosto, o príncipe aceita o segundo e dá ganho de causa aos "democratas" convocando uma constituinte.

José Bonifácio de Andrada e Silva, formado na escola do marquês de Pombal e de seus epígonos, desconfia das assembleias eleitas e dos desvios "democratas", que prefere qualificar de "demagogos", e deposita suas esperanças num Estado monárquico centralizado e autoritário. Sua influência é perceptível nos dois manifestos tornados públicos por D. Pedro no início de agosto de 1822. Neles o príncipe reafirma a fidelidade monárquica de seus súditos americanos e se apresenta como o legítimo depositário dos direitos dos Braganças "enquanto durar o cativeiro" de D. João VI.[4] Os partidários da "causa do Brasil", bem mais liberal que nacional, formam paradoxalmente uma frente comum com uma realeza apoiada na Santa Aliança e na contrarrevolução.

Em Lisboa, as Cortes são pouco a pouco informadas sobre a desobediência do Brasil e reagem vivamente. Anulam os decretos do regente, enviam reforços para as guarnições e ordenam perseguições aos peticionários e a todos os que incitaram D. Pedro a ficar no Brasil e a infringir suas ordens, entre os quais José Bonifácio. São as imposições das Cortes, comunicadas a D. Pedro no momento em que ele faz uma parada para descanso nos arredores de São Paulo, que desencadeiam a cena do Ipiranga, em 7 de setembro. O Brasil, por intermédio de seu príncipe, não reconhece mais a autoridade das Cortes, mas o conteúdo da independência ainda está por definir.

Da nação portuguesa à nação brasileira

Dom Pedro retoma o trajeto para a capital ainda na condição de Defensor Perpétuo e Constitucional do Brasil, mas agora precisará fundar um regime e uma nação. Em 18 de setembro de 1822, um decreto ordena a "todo português ou brasileiro que abrace o sistema atual do Brasil e esteja pronto a defendê-lo" que se faça distinguir "pelo uso, no braço esquerdo, da flor verde dentro de um ângulo de ouro, com a divisa 'Independência ou morte'" [5]. Essa insígnia era usada desde 1821 pelos partidários da monarquia constitucional.[6] O verde e o ouro, portanto, antes de serem nacionais, são as cores de reunião em torno de uma causa, a nova ordem nascida da rejeição às Cortes de Lisboa. Com a secessão política, elas vão popularizar-se, mesmo entre os pobres.

Simples confirmação da ruptura com as Cortes, o 7 de setembro não é a data que se impõe de saída para simbolizar a independência do Brasil. A aclamação de D. Pedro, que ocorre no Campo de Santana, no dia do aniversário do príncipe, 12 de outubro de 1822, é considerada inicialmente como a da verdadeira fundação do império. O primeiro projeto de constituição faz dessa data o limite a partir do qual os portugueses então residentes no Brasil recebem automaticamente a nacionalidade brasileira.[7] No ano seguinte, a decisão de construir um monumento comemorativo no próprio local

Aclamação de D. Pedro I, no Campo de Santana.
Gravura de J.-B. Debret em 1839.

do Ipiranga traduz uma mudança de interpretação. A figura de D. Pedro I já não domina sozinha o episódio da independência. O 7 de setembro evoca também a participação de José Bonifácio de Andrada e Silva no processo.

Quanto à capital imperial, permanece como a cidade do "Fico". Para celebrar, em 9 de janeiro de 1823, o primeiro aniversário de sua desobediência às Cortes, D. Pedro I exprime seu reconhecimento ao Rio de Janeiro concedendo à municipalidade o título de Ilustríssima e à cidade o epíteto de "heroica", que se acrescenta ao de muito "leal" atribuído em 1647.[8]

À medida que se constrói a nacionalidade brasileira, com sua data e local de nascimento – 7 de setembro de 1822, às margens do Ipiranga – e seus genitores – D. Pedro e José Bonifácio de Andrada –, aguça-se uma retórica antiportuguesa fadada a uma bela longevidade. A diabolização das Cortes se estende doravante a Portugal inteiro, cuja cupidez predadora e arrogância obtusa a imprensa fluminense passa a incriminar. A esses discursos elaborados nos meios políticos acrescenta-se a hostilidade crescente de uma população pobre e livre, em grande parte mestiça ou de origem africana, aos numerosos imigrantes portugueses que disputam diretamente com ela os meios de vida e de sobrevivência na muito leal e heroica cidade do Rio de Janeiro.[9]

O temor de uma guerra contra Portugal contribui para transformar os portugueses em inimigos. Dom Pedro manda construir fortes nos arredores do Rio de Janeiro para enfrentar eventuais desembarques de tropas enviadas por Lisboa, mas é na Bahia que ocorre uma verdadeira guerra de independência, só terminada em 2 de julho de 1823.

A queda do governo das Cortes em Portugal, em maio de 1823, permitia algumas esperanças de reaproximação entre o reino e sua antiga colônia, mas as embaixadas discretamente enviadas a D. Pedro por Lisboa não são recebidas. Portugal não tem escolha, a não ser aceitar a mediação inglesa e reconhecer a independência do Brasil, em troca de uma indenização fixada em dois milhões de libras. O império do Brasil nasce endividado.

O império ambíguo

Durante toda a crise que o opusera às Cortes, D. Pedro não escondera sua intenção de preservar os direitos legítimos dos Bragança e da realeza contra a tirania da assembleia. Para um príncipe que era vítima da França revolucionária e imperial, partidário da Santa Aliança e marido de uma princesa austríaca, não vinha ao caso ceder às ideias liberais além do politicamente necessário. Nesse sentido, a ideia imperial se apresentava como uma fórmula de síntese, capaz de renovar a monarquia enraizando-a ao mesmo tempo. O império já não era luso-brasileiro, mas estendia-se da Amazônia ao Prata, como havia sonhado D. Luís da Cunha.

Depois de ser aclamado conforme a tradição portuguesa, D. Pedro I é sagrado e coroado imperador do Brasil "pela graça de Deus e pela vontade unânime do povo". A cerimônia se desenrola em 1º de dezembro de 1822 na catedral Nossa Senhora do Carmo, segundo um ritual que lembra a sagração de Napoleão I em Notre-Dame.[10] O "Jacques-Louis David" de D. Pedro I é Jean-Baptiste Debret, ele mesmo um antigo aluno do organizador dos faustos do Império francês.

*Cerimônia da sagração de Pedro I, em 1º de dezembro de 1822.
Litografia dos irmãos Thierry segundo um desenho de J.-B. Debret.*

No dia de sua sagração, o imperador cria a Ordem do Cruzeiro, em homenagem à "posição geográfica desta vasta e rica região da América austral formada pelo Império brasileiro, onde se encontra a grande constelação do Cruzeiro do Sul, e igualmente em memória do nome que este império sempre teve, desde sua descoberta, de Terra de Santa Cruz".[11]

Debret desenha também as armas e a bandeira do novo império: para a coroa imperial convergem as estrelas, que simbolizam as províncias; as lembranças históricas, como a cruz da Ordem de Cristo e a esfera que evoca o reino do Brasil; as riquezas contemporâneas, como o café e o tabaco; o verde e o ouro. A alegoria que o artista francês pinta para o pano de boca do teatro São João expressa o mesmo projeto político. Componentes diversos da nação, como soldados, mulheres negras e caboclos, reúnem-se ao pé do trono num cenário tropical luxuriante.[12] A monarquia é representada como fruto da história do Brasil – e não como um modelo importado do estrangeiro – e como garantia de sua unidade e prosperidade.

Contudo, é quanto à natureza do regime que se desfaz a aliança que permitira a independência do país. O governo imperial, conduzido por José Bonifácio de Andrada e Silva, afasta do cenário político os que haviam apoiado o príncipe na rebelião deste contra as Cortes, mas pecavam por excesso de liberalismo. Em outubro e novembro de 1822, as lojas maçônicas da oposição são fechadas, enquanto Joaquim Gonçalves Ledo e o cônego Januário da Cunha Barbosa conhecem a umidade dos calabouços antes de partirem para o exílio.

Em 3 de maio de 1823, os cem deputados da Assembleia Geral Constituinte e Legislativa se reúnem pela primeira vez, na antiga prisão onde Tiradentes havia permanecido: transformado em 1808, o prédio, próximo ao palácio, servia agora a fins menos sinistros. Os representantes da nação foram eleitos pelo sufrágio censitário de dois graus e são a expressão de um país legal muito estrito. Alguns deles representaram o Brasil nas Cortes de Lisboa. A maioria se compõe de antigos alunos de Coimbra. Muitos ocuparão lugares eminentes no Estado imperial, sob D. Pedro I e sob o sucessor deste.[13] Os três irmãos Andrada, José Bonifácio, Martim Francisco e sobretudo Antônio

Carlos, figuram entre os deputados, embora até julho participem do governo. Essa assembleia de alto nível é totalmente adepta da monarquia constitucional, mas se divide quanto à extensão das prerrogativas do imperador, à divisão administrativa do Brasil e, sobretudo, quanto à definição da soberania: esta reside na assembleia eleita pela nação ou na pessoa do monarca?

As relações entre o imperador, seu governo e a Assembleia são marcadas pela desconfiança recíproca. Em 12 de junho, para enfurecimento do Paço, a Assembleia decide que as leis por ela estabelecidas só serão submetidas a D. Pedro I para simples assinatura, e não para receberem a sanção imperial.[14]

Em julho de 1823, para grande satisfação de seus numerosos adversários, os irmãos Andrada deixam o governo, e o jornal *O Tamoio*, que expressa o ponto de vista deles, desencadeia uma campanha feroz contra o governo e contra o poder dos "portugueses". O nome do periódico, *O Tamoio*, remete maliciosamente à alegoria clássica do Brasil, por muito tempo representado sob os traços de um jovem índio, e aos mais ferozes inimigos dos portugueses no Rio de Janeiro. Na Assembleia, Antônio Carlos brilha por sua eloquência e também por ser o principal redator do projeto de Constituição. Quanto a José Bonifácio, este acentua a animosidade que a maioria de seus colegas lhe devota apresentando dois projetos para o Brasil, que no entanto se situam numa fiel tradição pombalina, adaptada à atualidade.

José Bonifácio almeja, de fato, submeter os ameríndios à tutela do Estado e favorecer a integração deles à nação. Assim, pela mestiçagem e pelo trabalho, eles contribuirão para o crescimento demográfico de um país subpovoado e formarão uma mão de obra nacional. Sua segunda proposta é bem mais polêmica, pois defende a extinção imediata do tráfico de escravos. Seu projeto de lei também inclui a melhora das condições de vida destes últimos e o estímulo à concessão de alforrias.[15] Ora, para as elites sociais e políticas do novo império, a manutenção do tráfico e da instituição servil não está sujeita a concessões.

Indignado pelos ataques dos irmãos Andrada e preocupado com o rumo dos acontecimentos, em 12 de novembro D. Pedro I manda seus soldados cercarem a assembleia e decreta-lhe a dissolução. O jornal *O Tamoio* para de circular. Os Andrada e os deputados considerados perigosos são presos e expulsos para a Europa. José Bonifácio passa mais de cinco anos exilado em Bordéus e, depois de voltar ao Rio, em 1829, mantém-se à margem da vida política. Da paisagem romântica e serena da ilha de Paquetá, para onde se retirou, no meio da baía de Guanabara, o Patriarca da Independência assistirá como simples espectador aos sobressaltos da Corte.

Dom Pedro I obteve provavelmente uma vitória de Pirro, ao dissipar brutalmente as ilusões liberais. Seu despotismo provoca uma irrupção de violência nas regiões onde a tradição republicana e a rejeição à centralização permaneceram vivas. Em março de 1824, a província de Pernambuco se subleva novamente contra o "tirano" e contra o Rio de Janeiro. O Rio Grande do Norte, a Paraíba e o Ceará seguem-lhe os passos. A Confederação do Equador, que resulta desse movimento, resiste por seis meses ao exército imperial. Na capital, o absolutismo do imperador reanima o antilusitanismo e alimenta os rancores.

Dom Pedro I confia a um conselho de juristas a tarefa de redigir um texto que lhe convenha e ao qual presta juramento em 25 de março de 1824, na catedral do Rio. Profundas emendas foram acrescidas às propostas da extinta assembleia. Ao termo constituição, o imperador prefere o velho vocábulo monárquico "carta", que ele "outorga" aos seus súditos. O império do Brasil inspira-se nas instituições da França da Restauração e no reconhecimento mínimo que ela faz das mudanças introduzidas pela Revolução. A "Carta" de 1824, além disso, retoma ideias do Ato Adicional à Constituição do Império francês, destinado a suavizar o regime durante os Cem Dias. O imperador do Brasil, sagrado, inviolável e irresponsável como o rei Bourbon, dispõe do poder moderador, conceito elaborado para Napoleão I por Benjamin Constant, e definido nestes termos pelo artigo 98: "O poder moderador é a chave de toda a organização política e é delegado à pessoa do Imperador, na qualidade de chefe supremo da Nação e seu primeiro representante, para que ele zele incessantemente pela manutenção da Independência, do equilíbrio e da harmonia entre os outros poderes políticos".¹⁶ Na prática, o poder moderador do imperador impede qualquer separação dos poderes. O imperador governa, escolhe e demite *ad nutum* seus ministros. Também nomeia um terço dos senadores, os bispos, os magistrados, os presidentes das províncias, os altos funcionários. Sanciona e promulga as leis, dirige a política externa e pode concluir tratados sem consultar a Assembleia. O império do Brasil está como quer D. Pedro de Bragança: é uma monarquia constitucional não-parlamentar.

O fato de os juristas brasileiros haverem tirado das experiências francesas algumas de suas ideias mostra que a independência também teve consequências intelectuais. Após a ruptura do vínculo colonial, a antiga metrópole é desconsiderada por muito tempo. Doravante a Inglaterra e principalmente a França, menos ligada a Portugal e menos ativa na região, oferecem as ideias, as modas, os comportamentos que devem permitir ao Brasil livrar-se de seu passado.

"Pés de cabra" e "pés de chumbo"

O conflito entre "portugueses" e "brasileiros" que o ano de 1822 viu nascer só faz acentuar-se ao longo da década. A partir do golpe de Estado de novembro de 1823, acumulam-se as queixas contra D. Pedro I, embora o governo pareça triunfar de todos os perigos em 1824 e 1825. Essa fase é coroada pelo nascimento no palácio de São Cristóvão, em 2 de dezembro de 1825, do príncipe D. Pedro de Alcântara, herdeiro presuntivo do trono brasileiro.

Os primeiros dissabores vêm da política externa. Depois de três anos de guerra contra as Províncias Unidas do Rio da Prata (futura Argentina) e sob a pressão da Inglaterra, o Brasil perde a província Cisplatina, que em 1828 obtém a independência sob o nome de República Oriental do Uruguai.

A oposição a D. Pedro I alimenta-se também de uma forte irritação contra a Grã-Bretanha, que usa de sua força para impor ao Brasil um tratado desfavorável com Portugal, travar as ambições brasileiras no Prata e, sobretudo, perturbar o comércio negreiro transatlântico. De fato, cedendo às pressões britânicas, em 1826 D. Pedro I se empenha em extinguir o tráfico de escravos. No ano seguinte, renova por quinze anos as vantagens concedidas ao Reino Unido em 1810.

As infelizes ambições diplomáticas e militares de D. Pedro I têm pesadas consequências econômicas, sociais e, por fim, políticas. As dívidas se acumulam; a moeda nacional é depreciada, o que encarece as importações; o governo cunha uma moeda ruim, de cobre; os preços aumentam; o Banco do Brasil, fundado em 1808 e cujos cofres foram esvaziados por D. João VI ao partir, fecha suas portas em 1829. O governo imperial está à beira da bancarrota.

Esses resultados mesquinhos acentuam, aos olhos das elites locais, o caráter despótico do governo. A eliminação política dos "democratas", em outubro de 1822, e dos Andrada, em novembro de 1823, enfraqueceu o peso dos "brasileiros" em proveito dos "portugueses" ao redor de D. Pedro I. Além disso, o imperador é criticado por sua intemperança e seus deslizes conjugais.

A morte de D. João VI em 1826, em Portugal, faz temer a reunião das duas coroas sobre a cabeça de D. Pedro I. A Carta de 1824 proíbe-o expressamente, mas parece não passar de uma barreira de papel diante dos direitos de D. Pedro à sucessão de seu pai. O imperador transmite-os à sua filha primogênita, Maria da Glória, de dez anos, e outorga a Portugal uma nova constituição. Esse arranjo é questionado em 1828 por seu irmão mais novo, D. Miguel, o qual, apoiado pela facção absolutista, reivindica a coroa e dela se apodera. D. Pedro, portanto, acompanha os assuntos de Portugal mais como herdeiro do trono dos Bragança do que como imperador do Brasil.

Na capital imperial, a oposição parlamentar a Sua Majestade encaminha à Assembleia Geral as queixas do país. Em suas fileiras distingue-se a geração formada em Coimbra a partir de 1822. O "bloco de Coimbra" junta-se contra o governo com os deputados "nativistas", favoráveis à autonomia das províncias.[17] Essa aliança moderada tem como porta-voz Evaristo da Veiga, que anima o jornal *Aurora Fluminense*.

A vida política ultrapassa os bancos da Assembleia e do mundinho da imprensa. Toda uma população excluída do sufrágio censitário, mas suficientemente instruída sobre os fatos e gestos do governo e sobre as novidades internacionais, envolve-se com política. As ruas do Rio são o teatro onde se agitam os chamados "exaltados", prontos a explorar o descontentamento popular.

A presença de tropas mercenárias é mais um fator de instabilidade: o governo brasileiro havia recrutado na Europa vários milhares de alemães e irlandeses para as necessidades da guerra cisplatina, com a ideia de, a seguir, instalá-los como colonos na região fronteiriça. Terminado o conflito, a situação desses soldados não é nenhuma maravilha. Mal pagos, mal nutridos, eles se submetem a uma disciplina em que se alternam laxismo e severidade. Os protestantes sofrem humilhações e são obrigados a dobrar-se aos ritos católicos. A população fluminense detesta tanto mais esses mercenários rudes quanto é animada, desde alguns anos antes, por uma certa xenofobia.[18]

Em julho de 1828, os alemães se amotinam em solidariedade a um deles, punido por indisciplina. Os irlandeses sublevam-se por sua vez e saqueiam a cidade. Para interromper as pilhagens, os fluminenses armam seus escravos e pedem socorro a barcos franceses e britânicos que se achavam ancorados na baía de Guanabara. O motim terá provocado a morte de uma centena de pessoas e suscitado um sentimento de medo e humilhação que a população cobrará dos estrangeiros e do imperador.

Cada vez mais frequentemente, rixas e até verdadeiras batalhas campais opõem "brasileiros" pobres a "portugueses" recém-chegados. A agilidade e a pele escura dos primeiros lhes vale o apelido de "pés de cabra" dado pelos portugueses, os quais, por sua vez, são qualificados de "pés de chumbo". Em geral, os "pés de cabra" moram nas áreas situadas entre a praça da Constituição e o Campo de Santana. Em contrapartida, os "pés de chumbo" se concentram nas ruas comerciais que se estendem ao redor da igreja da Candelária, da alfândega e ao longo dos desembarcadouros. Ali, os imigrados recentes encontram facilmente um ganha-pão nas lojas de seus compatriotas mais estabelecidos.[19]

NOVAS REVOLUÇÕES

Aclamação de Pedro II no Rio, em 7 de abril de 1831, no Largo do Paço.

A notícia da revolução de Julho na França chega ao Brasil em setembro de 1830 e parece anunciar o fim do absolutismo. No Rio de Janeiro, D. Pedro I não conta senão com os "pés de chumbo" e com uma minoria apegada ao *statu quo*. Dom Pedro I, campeão da causa do Brasil dez anos antes, acabou encarnando um despotismo antiquado, ineficaz e "português". A causa brasileira é novamente assimilada a um liberalismo mais ou menos temperado.

Em 11 de março de 1831, D. Pedro I volta ao Rio, depois de tentar acalmar os ânimos na província de Minas Gerais. O quadrilátero formado pelas ruas Direita, da Quitanda, do Rosário e dos Ourives – o coração da "cidadela portuguesa" – saúda com ostentação e provocação o retorno do "seu" imperador. Em meio às luzes, às girândolas e aos vivas, grita-se também "Morte aos liberais!" e diversos insultos. Do outro lado da rua dos Ourives, as pessoas usam chapéu de palha (outro apelido com que os portugueses ridicularizavam os brasileiros), exibem orgulhosamente a insígnia verde e amarela, proclamam-se "federalistas" e, mais raramente, "republicanas". A agitação degenera rapidamente e dura até 16 de março. O episódio passou à posteridade como a Noite das Garrafadas, pois os portugueses (também apelidados "garrafeiros") bombardearam seus adversários com garrafas vazias ou cheias de tinta.[20]

A Noite das Garrafadas se transforma em assunto de Estado quando cerca de vinte deputados enviam a D. Pedro I uma moção redigida pelo jornalista moderado Evaristo da Veiga. Nesse texto, publicado nos jornais da capital, os signatários denunciam o caráter sedicioso dos portugueses que usam o nome de Sua Majestade Imperial para insultar e martirizar os brasileiros em seu próprio país.[21] Nas ruas, multiplicam-se os chapéus de palha e outros símbolos nacionais, enquanto prosseguem os incidentes. Em 6 de abril, D. Pedro I remaneja seu governo de maneira que não agrada a opinião pública. Uma numerosa multidão, à qual se misturam soldados, logo invade o Campo de Santana. O Exército, que apoiara D. Pedro I em novembro de 1823, desta vez o abandona. Duas perspectivas se oferecem então ao soberano: uma provável guerra civil no Brasil ou uma guerra civil em Portugal, contra D. Miguel e seus partidários.

Na noite de 6 para 7 de abril, D. Pedro I abdica em favor do príncipe D. Pedro, então com cinco anos, e nomeia José Bonifácio de Andrada, seu velho inimigo, para tutor do jovem imperador. Em 9 de abril, da sacada do palácio imperial, é aclamado o menino louro de olhos azuis. Sua menoridade, que normalmente só terminará em 2 de dezembro de 1843, supõe a organização de uma regência para administrar o Brasil durante os doze anos vindouros. Em 13 de abril, D. Pedro, que voltou a ser duque de Bragança, deixa o Brasil, e a Assembleia Geral, enfim depositária da vontade nacional, organiza rapidamente um regime de sua conveniência.

Em 7 de abril de 1831 desfazem-se os equívocos que haviam turvado a independência de 1822. Um liberalismo tropical, patriota e escravagista vence por fim uma tentativa de legitimismo em terra americana. Paralelamente, o Rio de Janeiro decidiu pela primeira vez a sorte de todo o Brasil: uma convulsão estritamente limitada às ruas e aos palácios da capital do Império conseguiu modificar em profundidade o regime imperial.

Para comemorar o evento, o músico Francisco Manuel da Silva compõe uma marcha com letra bastante lusófoba, o "Hino oferecido aos brasileiros por um compatriota nascido no Brasil", e dedicado ao "grande e heroico 7 de abril". O autor até propõe trocar Rio de Janeiro por "Rio de Abril". O texto é rapidamente esquecido, mas a melodia permanece. Será executada por ocasião da coroação de D. Pedro II em 1841, desta vez com versos que homenageiam a monarquia. A República a conservará e, em 1909, Osório Duque Estrada dará ao hino nacional brasileiro a letra que se mantém até hoje. Longe de qualquer polêmica, ela exalta a grandeza do Brasil e o devotamento de seus filhos.[22] Suas vicissitudes lembram o quanto a figura de D. Pedro I tolheu a vida política e a história nacionais.

O Império do Brasil segundo a Assembleia Geral

A aclamação do jovem D. Pedro II, confiada a José Bonifácio mas, *de facto*, aos expoentes da Assembleia Geral, sela os contornos do novo governo. Trata-se de afastar imediatamente do poder os extremistas, isto é, tanto os "exaltados", republicanos das praças e das tabernas, quanto os "caramurus", partidários do retorno de D. Pedro I. Entre estes últimos, encontram-se restauradores incondicionais do poder monárquico e a população portuguesa da Candelária. A morte de D. Pedro, em 1834, deixa sem objetivo a luta política deles. Um caminho intermediário, organizado em torno de "D. Pedro II, imperador constitucional do Brasil", reúne então os principais opositores do soberano decaído, ou seja, a maioria da Assembleia Geral.

Um conselho de regência, formado de três membros, é eleito pela Assembleia Geral em junho de 1831 e substitui a junta provisória designada por ocasião das jornadas de abril. O poder moderador, régio por definição, é suspenso. Os regentes não têm o direito de dissolver a Assembleia Geral. O homem forte do governo é Francisco Alves de Lima e Silva, o general que conduzira as tropas imperiais à vitória contra a Confederação do Equador, em 1824. Em 6 de abril de 1831, ele comandava a praça militar do Rio, e sua defecção havia sido determinante para a abdicação de D. Pedro I. Dois de seus

Rio de Janeiro circa 1830

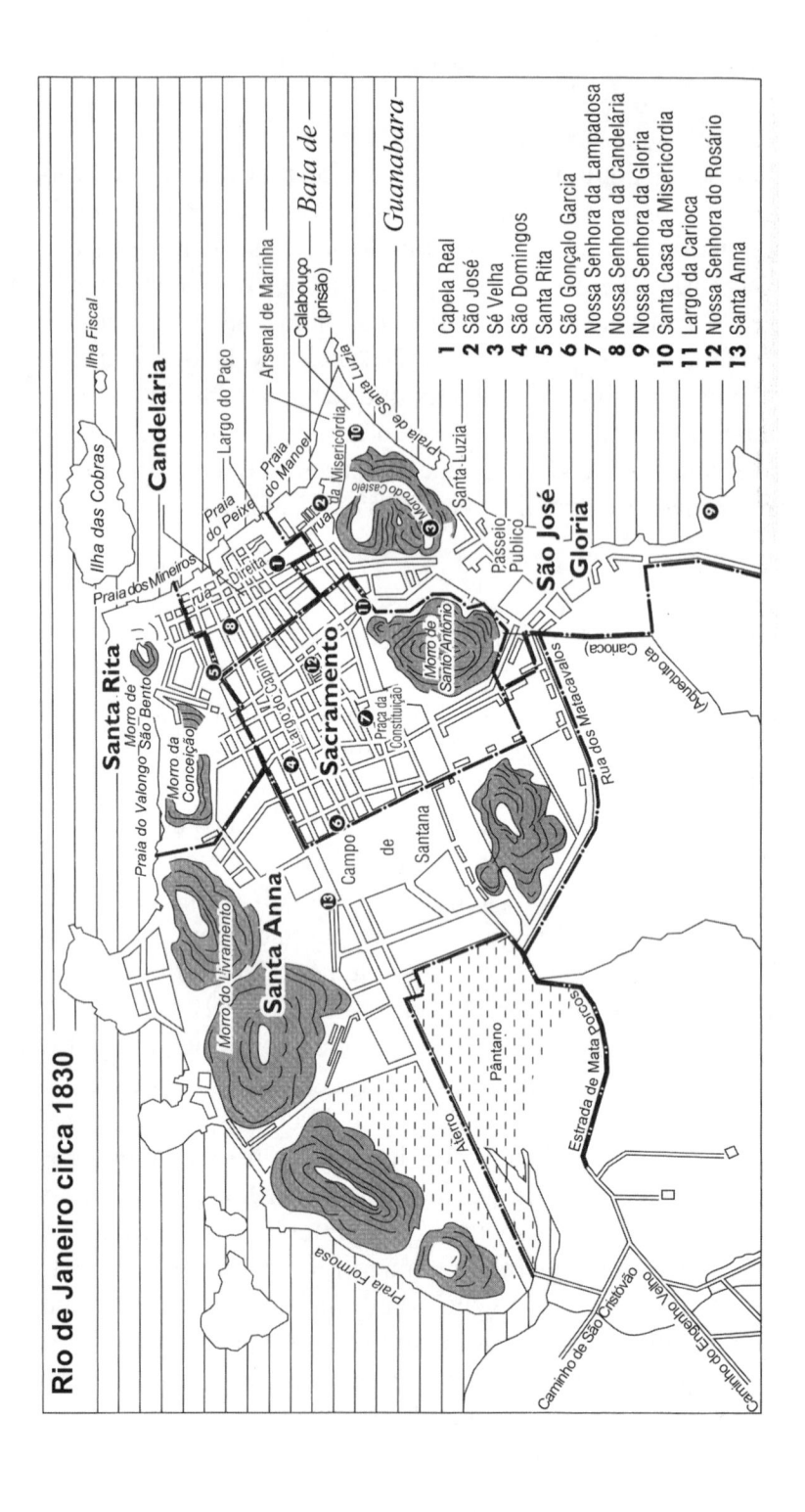

1 Capela Real
2 São José
3 Sé Velha
4 São Domingos
5 Santa Rita
6 São Gonçalo Garcia
7 Nossa Senhora da Lampadosa
8 Nossa Senhora da Candelária
9 Nossa Senhora da Gloria
10 Santa Casa da Misericórdia
11 Largo da Carioca
12 Nossa Senhora do Rosário
13 Santa Anna

irmãos também faziam parte do comando do exército imperial na capital, e um deles tornou-se até ministro da Guerra em julho de 1831. O filho de Francisco de Lima e Silva, Luís Alves de Lima e Silva (1803 1880), será por sua vez o condestável do império do Brasil sob D. Pedro II. Será feito duque de Caxias, único título ducal atribuído por esse imperador, e se tornará o Patrono do Exército Brasileiro. Luís Alves de Lima e Silva, que se iniciou em armas nos combates de 1822, alcança a notoriedade por ocasião das revoltas e revoluções que pontuam a Regência.

O apoio do Exército ao regime, na pessoa dos oficiais generais, é essencial mas não basta para desfazer a crise militar que contribuíra para a queda de D. Pedro I. O fim desfavorável ao Brasil da guerra cisplatina obrigava a reduzir drasticamente os efetivos da tropa, fazendo-os passar de 30.000 para 12.000 soldados em poucos meses. Dom Pedro I havia começado a dissolver regimentos e a Regência deu continuidade a isso, apesar das desordens que tais medidas provocavam.

Novos motins abalam a capital e fazem o governo vacilar. Em 12 de julho de 1831, um regimento acantonado nas proximidades de São Bento e destinado à dissolução se revolta e leva em sua esteira a Guarda Real de Polícia, que se entrega à pilhagem e semeia o terror ao longo dos dias seguintes. No Campo de Santana e na praça da Constituição, quatro mil sublevados em armas reivindicam de cambulhada o fim dos castigos corporais nas casernas, a expulsão dos portugueses e a proclamação de uma república.[23] Eles encaminham à Assembleia, entrincheirada no quarteirão do palácio com o governo e o jovem imperador, uma petição de quinhentas assinaturas que exige a convocação de uma nova constituinte, a destituição do pessoal político nascido em Portugal, a deportação de 89 funcionários e políticos e a demissão do governo. Enquanto isso, o desaparecimento da polícia deixa a cidade entregue a todos os criminosos.

Diogo Antônio Feijó, eclesiástico que foi nomeado ministro da Justiça menos de duas semanas antes desses acontecimentos, consegue contornar a crise. Em poucos dias, reorganiza uma guarda municipal, recrutada em meios sociais mais altos que a tropa: tal medida torna pouco provável a confraternização com os revoltosos. Um batalhão de soldados profissionais e legalistas é rapidamente formado e reconquista progressivamente as ruas, os edifícios e os pontos estratégicos controlados pelos revolucionários. O Campo de Santana é invadido, os agitadores são postos na cadeia, confinados em pontões (barcos-prisões) e às vezes enviados para os recantos mais distantes e mais insalubres do Império. A Guarda Real de Polícia é dissolvida; os efetivos do Exército são reduzidos a dez mil homens em todo o Brasil. A semana anárquica de 12 a 19 de julho de 1831 obriga o governo a modificar profundamente o aparelho repressivo.

A iniciativa mais decisiva é a criação, em 13 de agosto de 1831, da Guarda Nacional, organizada segundo um modelo militar e encarregada da manutenção da ordem no Rio de Janeiro e em todo o Império. O serviço na Guarda Nacional é obrigatório para todos os homens em idade de portar armas e que preencham as condições censitárias para serem eleitores. Portanto, cabe aos cidadãos ativos, à exceção dos escravos, dos ex-escravos e dos integrantes das classes baixas da sociedade, o cuidado de proteger a si mesmos.[24] A instituição, além disso, obtém grande sucesso no interior das províncias, onde os notáveis locais adquirem o hábito de adicionar ao próprio nome sua patente na Guarda Nacional. O campo e as cidadezinhas povoam-se assim de "comandantes" e "coronéis" sem a menor relação com o exército imperial e de poucas atribuições militares. O genérico termo "coronel" acaba por designar um tipo de notável que manda e desmanda em distritos inteiros. A Guarda Nacional é completada por um corpo de polícia municipal permanente, que ainda existia no fim do século XX sob o nome de "Polícia Militar".[25]

Essa reorganização não impede a ocorrência de novos transtornos. No início de outubro de 1831, uma rebelião de presos que aterroriza o centro do Rio a partir da ilha das Cobras é rapidamente sufocada, mas a situação permanece instável. Em abril de 1832, quando se avizinha o aniversário da abdicação, um grupo de aproximadamente duzentas pessoas armadas proclama a república no Campo de Santana. A polícia militar, comandada pelo futuro duque de Caxias, esvazia brutalmente a praça e extingue a Abrilada.[26]

Alguns dias mais tarde, é um levante "caramuru" ou restaurador que deve ser sufocado. Nessa ocasião, José Bonifácio de Andrada, acusado erroneamente de estar ligado a esse levante, perde a tutela do jovem imperador e é preso por conspiração contra o Estado.

Ao cabo de alguns meses, os riscos de insurreição diminuem. A capital está mais patrulhada pelas forças da ordem. Uma anistia geral, em outubro de 1833, traduz essa pacificação.[27]

Nascimento da "Velha Província" e do Município Neutro

O retorno à calma permite à aliança moderada imprimir ao regime imperial uma direção liberal e conceder mais poderes às "pequenas pátrias", conforme as aspirações regionalistas dos "nativistas". As repetidas revoltas haviam demonstrado a vulnerabilidade da capital. A centralização dos poderes no Rio de Janeiro deixava o Estado nacional à mercê de um golpe. Nesse contexto, o fortalecimento político das províncias podia aparecer como uma garantia contra todo tipo de perigo.[28]

O Código de Processo Penal, adotado em 1832, atribui uma parte dos poderes de polícia e de justiça – até então dependentes do ministro da Justiça – aos juízes de paz, eleitos pelas câmaras municipais. Essa primeira etapa descentralizadora faz-se seguir, em agosto de 1834, por um Ato Adicional que altera a Carta de 1824. Segundo o documento, que consagra 23 de seus 33 artigos à transferência de poderes para as províncias,[29] os conselhos gerais de cada província, puramente consultivos, são transformados em assembleias provinciais dotadas de poderes de organização e administração. O Ato Adicional prevê também a divisão dos recursos fiscais entre o Estado central e as províncias, que passarão assim a dispor de ampla autonomia financeira. Estipula ainda que o triunvirato de regentes deverá ser substituído por um único homem, eleito pelas assembleias provinciais. Em abril de 1835, ocorre a primeira eleição de um dirigente brasileiro. Feijó sai vitorioso. Originário de Campinas (província de São Paulo) e antigo deputado às Cortes de Lisboa, o padre Diogo Antônio Feijó pertence à categoria de clérigos autodidatas que, num país onde mais de três quartos dos habitantes são analfabetos, passam por letrados, mas têm uma cultura diferente daquela dos diplomados de Coimbra. Feijó é também representativo das liberdades comumente tomadas pelo clero brasileiro perante a ortodoxia católica. Pai de numerosa progenitura, defende o fim do celibato dos padres e a organização de uma Igreja nacional. No plano político, sempre advogou as liberdades regionais, mas os conflitos que a descentralização desencadeia nas províncias irão arruinar sua regência.

O Ato Adicional, tão importante para o funcionamento e o futuro do Império, é igualmente determinante para o Rio de Janeiro. Pela Carta de 1824, a cidade e a província do Rio dependiam diretamente do governo. O artigo primeiro do Ato Adicional cria um Município Neutro, ou Município da Corte, destacado da província do Rio de Janeiro. Esta passa a ser uma província como as outras, dotada de um presidente nomeado pelo poder central e de uma assembleia eleita.[30] O Distrito Federal de Columbia, nos Estados Unidos, inspirou os legisladores brasileiros, desejosos de "neutralizar" e "nacionalizar" a sede dos poderes, depois de vários anos agitados.

Os cariocas são, portanto, separados dos fluminenses, exceto no que diz respeito às eleições legislativas, que lhes atribuem uma representação comum. Tal medida tende a temperar, com as escolhas menos audaciosas dos cidadãos da província, o voto dos eleitores da capital imperial, que haviam dividido suas opções entre "exaltados" e "caramurus", em detrimento dos "moderados".[31] Em 1842, os eleitores da Corte constituem um quarto dos 1.029 eleitores chamados a escolher os deputados do Rio de Janeiro à Câmara.[32] Os cariocas elegem seus representantes municipais, mas a administração de sua cidade permanece sob a "grande tutela" (segundo Evaristo da Veiga[33]) do ministério. Esse esquema, que irá vigorar durante todo o período imperial, consegue em certa medida despolitizar o Município Neutro, ou pelo menos evitar que as convulsões estritamente locais se transformem em riscos nacionais.

A nova autonomia da província do Rio de Janeiro não a livra inteiramente das intervenções do poder central em seus assuntos. De

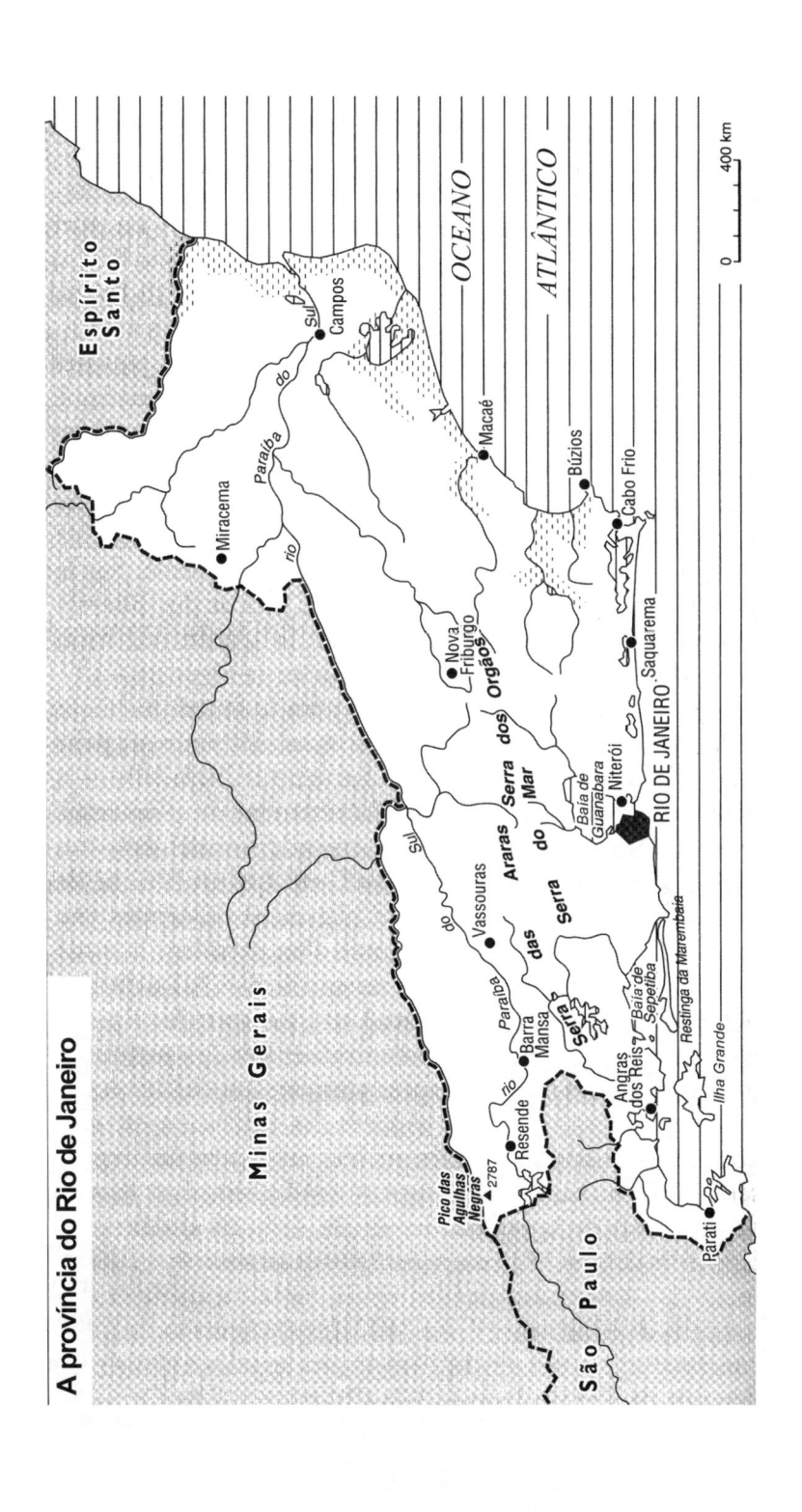

A província do Rio de Janeiro

fato, a baía de Guanabara não é suficientemente larga para preservar Niterói, a nova capital da província, dos ventos que sopram da Corte. As consequências da separação de 1834 são pesadas e ainda se farão sentir no fim do século XX. O crescimento econômico da província e o surgimento de uma elite que serve de espinha dorsal ao império do Brasil amenizam, no século XIX, a perda da grande cidade e de seu porto.

O ouro verde do vale do Paraíba

À época da chegada da família real, algumas cidades modestas, como Campos, Cabo Frio ou Parati, assim como lugarejos disseminados ao longo das estradas ou aglutinados ao redor dos pedágios e postos fiscais, formavam toda a cobertura urbana do litoral e do interior, fraca e desigualmente povoados, da província do Rio de Janeiro. Cerca de vinte anos mais tarde, Resende, Vassouras, Valença, aldeolas sonolentas do vale do Paraíba que outrora viviam do tráfico para Minas e São Paulo, tornaram-se centros dinâmicos.

Se Campos deve seu desenvolvimento à cana-de-açúcar, o amplo vale do rio Paraíba do Sul deve sua fortuna ao café. O Paraíba nasce na serra da Bocaina, em São Paulo, acompanha a fronteira de Minas Gerais, percorre quase toda a extensão da província do Rio e banha Campos antes de se lançar no oceano. Antes de desembocar na planície costeira, atravessa regiões situadas nos contrafortes do planalto brasileiro, de clima fresco e úmido. Por toda parte reina a espessa mata atlântica, que logo volta a fechar-se sobre as poucas pistas e clareiras abertas pelos índios coroados e pelos raros habitantes desses ermos.

O café era cultivado nos jardins do Rio de Janeiro no fim do século XVIII, quando se percebeu que o ar da montanha lhe convinha às mil maravilhas. Os fazendeiros do vale do Paraíba, produtores de feijão e mandioca, passaram a plantar café, e seu rápido sucesso fez êmulos. Assim, é no âmbito de pequenas propriedades, nos arredores de Resende, que começa, por volta de 1810, a epopeia do café brasileiro.³⁴ Em 1789, o vale do Paraíba do Sul tinha menos de trezentos habitantes; cinquenta anos depois, conta quase 16.000.³⁵ Nos anos 1830, os latifúndios substituem as pequenas explorações e o café faz nascer uma província.

Em 1838, Paulino José Soares de Sousa, grande plantador fluminense, descreve em termos entusiásticos a expansão cafeeira aos deputados da assembleia da província do Rio de Janeiro: "Sertões outrora incultos, desabitados e cobertos de floresta virgem encontram-se hoje em grande parte desbravados, povoados e cobertos de estabelecimentos rurais que, daqui a alguns anos, talvez possam duplicar ou triplicar nossas exportações e nossa riqueza atual".³⁶ Ao fim de um ciclo de cerca de trinta anos, as terras se esgotam, os rendimentos caem e os cafeicultores tocam fogo em novas colinas. A limpeza das queimadas e a preparação do terreno são um trabalho penoso. Ao término da expansão do café no Rio, 18% da superfície da província terão sido consagrados a essa cultura.³⁷

As fazendas do vale do Paraíba apresentam uma organização e uma arquitetura comuns. Ao lado das fileiras de cafeeiros, das hortas e dos pomares, estendem-se os dormitórios dos escravos e as instalações necessárias ao tratamento da colheita. Os frutos do café secam sobre terraços. Em seguida são descascados, ensacados e transportados em lombo de burro para o Rio de Janeiro. Afastada dessas construções, uma alameda retilínea geralmente leva à casa do proprietário. Menos ou mais sofisticada, esta é sempre imponente o bastante para, à primeira vista, ser reconhecida como tal. As mais rústicas, quadriláteros de planta bastante simples, são térreas. Outras são palácios aristocráticos, cujas alas dão para um pátio ou um jardim de rocalha. Uma varanda, às vezes envidraçada, orna a fachada principal. O mobiliário reflete a riqueza dos proprietários, que cada vez mais mandam vir da Europa tecidos de decoração, baixelas finas, lustres, tapetes. Os cafeicultores prósperos somam às suas residências rurais um solar na cidade. É ali que residem de fato os advogados, os médicos, os tabeliões, que as associações de fazendeiros e as lojas maçônicas fazem suas reuniões, que se desenrola a vida mundana.

Muitos dos novos proprietários rurais, que constituem para si imensos domínios entre as décadas de 1820 e 1860, são oriundos das grandes famílias de comerciantes do Rio e de Minas Gerais. É o caso de Francisco José Teixeira Leite, filho de um negociante e banqueiro mineiro, que, em 1820, se estabelece em Vassouras e inaugura um longo período de dominação de sua família sobre a região.[38] Francisco de Lacerda Werneck (1795-1861), feito barão de Pati do Alferes em 1852, descende igualmente de uma família que passou da mercancia à plantação por volta de 1800. Ao morrer, deixará em Vassouras sete fazendas e mil escravos, e também terá redigido para seu filho um manual agrícola, publicado em 1847, que se tornará um clássico do gênero.[39] Os presidentes da província do Rio de Janeiro são, na maioria, originários do interior e cafeicultores, como o primeiro titular do cargo, Joaquim José Rodrigues Torres, futuro visconde de Itaboraí, várias vezes ministro e líder do Partido Conservador.

Certos fazendeiros, contudo, apoiam o Partido Liberal. É o caso do comendador Joaquim José de Souza Breves, que, na fase áurea de sua prosperidade, reina em Passa Três (vale do Paraíba) sobre seis mil escravos, trinta plantações de café e até um desembarcadouro privado, onde, antes de 1850, recebia seus cativos.[40]

Na esteira dos produtores de café desenvolvem-se as profissões liberais e a de comissário de café. Os comissários fazem a ponte entre as fazendas e as cidades. Negociam a venda das colheitas com as casas exportadoras, encarregam-se das encomendas e das compras dos plantadores e servem de banqueiros.

A partir de 1840, D. Pedro II recompensa, com títulos de nobreza, os fazendeiros, comissários e comerciantes enriquecidos pelo café. Entre 1840 e 1889, as elites fluminenses do vale do Paraíba receberão 30% dos títulos de barão.[41] Contrariamente aos seus predecessores, D. Pedro II distribui com largueza esse grau nobiliárquico e mostra-se avarento com as distinções mais altas. Os fluminenses e o Partido Conservador exercem uma influência considerável nessa época. O Partido Conservador é também chamado "Saquarema", nome de um de seus bastiões da província do Rio de Janeiro. O visconde de Itaboraí, o visconde de Uruguai (Paulino José Soares de Souza) e

Eusébio de Queirós, cafeicultores fluminenses e ministros conservadores, formam a famosa "Trindade Saquarema", que dará o tom da vida política brasileira em meados do século XIX.

A maioridade antecipada do imperador

Quanto mais eficaz se mostrara o ministro Feijó em restituir à ordem os sediciosos e facciosos da capital, mais sua regência, que começa em 12 de outubro de 1835, parece incapaz de preservar a unidade territorial do Império. A autonomia das províncias abriu uma caixa de Pandora da qual não param de sair todos os tipos de conflito. Em janeiro de 1835, irrompe no Pará a guerra civil. Em setembro de 1835, o Rio Grande do Sul se subleva e se afasta do Rio de Janeiro a ponto de fazer secessão com o Brasil. Os numerosos opositores de Feijó não o perdoam por resignar-se tão facilmente à perda da província meridional, ao passo que empregou a energia necessária para subjugar os revoltosos do Norte. O "Bloco de Coimbra" defende a ideia formulada por um dos seus chefes, Bernardo Pereira de Vasconcelos: a de um "regresso", um retorno à centralização do reinado de D. Pedro I. O agravamento da situação no Sul, a estagnação dos projetos do governo na Câmara dos Deputados, onde os moderados estão muito enfraquecidos e onde os "regressistas" dominam, obrigam Feijó a demitir-se, em 18 de setembro de 1837. Pedro de Araújo Lima, futuro marquês de Olinda, assume a coordenação dos trabalhos e encerra o capítulo não muito convincente das tentativas liberais. Algumas semanas depois, é eleito regente pela grande maioria das províncias. As revoltas provinciais nem por isso deixam de irromper, e continuam até o retorno do Rio Grande do Sul ao regaço brasileiro, em 1845.

Sob a direção do futuro marquês de Olinda, o governo do Regresso é assegurado por homens que aliam a riqueza territorial aos diplomas. A maioria dos ministros estudou direito em Coimbra, embora sejam senhores de engenho como o próprio regente, originário de Pernambuco, ou plantadores de café, como Joaquim José Rodrigues Torres.

O Regresso combate a descentralização. Em maio de 1840, a chamada Lei Interpretativa modifica o Ato Adicional, isto é, reduz seu alcance a nada. Em 1841, a justiça e a polícia, que o Código de 1832 atribuíra às províncias, passam ao controle do Estado central. As assembleias provinciais não são suprimidas, mas os presidentes nomeados pelo ministério imperial concentram a realidade do poder.

As resistências liberais ao Regresso se traduzem por uma série de infortúnios. Para fazer triunfarem os "valores de 1831" e respeitar as "franquias provinciais", os liberais contam com a emancipação antecipada do jovem imperador. De fato, em 23 de julho de 1840 eles obtêm a declaração de maioridade de D. Pedro II, que, aos 14 anos, pode agora iniciar seu reinado pessoal. Mas a satisfação dos liberais dura pouco. O poder moderador restaurado logo se abate sobre eles. Dom Pedro II dissolve a Câmara dos Deputados e convoca os conservadores a formarem o governo. As revoltas liberais que São Paulo e Minas Gerais conhecem em 1842 se concluem pela eliminação duradoura do liberalismo nativista dos anos 1830. São liberais mais sensatos, menos ou mais adeptos dos princípios constitucionais dos conservadores, que voltam a disputar os cargos públicos. O reinado de D. Pedro II, cuja barba espessa dissimula em pouco tempo o prognatismo Habsburgo e significa que já é findo o tempo da infância, começa indubitavelmente sob o signo dos Saquarema e da cafeicultura fluminense.

NOVAS REVOLUÇÕES

Pedro II, no dia de sua coroação e de sua sagração.
Le Voleur, *1841.*

Laranjeiras e Botafogo na primeira metade do século XIX. Desenho ao natural de Desmons. Litografia de E. Cicéri.

6. A escravidão no seio da sociedade fluminense (c. 1750-1850)

A escravidão acompanha a história do Rio de Janeiro desde as origens até a abolição, em 1888. A forte demanda de mão de obra suscitada pela corrida a Minas Gerais amplifica a vocação negreira da cidade, que desde muito tempo antes fizera dos cativos africanos um artigo de importação e reexportação, especialmente destinado a Potosí, via Buenos Aires. O progressivo declínio da atividade mineira depois de 1750 está longe de desfechar um golpe fatal no tráfico negreiro, que encontra incontáveis aplicações na agricultura, na expansão da cafeicultura e em todos os aspectos da vida. A escravidão, compreendida como uma instituição no sentido mais amplo do termo, impregna toda a sociedade carioca. Os viajantes assinalam a onipresença dos escravos nas ruas do Rio, que nas horas mais quentes, quando se recolhem os brancos, dá a impressão de ser uma grande cidade africana. A sujeição servil está presente na população, nas ruas, na produção, no consumo, nos valores, na hierarquia, na intimidade das famílias, nas comunicações com o resto do mundo.

A importância e a violência do fenômeno explicam facilmente por que as sequelas da escravidão não desapareceram com a abolição de 13 de maio de 1888, e por que suas marcas ainda infectam o Brasil contemporâneo. A digestão lenta da escravidão, considerada infame desde a primeira metade do século XIX e objeto da cruzada da Europa em plena expansão colonial, teve efeitos variados sobre um Brasil que aspirava sobretudo a ser admitido no seleto clube das nações civilizadas. Por muito tempo, as elites intelectuais e o Estado brasileiro praticaram a arte do recalque ou da negação no tratamento desse assunto. Em 14 de dezembro de 1890, Rui Barbosa, ministro da Fazenda, ordena a destruição dos arquivos de seu ministério relativos à escravidão, para que os proprietários nunca mais possam pretender qualquer indenização.[1] Essa *damnatio memoriæ* faz desaparecerem na mesma ocasião fontes preciosas para os historiadores.

No fim do século XIX, numerosos estudiosos e ensaístas estimam que o branqueamento da população brasileira é inevitável e que, graças à imigração europeia, o Brasil será uma nação branca e, portanto, civilizada. Alguns afirmam que o elemento africano está fadado à extinção no Brasil, considerando-se as péssimas condições de saúde e a forte mortalidade que o caracterizam.

Essas especulações demográficas são desmentidas pelos fatos e pela persistência de uma importante população oriunda da escravidão africana, contrariamente ao que ocorreu na Argentina. No entreguerras, a interpretação culturalista prevalece finalmente sobre as teorias biológicas no que diz respeito às idiossincrasias nacionais. O mundo luso-brasileiro deve ao sociólogo pernambucano Gilberto Freyre uma nova perspectiva de leitura, exposta em *Casa Grande & Senzala*, obra que suscita verdadeira comoção ao ser publicada em 1933, e que viria a se tornar um clássico.[2] O termo 'senzala', originário de Angola, designa o espaço reservado aos escravos nas casas e nas propriedades de seus senhores.

Gilberto Freyre tomou conhecimento em Nova York dos trabalhos do antropólogo Franz Boas e deles extrai lições para o Brasil. Ele vê na promiscuidade entre os senhores portugueses e os escravos africanos, nessa mestiçagem física e cultural, o fundamento da civilização brasileira. Graças a ele, a presença africana não mais é percebida como uma mácula a apagar, mas como uma "contribuição" muito mais marcante do que a influência ameríndia. A escravidão não é mais recalcada, mas minimizada. Para Gilberto Freyre, que na mesma ocasião reabilita um colonizador português bastante desacreditado, a tolerância e a doçura lusitanas corrigiram os rigores da escravidão, à diferença da brutalidade segregacionista demonstrada pelos anglossaxões.[3]

A ESCRAVIDÃO NO SEIO DA SOCIEDADE FLUMINENSE 141

Até a proibição do tráfico, em 1850, a escravidão é sobretudo um negócio do qual o Rio de Janeiro e suas elites tiram uma parte de seus recursos. Assim como às vezes se fala em "ciclo do açúcar", "ciclo do ouro" ou "ciclo do café" para descrever, na história do Brasil, fases de desenvolvimento econômico regional baseadas num produto dominante, o dinamismo do comércio negreiro quase convida a imaginar nos mesmos termos um "ciclo da escravidão" no Rio de Janeiro, entre os anos 1750 e 1850.

Os escravos em números

O progresso do sul da colônia portuguesa – Minas Gerais, mas também as frentes de povoamento de Santa Catarina e do Rio Grande do Sul – provoca o aumento não só do número de escravos importados para o Brasil, como da participação do porto do Rio de Janeiro nesse comércio. Entre 1721 e 1730, um quinto dos 15.000 cativos

Serradores de prancha. Jean-Baptiste Debret,
Voyage pittoresque et historique au Brésil.

que chegam anualmente à América portuguesa desembarca no Rio. A partir dessa data, um terço dos escravos vendidos no Brasil transita na cidade.[4] No total, mais de quatrocentos mil cativos passam pelas alfândegas e entrepostos cariocas no século XVIII, antes de seguirem para destinos menos ou mais distantes.[5] Durante todo o período do tráfico, do século XVI até 1850, a estimativa se eleva a um milhão de pessoas.[6]

As plantações que se desenvolvem na capitania ampliam a demanda regional. No fim do século XVIII, os canaviais se estendem ao redor de Campos, enquanto os engenhos se multiplicam. No sul, a primeira metade do século XIX é marcada pela onda da cafeicultura, que se espraia pelas terras do vale do Paraíba. Um fator suplementar, desta vez interno ao tráfico, contribui para estimular as importações anteriores a 1850, data em que as autoridades brasileiras encerram efetivamente os desembarques de cativos. Antes, as pressões exercidas pela Grã-Bretanha sobre os governos português e depois brasileiro, ainda que permaneçam vãs, levam os traficantes e os compradores de escravos a temer o fim desse comércio e incitam à formação de estoques.[7] Disso resulta uma oferta abundante, que mantém o preço do escravo em níveis acessíveis a uma larga parte da sociedade fluminense e contribui para generalizar o trabalho servil. Assim, a eficácia dos negociantes cariocas acaba reforçando a dependência da sociedade escravagista perante seus fornecedores.

Embora concentrem mais ou menos três quartos dos escravos da província, as grandes propriedades consagradas à monocultura de exportação não são as únicas consumidoras da mão de obra servil. As pequenas e médias lavouras, que servem especialmente para abastecer de víveres os mercados do Rio, também repousam sobre o trabalho de alguns escravos. Quanto às atividades propriamente urbanas da capital do Brasil – artes e ofícios, trabalho doméstico, necessidades do sistema viário, carga e descarga de navios –, estas dependem, na maioria, dos africanos e de seus descendentes. Em 1799, 34,6% dos habitantes da cidade do Rio de Janeiro são escravos. A proporção atinge 45,6% em 1821 e, até meados do século, não é muito inferior a 40%.[8]

A dependência dos proprietários de escravos quanto ao fluxo regular de novos cativos relaciona-se também a razões demográficas. A manutenção da instituição servil no Brasil sempre repousou sobre importações destinadas a suprir a fraquíssima reprodução natural da população em cativeiro. Esse aspecto não faz senão acentuar-se com a oferta abundante que os traficantes apresentam ao mercado, a qual acusa o desequilíbrio já importante entre os sexos. De fato, os escravos entre 15 e 49 anos constituem a enorme maioria dos cativos desembarcados no Rio de Janeiro.[9] A fortíssima taxa de masculinidade – entre 55% e 66% dos escravos são homens [10] – limita os nascimentos nas senzalas.

O afluxo de cativos ao Rio de Janeiro na primeira metade do século tem profundas repercussões na composição da população servil. No Brasil escravagista, adquiriu-se o hábito de distinguir os"africanos", escravos nascidos na África e trazidos para a América, dos "crioulos", escravos nascidos no país. Nos anos 1830 e 1840, os "africanos" representam entre dois terços e três quartos dos escravos do Rio, cujas ruas deviam ecoar línguas e falares vindos de horizontes muito diversos.[11] Com o fim do tráfico, a proporção dos "africanos" tende a decrescer na segunda metade do século.

Os "africanos" do Rio de Janeiro têm as mais variadas origens. Enquanto os traficantes baianos privilegiam os portos de embarque da "costa de Mina" – que corresponde atualmente ao litoral norte do golfo de Benim –, os mercadores cariocas se abastecem sobretudo a partir das cidades de Cabinda, Luanda e Benguela, entre o Congo e Angola. No início do século XIX, mais de dois terços dos escravos do Rio são originários da África central e austral. A guerra contra o tráfico à qual se dedica a Marinha britânica obriga os negreiros cariocas a diversificar seus pontos de abastecimento. Assim é que a costa oriental da África, entre Mombaça e o cabo da Boa Esperança, fornece depois de 1830 um quarto dos escravos do Rio, onde eles ganham o nome genérico de "moçambiques".[12] Após a revolta abortada dos malês, que aterroriza a Bahia em 1835, o tráfico entre a província do Nordeste e o Rio de Janeiro cresce e dirige para a capital do Brasil numerosos "minas", isto é, cativos embarcados nos portos da costa de

*Negra mina.
Desenho de A. de Neuville.*

Mina e originários da África ocidental.¹³ É o início de um comércio inter-regional que só faz amplificar-se com o desenvolvimento da cafeicultura fluminense e o declínio das regiões açucareiras do Nordeste. Após a abolição de 1888, o fluxo migratório continua, pois os antigos escravos pensam encontrar no Rio melhores condições de vida.

O mundo servil carioca tende, assim, a tornar-se cada vez mais heterogêneo na primeira metade do século XIX. Embora a maioria dos escravos pertença ao grupo linguístico banto e apresente afinidades culturais, as diferenças tendem a superar as semelhanças. Tal diversidade constitui, sem dúvida, uma das razões que preservaram a cidade e sua província de uma revolta de grande amplitude. A supressão do tráfico em 1850 muda pouco a pouco as características da população escrava. Havendo em vários casos antecipado o desaparecimento desse comércio, os poucos grandes comerciantes que o dominavam reinvestiram suas fortunas em terras.

A ESCRAVIDÃO NO SEIO DA SOCIEDADE FLUMINENSE 145

Fortunas negreiras

Monopólio da Coroa durante muito tempo, o provimento da América portuguesa em escravos passa progressivamente das mãos dos mercadores da metrópole às dos comerciantes instalados nos portos brasileiros, sobretudo Salvador da Bahia e Rio de Janeiro. Desde o fim do século XVII, os negociantes metropolitanos queixavam-se de uma concorrência que julgavam desleal. Em 1703, eles conseguiram que o tráfico na costa de Mina fosse proibido aos fluminenses, mas fracassaram em atender à crescente demanda por escravos no Brasil.[4] Em 1758, a Coroa portuguesa rompe com o sistema já obsoleto das proibições e autoriza o tráfico negreiro a todos os seus súditos.[15] Isso significava reconhecer ao mesmo tempo a incapacidade de os negreiros de Lisboa e do Porto garantirem sozinhos esse tráfico e a competência de seus homólogos da América.

Tal negócio supõe, de fato, a mobilização e a imobilização de importantes capitais durante longos meses. Além do armamento dos

A rua São Sebastião. Gravura de I. Fumagalli
em Le Costume ancien ou moderne *de J. Ferrario.*

navios e do abastecimento das tripulações e dos cativos, o comércio com a África exige a aquisição de mercadorias que servirão para a troca. Os navios deixam o Rio munidos de provisões de carne salgada, arroz e farinha de mandioca. Nos porões, levam o açúcar, o tabaco, os vinhos, as armas e a pólvora, a louça e os tecidos importados do Oriente, a prata vinda da América espanhola, artigos que são trocados na África por "peças" de escravos. O empreendimento é arriscado: os naufrágios, as interceptações para inspeção dos navios, as epidemias que dizimam a "carga" não são raros e podem provocar falências clamorosas.

As grandes casas importadoras do Rio de Janeiro dispõem dos recursos necessários ao desenvolvimento do tráfico. Desde muito tempo antes, estão treinadas nas práticas de reexportação e integradas a uma rede comercial que passa pela Europa e se estende dos mares da Ásia à América espanhola. Esse papel foi reforçado pela invasão francesa a Portugal e pela chegada da Corte em 1808. Durante alguns anos, o Rio substitui Lisboa também como entreposto de mercadorias vindas do mundo inteiro. Os grandes negociantes são poderosos o bastante para enfrentar os percalços do ofício e sobreviver à perda de uma embarcação. Os traficantes, aliás, participam do financiamento e da administração das companhias de seguro marítimo que se desenvolvem no Rio de Janeiro.[16] A amplitude dos meios requeridos explica a enorme concentração das casas que se ocupam do tráfico de africanos.[17]

O caso de Elias Antônio Lopes é um bom exemplo do funcionamento do comércio de homens. Uma de suas atividades consistia em importar de Goa sedas e chitas estampadas, das quais somente um terço era vendido no Rio de Janeiro, enquanto os outros dois seguiam para a África como moeda de troca. Seu nome figura, ao lado de seis outros mercadores-traficantes, na lista das 36 maiores fortunas da capitania, elaborada em 1799 a mando do vice-rei.[18] A Quinta da Boa Vista, que ele presenteou ao príncipe-regente D. João, exibia trezentas janelas envidraçadas. Até sua construção, somente a residência do vice-rei usufruíra do luxo oferecido por algumas lâminas de vidro.[19]

Entre os 36 nomes da lista do vice-rei, figura ainda o de Brás Carneiro Leão (1723-1808), cujo perfil muito se aproxima do de Elias

Antônio Lopes. Como este último, ele nasceu no Porto e se estabeleceu no Rio de Janeiro aos 16 anos. Também desenvolveu uma importante casa de importação-exportação e faz parte dos poucos negociantes cariocas capazes de entregar-se ao tráfico negreiro.[20]

A chegada da família real em 1808 oferece a esse patriciado negreiro a oportunidade de consolidar sua posição social e de aproximar-se do núcleo do poder. John Luccock descreveu com acuidade a natureza das relações entre a Corte portuguesa e a elite plutocrática de seus "vassalos de ultramar": "A realeza aportou às margens transatlânticas num estado de quase pobreza, 'despojada de tudo, exceto da honra'; e os cortesãos não estavam em melhor situação: seus domínios haviam sido pilhados, suas casas destruídas, as fontes de suas pensões tinham secado, e muitos dentre eles estavam literalmente sem teto.

"Mas os ricos brasileiros tinham teto e coisas boas a partilhar. Nisso estava a força deles. Eram bem-vindos à Corte, porque as pessoas almejavam atrair-lhes a simpatia e mais ainda porque eles possuíam os meios de reerguer, com sólidos benefícios, uma honra emurchecida".[21]

Com a proximidade do governo, os mercadores-traficantes trocam uma parte de suas fortunas por bens que não são apenas simbólicos, como o recebimento de certos impostos. Dom João VI honra-os com larga distribuição da Ordem de Cristo, de funções enobrecedoras e até de títulos de nobreza. Leonarda Maria Velho da Silva, uma viúva que preside aos destinos de uma família de traficantes, usa o título de baronesa de Macaé.[22] Elias Antônio Lopes e Brás Carneiro Leão são fidalgos da casa do rei. Quatro dos oito filhos de Brás Carneiro Leão e onze de seus vinte e um netos também recebem títulos concedidos por D. Pedro I e D. Pedro II, enquanto as irmãs e esposas deles são promovidas a damas de companhia das imperatrizes.[23]

Bem no fim do século XVIII, mercadores e traficantes tendem a investir em terras e fazendas. Assim, Brás Carneiro Leão participa do crescimento da produção de açúcar na região de Campos. Em 1812, sua viúva torna-se baronesa de São Salvador de Campos dos Goytacazes. Pouco a pouco, os descendentes do casal abandonam o comércio pela vida de fazendeiros ou pelo serviço de Estado, duas atividades mais prestigiosas.[24]

Vê-se como o tráfico fortaleceu a ascensão de uma elite crioula, essencial ao projeto imperial luso-brasileiro e, mais tarde, à instauração do Estado nacional. Graças à eficácia desses comerciantes, a posse de um escravo torna-se fonte de rendas e sinal indispensável de distinção social no Rio de Janeiro da primeira metade do século XIX. Certos escravos, bem-vistos por senhores complacentes, chegam a dispor eles próprios de escravos, cujo trabalho alimenta seu pecúlio.[25] Isso indica os paradoxos e a diversidade que a escravidão carioca oferece.

Do Valongo à senzala: percurso de escravo

Até 1758, a venda de escravos se fazia ao longo da rua Direita, a mais antiga do Rio e, por muito tempo, sua artéria principal. Como o estado de saúde lastimável dos recém-chegados fazia-os ser designados como foco de perigoso contágio para os habitantes da cidade, o marquês do Lavradio, vice-rei do Brasil, relegou o comércio de homens a uma área afastada da zona urbanizada, num pequeno vale espremido entre o morro da Conceição e o do Livramento, a rua do Valongo.[26] Com a proibição formal do tráfico, esse mercado de escravos foi oficialmente fechado em 7 de novembro de 1831, mas a atividade ilícita continuou à vista de todos, em vários locais da cidade.

Antes de alcançarem as casinholas disseminadas ao longo do Valongo, onde aguardam encontrar comprador, os recém-chegados têm de atravessar a alfândega, ser contados e taxados como qualquer mercadoria e percorrer algumas ruas da cidade. São abundantes os testemunhos sobre essas filas de homens cuja nudez ou quase nudez lhes sublinha a magreza e as feridas.[27] Aqueles que a alimentação do Valongo não consegue recuperar são enviados à Santa Casa da Misericórdia, que atende e enterra mais de setecentos africanos por mês, nos anos 1830.[28] Os outros são incitados pelos guardas a combater com o canto e a dança a saudade da terra natal e a tristeza de sua condição. Aos olhos dos compradores, a vivacidade é garantia de um bom investimento. Uma vez adquiridos, os escravos deixam o Valongo, ou para uma destinação menos ou mais distante, o que implica uma nova viagem, ou para uma residência carioca.

Às diferenças culturais, ligadas às origens extremamente variadas dos escravos do Rio, vêm acrescentar-se a paleta de funções que lhes são atribuídas e o estatuto social de seus donos. Tais parâmetros organizam um mundo servil de complexa hierarquia. Além da distinção de nascimento entre os "africanos" e os "crioulos", o conhecimento da língua portuguesa separa o "ladino" – escravo que sabe português – do "boçal", que não o sabe. Um anúncio publicado em 1809 na *Gazeta do Rio de Janeiro* traça o retrato do recém-chegado típico: "Em 17 de fevereiro, por volta das dez horas da manhã, perdeu-se na praia do Peixe um rapaz de 15 anos; chama-se Matheus e é da nação cabundá. Usa calça e camisa de linho e não fala português, pois foi comprado há poucos dias no Valongo".[29]

Mais que um retrato, essas poucas linhas resumem a nova identidade do escravo recente. Ele recebeu um nome cristão, Matheus, e uma "nação", cabundá. As "nações" dos negros do Rio, essenciais nas definições identitárias, são produto do tráfico e da escravidão. O termo "nação" abrange no Brasil qualquer grupo de africanos ou de seus descendentes, qualquer que seja sua história. As "nações" nasceram, na maioria das vezes, do tráfico e mesmo dos traficantes. Elas figuram nos registros paroquiais como componentes do estado civil dos escravos, os quais frequentemente usam nomes como "Manuel Congo" ou "Joaquina Angola". Informam menos sobre a origem exata deles do que sobre os locais onde foram reunidos, depois de percorrerem às vezes centenas de quilômetros a partir de sua terra natal. Assim, no século XIX, as sete "nações" mais importantes do Rio são: mina, cabinda, congo, angola (ou luanda), cassanga, benguela, moçambique.[30] Outras "nações", menos numerosas, ora se dissolvem nas grandes, ora se distinguem delas. É o caso do jovem Matheus, cuja "nação" cabundá (*mbundu*) significa que ele foi vendido aos negreiros no interior de Luanda. Os cabundá são às vezes incluídos na nação angola.

Embora não delimitem nada além das bacias de drenagem do tráfico, essas "nações" são orgulhosamente reivindicadas como matrizes identitárias pelos negros do Brasil, que lhes dão um conteúdo dotando-as, a partir das práticas e das lembranças de uns e de outros, de tradições que as gerações transmitem entre si e que os recém-chegados assimilam. Dentro das "nações", os escravos têm a possibilidade de restabelecer uma ordem social mais conforme àquela da qual foram arrancados do que àquela na qual foram inseridos. Os reis cativos recuperam a majestade, os filhos de chefe voltam a ser filhos de chefe.

Além das "nações", o lugar do escravo na sociedade é determinado pela posição de seu senhor e pelo tipo de trabalho a que ele está ligado, o que abre um campo quase infinito de situações. Na sociedade fluminense da primeira metade do século XIX, o limite da pobreza passa quase pelo fato de possuir ou não um escravo. Os escravos estão em toda parte: plantações, engenhos de açúcar, hortas e jardins, pedreiras, carregamento, estribarias, navios, barcos de pescadores, casas particulares, propriedades do Estado, bens da Igreja, prostituição... Até mesmo o estabelecimento moderno de Ponta de Areia, em Niterói, a primeira grande fundição da América do Sul, propriedade do capitão de indústria Irineu Evangelista de Sousa, o barão de Mauá, conta em 1848 um quarto de escravos entre seus trezentos empregados![31]

Muitos são aprendizes junto a artesãos renomados. Certos escravos são empregados pelos donos para dar-lhes uma renda. Esses escravos "de ganho" são vendedores ambulantes, artesãos, carregadores, cozinheiros, e entregam aos seus senhores o total ou uma parte de seus rendimentos.

Os meios artísticos são dominados pelos escravos, pelos alforriados ou por seus filhos. O caso mais insólito é o dos escravos músicos da fazenda de Santa Cruz. O antigo domínio jesuíta, transformado em local de veraneio real apreciado por D. João VI e D. Pedro I, era famoso por um conservatório onde se ensinava a escravos a arte do canto e da música. A instituição encanta D. João VI, que em 1816 faz tocar uma orquestra composta de pelo menos 57 cativos[32] e recruta em Santa Cruz os músicos de sua capela. A fanfarra dos escravos da Fazenda Imperial obterá grande sucesso em diversas localidades do Brasil.[33]

O Passeio Público. Desenho de E. Desmons (1855).
Ao fundo: o Pão de Açúcar e a igreja da Glória.

Quanto mais rico e poderoso o proprietário, mais forte a hierarquia entre seus escravos, entre os que devem efetuar um trabalho não qualificado e os que gozam da confiança do senhor para fazer reinar a ordem e a eficiência na senzala. Entre as mulheres, algumas são escolhidas pela beleza, pela educação ou pela origem para serem mucamas. Aristocracia dos escravos, luxo doméstico, mestiças oriundas de amores ancilares, cortesãs, confidentes, as mucamas servem de concubinas ou de damas de companhia.

Tráfico transatlântico e tráfico entre as províncias

A partir de 1807, não cessam as pressões britânicas pelo fim do tráfico negreiro e da escravidão. Todos os tratados assinados com a monarquia portuguesa ou com o Brasil independente na primeira metade do século XIX comportam uma cláusula a esse respeito. O governo do Rio entrega-se então ao exercício acrobático que consiste em preservar os interesses nacionais, então confundidos com os dos traficantes e dos plantadores escravagistas, e em satisfazer seu poderoso aliado. A abolição iminente do tráfico é anunciada várias vezes e decretada em 1826 para vigorar a partir de 1831. Nesse ano, o mercado do Valongo é fechado, mas a enseada de São Conrado, ao sul do Rio, serve de desembarcadouro aos negreiros, como várias outras praias. A proibição do tráfico de 1831 é feita "para inglês ver": poeira nos olhos dos ingleses. Entre 1831 e 1850, em média vinte mil africanos chegam anualmente ao Brasil, com a complacência das autoridades.

A lei Aberdeen, de 1845, autoriza a Royal Navy a perseguir por toda parte os traficantes, assimilados a piratas, inclusive nos portos onde eles se refugiam, e a levá-los perante seus tribunais. Delineia-se a ameaça de uma confrontação direta com a Grã-Bretanha. Por outro lado, no Brasil a abolição do tráfico ganha partidários entre os que temem uma rebelião servil e os que denunciam no afluxo de africanos a principal causa das epidemias.[34] A febre amarela que se abate sobre o Rio de Janeiro no fim de 1849 parece lhes dar razão. Por todos esses motivos, o ministro Eusébio de Queirós faz a Assembleia Geral adotar a lei de 4 de setembro de 1850, que passa a vigorar. Os presidentes das províncias recebem então a instrução de impedirem pela força os desembarques de africanos e de punirem os culpados, que são mais os traficantes do que os fazendeiros, clientes destes. Os africanos apreendidos pelas autoridades tornam-se "escravos da Nação" e são postos sob a tutela do Estado.

Se o abastecimento em escravos provenientes da África está doravante proibido, o tráfico entre as províncias açucareiras do Nordeste e a frente pioneira do café conhece um belo impulso de 1850 a 1885, data da proibição do tráfico interno. Em 35 anos, de trezentos mil a quatrocentos mil escravos teriam sido transferidos ao Sudeste do Brasil, principalmente para as províncias do Rio de Janeiro, de Minas Gerais e de São Paulo, que concentram sozinhas, em 1877, mais da metade dos escravos do Brasil.[35] Essas migrações forçadas trazem novos retoques étnicos, religiosos, sociais e culturais ao quadro já complexo da escravidão fluminense.

A ESCRAVIDÃO NO SEIO DA SOCIEDADE FLUMINENSE   153

Sair da escravidão

Além das revoltas servis, uma parte dos fluminenses teme a persistência e a recrudescência das fugas. Os refúgios de escravos fugidos recebem o nome genérico de mocambos, do termo ambundo *mukambo*, que significa "esconderijo".[36] O célebre episódio do Quilombo dos Palmares, comunidade de fugitivos que durou por todo o século XVII no interior de Alagoas, contribuiu para difundir os termos "quilombo" e "quilombola" para designar respectivamente os refúgios e seus habitantes.

Durante todo o tempo que durou a escravidão, a região do Rio de Janeiro e mesmo os arredores da cidade foram juncados de quilombos. Estes conhecem prolongamentos contemporâneos: a Constituição de 1988 previu legalizar a ocupação das terras pelos descendentes dos escravos fugidos atribuindo-lhes títulos definitivos de propriedade. Estima-se em mil o número dessas comunidades remanescentes, para todo o Brasil, e em cerca de vinte, no estado do Rio de Janeiro.[37] Em março de 1999, a vice-governadora do estado do Rio de Janeiro, Benedita da Silva, inaugurou simbolicamente alguns dias de governo interino reconhecendo os direitos de 85 famílias de Campinho da Independência, município de Parati, sobre os 290 hectares de um antigo quilombo.[38]

Os quilombos se estabelecem na clandestinidade e em locais de difícil acesso, mas próximos às zonas habitadas, a fim de garantir seu abastecimento. São frequentes e numerosas as queixas contra agressões, furtos e contra a insegurança que a presença de escravos fugidos acarreta. As relações com a vizinhança, no entanto, muitas vezes são feitas de trocas e de cumplicidade. Quando podem, os quilombolas se dedicam a uma agricultura de subsistência, à base de milho e mandioca, e às vezes conseguem vender o excedente. Com frequência, os escravos e os taberneiros servem-lhes de intermediários com a sociedade legal e os informam, se for o caso, sobre a chegada da polícia. Os morros escarpados e cobertos de mata atlântica que pontuam a topografia carioca constituem outros tantos esconderijos para os escravos fugidos. Dos sobrados e das praças da cidade, pode-se ouvir à noite o ruído de seus tambores e adivinhar suas fogueiras. A proximidade, por outro lado, permite aos fugitivos arriscar-se a expedições noturnas à cidade e misturar-se à multidão das ruas, esperando escapar ao controle das patrulhas.

Evidentemente, a geografia dos refúgios é móvel. No início do século XIX, a instituição tradicional dos capitães do mato já não satisfaz. Os capitães do mato, em muitos casos índios ou mestiços de índios, tinham aparecido no começo do século XVII e se encarregavam, mediante pagamento, de encontrar os escravos fugidos para seus proprietários. Agora, cabia à Guarda Real de Polícia extirpar os quilombos da periferia da cidade. Nos anos 1820, o comandante Miguel Nunes Vidigal especializa-se na caça aos escravos fugidos. Em 20 de setembro de 1823, ao voltar de uma expedição ao morro de Santa Teresa, ele desfila a cavalo, puxando atrás de si, entre duas fileiras de soldados, duzentos homens, mulheres e crianças, vestidos de tangas e ornados de colares feitos de conchas e penas.[39] Alguns anos mais tarde, outros quilombos são desmantelados nos contrafortes que dominam a lagoa Rodrigo de Freitas e do outro lado da baía de Guanabara, em Praia Grande e Icaraí, no atual município de Niterói. No nordeste do "recôncavo", na foz pantanosa do rio Iguaçu, os acampamentos de escravos fugidos, ajudados ou tolerados por uma parte da população local, resistem às batidas, como uma "hidra de várias cabeças", até a abolição.[40]

A ordenação real de 3 de março de 1741 mandava estigmatizar os escravos recuperados. O "F" de fugido era assim marcado a ferro na carne deles, à primeira evasão fracassada. A segunda lhes custava uma orelha.[41] Um século mais tarde, essas práticas declinaram, mas não as que consistem em fustigá-los e acorrentá-los pelo pescoço.[42] Rugendas e Debret pintaram os castigos infligidos aos escravos no Rio de Janeiro de D. João VI e D. Pedro I. No Rossio, e depois no Campo de Santana, erguia-se um pelourinho, símbolo da autonomia municipal mas também mero poste de execução. Nenhum elemento ou argumento fundamentado numa demonstração pode justificar a ideia de uma escravidão portuguesa ou brasileira mais "suave" do que em qualquer lugar onde tenha existido a instituição. No Brasil como alhures, a repressão dirigida aos escravos é emoldurada por considerações que transigem entre a racionalidade econômica e os imperativos de segurança.

Além dos castigos que se pretendem exemplares e dissuasivos, a alforria é uma maneira de manter a paz nas senzalas. Entre 1807 e 1831, 1.319 escravos do Rio recebem diante de um tabelião sua carta de alforria, que os declara "libertos".[43] Pouco menos da metade das alforrias foi objeto de resgate junto ao dono, por parte do próprio alforriado, de um terceiro ou ainda de uma sociedade de ajuda mútua e instituições caritativas como a Santa Casa da Misericórdia e as irmandades de negros e mestiços. Alguns senhores, já no leito de morte, também libertam seus escravos. Raramente isso acontece quando o moribundo é um grande proprietário de cativos. Assim, o escravo das cidades tem mais chances estatísticas de não morrer nessa condição (o que, no entanto, é o caso mais frequente para aqueles que desembarcaram no Rio entre 1808 e 1850)[44] do que o escravo dos campos. Os beneficiários das alforrias, em sua maioria, são mulheres.

Muitos escravos só adquirem a liberdade sob a condição de anos suplementares de serviço junto ao "antigo" senhor. Com suas evidentes limitações, a possibilidade da alforria contribui, sem dúvida, para manter a esperança dos cativos e garantir a docilidade deles.

Não é por ser alforriado que um ex-escravo se iguala a um cidadão nascido livre, nem jurídica nem simbolicamente. No Brasil do século XIX, ser designado como negro ou preto significa que se foi ou se é escravo. Muitas vezes, um indivíduo negro que nasceu livre é qualificado de pardo – ou seja, nem branco nem preto –, qualquer que seja seu tom de pele.[45]

A situação revolucionária dos anos 1830-1831 e a descoberta em 1835, em Salvador da Bahia, da conspiração dos malês, que visava a massacrar e expulsar os brancos, reforçam os temores dos proprietários de escravos e das autoridades brasileiras. A proliferação dos quilombos é vista como um perigo para a paz das senzalas, pois as fronteiras entre o mundo servil e o dos negros livres parecem assustadoramente tênues. Os edis cariocas alternam tolerância, em relação a certas manifestações festivas que se fazem dentro dos limites da decência, e repressão diante de tudo o que parece ameaçar a ordem pública.

Quando D. Pedro II é sagrado imperador, em julho de 1841, a escravidão é tida pela maioria das elites políticas brasileiras como uma herança infeliz legada pelo colonizador português e um mal necessário à sobrevivência da indústria nacional. O imaginário monárquico escolhe sua selvageria: alimenta-se mais das lendas tomadas de empréstimo aos ameríndios que do suor e da algazarra da mão de obra deportada da África. A luta pela abolição, não mais do tráfico, mas da escravatura, irá afirmar-se nos anos 1860.

III

Da civilização à modernidade

Avenida Central, mais tarde Rio Branco (página anterior).

7. Capital imperial, Distrito Federal

Consolidadas a independência e a monarquia, a Corte recebe a missão de ser o foco de onde se irradie a civilização para o conjunto do Brasil. Sob o reinado pessoal de D. Pedro II, as "pequenas pátrias" provinciais devem apagar-se diante da grande, da qual o Rio de Janeiro representa o centro. A introdução do federalismo sob a República não altera fundamentalmente o papel destinado à capital, vitrine de um país para onde se quer atrair os imigrantes europeus. A "civilização" do Brasil passa doravante pela modernização do distrito federal. As transformações do Rio de Janeiro não são ditadas apenas por motivos ideológicos, mas também por seu crescimento espacial e demográfico. Entre 1838 e 1920, o número de cariocas passa de 137.000 a 1.150.000, a urbanização alcança regiões rurais, subúrbios se tornam bairros.

De uns dez anos para cá, o fim do século XIX no Brasil é designado como uma "Belle Époque". Essa expressão, muito centrada na Europa, se disseminou quase sem adaptação. Na França, a "Belle Époque" é uma criação retrospectiva, fruto dos traumatismos da Grande Guerra e do marasmo dos anos 1920, que fizeram considerar com nostalgia o período de dinamismo compreendido entre a saída da Grande Depressão, em 1896, e o verão de 1914. Embora o Brasil tenha sido beligerante a partir de 1917, a Primeira Guerra Mundial está longe de significar para esse país o desmoronamento de um mundo, e não lhe revela que as civilizações são mortais. No plano econômico, a pretensa

Rua do Rio, por Vítor Meireles, em meados do século XIX.

"Belle Époque" carioca corresponde mais ao declínio caótico do café, à desvalorização da moeda nacional ao sabor da inflação, do que a um crescimento eufórico. Basta a citação em francês no texto para expressar uma parcela do que foi o Rio de Janeiro *fin de siècle*. De meados do século XIX ao entreguerras, o Brasil e suas capitais são imantadas por Paris.

Rio de Janeiro, ateliê da renovação monárquica

Proclamada a maioridade, D. Pedro II manifesta a ambição de dar uma elite e uma organização moral à nação que ele encarna.[1] Dedica permanente atenção ao colégio que tem o seu nome e que abriu as portas na capital imperial em 1837. O Colégio Pedro II (Ginásio Nacional, sob a Primeira República) forma em humanidades clássicas os jovens das melhores famílias do Império. O corpo docente é recrutado entre os homens mais ilustres do Brasil, como o escritor Joaquim Manuel de Macedo, o poeta Gonçalves Dias, o historiador Capistrano de Abreu ou o barão do Rio Branco.² Após os estudos secundários, os alunos do Colégio Pedro II seguem os caminhos de excelência do Brasil monárquico e republicano: vão estudar direito nas faculdades de Recife ou de São Paulo, fundadas em 1827. De fato, somente nos anos 1890 é que se implanta um ensino jurídico no Rio de Janeiro. Durante muito tempo, o diploma de bacharel em direito permanecerá como o caminho régio para os negócios e a política. O Império e a República marcam o apogeu da ascendência dos bacharéis sobre o Estado e a sociedade.

O Rio é reputado por ter instituições que datam da estada da Corte portuguesa, como a Faculdade de Medicina ou a Escola de Engenharia. Os rapazes menos favorecidos podem fazer o concurso da Escola Militar e concluir sua escolaridade nos edifícios neoclássicos da Praia Vermelha, ao pé do Pão de Açúcar e diante do oceano.

Para inserir o Brasil na trilha do progresso e participar da renovação da monarquia, D. Pedro II prefere apoiar-se em artistas e intelectuais, frequentemente engajados na vida política. Ao longo de toda a sua trajetória, o imperador financia e acompanha com grande estima os trabalhos do Instituto Histórico e Geográfico Brasileiro (IHGB).

Iniciativa privada, o IHGB é criado em 21 de outubro de 1838, por iniciativa do cônego Januário da Cunha Barbosa, antigo militante da independência e dos combates "moderados" de Evaristo da Veiga (falecido alguns meses antes), a fim de coletar e publicar os documentos relativos à história nacional.² Os 27 fundadores do IHGB pertencem às elites luso-brasileiras, nasceram no Brasil em sua maioria – exceto oito que chegaram ao Rio com a Corte em 1808 –, e quase todos estudaram em Coimbra.³ Entre eles, destacam-se o antigo regente Pedro de Araújo Lima, marquês de Olinda, antigos partidários de D. Pedro I e liberais moderados, reunidos por uma comum aversão a José Bonifácio de Andrada e por algumas inimizades do mesmo gênero. Desde 1839, o IHGB publica sem interrupções uma revista erudita.

A direção do IHGB defende vigorosamente a maioridade antecipada de D. Pedro em 1840 e, a partir de 1841, seus membros participam maciçamente do governo. As reuniões entre os doutos assemelham-se às do Conselho de Ministros e vice-versa.[4] A proximidade com o imperador cresce, a tal ponto que, em 1849, a instituição se instala no palácio de São Cristóvão, ao lado da capela. Em 1850, a "proteção imediata" do imperador figura explicitamente em seus novos estatutos.[5] Entre essa data e a partida para o exílio em 1889, D. Pedro II assiste a mais de quinhentas sessões ordinárias do IHGB, sem contar as comemorações extraordinárias. O gosto pessoal de D. Pedro II pelo estudo e pela leitura é conhecido por seus súditos. O imperador não é somente um mecenas, mas também um letrado e erudito que aprende hebraico, observa as estrelas na Quinta da Boa Vista, entretém-se com os espíritos cultos que por ali estão de passagem. Após o fim da guerra do Paraguai (1870) e até a sua morte (1891), D. Pedro se faz quase sistematicamente fotografar ou representar acompanhado de livros.[6]

Ao longo de todo o período imperial, os cinquenta assentos reservados aos membros efetivos do IHGB são mais ocupados por homens do aparelho de Estado do que pura e simplesmente por eruditos, e o instituto secunda fielmente o regime imperial na elaboração de uma ideologia nacional e monárquica. Desde as primeiras reuniões, um concurso na melhor tradição acadêmica é lançado sobre o tema "Como se deve escrever a história do Brasil?", tanto a antiga quanto a moderna, e de modo a incluir seus aspectos políticos civis, eclesiásticos e literários. O IHGB almeja uma resposta moderna para redigir uma história filosófica, da qual se possam extrair ensinamentos para o destino do país. Não se trata simplesmente de consignar em anais os fatos do passado, mas de fazer do conhecimento histórico um instrumento de civilização.

O naturalista bávaro Karl Friedrich Philipp von Martius, que integrara o grupo de estudiosos atraídos ao Brasil pela imperatriz Leopoldina, envia aos acadêmicos um texto que conquista os votos deles e marca época. As vinte páginas assinadas por Martius, datadas de 10 de janeiro de 1843, publicadas na revista do IHGB em 1845 e premiadas em 1847, passaram à posteridade por terem formulado, pela primeira vez, a teoria das três raças tão recorrente no imaginário nacional brasileiro. Segundo Martius, o historiador do Brasil não deve nunca perder de vista o fato de que a raça americana, cor de cobre, a raça branca ou caucasiana e, por fim, a raça negra ou etíope convergiram para a formação da população brasileira.[7] Na pena de Martius, assim como na de seus contemporâneos, o termo "raça" não tem o sentido biológico que assumirá no fim do século XIX, mas remete a todo grupamento humano reunido por um traço comum qualquer.

Martius explica que as "três raças" têm peso muito diferente sobre a civilização brasileira. Segundo ele, o elemento motor continua sendo o português, "descobridor, conquistador e senhor", mas, mesmo tendo em vista que "a história do Brasil será sempre a história de um ramo da árvore portuguesa",[8] o estudioso convida a não negligenciar a influência dos indígenas e dos negros sobre a raça predominante. Assim como a Inglaterra contemporânea resulta da mistura das "raças" celta, dinamarquesa, romana, anglossaxônica e normanda, o "sangue português, como um rio poderoso, deverá absorver os pequenos afluentes das raças índias e etíopes".[9] Para Martius, a mestiçagem começa a alcançar o escalão inferior da sociedade e, um dia, acabará por atingir o conjunto das classes sociais. Portanto, ele não vê o Brasil do século XIX como um país "mestiço", à exceção da plebe, mas como uma nação chamada pela Providência a tornar-se mestiça. É por isso que considera importante conhecer a história e os costumes de cada um dos componentes da população.

A "raça etíope" ocupa apenas um parágrafo mínimo no texto de Martius, cujo interesse se volta para os portugueses e sobretudo para os índios. Segundo ele, e contrariamente a uma opinião disseminada, os índios do Brasil não se encontram num estado primitivo, mas refletem a decadência de uma civilização ancestral, "o resíduo de uma história muito antiga, embora tenha sido perdida".[10]

Martius acrescenta a essas orientações alguns conselhos e lembra a função cívica do historiador, que deve ensinar o amor à pátria, assim como convencer o leitor da necessidade de um regime monárquico num país onde existem tantos escravos e onde forças centrífugas ameaçam a unidade: "Que o historiador do Brasil jamais esqueça que, para verdadeiramente prestar serviço à sua pátria, deverá escrever como um partidário da monarquia constitucional, como um unitário convicto, no sentido mais puro da palavra".[11] Desta forma, a dissertação acadêmica de Martius condensa todos os princípios do Regresso triunfante e do IHGB.

À exceção notável de Varnhagen – o principal historiador brasileiro do século XIX –, o IHGB adota a visão de Martius sobre os índios. De fato, a grande problemática da questão indígena no Brasil imperial consiste em saber se os ameríndios são primitivos ou decadentes. Assim, o IHGB financia expedições arqueológicas para encontrar eventuais cidades escondidas sob a vegetação, enquanto estudos linguísticos procuram demonstrar a filiação dos falares indígenas com as línguas semíticas (o púnico) e até escandinavas.

Enobrecer o passado indígena é mais fundamental ainda pelo fato de o índio ter sido elevado à categoria de símbolo nacional. A alegoria clássica, que representava o continente americano sob os traços de um jovem índio, encarna doravante o Império do Brasil. O interesse pelos índios crescera paralelamente ao sentimento lusófobo nos anos 1820. Dez anos depois, os artistas e D. Pedro II se apoderam do tema.

A desforra póstuma dos tamoios

Em 1836, em Paris, quatro artistas brasileiros – Domingos José Gonçalves de Magalhães, Manuel de Araújo Porto Alegre, Pereira da Silva e Torres Homem –, membros do IHGB e próximos do imperador, lançam uma revista literária que almeja inserir a literatura brasileira no diapasão do romantismo europeu. O título do periódico é em si um manifesto: *Niterói. Revista brasiliense*.[12] O nome tupi da margem oriental da baía de Guanabara tinha sido dado dois anos antes à capital da nova província do Rio de Janeiro.

Domingos José Gonçalves de Magalhães (1811-1882), visconde de Araguaia, é o autor do que se considera a primeira tragédia brasileira, *Antônio José ou o poeta e a Inquisição*, consagrada a esse cristão-novo nascido no Rio e queimado em Lisboa pela Inquisição. É sobretudo seu longo poema épico *A confederação dos tamoios* (1856) que lhe vale a admiração e as honras e lança a moda indigenista. José de Alencar (1829-1877) publica no ano seguinte *O guarani* e, mais tarde, outros romances da mesma inspiração, como *Iracema* (1865) e *Ubirajara* (1874). *O guarani* torna-se ópera graças ao compositor Carlos Gomes, que em 1870 apresenta *Il guarani* no Teatro Scala de Milão.

Os títulos de nobreza distribuídos por D. Pedro II ao longo de seu reinado são inspirados em reminiscências índias: os topônimos indígenas Bujuru, Sirinhaém, Batovi, Coruripe, Ingaí, Subaé, Itaipé, Juruá, Parangaba, Piaçabuçu, Saramenha, Sincorá, Uruçuí, Itapororoca, Arantanha, Cascalho, Tacaruna, Aramaré, Icó, Poconé, Quissamã, Saicã, Sinimbu, Toropi, Tracunhaém, Solimões, Jurumirim, Uraraí [13] ... ornam os barões e viscondes do império do Brasil.

Manuel de Araújo Porto Alegre (1806-1879), cofundador da revista *Niterói*, consagra-se também à poesia, mas com muito menos sucesso e posteridade do que o visconde de Araguaia. Aluno de Jean-Baptiste Debret, ele ilustra e ensina no Brasil o mais nobre dos gêneros artísticos – a pintura histórica – e desempenha junto a D. Pedro II o papel que seu mestre francês exercia junto ao trono. Porto Alegre está no seio das instituições culturais do Império, como a Academia Imperial de Belas-Artes – de onde é professor e, por um curto período (1854-1857), diretor – e o IHGB, do qual é simultaneamente secretário e orador. Manuel de Araújo Porto Alegre é o grande ordenador da pompa monárquica, e organiza a sagração e a coroação de D. Pedro II em 20 de julho de 1841, assim como, dois anos mais tarde, o casamento do soberano com D. Tereza Cristina de Bourbon, filha do rei das Duas Sicílias.

Porto Alegre protege um jovem pintor originário de Santa Catarina, Vítor Meireles, que é enviado a Paris a fim de frequentar os ateliês e conhecer as obras dos grandes mestres. O aluno é encarregado de pintar ali um quadro histórico, e escolhe como tema a primeira missa dita no Brasil, em abril de 1500, e descrita na carta de Pero Vaz de

Caminha. A missa em terra bárbara está em voga em Paris, num momento em que se conclui a conquista militar da Argélia. Pharamond Blanchard havia exposto no Salão de 1850-1851 uma *Première Messe à La Havane* ou *Première Messe en Amérique*, e Horace Vernet uma *Première Messe en Kabylie*, em 1855. O gênero da "primeira missa" mescla pintura religiosa e pintura histórica, e substitui a conquista pela missão. A obra de Vítor Meireles celebra a natureza do Novo Mundo e a convergência pacífica das "duas raças" em torno de uma cruz de pau-brasil. Discretamente, sacrifica ao indianismo circundante e sacraliza um Brasil ainda virgem da escravidão.

A tela de Vítor Meireles é o primeiro quadro brasileiro a conhecer a honra de uma exposição parisiense. Pintada em Paris, consagrada no Salão de 1861, a *Primeira missa no Brasil* segue para o Rio de Janeiro, onde, apesar de algumas polêmicas, se impõe como verdadeiro ícone nacional e vale ao seu autor uma cátedra na Academia Imperial de Belas-Artes.

Primeira missa no Brasil (1861), por Vítor Meireles.

A preeminência do poder moderador

O restabelecimento do poder moderador acarreta a reabilitação cada vez menos discreta de D. Pedro I. Vários de seus fiéis, como Manuel de Araújo Porto Alegre em 1838, ou José Clemente Pereira em 1844, haviam pleiteado que se erigisse um monumento em honra do primeiro imperador.[14] A pedido de historiadores do IHGB, a Câmara Municipal do Rio decide erguer uma estátua equestre de D. Pedro na praça da Constituição, antigo Rossio, graças a uma subscrição nacional. Tal medida marca o ponto de partida de uma longa festa dinástica, em grande parte orquestrada por Porto Alegre.

Esculpido pelo francês Louis Rochet e pelo brasileiro João Maximiano Mafra, o monumento representa o monarca a cavalo, no momento em que proclama o nascimento do Brasil e garante-lhe a unidade.[15] No pedestal figuram quatro grupos de índios e animais representando o Amazonas, o Paraná, o São Francisco e o Madeira, isto é, o Brasil como território. É a perfeita concretização, em imagem, da ideologia triunfante a partir da maioridade de D. Pedro II, e perfeitamente secundada pelo IHGB: a de uma monarquia criadora e congregadora da nação.

A inauguração, em 30 de março de 1862, reitera a significação do monumento. Para essa grandiosa circunstância, a praça foi ornada de construções efêmeras e simbólicas. Um templo dórico, coroado por uma alegoria da Religião, faz as vezes de arco do triunfo. Um quiosque gigantesco abriga os 242 instrumentistas e 653 coristas que interpretam o *Te Deum* de Neukomm, um dos músicos atraídos ao Rio pela imperatriz Leopoldina, sob a batuta do regente Francisco Manuel da Silva, o mesmo que havia composto uma marcha para saudar a abdicação de D. Pedro I em 1831. Os hinos, as salvas de artilharia, as coroas de flores, os discursos, as luzes fazem desse dia um momento inesquecível. O primeiro aniversário da estátua, em 1863, será comemorado com novas festividades.

A multidão é convidada a participar da festa decorando as casas e ruas. É também instruída pela distribuição de livretos e folhetos que rematam a heroicização de D. Pedro I, libertador e legislador dos dois mundos, e a difusão da versão oficial da Independência. Neles, D. Pedro I aparece como um libertador à maneira de um Washington ou de um Bolívar, mas também como um humanista que preferiu abdicar a ver correr o sangue de seus súditos. A propaganda em torno do fundador do Império não é feita sem resistência. A estátua de D. Pedro I fará as delícias dos caricaturistas e se tornará uma espécie de metáfora do regime imperial sob o lápis de Ângelo Agostini, caricaturista da *Revista Ilustrada*. A manobra política da estátua equestre de D. Pedro I não escapa aos liberais, que provocam a mais viva polêmica histórica até então conhecida pelo Brasil. Assim como os republicanos, que se multiplicam a partir de 1870, os liberais veem um sacrilégio na recuperação, pela facção conservadora e áulica, da praça onde, afirma-se, Tiradentes sofreu o suplício e onde ocorreram as manifestações revolucionárias dos anos 1820. Durante muito tempo, Tiradentes e D. Pedro I encarnarão duas memórias e duas filosofias antagônicas, antes de serem instalados, ecumenicamente, cada um num nicho do calendário cívico.

O tempo dos "Voluntários da Pátria"

A independência da República Oriental do Uruguai em 1828 não havia desencorajado inteiramente as ambições brasileiras na região do Prata. Por ocasião da coroação de D. Pedro II em 1841, a galeria construída por Manuel de Araújo Porto Alegre ia do pavilhão "Amazonas" ao do "Prata", e lembrava assim quais eram as fronteiras do poderoso império.[16] Em 1850, o Exército brasileiro derrota o ditador de Buenos Aires, Juan Manuel Rosas, e, no ano seguinte, um tratado com o Uruguai dá vantagens aos brasileiros, muitos dos quais possuem terras naquele país: o documento permite às tropas brasileiras acorrer em socorro ao "governo legítimo" uruguaio, enquanto dá liberdade de navegação nos rios Paraná e Paraguai, assim como no estuário deles.[17] De fato, o caminho marítimo e fluvial era mais rápido do que a travessia terrestre entre a província de Mato Grosso e o Rio de Janeiro.

A estabilidade da região, contudo, é abalada no início dos anos 1860. A República Argentina tem dificuldade de consolidar sua unidade em torno de Buenos Aires, e as províncias de Entre Ríos e Corrientes não são insensíveis às sereias federalistas e mesmo às do Paraguai de Francisco Solano López: essa potência emergente, isolada no interior do continente, mantém as melhores relações com Entre Ríos e Corrientes e também deseja reforçar suas relações com o Uruguai e o porto de Montevidéu. É a vida política uruguaia, dividida entre os *blancos* apoiados pelo Paraguai e os *colorados* favoráveis ao Brasil, que serve de detonador a uma guerra sangrenta: em 1864, o Exército brasileiro intervém em Montevidéu para expulsar os *blancos* do poder e substituí-los pelos *colorados*.[18] Francisco Solano López responde ao imperialismo brasileiro em nome de um tratado que impõe ao Paraguai defender o Uruguai. Em dezembro de 1864, os soldados paraguaios penetram com facilidade em Mato Grosso. Em abril de 1865, as tropas paraguaias entram na Argentina e, em junho, na província brasileira do Rio Grande do Sul. Para sua infelicidade, López não consegue atrair as forças centrífugas de Entre Ríos e Corrientes, que fecham com o governo argentino, e provoca a formação, em 1º de maio de 1865, em Montevidéu, de uma tríplice aliança integrada por Argentina, Brasil e Uruguai.

No Rio, a imprensa e a opinião pública esbravejam contra a agressão e exigem reparação. Jovens bem-nascidos, no auge da exaltação patriótica, correm a alistar-se. A guerra, contudo, não é tão curta quanto o exame das forças em confronto poderia fazer supor. Dentro de muito pouco tempo, faz-se necessário reorganizar o Exército, sobretudo porque o Brasil fornece o essencial do esforço militar. O ministério da Guerra apela então para todo tipo de voluntários, que às vezes de "voluntários" só têm o nome. O decreto de D. Pedro II de 7 de janeiro de 1865 autoriza as províncias e o Município Neutro a buscar recrutas na população pobre, principalmente entre os que têm contas a ajustar com a polícia.[19] Em novembro de 1865, a liberdade é prometida aos "escravos da Nação" – aqueles africanos que haviam sido apreendidos pelas autoridades por ocasião de desembarques ilegais após a proibição do tráfico em 1850 e postos sob a tutela pública

–, desde que lutem no Paraguai. Também os proprietários são incitados, mediante recompensas, a ceder seus cativos para a defesa nacional.[20] Mesmo assim, a proporção de escravos entre os soldados brasileiros se manterá inferior a 10% enquanto durar o conflito.[21]

A capital do Império fica longe do teatro de operações. As repercussões diretas da guerra do Paraguai limitam-se à concentração dos voluntários vindos de todo o país e à sua partida solene, sob o olhar do imperador. A morte de Francisco Solano López, em 1º de março de 1870, numa pradaria perdida no norte de um Paraguai devastado, remata a vitória do Brasil, mas esse sucesso dissimula as graves consequências da guerra sobre o regime imperial. Dezenas de milhares de homens retornam transtornados pelos meses passados a lutar contra as epidemias e contra um inimigo obstinado e inapreensível, marcados pela violência dos combates da mais sangrenta das guerras que o continente americano conheceu depois da de Secessão. A batalha de Tuiuti, em 24 de maio de 1866, matara ou ferira 17.000 homens em cinco horas. Numerosos "voluntários" que haviam esperado conquistar um lugar na sociedade alistando-se no serviço do imperador voltam ao país e vêm engrossar as fileiras da população pobre. Muitos se instalam na capital do Império.

A monarquia burguesa e as ideias novas

O regime imperial evolui sob o reinado pessoal de D. Pedro II e sob a direção do poder moderador. Embora a alternância entre conservadores e liberais no governo seja mais fruto da vontade do soberano que da vontade das urnas, embora o governo seja responsável perante o imperador e não perante a Câmara, o hábito do trabalho parlamentar e do debate enraíza-se pouco a pouco no meio político. O jornalismo conhece uma relativa liberdade e um impulso indiscutível. Sem que a Carta de 1824 sofra "revisão" significativa, o regime de D. Pedro II distancia-se insensivelmente de um império inspirado pela Restauração francesa para assemelhar-se um pouco à monarquia de Julho.

CAPITAL IMPERIAL, DISTRITO FEDERAL   171

Seja como for, a família imperial brasileira se orleaniza por casamento. Os filhos do rei das barricadas e os do monarca dos trópicos unem assim sua falta de legitimidade ou sua marginalidade na Europa dos príncipes. Dona Francisca, uma das irmãs de D. Pedro II, desposa em 1843 o príncipe de Joinville, filho de Luís Filipe, e a filha mais velha do imperador, a princesa Isabel (1846-1921), casa--se em 1864 com o conde d'Eu, neto do rei dos franceses. Gastão d'Eu, a quem está prometido o destino de príncipe consorte, já que a princesa Isabel é a herdeira presuntiva do trono brasileiro, comandará o Exército imperial nos campos de batalha do Paraguai em 1869.

A partir dos anos 1870, D. Pedro II despoja a monarquia de uma parte de seus faustos e de seus pesados símbolos. Quase sempre aparece em público usando somente o traje preto do burguês, que contrasta com o brilho de sua barba branca. Também renuncia ao título de "soberano", sugerindo assim que a soberania pertence à nação,[22] e progressivamente desaparece do primeiro plano. O imperador lê, o imperador troca ideias – por exemplo, com Arthur de Gobineau, que de 1869 a 1870 representa a França na Corte –, o imperador viaja. Antes de 1871, D. Pedro II nunca saíra do Brasil e limitara seus deslocamentos para fora do Rio de Janeiro às províncias do Sul e do Norte. Em 1871-1872, visita Portugal, França e Oriente Próximo. Em 1876, vai à Exposição Universal de Filadélfia e retorna à Europa. Sua terceira e última viagem ao Velho Mundo acontece em 1887-1888. Seu estado de saúde, antes da partida, inspira grande preocupação. A cada vez, a regência é confiada à princesa Isabel, percebida cada vez mais como a esposa do impopular e estrangeiro Gastão d'Orléans. Em 1885, a saúde do imperador deixa pressagiar a aproximação do fim de seu reinado. As caricaturas o representam sempre sonolento e ausente.[23] Por ocasião do discurso do trono em 3 de maio de 1889, D. Pedro II se mostra muito debilitado e sua voz é inaudível.[24]

Desde os anos 1860 e principalmente após a guerra do Paraguai, o regime imperial e as instituições como o IHGB não conseguem seguir e incorporar o movimento das novas ideias que combatem o regime imperial.

Pedro II em 1872.

Numerosos eruditos e intelectuais são receptivos às ideias de Auguste Comte (1798-1857). Se o pensamento matemático deste filósofo é citado já em 1837 nas faculdades do Brasil, é somente em 1874, graças a um estudante de medicina, Luís Pereira Barreto, e aos seus artigos na imprensa, que o positivismo atinge um público mais amplo.²⁵ Barreto vê no sistema comtiano um reservatório de análises e soluções aplicáveis ao caso brasileiro. Os primeiros militantes positivistas mobilizam-se mais na província de São Paulo do que na Corte, até a fundação, em 1879, de um clube positivista na Escola Militar, e a transformação, em 1881, da Sociedade Positivista do Rio de Janeiro em Igreja Positivista do Brasil.

Esta é submetida à direção firme de Miguel Lemos, que trouxe de Paris a mensagem de Pierre Laffite – o discípulo de Auguste Comte que disputava com Émile Littré a herança do mestre – e a religião da Humanidade, versão religiosa do positivismo. A Igreja Positivista do Brasil estimula seus fiéis a repudiar a escravidão, a abster-se da politicagem, assim como do jornalismo, e a levar uma vida irrepreensível. Também faz construir no bairro da Glória um templo dedicado à Humanidade, que se mantém ativo desde sua consagração, em 1897. A grade da entrada e o frontão exibem as divisas comtianas: "Viver para outrem" e "O amor por princípio, e a ordem por base, o progresso por fim." Uma estátua da inspiradora do filósofo francês, Clotilde de Vaux, alegoria da maternidade, acolhe o visitante à entrada de uma nave que homenageia os Grandes Homens.

Miguel Lemos, assistido por Raimundo Teixeira Mendes, faz reinar a ortodoxia sobre o positivismo brasileiro, à custa de excomunhões e exclusões dos "sofistas", "positivistas incompletos", "littréistas" e outros "heterodoxos".²⁶ O apóstolo Miguel Lemos rompe até com Pierre Laffite, depois de uma correspondência infeliz, e com o grupinho de alunos oficiais que se deixam seduzir pelos ensinamentos de Benjamin Constant Botelho de Magalhães, professor de matemática na Escola Militar.

Benjamin Constant Botelho de Magalhães nasceu em 1837, perto de Niterói, numa família de admiradores do ensaísta francês. Benjamin Constant – como é conhecido no Brasil – sai da pobreza graças a bons estudos e à sua entrada para o Exército, o que lhe permite completar sua formação.²⁷ Após alguns meses de combate no Paraguai, que rematam seu afastamento em relação ao regime imperial e suas elites, o "doutor Benjamin" retoma o ensino de matemática no Instituto dos Jovens Cegos e depois, a partir de 1872, na Escola Militar. Benjamin Constant é um grande admirador de Comte, cujos princípios expõe à "juventude militar", mas em 1885 distancia-se do espírito detalhista e inquisidor dos apóstolos Lemos e Teixeira Mendes. Assim como seus alunos, que entraram para o Exército após a guerra do Paraguai, ele é resolutamente hostil à escravidão. A jovem geração de oficiais é muito crítica diante do pessoal político e administrativo do Império. À cultura clássica dos diplomados em direito, ela opõe sua fé em um progresso baseado na ciência e na técnica. Vários alunos oficiais, oriundos de ambientes muito modestos, jamais poderiam pretender frequentar faculdades.

Para além do núcleo ortodoxo que gravita em torno da Igreja Positivista, forma-se uma nebulosa de simpatizantes, muitos dos quais passarão a seguir outras filosofias da história. Todos têm em comum a percepção do regime em vigor, de seus homens e seus valores, como inadequados à sociedade brasileira. Enquanto os intelectuais dos anos 1840, como Francisco Adolfo Varnhagen, viam no Estado monárquico o instrumento capaz de conduzir o Brasil à modernidade, os dos anos 1870 e 1880, como Sílvio Romero ou Capistrano de Abreu – ambos influenciados, em seus inícios, pelo positivismo –, baseiam-se menos nas instituições do que nas especificidades do meio e do homem brasileiros.[28]

Os liberais e os conservadores, correntes quase orgânicas do regime, também são animados pelo desejo de renovação. Alguns políticos pleiteiam a evolução das instituições para um verdadeiro parlamentarismo à britânica. Em 1869, um novo Partido Liberal vem à luz e reivindica a responsabilidade do governo perante o Parlamento. Os mais radicais dos liberais transferem-se para uma nova organização, o Partido Republicano, que se dá a conhecer por um manifesto publicado em 3 de dezembro de 1870 no primeiro número do jornal carioca *A República*.

O autor do texto que assinala a irrupção do republicanismo na vida política é um jornalista do Rio, Quintino Bocaiúva (1836-1912), que está voltando de um périplo pelos Estados Unidos e a Argentina. Seu manifesto assimila a monarquia a um regime passadista, que não foi feito para as realidades americanas e atrapalha o desenvolvimento do Brasil. Nas colunas de *A República*, Quintino Bocaiúva e Aristides Lobo fazem da descentralização administrativa e política seu principal cavalo de batalha, militam pelo fim dos castigos corporais no Exército, pregam a separação entre Igreja e Estado. A província do Rio de Janeiro, pilar da monarquia, não é atingida pela propaganda republicana que provém do Município Neutro.

Embora a ideia republicana faça adeptos entre os intelectuais destacados da capital, embora nela proliferem "clubes", o grosso das tropas do Partido Republicano é recrutado sobretudo na província de São Paulo, que ocupa um lugar subalterno no Estado imperial. A república, tal como é imaginada nos salões, nos clubes e nas tabernas do Rio, alimenta-se sobretudo nas fontes variadas da Revolução Francesa. Em São Paulo, em contrapartida, os olhares voltam-se para o modelo norte-americano, cujo federalismo, liberalismo e industrialização são invejados. A implantação da ideia republicana entre os plantadores paulistas explica o fato de esse partido manter um silêncio prudente sobre o tema da escravidão.

O longo caminho em direção ao 13 de maio de 1888

Após a guerra do Paraguai, a manutenção da escravidão torna-se cada vez mais difícil de justificar, não somente perante as nações estrangeiras, mas também aos olhos de uma opinião pública em formação na capital imperial. O recurso à população negra nas tropas empregadas contra Solano López, assim como o fim da guerra de Secessão nos Estados Unidos, formam um contexto desfavorável à perpetuação daquele sistema. O grande chargista Ângelo Agostini aborda com ferocidade o tema da abolição em suas caricaturas. Uma delas, intitulada "De volta do Paraguai" e publicada em *A Vida Fluminense* de 11 de junho de 1871, resume o escândalo que, segundo ele, caracteriza a sociedade brasileira: põe em cena um soldado negro que retorna à casa e vê a própria mãe, escrava, amarrada ao tronco para ser açoitada.²⁹ A escravidão comove os leitores também na ficção. Obtém grande sucesso o romance *A escrava Isaura* (1875), de Bernardo Guimarães, que descreve a perseguição, por um dono inescrupuloso, a uma bela cativa... de pele de marfim.

Contudo, a abolição apresenta problemas concretos às elites políticas brasileiras. Temem-se os possíveis efeitos sobre a economia das fazendas de café, e também sobre a segurança das cidades e dos campos, da libertação do milhão e meio de cativos recenseados em 1872. De fato, os escravos representam 19,7% da população fluminense em 1873 e 22,5% em 1887.³⁰ A questão da indenização aos proprietários também atrasa as reformas. Em 1871, o gabinete conservador de José Maria da Silva Paranhos, visconde do Rio Branco, faz adotar por 103 votos contra 81 a lei dita do Ventre Livre, segundo a qual todo filho de escrava nasce livre e deve permanecer sob a tutela de seu senhor até os oito anos. Quando ele atingir essa idade, o senhor tanto pode conservá-lo a seu serviço, até que o jovem complete 21 anos, como confiá-lo ao Estado mediante indenização. Essa segunda alternativa se manterá bastante minoritária.³¹ Embora o texto, ao prever o desaparecimento da escravidão por extinção progressiva do elemento servil, preserve ao mesmo tempo os interesses dos senhores, os representantes da província do Rio de Janeiro na Câmara opõem-se a ele em sua enorme maioria.

A questão da escravidão se apresenta sob uma luz particular na capital do Império, onde ecoa fortemente a campanha de opinião promovida pelos abolicionistas com vigor cada vez maior, mas onde também os plantadores fluminenses sempre conseguiram fazer-se ouvir. A década da lei do Ventre Livre coincide, para os fazendeiros do Rio de Janeiro, com o aparecimento de graves dificuldades econômicas: toda a agricultura escravagista da velha província está em declínio. A mina de ouro verde mostra seus primeiros sinais de esgotamento. Nos anos 1880, o marasmo só faz aumentar. A produção cafeeira da província de São Paulo, onde se expandem várias frentes pioneiras, supera a do Rio de Janeiro, onde todas as terras aptas à cultura do arbusto foram conquistadas e superexploradas. Santos ultrapassa o Rio de Janeiro como porto de exportação de café em meados dos anos 1890. Em 1902, exporta o dobro de sacas em relação ao Rio.³² Os rendimentos das plantações fluminenses caem e já não podem ser compensados pela instalação de novas fazendas.

No norte da província, a situação não é mais animadora. A prosperidade abandona também os canaviais e os engenhos da planície de Campos. A modernização da indústria açucareira, que consistiu em substituir pelas usinas, nos anos 1880, as moendas vetustas e dispersas, não trouxe resultados miraculosos e até acentuou as dificuldades dos produtores de cana.³³ Para muitos fazendeiros da província, a libertação dos escravos é percebida como um brutal atentado ao direito de propriedade e como certeza de sua ruína. Ainda que o partido dos escravagistas tenha como principal porta-voz o barão de Cotejipe, senhor de engenho da Bahia, seus pontos de apoio são os plantadores do Rio de Janeiro.

Joaquim Nabuco (1849-1910), intelectual e político liberal de Pernambuco, que não esconde sua radical hostilidade à escravidão, elege-se deputado em 1878. Sua presença na Corte é a oportunidade de lançar-se à luta e de congregar vocações abolicionistas. Derrotado nas eleições de 1881, ele se exila voluntariamente na Inglaterra, onde escreve *O abolicionismo* (1883), que tem grande repercussão. Seu combate é retomado e amplificado por José do Patrocínio, jornalista mulato, filho bastardo de um fazendeiro escravagista.

O próprio imperador e a princesa Isabel sempre expressaram publicamente sua condenação à escravidão, e distribuíram a Ordem da Rosa àqueles que libertavam seus cativos, sem que o poder moderador, no entanto, interviesse de maneira significativa para precipitar a abolição. Liberais e conservadores estão divididos, assim como também dividem a responsabilidade da legislação que desmantela gradualmente a escravidão entre 1871 e 1888. A lei do Ventre Livre deve-se em 1871 ao conservador Eusébio de Queirós, e o liberal José Antônio Saraiva faz adotar em 1885 uma lei que liberta os sexagenários. No mesmo ano, o tráfico interprovincial é proibido.

Tais medidas, contudo, não conseguem acompanhar as evoluções da sociedade, inclusive as da sociedade servil, mais decidida do que antes a defender-se dos "maus senhores" e mais resistente a dobrar-se ao arbítrio. Durante os anos 1870 e 1880, as senzalas ocupam as páginas dos jornais com vários crimes de repercussão. Em meados dos anos 1880, multiplicam-se no Sudeste do Brasil as fugas maciças de escravos, que formam quilombos ou então se fundem no anonimato da grande metrópole. A esse movimento, responde o das alforrias coletivas concedidas por proprietários que apostam na possibilidade de manter a seu serviço um proletariado agradecido.

Finalmente, em 13 de maio de 1888, a princesa Isabel, que está exercendo a regência enquanto D. Pedro II descansa entre Baden--Baden e Paris, exorta os deputados a votarem a lei que extingue sem indenização a escravidão e afirma sua confiança na determinação deles em livrar o Brasil dessa "herança infeliz, que as necessidades da agricultura haviam mantido", e em pôr fora da lei "a única exceção [...] contrária ao espírito cristão e liberal das instituições" imperiais.[34] Somente nove deputados votam contra a lei: oito deles representam a província do Rio de Janeiro. A princesa Isabel, a Redentora, assina o documento que extingue "para sempre" a escravidão no Brasil e aparece com o pergaminho na sacada do palácio imperial, diante de uma multidão calculada em dez mil pessoas.

Uma verdadeira explosão de alegria sacode então a capital, suspende as atividades, intercepta as estradas de ferro, esvazia os escritórios e as lojas. A festa dura oito dias. As fanfarras de todas as corporações animam as ruas e até se arriscam a tocar ritmos mais sincopados que os das marchas e valsas que costumam executar.[35] O 13 de maio contribui para aproximar da família imperial os ex--escravos, os ex-alforriados e os ex-militantes abolicionistas, como José do Patrocínio. Os mais determinados a defender o imperador e sua herdeira põem-se a serviço da Guarda Negra, mais ou menos estipendiada pela polícia para ajudar contra os republicanos.

Em contrapartida, a abolição deixa cético o *Jornal do Comércio*, que, em 17 de outubro seguinte, faz dos acontecimentos uma análise desencantada. Segundo o periódico, a "lei de ouro" "contentou-se em reconhecer um estado de fato e em confirmar um fato preexistente, evitando, com esse reconhecimento, grandes transtornos e desordens, ou mesmo terríveis calamidades. A emancipação aconteceu no dia em que os ex-escravos se recusaram a seguir para os campos e começaram a abandonar as fazendas. A lei a confirmou, os poderes públicos a sancionaram, mas, sem a lei, ela não deixaria de impor-se, contra todas as resistências".[36] Essa visão contemporânea da abolição distingue-se da representação passiva dos escravos veiculada durante muito tempo por diferentes correntes historiográficas, deixando unicamente com os escravagistas ou com a racionalidade capitalista o controle total dos acontecimentos.

O 13 de maio de 1888 tampouco significa o fim de combates que continuam até os nossos dias. No tempo da escravidão, o direito distinguia os "alforriados" dos "cidadãos brasileiros" nascidos livres. Os antigos escravos lutam desde então para ser considerados como cidadãos livres e não como alforriados. Quanto aos escravagistas fluminenses, a abolição sem indenização rompe o pacto que os ligava implicitamente ao regime imperial.

A proclamação da República

Novembro de 1889. A frota chilena faz escala nas águas da baía de Guanabara. A amizade sul-americana justifica a organização de grandes festividades, cujo ponto alto é o baile que o imperador oferece na noite do dia 9 na ilha Fiscal. Esta ilhota situada na extremidade da ilha das Cobras e encimada por uma construção neogótica sem graça, vale sobretudo pela maravilhosa vista que oferece. As embarcações que levam e trazem os dândis e as elegantes a esse local insólito, as luzes, os brindes, os uniformes rutilantes, a música e as danças não são os motivos pelos quais o baile da ilha Fiscal passou à posteridade: é a última vez que a família imperial aparece em público. O baile da ilha Fiscal forneceu retrospectivamente uma conclusão romanesca para a imagística imperial. O pintor Aurélio de Figueiredo fez dele um tema de pintura histórica, narrativa e edificante: num céu crepuscular que se estende sobre os convidados do imperador, a alegoria da República deixa nas trevas a coroação da princesa Isabel. Essa tela monumental está atualmente no Museu Histórico Nacional.

Quatro dias após o baile, o Império sucumbe a uma conspiração militar e republicana. Desde 1883, as relações entre o Estado e o Exército haviam ficado consideravelmente tensas. Naquele ano, um projeto de lei conseguira atrair a oposição de todas as gerações de oficiais e de todas as tendências. Em 1887, os oficiais superiores fundam no Rio o Clube Militar, que expressa em uníssono suas reivindicações.³⁷ A presidência desse "partido militar" é confiada a Manuel Deodoro da Fonseca (1827-1892), enquanto Benjamin Constant Botelho de Magalhães é seu primeiro tesoureiro. Ambos exercem um papel determinante na queda do Império.

Motivos pessoais e profissionais precipitam o chefe do estado-maior, Manuel Deodoro da Fonseca, para o lado dos republicanos. Aos 62 anos, originário de Alagoas, o galante marechal de barba perfumada não acalenta nenhuma simpatia pelos republicanos nem interesse pela vida política, mas não brinca com a honra de sua corporação. Atribuíam-se justamente ao governo do liberal visconde de Ouro Preto novas veleidades de reforma do Exército, as quais desagradavam aos soldados. Benjamin Constant Botelho de Magalhães serve de intermediário entre as várias facções descontentes, faz a junção entre a juventude militar, os republicanos do Rio de Janeiro, os de São Paulo, os decepcionados com o regime imperial e alguns oficiais superiores. Sob sua liderança, elabora-se um projeto de governo provisório que reflete essas diversas tendências. Nele se prevê que, sob a presidência de Deodoro da Fonseca, o republicano Quintino Bocaiúva, originário do Rio de Janeiro, será ministro das Relações Exteriores; Aristides Lobo, também ele republicano "histórico", será ministro do Interior; Campos Sales, representante do republicanismo de São Paulo, ocupará o ministério da Justiça; o positivista gaúcho Demétrio Ribeiro assumirá a pasta da Agricultura; o advogado liberal baiano Rui Barbosa, a das Finanças; Benjamin Constant Botelho de Magalhães, a da Guerra; e o almirante Wandenkolk, a da Marinha. A saúde do marechal Deodoro da Fonseca, que emenda uma doença cardíaca na outra, obriga os conjurados a passar à ação sem mais demora.

Em 14 de novembro, um boato é instilado em torno das guarnições: o governo, diz-se, estaria em preparativos para prender

*O governo provisório: Benjamin Constant Botelho de Magalhães,
Rui Barbosa, Quintino Bocaiúva, Aristides Lobo, Francisco Glicério,
o vice-almirante Wandenkolk, Manuel Campos Sales.*

Deodoro da Fonseca e Benjamin Constant. Tal rumor semeia a revolta na caserna de São Cristóvão e nas ruas da Cidade Velha. Às seis horas da manhã de 15 de novembro, no Campo de Santana, o marechal põe-se à frente dos amotinados e apodera-se do quartel-general onde o visconde de Ouro Preto se havia entrincheirado. O marechal Floriano Peixoto, que defende a praça, limita-se a opor a Deodoro da Fonseca e às tropas rebeldes uma passividade complacente.

As testemunhas relatam a dificuldade de Deodoro em vestir o uniforme de um caudilho golpista. Impressionado por sua própria audácia, o futuro generalíssimo reitera, diante daqueles que veio derrubar, sua fidelidade ao imperador e evita evocar a República.

Os republicanos se encarregam de dar à conspirata o sabor e a cor da revolução. A imagística oficial reterá do 15 de novembro de 1889 uma versão mais altaneira do que essa que acabamos de relatar: um marechal Deodoro da Fonseca a cavalo, fazendo eco ao grito do Ipiranga e saudando a República no Campo de Santana. De igual modo, sob a influência dos positivistas, logo é instaurado um calendário de festas cívicas que se esforça por romper com o passado imperial.[38] O dia 21 de abril de 1890, que comemora a conjuração de Minas Gerais e Tiradentes, e o 13 de maio, que lembra a abolição da escravatura, são festejados efusivamente. A tomada da Bastilha será objeto de celebração oficial durante toda a Primeira República, como símbolo da "Revolução universal".[39] Em 14 de julho de 1890, o Rio se embandeira, o que espanta o encarregado de negócios francês Camille Blondel: "O aspecto da capital era tal que seria possível acreditar-se numa cidade francesa. Os monumentos públicos e a maioria das casas particulares estavam ornamentados com bandeiras francesas. [...] As ruas principais estavam engalanadas, e anéis de folhagem, no meio dos quais balançavam-se estandartes franceses e brasileiros, ligavam entre si as casas decoradas com bandeiras tricolores".[40]

Antes que esses rituais se estabeleçam, é preciso proclamar a República. É o que faz, finalmente, Deodoro da Fonseca, induzido por seus amigos, na tarde de 15 de novembro, na sede da municipalidade do Rio. Uma cópia verde e amarela da bandeira dos Estados Unidos da

América é desfraldada nessa ocasião. Alguns dias mais tarde, é substituída pelo desenho do pintor Décio Villares e pela divisa comtiana "Ordem e Progresso", inspirados pela Igreja Positivista.

Apanhado de surpresa pelos republicanos, D. Pedro II fracassou na busca de uma solução política capaz de resolver a crise e salvar a monarquia. De volta de Petrópolis, ele se entrincheira no palácio imperial, onde recebe, em 16 de novembro, a notificação do banimento da família imperial. Por temerem que a eventual popularidade do soberano deposto provoque transtornos, as novas autoridades forçam o imperador e sua família a embarcarem discretamente para o exílio às três horas da manhã.[41] Dom Pedro e os seus aportam em Lisboa antes de se estabelecerem em Paris, onde o imperador morrerá, em seu quarto do hotel Bedford, em 5 de dezembro de 1891.

Em 1922, por ocasião do centenário da independência, a República julga oportuno revogar a lei do exílio e repatriar os despojos do casal imperial. O conde d'Eu, viúvo da princesa Isabel desde alguns meses antes, extingue-se por sua vez a bordo do *Massilia*, que o trazia de volta ao Brasil.[42] A inumação solene de D. Pedro II e D. Tereza Cristina em Petrópolis só acontecerá em 1939, na presença do presidente Getúlio Vargas.

A deposição do imperador não tirou do torpor a cidade do Rio de Janeiro. O diplomata Camille Blondel declara ter ficado "impressionado pela calma com que a maioria do povo aceitou o movimento".[43] O republicano histórico Aristides Lobo, que acaba de ser nomeado ministro do Interior, faz a mesma constatação num artigo em que dá livre curso ao seu despeito. Segundo ele, a população assistiu à proclamação como se tivesse visto passar uma parada militar.[44] Desse texto de Aristides Lobo ficou o termo "bestializado", de que ele se serviu para descrever a ausência de reação popular e que está na origem de uma longa interrogação sobre o comportamento e os valores políticos da arraia-miúda, sobre o alcance das noções de "república", "cidadania" e "sufrágio universal" numa sociedade esmagada pela pobreza, pelo analfabetismo e pelas sequelas da escravidão.[45]

DISTRICTO FEDERAL

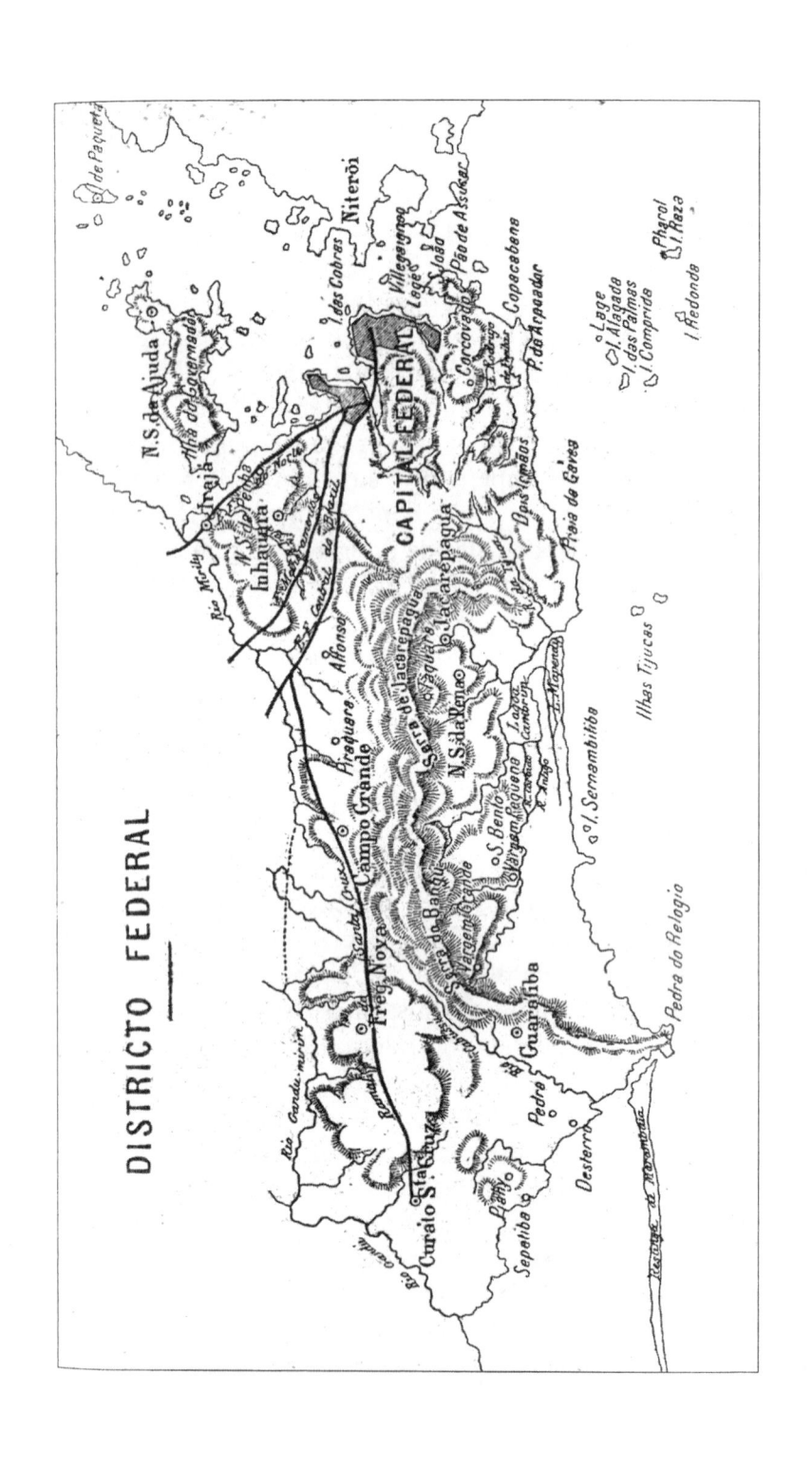

O Rio de Janeiro nas crises republicanas

O primeiro decreto do governo provisório confirma o estatuto de capital do Rio de Janeiro, mas tempera-o com uma nuance: os republicanos brasileiros pretendem transferir a sede dos poderes da República para o Planalto Central do Brasil, num lugar "neutro", afastado das turbulências da cidade grande. A Constituição de fevereiro de 1891 especifica em seu artigo 3º que a cidade do Rio de Janeiro se tornará um estado da federação quando deixar de ser "Distrito Federal". Por falta de meios e de vontade, a mudança de capital esperará o ano de 1960. Até essa data, o Distrito Federal carioca será ao mesmo tempo um estado incompleto e uma municipalidade atípica, posta sob a tutela vigilante da União. Cabe ao Congresso Federal legislar sobre sua organização e, ao presidente da República, nomear por quatro anos um prefeito de amplas prerrogativas.[46] Os habitantes do Rio elegem deputados e senadores para o Congresso Federal e os vereadores da Câmara Municipal, mas geralmente a última palavra é do prefeito.

Durante cerca de dez anos, a República brasileira é várias vezes ameaçada pela guerra civil. Na capital federal, as diversas forças que procuram impor ao país sua versão de república se dilaceram. As dificuldades aparecem antes mesmo da eleição de uma assembleia e da votação da Constituição, em 24 de fevereiro de 1891.

O ministro das Finanças, Rui Barbosa, lança-se a uma política que tem como objetivo acelerar a industrialização do Brasil. Os resultados são espetaculares: os estabelecimentos comerciais e industriais florescem, mas quase imediatamente depois vão à falência. Fortunas meteóricas nascem da especulação. A passagem de Rui Barbosa ficou nos anais como o período do Encilhamento, termo tomado de empréstimo ao jargão das corridas de cavalo e que se tornou sinônimo de profusão de pequenos negócios na Bolsa de Valores. A moeda nacional torna-se abundante (entre janeiro e setembro de 1890, a massa de papel-moeda em circulação aumenta 40%), mas já não vale nada.

De todo os conflitos que vêm à luz, o que opõe o marechal Deodoro da Fonseca aos seus ministros é o mais grave. Em 21 de janeiro de 1891, o chefe do governo provisório demite todo o ministério para formar um outro a seu gosto, repleto de monarquistas. Um mês depois, o Congresso Nacional elege Deodoro da Fonseca para a presidência da República, em detrimento da candidatura civil do republicano paulista Prudente de Morais. O órgão é levado a isso não pela convicção, mas pelo temor de um golpe.[47]

A ruptura entre Deodoro e o Congresso intervém em outubro de 1891, quando este último restringe as prerrogativas do presidente. Em 3 de novembro, em meio a uma tormenta política e financeira de extrema gravidade, Deodoro da Fonseca dissolve o Congresso, que desta vez lhe opõe resistência e obtém o apoio da maioria das forças políticas dos estados, da Marinha, do Exército e da população do distrito federal. Em 23 de novembro, a frota ancorada na baía de Guanabara aponta seus canhões para a capital. Deodoro da Fonseca se submete, demite-se e transmite o cargo ao vice-presidente, marechal Floriano Peixoto (1839-1895), que havia exercido um papel crucial na proclamação da República, mesmo sem ter aderido à conspiração.

O desfecho da crise, contudo, em nada resolve o problema fundamental, isto é, o equilíbrio entre os diferentes poderes. Correntes mais ou menos nebulosas, mas muito ativas no Rio, são favoráveis à perpetuação de um regime autoritário, o único, segundo creem, capaz de consolidar a república e transformar a sociedade. Os liberais e boa parte das forças políticas brasileiras temem mais do que tudo um tal resultado. As ambiguidades de Floriano Peixoto, qualificado de "esfinge" pelo escritor Lima Barreto, não ajudam a tranquilizá-los.

O desencadeamento da guerra civil nos estados de Santa Catarina e Rio Grande do Sul, em fevereiro de 1893, e seus desdobramentos na capital federal obrigam o presidente e a maioria do Congresso a se entender. De fato, em 6 de setembro de 1893, almirantes acusam de inconstitucional o governo Floriano Peixoto. Alguns dias depois, a Marinha começa a bombardear o Rio. Os combates provocam destruições importantes e uma considerável emoção na cidade. Quando os amotinados aderem aos "federalistas" – os rebeldes do Sul –, a histeria antimonarquista, o ódio xenófobo, a paranoia do complô se apoderam dos republicanos mais radicais, que fazem profissão de "jacobinismo". A firmeza de Floriano Peixoto durante a crise,

*Deodoro da Fonseca, Floriano Peixoto e Prudente de Morais.
Do golpe de Estado militar à presidência civil.*

a repressão implacável que se abate sobre os inimigos do governo lhe valem o apelido de "marechal de ferro" e um verdadeiro culto da personalidade por parte dos "jacobinos".

Nessas circunstâncias dramáticas, o Congresso garante ao governo seu apoio e não mais contesta a legitimidade de Floriano, encarregado de restabelecer a paz. A vitória do governo federal é obtida em agosto de 1895, ao preço de muitos massacres. Em troca da ajuda dos principais partidos políticos, o presidente respeita a legalidade republicana, deixa eleger seu sucessor, o civil Prudente de Morais, e sai do Itamaraty – a residência oficial dos presidentes até 1897 – ao término legal de seu mandato, em 15 de novembro de 1894.

Nem o fim do "florianismo de governo" nem a morte do marechal, em 29 de junho de 1895, fazem desaparecer o "florianismo de rua", que repudia Prudente de Morais e o rumo que a república está tomando.[48] Os funerais de Floriano Peixoto ocasionam manifestações espetaculares e violências contra notórios adversários dos jacobinos. Na defesa republicana intransigente do falecido "marechal de ferro", os jacobinos estão em posição favorável para recriminar a falta de energia do governo civil.

De fato, o Exército federal atola-se em Canudos, nas areias do sertão árido, e sofre reveses lastimáveis contra indigentes revoltados, a mais de dois mil quilômetros ao norte da capital federal, no interior da Bahia. Vista do Rio, por meio da propaganda oficial secundada pelos grandes jornais do Sul, a revolta dos sertões tem tudo de uma Vendeia brasileira. O líder místico da comunidade miserável estabelecida numa fazenda abandonada, Antônio Conselheiro, desdobra-se em pregações hostis à República – que laicizou o casamento e separou o Estado da Igreja. Os "jacobinos", que veem na revolta uma

O porto e a igreja da Candelária em 1898.

conspiração monarquista armada pela Inglaterra, desencadeiam violências na capital federal. Em 5 de novembro de 1897, um atentado dirigido contra o presidente Prudente de Morais mata o ministro da Guerra. Logo se constata que as ramificações do complô ultrapassam o meio jacobino e se estendem aos bancos do Congresso Federal. Paradoxalmente, a gravidade da contestação permite a Prudente de Morais restaurar sua autoridade e fazer a balança dos poderes pender para a presidência da República. As detenções enfraquecem tanto a oposição parlamentar quanto os ativistas dos clubes. O esmagamento de Canudos, em novembro de 1898, remata a consolidação da República, e Manuel de Campos Sales, republicano histórico, antigo ministro do governo provisório, sucede ao seu conterrâneo paulista Prudente de Morais.

8. Rua do Ouvidor

Até a maioridade de D. Pedro II, o núcleo comerciante e mundano do Rio de Janeiro se limitara ao que havia sido nos séculos XVII e XVIII: a rua Direita e os arredores do largo do Paço. A rua Direita ganha em 1870 o nome de Primeiro de Março para celebrar a morte de Francisco Solano López nessa data, naquele mesmo ano, e a vitória total do Brasil na guerra contra o Paraguai.

Uma artéria estreita, a rua do Ouvidor, que vai do largo de São Francisco à margem da baía, beneficiou-se da abertura do Brasil ao mundo em 1808 e do afluxo de estrangeiros ao Rio, e acabou destronando a rua Direita. A rua do Ouvidor torna-se sinônimo de luxo, de artigos de Paris, de novidades intelectuais, de restaurantes bem-conceituados. Ela constitui o orgulho da Corte e o sonho dos provincianos, a ponto de o escritor e político fluminense Joaquim Manuel de Macedo (1820-1882) redigir um livro de pequenas histórias sobre o assunto, *Memórias da Rua do Ouvidor* (1878).

As correspondências, as crônicas e os relatos de viajantes fazem frequentemente da rua do Ouvidor a metonímia de um Brasil ideal. Um jovem vindo do Ceará para ingressar na Escola Militar em 1879 assim descreve aos pais suas impressões da capital: "O Rio de Janeiro é o Brasil e a rua do Ouvidor é o Rio de Janeiro. Tudo aqui é muito bonito".[1] Aos olhos dos brasileiros, essa rua comprida parece o canal por meio do qual a civilização irriga seu país.

Segundo Joaquim Manuel de Macedo, o ano de 1822 marca o início de uma nova era na vida da cidade, que ingressa então na "hégira

Rua do Ouvidor.

das modistas francesas".² Desta forma, as *mademoiselles* Joséphine e Lucie, assim como duas ou três de suas compatriotas, "sem peças de artilharia, nem mosquetes, nem espadas, e somente com suas tesouras e agulhas, fundaram doce e naturalmente, sem oposição nem protesto, a França Antártica na cidade do Rio de Janeiro"³ e impuseram o império da moda parisiense no do Cruzeiro do Sul. Na esteira das costureirinhas emergem as *cocottes*, figuras inseparáveis do Rio do *fin de siècle*. As francesas, autênticas ou supostas, constituem o *nec plus ultra* da prostituição mundana. A dona de prostíbulo, com seu sotaque inconfundível, tornou-se desde então um estereótipo usual dos folhetins. Em 1867 desembarcam no Rio os primeiros contingentes de uma prostituição menos badalativa. Para muitas judias polonesas, os "caminhos de Buenos Aires" denunciados mais tarde pelo jornalista Albert Londres têm uma ramificação que desemboca no Rio de Janeiro.

O recenseamento dos 205 estabelecimentos comerciais da rua do Ouvidor em 1862 indica a seguinte distribuição: 91 pertencem a franceses, 68 a portugueses, 35 a brasileiros, 4 a suíços, 2 a italianos, 2 a americanos, 1 a um espanhol, 1 a um alemão e 1 a um inglês.[4] A poucos passos da rua do Ouvidor, inaugura-se em 1894 a Confeitaria Colombo, que atrai para seu salão de altos vitrais uma clientela seleta.

Na rua do Ouvidor, a aristocracia carioca pode vestir-se à francesa, comer à francesa, e também ler e pensar em francês. B. L. Garnier chega ao Brasil em 1844 e inaugura uma livraria alguns anos mais tarde. Leitores e autores se cruzam por entre as prateleiras apertadas e mal iluminadas da casa Garnier, que é sobretudo a editora mais prestigiosa. Seu catálogo se confunde com os clássicos da literatura brasileira da segunda metade do século XIX: José de Alencar, Joaquim Manuel de Macedo, Bernardo Guimarães, Sílvio Romero, Machado de Assis, Aluísio Azevedo, Joaquim Nabuco, Graça Aranha. As "typographias", Leuzinger e Laemmert, dois editores na virada do século, ficam ali perto.

O fim do século XIX literário é dominado pela obra e pela personalidade de Joaquim Maria Machado de Assis (1839-1908), bisneto de escravos, nascido no morro do Livramento, perto do porto, filho de um pintor mestiço e de uma imigrada dos Açores. Toda a vida desse mulatinho, pobre, gago e epiléptico passou-se entre as colinas e os vales do Rio de Janeiro, que serve de pano de fundo aos seus romances, como *Memórias póstumas de Brás Cubas* (1881), *Quincas Borba* (1891), *Dom Casmurro* (1900) ou *Esaú e Jacó* (1904). Machado de Assis foi um dos fundadores da Academia Brasileira de Letras, em 1897, e seu primeiro presidente.

Vários grandes jornais têm também suas redações e sua gráfica na rua do Ouvidor, especialmente o *Jornal do Comércio*, decano da imprensa brasileira, criado em 1827, o *Diário do Rio de Janeiro*, *A República*, fundado em 1870, *O País* (1884) e o *Diário de Notícias*. Esses jornais são folhas políticas ligadas a personalidades, ou mesmo a "partidos". Eles fazem da rua do Ouvidor uma arena onde as pessoas debatem e se enfrentam. No apogeu do florianismo de rua e da guerra de Canudos, a Ouvidor é rebatizada por breve período em homenagem ao coronel Moreira César, que se cobrira de glória, e principalmente de sangue, em Santa Catarina, durante a revolução federalista. Em seguida, comandara uma expedição contra os revoltosos de Canudos e lá encontrara a morte, em meio às suas tropas derrotadas.[5]

Na época do carnaval, a Ouvidor, toda engalanada, é a rua de maior animação. É percorrida pelos "zé-pereiras", uma tradição portuguesa que caiu no gosto popular. As classes superiores, em contrapartida, apreciam bem menos esses grupos de homens que desfilam percutindo ruidosamente seus bumbos. A rua do Ouvidor assiste também a desfiles de mascarados e carros alegóricos mais refinados.[6]

As cidades de D. Pedro

Em 1843, D. Pedro II decide fazer melhorias na fazenda do Córrego Seco, que seu pai havia adquirido pouco antes do exílio. Até a chegada da estrada de ferro, em 1884, são necessárias quatro horas a partir do Rio para alcançar, por uma ladeira íngreme, esse lugar empoleirado na Serra da Estrela. Com um pouco de imaginação, o clima, que a altitude torna mais fresco, e a paisagem rochosa podem lembrar a Suíça. O imperador se apaixona por essa fantasia de Europa e confia ao engenheiro militar Koeler a tarefa de circundar a residência imperial por uma cidadezinha. A edificação de "Petrópolis" fica a cargo de colonos alemães, que recebem terras para se dedicarem à agricultura e devem construir as estradas e a infraestrutura, com o auxílio de numerosos escravos. Em 1859, 3.300 alemães habitam Petrópolis, da qual constituem a maioria da população.[7] Dois anos antes, Petrópolis fora elevada ao nível de cidade.[8] A família imperial acabava de instalar-se no palácio cor de rosa decorado por Manuel de Araújo Porto Alegre. Nessa época, os hotéis chiques, as corridas hípicas e as festas organizadas pelo Jockey Club, as casas de veraneio da alta sociedade e dos diplomatas estrangeiros, as exposições de horticultura dão um brilho mundano à temporada em Petrópolis. Ao longo de seu reinado, D. Pedro II tende a prolongar suas estadas por lá. A partir de 1884, o trajeto que vai da Corte à pequena cidade serrana é encurtado graças à estrada de ferro, e não leva mais do que uma hora. O imperador, que está envelhecendo, pode então descer à capital somente quando se faz necessária sua presença ali.

O gosto de D. Pedro II pelos parques e jardins se traduz, no Rio de Janeiro, por iniciativas espetaculares. O maciço da Tijuca, que domina a cidade, torna-se "floresta nacional" em 1861. Desde as origens de São Sebastião do Rio de Janeiro, os trechos facilmente acessíveis desse longo espinhaço arborizado, que se estende da baía de Guanabara até Jacarepaguá e culmina a mil metros, sofriam permanentes depredações. Grandes fazendas haviam-se estabelecido em seus contrafortes, e o café também tinha esgotado certas encostas. Particulares abastados – entre os quais, muitos estrangeiros – que apreciavam o clima e as paisagens suntuosas da Tijuca transformavam as casas senhoriais ali existentes em residências aristocráticas. Além disso, o antigo hábito de coletar madeira e sobretudo de abater árvores para fazer carvão havia acabado por degradar consideravelmente a floresta. Bem cedo já surgira a consciência da necessidade de preservar esse reservatório natural, numa cidade em que o abastecimento de água tinha sido sempre problemático e não conseguia acompanhar o crescimento urbano. Em 1844, uma seca particularmente devastadora deixara sedenta a capital do Império.

Nos anos 1850, sob o impulso do visconde do Bom Retiro, amigo de D. Pedro e da floresta da Tijuca, o governo começa a expropriar os domínios nos quais nascem as torrentes que irrigam o Rio,[9] mas a etapa decisiva é a "nacionalização" de 1861 e a nomeação do major Archer como administrador da reserva. Archer, um fazendeiro da província, era reputado por seus conhecimentos da flora fluminense. Sob sua direção, 72.000 árvores são plantadas nos flancos desguarnecidos e nas ravinas erodidas do maciço.[10] Para além da questão da água, acredita-se nas virtudes sanitárias das árvores, sobretudo após a aclimatação, nos anos 1870, do eucalipto, que tem fama de vencer todos os miasmas.[11] Os poderes públicos preconizam a arborização das ruas recém-abertas e dos bairros beneficiados pela urbanização. Os jardins da cidade, o Passeio Público, nos anos 1860, o Campo de Santana, nos anos 1870, são reformados segundo o gosto do momento pelo paisagista francês Auguste Marie Glaziou.

Mais espetacular é a concessão dada por D. Pedro II aos engenheiros Pereira Passos e Teixeira Soares para construir e explorar uma estrada de ferro em cremalheira, de vocação turística, sem recorrer ao trabalho escravo. Em 1885, a obra está pronta: um trenzinho a vapor faz o cortejo imperial subir as vertiginosas ladeiras cobertas de mata atlântica em direção ao pico do Corcovado. A meia vertente, o hotel das Paineiras está pronto para receber uma clientela rica, ansiosa de aproveitar o frescor e as águas límpidas da floresta da Tijuca.

Da cidade à metrópole

A urbanização avança sobretudo em direção ao norte e à baixada fluminense. Assim, São Cristóvão, o relicário da Quinta da Boa Vista, não é mais considerado uma paróquia rural no início da década de 1870 e perde seu cunho aristocrático para o balneário Botafogo, ligado ao largo do Paço em 1844 por um serviço de barcos. Essa extensão para o norte é ao mesmo tempo causa e consequência do desenvolvimento dos transportes urbanos e da chegada da ferrovia, que não tarda a ir da capital até o vale do Paraíba, São Paulo e Minas Gerais. A Sociedade de Estradas de Ferro Dom Pedro II é fundada em 1858 por iniciativa de cafeicultores, especialmente os Teixeira Leite, de Vassouras. O conjunto das companhias que servem o Sudeste do Brasil passa ao controle do Estado em 1865. Sob a República, as

Estradas de Ferro Dom Pedro II continuarão a operar sob o nome de Central do Brasil.

A relativa proletarização de São Cristóvão e da Zona Norte acentua-se com a proclamação da República, que expulsa dali a família imperial, e com a incipiente industrialização, que se beneficia da adução de água, das linhas férreas e da proximidade do porto. Desde os anos 1870 e 1880, as fábricas de velas, as saboarias e as primeiras tecelagens mecanizadas se apoderam dos imóveis e terrenos disponíveis em São Cristóvão. Uma nova região industrial, mais moderna e mais concentrada, surge assim ao lado dos ateliês e das atividades manufatureiras do Centro.

Um pouco mais longe, o barão de Drummond financia em 1873 a construção de linhas de bondes de tração animal para servir a região periurbana, que compreende os locais chamados Andaraí, Grajaú e Maracanã. Ele havia comprado na região a antiga fazenda dos Macacos, subitamente valorizada com essas melhorias. Vila Isabel, cujas avenidas arejadas e retilíneas e cujo jardim zoológico suscitam admiração, nasce assim de um loteamento do barão de Drummond.[12] Para manter seu zoo, ele inventa uma loteria na qual as pessoas apostam em animais. O barão, portanto, está na origem do jogo do bicho, uma loto popular e oficiosa que movimenta somas consideráveis, financia em grande parte os atuais desfiles de escolas de samba, por ocasião do carnaval, e às vezes dissimula negócios duvidosos e até criminosos.

Em contrapartida, os "barões do café" e as elites sociais da capital do Brasil passam cada vez mais a residir nas proximidades da baía de Guanabara. Em 1858, o barão de Nova Friburgo, plantador de Cantagalo, constrói para si um palácio cuja fachada principal dá para a rua do Catete, enquanto a dos fundos se abre para um parque que desce em direção à margem da baía. Em 1897, o "Palácio do Catete" torna-se propriedade do governo federal e é atribuído como residência oficial à presidência da República, até a transferência desta para Brasília, em 1960. A rua São Clemente, em Botafogo, conserva até hoje belos vestígios do gosto da alta sociedade imperial por esse bairro. Ainda é possível visitar ali, no número 134, a Casa de Rui Barbosa (1849-1923), político liberal do Império e da República, que se instalou no fim do século XIX num palacete neoclássico erguido em 1850 para o barão da Lagoa.[13] A família imperial também participa desse movimento em direção ao sul da baía. Em 1865, a princesa Isabel e seu marido, o conde d'Eu, mudam-se para o "Palácio Isabel" (atual palácio Guanabara), entre Flamengo e Botafogo.

A urbanização acompanha os trilhos dos bondes de tração animal, que conhecem grande expansão a partir de 1868, data em que a sociedade norte-americana Botanical Garden Railroad Company inaugura uma linha entre o centro e o bairro residencial da Glória, e depois alcança as margens da lagoa Rodrigo de Freitas, ao fim de treze quilômetros de percurso.[14] O sucesso dessa linha faz êmulos. A cidade do Rio passa a estender-se através dos vales que separam os morros e pela primeira vez se distancia vários quilômetros de seu núcleo, a Candelária superpovoada. Em 1892, é aberto um túnel entre Botafogo e a praia quase deserta de Copacabana, ao qual se segue em 1906 um segundo (o Túnel Novo). Ainda que a urbanização demore a alcançar Copacabana, os habitantes da cidade podem ir até lá mais facilmente, aos domingos e feriados, para contemplar as vagas do Atlântico.

Vista a partir do largo dos Leões, com um bonde puxado a burro.

Rio, terra prometida

Depois da guerra do Paraguai, a Corte atrai uma forte corrente migratória, vinda da Europa mas também das províncias do Nordeste. Em 1890, o recenseamento indica que 54% dos habitantes da capital nasceram nela, um quarto é constituído por imigrados estrangeiros e um quinto se origina de outras províncias.[15]

Alforriados e pobres expulsos dos campos nordestinos pelo declínio da cultura de cana-de-açúcar pensam poder encontrar uma vida menos rude na capital imperial. Os bairros situados perto dos empregos do porto e da Candelária, entre a enseada da Gamboa, o Campo de Santana e a Cidade Nova, são majoritariamente povoados por negros de todas as condições. É nessa "Pequena África" que os "baianos" – designação que inclui todos os migrantes originários do Nordeste – recém-desembarcados no Rio encontram seus conterrâneos.

O historiador Eduardo Silva reconstituiu assim o itinerário ao mesmo tempo comum e pitoresco de um antigo "voluntário da pátria", Cândido da Fonseca Galvão.[16] O subtenente Galvão é filho de um alforriado da região de Lençóis, na Bahia. Por livre e espontânea vontade, alistou-se num batalhão de zuavos, cujo uniforme lembra o do Exército da África. De Salvador, foi transferido para o Rio e depois para o Paraguai.[17] Ferido em 1866, Galvão é repatriado para a Bahia. Sua estada num hospital reservado aos soldados inválidos termina mal. Ele é expulso dali em 1877 e migra para o Rio, como muitos de seus companheiros.

Na capital, o antigo zuavo se distingue por uma atividade literária e "mundana" que lança uma luz especial sobre as relações entre o imperador e seus súditos negros. Galvão reivindica sua origem ioruba e régia e apresenta-se como D. Obá II, príncipe dos negros do Brasil e fiel vassalo de D. Pedro II. Na língua ioruba, *obá* significa rei. Sua silhueta, de uniforme ou fraque, *lorgnon*, cartola, guarda-chuva na mão, é familiar nas ruas do Rio, mas também no palácio imperial e em São Cristóvão, onde é considerado um doce e pitoresco maluco. De fato, D. Obá não perde audiência pública de D. Pedro II nem cerimônia de beija-mão. Nos registros entre junho de 1882 e dezembro de 1884, sua assinatura, "príncipe Obá II – tenente Galvão", aparece 125 vezes![18]

São muito concorridas essas recepções do imperador, nas quais se mostra um resumo variegado da sociedade fluminense. Barão do café, ministro, visconde que se declara opositor do governo de Sua Majestade, plenipotenciário do rei da Prússia, negociante de passagem, mas também soldado do Paraguai e quem quer que possa exibir um traje correto e usar sapatos, todo mundo apresenta suas homenagens ao imperador nessa ocasião. No meio dos indigentes a quem concede atenção, D. Pedro destaca especialmente "seus" veteranos em geral e, entre estes, D. Obá.

Nas ruas da "Pequena África", D. Obá goza da estima da população, disposta a reconhecer-lhe a dignidade régia e a beijar-lhe a mão sempre enluvada.[19] Em contrapartida, o príncipe se sente responsável por seus "súditos", os negros do Brasil, e de 1886 a 1889 financia a publicação de uns quarenta artigos na imprensa carioca, nos quais reflete sobre o curso das coisas, afirma sua fé indefectível na monarquia e sua fidelidade pessoal a D. Pedro II, e pede a abolição da escravatura. Dom Obá não sobreviverá por muito tempo à queda do regime imperial e morrerá na amargura e na pobreza, no início de 1890.

Sem dúvida o tenente de zuavos Galvão, com essa mania de realeza, exprime à sua maneira atípica a aspiração de seus semelhantes a encontrar lugar numa sociedade dividida entre senhores e escravos. Na mesma época, elaboram-se na "Pequena África" práticas culturais que irrigam esse mundo marginal antes de ganharem outras camadas da população do Rio de Janeiro.

No fim dos anos 1870, os trajes brancos das vendedoras de iguarias baianas, seus turbantes, seus pescoços e pulsos cobertos de bugigangas fazem parte do cenário da capital. O trabalho das mulheres é um recurso fundamental nos lares populares e nas famílias grandes da "Pequena África". Essas mulheres, cujos nome ou sobrenome são precedidos do título respeitoso (e religioso) de "tia", dominam com frequência sua casa e a vida do seu bairro. Hilária Batista de Almeida, mais famosa como Tia Ciata, encarna a efervescência que agita a "Pequena África" na virada do século.

Nascida em Salvador em 1854, Tia Ciata chegou ao Rio em 1876 e casou-se com João Batista da Silva, um "patrício", que entra para a polícia.[20] Vestida à baiana, ela vende nas ruas da Cidade Velha os produtos de sua doçaria. Seus talentos culinários, assim como os de muitas vendedoras ambulantes baianas, têm estreita relação com suas funções religiosas. De volta à sua casa, de fato, Ciata é respeitada pela posição que ocupa no candomblé e por seu conhecimento das propriedades curativas das plantas. Certa vez, foi convocada discretamente à cabeceira do presidente da República Venceslau Brás (1914-1918).[21]

A imigração baiana desenvolve no Rio de Janeiro os cultos e as crenças nagô (ioruba). O termo candomblé designa ao mesmo tempo a religião afro-brasileira de origem nagô e o santuário, que se compõe de uma casa com um espaço a céu aberto. Tia Ciata, filha de Oxum, é *Iyá Kekerê*, a "mãezinha", a segunda na ordem hierárquica depois do pai de santo.[22] A casa de Ciata logo se torna famosa pelas festas que ali se realizam dadas em homenagem aos orixás, com os pratos ritualísticos que lhes são oferecidos e a comida partilhada pelos fiéis. As comemorações são também profanas, e sua animação faz o sucesso de Tia Ciata e de outras "tias" baianas das ruas adjacentes à praça Onze.

Às migrações internas ligadas ao esboroamento da sociedade escravagista acrescenta-se a chegada à América de imigrantes vindos da Europa e da Ásia. No Rio, são sobretudo os portugueses que vêm tentar a sorte. Em 1844-1845, as autoridades portuárias concedem visto a 3.300 súditos da antiga metrópole.[23] Entre 1836 e 1899, 95,8% da emigração portuguesa se dirigem para o Brasil, e a proporção não cai abaixo de 75% antes da segunda metade do século XX.[24] Em 1890, dois terços dos estrangeiros presentes no Rio são portugueses.[25] Muitos vão trabalhar algum tempo na loja de um tio estabelecido na capital do Brasil, antes de retornarem ao seu país. Os portugueses do Rio não têm como única especialidade a importação de vinhos e de produtos da terrinha. Em 1884, são donos de quase a metade das padarias da capital.[26] O consumo de pão aumenta paralelamente à imigração de origem europeia. Também são numerosos os portugueses que conduzem coches, diligências e bondes na metrópole brasileira.

O crescimento do proletariado urbano tem como consequência uma crise aguda da moradia, que ocupa relatórios inteiros da Inspecção Geral da Higiene e preocupa os edis. Nos bairros decadentes, os palácios e mansões deixados pela aristocracia em busca de lugares mais agradáveis são divididos em incontáveis cômodos, alugados por proprietários pouco escrupulosos. A habitação popular das grandes cidades brasileiras se caracteriza, nos anos 1880, pela recrudescência das estalagens ou cortiços, moradias coletivas cuja construção era submetida à autorização municipal desde 1855. Da rua, os cortiços são pouco visíveis. Transposta a entrada, descobre-se um espaço central destinado à circulação interna, à secagem de roupa, à criação de aves e de uma ou duas vacas, para o qual se abrem múltiplos alvéolos onde vivem e às vezes trabalham famílias inteiras. Esses são o cenário e o título escolhidos por Aluísio Azevedo para o enredo de *O cortiço* (1890), romance exemplar do realismo social. A promiscuidade entre os indivíduos, entre os homens e os animais, a falta d'água e de instalações sanitárias, os riscos de incêndio, a dificuldade de identificar os habitantes dos cortiços, seu caráter mais ou menos clandestino, tudo isso contribui para convencer a municipalidade a fazê-los desaparecer.[27] Em 1888, as autoridades municipais contam 1.331 cortiços, que pululam sobretudo nos arredores da Cidade Velha (paróquias da Candelária, de São José, Santa Rita, Sacramento, Glória) e da Cidade Nova (Santana, Santo Antônio, Espírito Santo), urbanizada no início do século XIX.

O episódio mais famoso da queda de braço travada entre os higienistas no poder e os cortiços ocorre no começo da República, em 26 de janeiro de 1893. Por ordem do prefeito Cândido Barata, a tropa evacua o "Cabeça de Porco", o mais povoado dos cortiços do Rio de Janeiro, situado no nº 154 da rua São Félix, e cujos proprietários se recusavam a demolir. Trata-se de um verdadeiro labirinto de casebres e de construções aglomeradas que proliferaram num terreno que terá pertencido ao conde d'Eu, situado nas proximidades de uma pedreira, não muito longe da estação central Dom Pedro II.[28] Desde 1880, a destruição do Cabeça de Porco estava na ordem do dia, mas esbarrava na resistência dos proprietários, determinados a fazer valer seus direitos.

O número exato de pessoas alojadas na centena de casebres agrupados atrás do portão ornado com uma cabeça de porco escapa aos observadores – os jornais de 1893 falam em dois mil –, e a sorte delas, após a destruição desse pardieiro imundo, é menos conhecida ainda. Sem dúvida, uma parte subiu o morro da Providência, bem próximo, e ergueu novos casebres nas encostas. Quatro anos depois, soldados que retornavam da pacificação de Canudos são autorizados a colonizar a mesma colina. Eles a chamam de "favela", como lembrança de sua campanha. De fato, a favela é uma planta espinhosa, típica do sertão árido, que tinha dado o nome a uma elevação estratégica para a conquista da cidadela de Canudos. A erradicação dos cortiços, espetacular mas incompleta, faz surgir um novo tipo de habitação popular, bem mais visível, porém, mais incontrolável ainda: as favelas.[29]

As ambiguidades da capoeira

Um dos flagelos do Rio de Janeiro no século XIX é a capoeira. Hoje em dia, trata-se de uma arte marcial pacífica, um esporte nacional que faz adeptos além das fronteiras do Brasil. Entre o fim do século XVIII e o do século seguinte, contudo, a simples menção da palavra capoeira suscita o medo de grande parte dos cariocas.[30] Sob o Império, o termo capoeira designa principalmente os que a praticam (hoje mais comumente chamados capoeiristas). Estes últimos usam uma técnica de combate extremamente perigosa, baseada em ágeis movimentos de pernas e terríveis pontapés, aos quais muitas vezes vinham acrescentar-se a faca e o punhal. Os capoeiras grassam em bandos nos quais se misturam escravos, alforriados e homens livres, postos sob a autoridade de chefes de apelidos apavorantes. Usam faixas coloridas que os identificam, e enfrentam seus rivais ou inimigos de circunstância. Os confrontos, pelo controle de um bairro ou de um território, deixam regularmente mortos e feridos sobre o calçamento. Até 1890, a capoeira não é proibida por qualquer texto jurídico, mas fornece assunto para as crônicas do dia a dia e contribui para encher as prisões. De fato, ela possui características que inspiram terror: é praticada sobretudo por negros, é organizada e se manifesta por uma violência vista como crueldade gratuita. O representante da República francesa no Brasil deixa em 1887 um registro detalhado dessa especialidade carioca: "A arma dos capoeiras é a faca, mas sobretudo a navalha. Todos os anos eles fazem um certo número de vítimas. Seria possível acreditar que só golpeiam seus inimigos ou aqueles que lhes dirigem certas vinganças; efetivamente, é o que acontece na maioria das vezes, mas não raro, para mostrar habilidade, atacam transeuntes inofensivos que não estão sendo perseguidos por nenhuma inimizade. Esse fato se produziu por esses dias diante da Escola Politécnica, em pleno meio-dia.

"Os ferimentos provocados pelos capoeiras são quase sempre mortais; eles geralmente agem no meio das multidões; escondem a navalha entre os dedos: quando a vítima percebe estar ferida, o assassino já vai longe. Quase sempre, os golpes são dados no ventre.

"Eles são vistos caminhando à frente das procissões, dos destacamentos de tropas, bem reconhecíveis pela espécie de dança ou de ginástica que executam e que se chama "capoeira". A maior parte é de mulatos; suas associações incluem certo número de brancos e de estrangeiros (italianos, gregos, portugueses; espanhóis, não).

"Não se conhece sua origem nem a data em que apareceram; o certo é que já existiam em 1812, como o prova uma ordenação do rei D. João VI.

"A fraqueza do governo brasileiro diante dessa horda de bandidos é objeto constante de espanto. Essa fraqueza não tem desculpa; eis como se explica.

"Antes da lei de 9 de janeiro de 1881, que estabeleceu no Brasil o sistema de eleições diretas, as eleições eram feitas em dois turnos e ofereciam, mesmo na capital, o mais vergonhoso espetáculo, sempre sangrento. Pode-se dizer que a vitória era obtida a bordoadas, facadas e tiros de revólver. Praticavam-se abertamente as fraudes mais descaradas.

"Nesse estado de coisas, os capoeiras eram agentes eleitorais bastante úteis. Votavam um número indefinido de vezes, impediam de votar os adversários de seu patrão, e, em caso de reclamações ou de resistência, recorriam à *ultima ratio*, assegurados da impunidade pela proteção de chefes políticos influentes. De lá para cá, o caráter das eleições tornou-se mais moral; o número de capoeiras, no entanto, não diminuiu; hoje contam-se vinte mil; no Rio, continuam existindo as vinganças particulares e, coisa estranha, a própria polícia parece proteger-lhes a instituição, na qual recruta uma parte de seu pessoal e de seus agentes secretos". [31]

O testemunho do diplomata francês chama a atenção para a ligação venenosa que o mundo político carioca e o do crime mantêm sob o Império. As fidelidades nascidas da escravidão, as trocas de favores entre patrões e protegidos, o subemprego, uma competição política sumariamente organizada, um Estado pobre e inacabado alimentam um sistema corrupto. Após a abolição, a "Guarda Negra", destinada a proteger a família imperial, está infestada de capoeiras que a polícia, quando convém, lança contra os militantes republicanos. Em janeiro de 1889, uma batida policial na sala de ginástica francesa onde se realiza uma reunião política termina com oito mortos e trinta feridos.[32]

A implicação dos capoeiras na repressão política explica o ódio inexpiável que as autoridades republicanas lhes devotam. Em 1890, João Batista Sampaio Ferraz, chefe de polícia da capital federal, recebe do governo provisório a missão de acabar com esse perigo. A capoeira é então formalmente proibida, os bandos são sistematicamente aniquilados e seus membros enviados para longínquas colônias penitenciárias. A luta contra os cortiços, onde se refugiava facilmente essa escória, comporta também uma dimensão policial no início dos anos 1890. Embora não desapareçam por completo, os capoeiras se apagam progressivamente das ruas e do emaranhado de becos do Rio.[33] No entanto, o recurso a agentes eleitorais e as brigas nos dias de escrutínio persistem sob a República. As eleições feitas no Distrito Federal, assim como no resto do estado do Rio e do Brasil, ocasionam fraudes e violências desavergonhadas. Além disso, a abstenção é muito alta.

O sufrágio universal masculino introduzido pela República exclui os analfabetos (assim como os eclesiásticos e os soldados rasos), isto é, 80% da população em idade de votar. Em 1910, 2,7% da população do Distrito Federal participam da eleição presidencial.[34] Esse índice não melhora muito antes dos anos 1930. A instauração da Primeira República esteve longe de significar a democratização da política e da sociedade no Brasil.

A "capital da febre amarela"

Ao longo de todo o século XIX, a situação sanitária do Rio de Janeiro lhe vale uma execrável reputação internacional. O jornalista francês Max Leclerc conta como precisou deixar clandestinamente o vapor *La Plata* para desembarcar no Rio, em dezembro de 1889. Seus companheiros de viagem empalideciam à ideia de serem declarados "contaminados" quando chegassem a Montevidéu, simplesmente por terem deixado um passageiro na capital do Brasil.[35] No mesmo ano, Vítor Meireles, autor da *Primeira Missa*, expõe em Paris e em Bruxelas um panorama do Rio de Janeiro tão parecido que um crítico do *Jornal do Comércio* escreve com ironia que os admiradores europeus do quadro deveriam ser postos em quarentena, por temor de que tivessem contraído febre amarela ao contemplá-lo![36]

As estatísticas mórbidas dão algum fundamento a essas fantasias. Até 1905, a taxa de mortalidade supera a de natalidade no Rio de Janeiro.[37] O crescimento espetacular da população se deve exclusivamente à importante imigração nacional e estrangeira, que se fixa na capital do Brasil.

A febre amarela aparece no Rio em 1849 e mata quatro mil pessoas nesse ano.[38] Muitos observadores veem no desembarque de novos escravos e nas concentrações de miseráveis em pardieiros a origem do contágio.[39] O governo responde com medidas de profilaxia e saneamento. O isolamento dos enfermos, a proibição de inumar os mortos nas igrejas, a drenagem das zonas pantanosas, a circulação do ar, as melhorias no abastecimento de água são recomendados pela Academia Imperial de Medicina por ocasião dessa epidemia e implantados pelos poderes públicos.

Essa tomada de consciência, conquanto seguida de efeitos, não consegue impedir a chegada do cólera, proveniente de Portugal, em 1855, e das grandes epidemias de 1873, 1878 e 1883. A tuberculose, o tifo, a varíola, as gripes e a rubéola atacam regular e mortalmente os habitantes e os visitantes da cidade. A febre amarela, que parece vencida em 1862, reaparece em 1868 e torna-se endêmica.

Em 1899, a peste bubônica desembarca no porto de Santos e inicia seus estragos entre os imigrantes. Para lutar contra o flagelo e fabricar as vacinas necessárias, criam-se dois laboratórios, um nos arredores de São Paulo, Instituto Soroterápico de São Paulo, atual Butantã, e outro perto do Rio de Janeiro, o Instituto de Patologia Experimental de Manguinhos.[40] Este último, dirigido por Osvaldo Cruz, enfrenta o conjunto dos problemas de saúde que afetam o Brasil. O instituto se especializa no estudo das patologias transmitidas por insetos. Assim é que Carlos Chagas se destaca na luta contra a malária. Osvaldo Cruz recebe do governo federal a missão de sanear a capital do Brasil e, principalmente, de erradicar a febre amarela.

Em 8 de março de 1904, é instituído um serviço de profilaxia da febre amarela, cujas "brigadas", formadas por estudantes de medicina e empregados municipais, partem para a conquista de uma cidade dividida, para esse fim, em dez distritos. Declara-se guerra aos mosquitos, e sobretudo ao *habitat* predileto deles, os charcos e as águas estagnadas. O serviço também compra, por alguns vinténs, os ratos capturados. Essa medida sã tem por efeito o surgimento espontâneo da profissão de caçador e até de criador de ratos...

Por insistência de Osvaldo Cruz, as autoridades do distrito federal impõem a todos a vacinação obrigatória contra a varíola, em novembro de 1904. A medida não demora a provocar um protesto geral de diversos setores da sociedade carioca, dos positivistas, que denunciam o despotismo sanitário, do Centro das Classes Operárias, organização que reúne uma parte dos operários do Distrito Federal, e de várias personalidades de oposição. A ideia de deixar-se inocular por uma substância extraída de animais doentes repugna a muitos cariocas. Quanto à perspectiva de entregar filhas e esposas à apalpação de uma equipe de desconhecidos, essa deixa indignados numerosos pais de família.

A escola de cadetes no Rio de Janeiro.

As reuniões públicas seguem-se então às manifestações que rejeitam a vacinação obrigatória. Em 10 de novembro, uma altercação se transforma em revolta. Chovem os golpes entre amotinados e forças da ordem, improvisam-se barricadas, a Cidade Velha está em plena ebulição. Cadetes da Escola Militar da Praia Vermelha, conduzidos pelo senador florianista Lauro Sodré, marcham sobre o Catete antes de serem detidos pelas tropas legalistas. O bairro da Saúde, próximo às docas e povoado majoritariamente por negros, resiste até 18 de novembro. Sobre as barricadas, flutua a bandeira vermelha dos insurretos.[41] O balanço dos acontecimentos eleva-se a 23 mortos, 67 feridos e 700 prisioneiros.[42] O episódio permite à polícia e à justiça limpar os bairros pobres do Rio de uma parte de seus moradores indesejáveis. Algumas centenas de vadios, pés de chinelo, desempregados e prostitutas são expedidos para o território do Acre, que o governo federal acaba de comprar à Bolívia.[43] A insalubridade do clima naquela região equatorial e amazônica deixa a essa gente muito pouca chance de retornar algum dia. O governo renuncia à ideia de vacinar a população *manu militari*.

A "revolta da vacina" confirma a persistência de um "jacobinismo" latente e mostra a influência do movimento operário nascente. Ela evidencia a resistência popular contra a intervenção dos agentes do Estado dentro dos lares. Por fim, comprova tensões ocasionadas por um crescimento demográfico que o tecido urbano não consegue absorver. Entre 1890 e 1906, a população da capital federal passou de quinhentos mil para oitocentos mil habitantes. A revolta de 1904 inscreve-se também no contexto da era das demolições na qual o Rio de Janeiro acabava de entrar.

9. Avenida Central

Francisco Pereira Passos, um procônsul no Rio

Depois de assumir suas funções em novembro de 1902, o presidente da República Rodrigues Alves, cafeicultor do vale do Paraíba paulista, nomeia o engenheiro Francisco Pereira Passos para prefeito do Rio de Janeiro. Encarrega-o de fazer da cidade uma capital que seja motivo de orgulho para o país, e não mais uma vitrine deplorável do Brasil para os candidatos à imigração, nem uma inesgotável fonte de zombaria: nas revistas satíricas cariocas, a capital federal é chamada regularmente de capital fedorenta.

Em 30 de dezembro de 1902, Pereira Passos dá início a quatro anos de uma gestão que irá transformar a face e os hábitos do Rio de Janeiro. Filho do barão de Mangaratiba, um cafeicultor fluminense, Pereira Passos estudou engenharia na Escola Militar, de início, e depois na de École Ponts et Chaussées, em Paris, de 1857 a 1860, antes de passar uma temporada na Suíça.[1] De volta à velha província, ocupou-se sobretudo em estender a rede nacional de ferrovias,[2] participando ao mesmo tempo das propostas de reforma urbana que haviam permanecido como letra morta sob o Império.

O novo prefeito abandona a tradicional divisão administrativa em paróquias para organizar o território municipal em 23 distritos. Sua ação, que tem a "civilização" como bandeira, desenvolve-se principalmente em dois domínios: grandes obras e reforma dos comportamentos.

A partir de janeiro de 1903, edita-se uma série de proibições municipais para eliminar do centro da capital federal o aspecto de pátio dos milagres: é proibido vender nas ruas animais abatidos, conduzir vacas por locais públicos (era frequente entregar o leite aos consumidores dessa maneira), criar porcos na área urbana, mendigar. A municipalidade esforça-se também por desbastar o matagal dos numerosos vendedores ambulantes, controlando-lhes as licenças.

As autoridades também combatem vigorosamente os usos e costumes populares considerados degradantes ou geradores de perturbações da ordem pública. Mais do que nunca, o candomblé e as práticas religiosas afro-brasileiras devem esconder-se da polícia. O entrudo, folguedo popular que precedia a Quaresma desde o período colonial, e do qual Jean-Baptiste Debret deixou coloridas descrições, é proibido em 1903 e vale aos transgressores multas ou dias de prisão. O entrudo se caracterizava por batalhas de frutas, lançamento de projéteis e de água, e tendia a degenerar em agressões. No lugar dele, Pereira Passos favorece as batalhas de flores e os bem-comportados corsos.[3]

Avenida Rio Branco (Central).
À direita, o palácio Monroe (Senado Federal), demolido em 1975.

As realizações urbanísticas de Pereira Passos alcançam também a "Pequena África" e os vestígios do período colonial, o que o poeta Olavo Bilac chamava desdenhosamente de "Cafraria lusitana".[4] Da haussmannização de Paris, que observou pessoalmente mais de quarenta anos antes, Pereira Passos copia o alargamento das ruas e as grandes aberturas através do tecido urbano antigo. A pavimentação das ruas, a canalização dos rios, o nivelamento das calçadas estão igualmente na ordem do dia. No ponto central do programa está a abertura da avenida Central, capaz de apagar vários séculos de pardieiros acumulados no centro da cidade. O canteiro de obras corre paralelamente à rua Primeiro de Março, desde a Prainha, onde começa o porto, até a praia do Boqueirão, entre a base do morro do Castelo e o Passeio Público. Em 1909, na extremidade da avenida Central, é inaugurado o Theatro Municipal, desenhado pelo próprio fi lho de Pereira Passos e decorado pelos melhores artistas brasileiros.

Avenida Rio Branco (Central).

As demolições começam em 29 de fevereiro de 1904, e desalojam cerca de vinte mil cariocas de seus sobrados, cortiços e pensões.[5] De cada lado dos 33 metros de largura da avenida erguem-se construções de estilo eclético. O embelezamento da avenida Central, que passou a se chamar Rio Branco em 1912, irá prosseguir contudo, durante quarenta anos. Velhas ruas do Centro, como a da Carioca e a da Assembleia, são alargadas. As praças são limpas e ornamentadas de jardins.

A vida mundana e cultural abandona rapidamente a rua do Ouvidor pela avenida Central. Embora a demonstração do cinematógrafo ocorra na primeira, em 1896, as salas de cinema colonizam a parte baixa da avenida Central, não longe do Theatro Municipal. No começo dos anos 1920, um homem de negócios, Francisco Serrador, comprará terrenos baldios à margem da grande artéria para construir ali uma Broadway carioca.[6] Os arranha-céus que logo se elevam têm nos andares térreos os cinemas Capitólio, Glória, Império ou Odeon, e o Teatro Rival, que existe até hoje. Nessa "Cinelândia" entram em cartaz filmes brasileiros e produções vindas de Hollywood. Pouco a pouco, os espetáculos abandonam o Teatro Lírico do Rio (1871-1934), que no entanto acolheu artistas de renome internacional, como Sarah Bernhardt, em 1886 e 1893, ou Caruso.

Avenida Beira-Mar. O Pão de Açúcar e a igreja da Glória.

A reforma de Pereira Passos multiplica as vias de circulação que ligam as diferentes regiões urbanas. A avenida Beira-Mar acompanha os contornos da costa por cinco quilômetros entre o Centro e Botafogo, descortinando a mais bela vista para a baía de Guanabara e o Pão de Açúcar. Essas realizações, que valorizam a área, valem ao Rio o apelido de Cidade Maravilhosa. Pereira Passos lança também as bases da avenida Atlântica, cujas obras começam em 1906 no bairro excêntrico de Copacabana. Ali, perto das cabanas dos pescadores, ao longo das pistas que percorrem a planície costeira, entre o morro e o oceano, cada vez mais se alinham palacetes. Um dos sucessores de Pereira Passos, o engenheiro Carlos Sampaio (1920-1924), estende os mesmos princípios ao contorno da lagoa Rodrigo de Freitas.

As grandes obras do Rio são coroadas por manifestações de prestígio, que estimulam o turismo na capital. Em 1908, o Brasil celebra com uma exposição nacional o centenário da abertura de seus portos e o fim da época colonial. Em 1922, a exposição é internacional e comemora a independência.

A renovação urbana do Rio negligencia – como, a seu tempo, a haussmannização parisiense – a questão do alojamento social. Trata-se de uma capital destinada a uma elite, europeia por suas origens, seu modo de vida e suas aspirações, que os engenheiros-prefeitos do Distrito Federal estão construindo. O embelezamento do Rio torna ainda mais insuportável a miséria que se exibe nos morros. Em 1916, a *Revista da Semana*, dirigida à burguesia carioca, assim denuncia a favelização em curso: "Os bairros parasitários dos morros ameaçam propagar-se pelos sítios que dominam a cidade, criando com suas perspectivas bárbaras uma moldura sórdida para uma cidade que tem merecidos títulos de esplendor. É absurdo que uma capital que possui joias como a avenida Beira-Mar exiba o acampamento africano do morro de Santo Antônio por sobre o trajeto maravilhoso da subida de Santa Teresa que conduz às florestas do Silvestre".[7]

Esse contraste, desagradável para os leitores da *Revista da Semana*, para os felizes proprietários de palacetes *art nouveau* e de residências góticas qualificadas de "castelinhos", é ainda mais forte no Centro. Embora a avenida Rio Branco tenha despojado a rua do

Ouvidor do cetro das elegâncias e da modernidade, e o Theatro Municipal deixe arrebatados os amantes do canto lírico, o morro do Castelo debocha de tudo isso com a lepra das velhas construções invadidas pelos pobres, as travessuras das crianças negras, as promessas das adivinhadoras do futuro, o cacarejar das aves de quintal. Trava-se um debate apaixonado para saber se não convém suprimir esse calombo estorvante e mandar para outro lugar seus quase cinco mil habitantes.[8] Os nostálgicos defendem o símbolo histórico. O morro do Castelo era o berço da cidade, a sede de sua primeira catedral, São Sebastião, a sepultura de Estácio de Sá. Os fanáticos da modernização militam pelo arrasamento, em nome da higiene, da estética e dos imperativos da circulação. Segundo eles, era absolutamente necessário acabar com aquele "dente cariado" que desfigurava a "cidade maravilhosa" construída por Pereira Passos.

O morro do Castelo perdeu a batalha e foi arrasado em 1922 pelas tropas do prefeito Carlos Sampaio. Seu entulho serviu para ganhar terreno mar adentro; e, sobre o que viria a ser a esplanada do Castelo, foram edificadas algumas atrações da exposição de 1922 – entre as quais o pavilhão da França, que desde então abriga a Academia Brasileira de Letras. Durante cerca de dez anos, um terreno baldio, que só receberá construções nos anos 1940, estende-se no lugar da colina desbravada em 1567 por Mem de Sá.

A Revolta da Chibata

Em 22 de novembro de 1910, os cariocas são mais uma vez confrontados com a ameaça de um bombardeio vindo de sua própria Marinha, ancorada nas águas da baía de Guanabara. O motim, que parte do couraçado *Minas Gerais*, se estende ao *São Paulo*, ao *Deodoro* e ao *Bahia*. Essa revolta singular não deve ser classificada entre as sublevações militares que escandem a história do Brasil republicano. A revolta da Armada em 1893 havia assinalado a defecção dos almirantes perante o governo de Floriano Peixoto. As rebeliões dos cadetes, e depois as dos tenentes nos anos 1920, mobilizarão alunos e oficiais subalternos politizados. Em 1910, o estopim do levante são as 250 chibatadas recebidas por um marinheiro do *Minas Gerais*.

Desta vez, seus companheiros não toleram uma sanção cuja supressão eles já pediam desde muito tempo antes. Os oficiais são neutralizados, alguns são mortos. O motim encontra um chefe, o marinheiro de primeira classe João Cândido Felisberto, um negro originário do Sul. Sob seu comando, a insubordinação ganha os outros navios e se encorpam as reivindicações. Além da abolição dos castigos corporais, os marinheiros pedem o aumento do soldo, a melhora da alimentação e a redução do tempo de serviço, e, para serem atendidos, se dizem dispostos a incendiar a cidade.[9] A ameaça é de natureza a inspirar terror: os couraçados *Minas Gerais* e *São Paulo* são novos em folha e dispõem de grande poder de fogo. Alguns tiros do *São Paulo*, que em 24 de novembro visam o palácio do Catete, acabam de convencer as mais altas autoridades de Estado a negociar, enquanto aqueles que podem abandonam a cidade. Os que não podem amontoam-se ao longo das praias para contemplar as manobras elegantes

André Avelino e Gregório do Nascimento, amotinados da Revolta da chibata.

a que se entregam os amotinados. A demonstração serve para provar que eles podem ser temíveis, mesmo privados de comando.

Em 24 de novembro, o Congresso Federal e o presidente Hermes da Fonseca concedem anistia aos revoltosos, que encerram então o movimento. Enquanto o Senado debate a supressão da chibata, seiscentos marinheiros se revoltam na ilha das Cobras. Desta vez, o Exército federal bombardeia os amotinados. Senadores, entre os quais Rui Barbosa, denunciam a maneira iníqua e o cinismo com que o governo deixou a crise se desenvolver. O estado de sítio é proclamado e a anistia se torna letra morta. João Cândido e todos os líderes do 22 de novembro são detidos e encarcerados em condições pavorosas. Quinhentos prisioneiros – entre os quais dezenas de delinquentes, mendigos e prostitutas que lotam os calabouços da cidade – são amontoados nos porões imundos do *Satélite*, com destino à Amazônia. Muitos deles não esperarão as febres equatoriais para morrer: sucumbem às condições de transporte, às execuções sumárias e aos atos de sadismo. João Cândido é um dos dois sobreviventes das masmorras da ilha das Cobras, onde dezesseis chefes da Revolta da Chibata encontraram uma morte atroz.

O desfecho do motim e o episódio do *Satélite* não passaram totalmente em silêncio. No Senado Federal, o advogado liberal Rui Barbosa alardeia o escândalo e esforça-se em vão por pedir reparação. Seus argumentos não abalam em nada a determinação dos dirigentes republicanos, que têm pavor das violências populares. O motim de 1910 sublinha os contrastes da Marinha brasileira, cujos oficiais vêm das melhores famílias. A academia que os forma, diz-se explicitamente, não admite "nem pobres nem pessoas de cor", à diferença do Exército, que permite ascensões sociais.[10] Em contrapartida, os brancos constituem apenas 10% dos marujos, compostos de negros e mestiços e, com frequência, recrutados sem o seu consentimento entre os ex-condenados. O próprio João Cândido era filho de escravos, semianalfabeto e contava quinze anos de serviço quando se tornou o "Almirante Negro" da baía de Guanabara. A memória da Revolta da Chibata sobreviveu graças a ele, que faleceu em 1969, não sem ter deixado suas memórias e participado das reuniões políticas que precederam o golpe de Estado de 1964.

A oposição ao regime militar (1964-1985) apoderou-se dessa figura muito embaraçosa para a Marinha e associou-se à luta pela anistia. Em 1974, João Bosco e Aldir Blanc trazem à luz o marinheiro insurreto, consagrando-lhe uma canção antológica, *O mestre-sala dos mares*.

Do remo ao futebol

Na virada do século, o luxo e a volúpia da alta sociedade carioca se expressam em francês. A anglomania, em contrapartida, traduz-se na valorização do corpo e na aclimatação dos esportes para *gentlemen*, às vezes por intermédio da França. Em 1848, o Jockey Club Fluminense, que tem por modelo seu homólogo francês, decide dotar a capital imperial de uma área para corridas de cavalos.[12] Durante muito tempo, estas se realizam numa pista próxima ao rio Maracanã. Somente em 1926 é inaugurado, entre o Jardim Botânico e a lagoa Rodrigo de Freitas, o hipódromo da Gávea, que servirá de cenário para algumas sequências do filme de Alfred Hitchcock *Interlúdio* (*Notorious*, 1946).

Nos anos 1860, as competições de remo suscitam o entusiasmo do público. Em 1874, o Club Guanabarense serve de modelo para numerosas associações do mesmo gênero. Os "clubes de regatas" inspiram-se na organização das corridas de cavalos e estruturam suas competições. Assim aparece, em 1895, o Clube de Regatas do Flamengo, que contribui para difundir a nova coqueluche.[13] Em 1898, a comunidade portuguesa do Rio celebra à sua maneira o quarto centenário da chegada de Vasco da Gama à Índia e cria um clube náutico que tem o nome do navegador.

A natação invade os espelhos-d'água mais ou menos na mesma época que a canoagem. Em 1898, o Clube de Natação da capital federal patrocina o primeiro campeonato brasileiro da especialidade, nos 1.500 metros que separam a ilha de Villegagnon e a praia de Santa Luzia. Os esportistas são ricos amadores e seus admiradores das tribunas também pertencem à burguesia carioca, mas os torcedores que os animam das praias traduzem o gosto das classes mais modestas por esses jogos.

Um novo esporte seduz então os dândis cariocas na virada do século, da mesma forma que se apodera dos paulistas. Em 1897, Oscar Cox retorna ao Rio depois de completar seus estudos na Suíça. Na bagagem, traz uma bola e as regras do futebol, que logo conhece um sucesso fulgurante.[14] Em 1902, os dirigentes britânicos da Companhia Progresso Industrial, proprietários de usinas têxteis na Zona Norte, fundam o Bangu Atlético Clube, que difunde o futebol no meio operário.

No mesmo ano, mas em Laranjeiras, do outro lado da cidade e no outro extremo da pirâmide social, nasce o Fluminense Futebol Clube, cujo estádio de 15.000 lugares é concluído em 1919 para o terceiro Campeonato Sul-Americano. Nele o Brasil ganha seu primeiro título internacional, contra o Uruguai.[15] O escore, 1 x 0, é o título de um choro endiabrado e triunfante de Pixinguinha, enquanto as chuteiras do autor do gol da vitória são expostas à devoção dos passantes na vitrine de um joalheiro da rua do Ouvidor. O estádio de Laranjeiras acolhe também eventos como o concurso de misses.

A nova paixão impele os clubes de remo a se adaptarem. Em 1911, o Clube de Regatas do Flamengo abre espaço para o futebol e, em 1914, ganha a primeira partida que o opõe ao seu rival Fluminense. Quanto ao Vasco da Gama, este dispõe a partir de 1927, em São Januário, de um estádio com 35.000 lugares, que por muito tempo se mantém como o maior do Rio. Quatro anos antes, o Vasco arrebatou o título de campeão do Rio, graças a uma equipe composta em grande parte por negros e mestiços. O Fluminense Futebol Clube persiste durante muito tempo em privar os "cidadãos de cor" de sua bela camisa tricolor: branco, verde e vermelho. Os detratores do Flu até o acusam de branquear seus jogadores com pó-de-arroz, apelido infamante que esse glorioso clube ainda suporta. Embora o amadorismo e os preconceitos continuem a fazer do futebol um esporte de brancos, o sucesso popular começa a transformar-lhe as estruturas ao longo dos anos 1920.

As reviravoltas do carnaval e do samba

Enquanto o Rio assume ares de metrópole, novas formas de cultura popular se elaboram, na mistura e na coexistência às vezes agitada dos imigrantes. De fato, é durante esse meio século que aparece a marca inseparável do Rio, o carnaval.[16] Na origem – atestada já no início do século XVII –, as pessoas se entregam ao entrudo à moda portuguesa, entre o sábado gordo e a quarta-feira de cinzas. Em meados do século, a alta sociedade carioca evita esses divertimentos de pobres, essas batalhas de frutas de cera cheias de água – na melhor das hipóteses –, e todas essas desordens desagradáveis, preferindo os bailes de máscaras à italiana, mais seletos. De ano em ano, o evento ganha em sofisticação, em fantasias temáticas, em carros alegóricos sobre os quais desfilam homens e mulheres elegantes. Formam-se sociedades carnavalescas grã-finas para organizar as festividades anuais, entre bailes noturnos e desfiles de automóveis nas avenidas Rio Branco e Beira-Mar.

Os bairros pobres da Cidade Nova também têm seu carnaval, que se espalha pelas ruas do Centro e, em poucas décadas, contribui para imprimir uma marca africana a essa manifestação vinda da Europa. Quando chega o sábado gordo, os mascarados, os dominós, os diabos, os velhos lépidos e enfarinhados, os macacos saltitantes invadem as ruas. Cortejos fantasiados e satíricos, os cordões – cuja origem deve ser buscada nas práticas religiosas dos escravos –, percorrem a cidade, dançando ao ritmo da percussão. Na roda de Tia Ciata desenvolvem-se os ranchos, mais disciplinados que os cordões e cada vez mais importantes no carnaval.

Os ranchos, que muitas vezes exibem nomes floridos como Ameno Resedá ou Flor de Abacate, acrescentam instrumentos de cordas aos de percussão e são excelentes na execução das marchas. Atrás de um porta-estandarte que abre caminho vêm os músicos, os coros e os dançarinos, sob a batuta de seu respectivo "mestre".[17] A emulação estimula a imaginação dos ranchos, que adquirem o hábito de se organizar em torno de uma canção composta para a ocasião e de ilustrá-la com disfarces, uma coreografia e alegorias.[18] Pintores da Academia Nacional de Belas-Artes, como Henrique Bernardelli e Rodolfo Amoedo, emprestam de bom grado seus talentos aos ranchos que os solicitam. Nasce assim o enredo, ou tema do desfile. Em 1911, o Ameno Resedá triunfa nas ruas com um hino intitulado *Corte de Belzebu*, e é até convidado pelo presidente Hermes da Fonseca a se apresentar no palácio do Catete.[19] Nos anos 1920 e 1930, os melhores ranchos, formados por vizinhos dos bairros pobres e por operários das fábricas têxteis, dividem com as sociedades carnavalescas chiques, na avenida Rio Branco, os aplausos do público.

A casa da Tia Ciata é um dos principais locais de encontro dos ranchos, que nunca deixam de cumprimentá-la antes de partir para a conquista das ruas. As baianas também contribuem para fazer os talentos afro-brasileiros saírem do meio em que estão confinados.

Elas instalam seus tabuleiros de iguarias onde quer que haja concentrações populares. Assim é que passam a frequentar assiduamente a festa em homenagem a Nossa Senhora da Penha, que acontece anualmente em outubro e mobiliza os portugueses do Rio. Nossa Senhora da Penha é uma das 107 invocações da Virgem no Brasil. "Penha" designa um monte escarpado.[20] O santuário do Rio de Janeiro nasceu no século XVII das desventuras e da piedade de um capitão português, atacado por uma serpente: tendo escapado miraculosamente à picada do réptil, ele atribuiu sua salvação à Virgem da Penha. A igreja atual data do século XIX. Do alto de um morro bastante abrupto e dos 365 degraus que levam ao topo, ela domina o bairro de Irajá, recém-urbanizado quando as "tias" baianas chegam.

No fim do século XIX, a festa da Penha é a manifestação religiosa mais popular do Rio de Janeiro, após o declínio de festas como a do Divino Espírito Santo e o aspecto mais elitista assumido pela festa de Nossa Senhora do Outeiro da Glória. Boêmios, artistas, burgueses curiosos pelos usos populares adquirem o hábito de misturar-se aos peregrinos e experimentar a animação das barracas de feira.

Nos anos 1990, o santuário mariano da Penha perdeu seus atrativos profanos, mas atrai centenas de milhares de peregrinos ao bairro em que se intercalam barracos e prédios vetustos. Em 1994, a colina chegou até a ficar exposta à troca de tiros e às ameaças dos traficantes das favelas vizinhas.[21]

A festa da Penha nos anos 1950.

No tempo em que a festa da Penha prefigurava as comemorações do carnaval, balcões de bebidas e atrações de feira eram montados ao pé da igreja. O cheiro do azeite-de-dendê em que se fritam os acarajés misturava-se aos eflúvios da salsicharia e dos pastéis portugueses. Os afro-brasileiros impõem também sua marca musical. Aos fados de ultramar respondem os ritmos sincopados trazidos pelos escravos. Os frequentadores vindos da "Pequena África" improvisam um partido alto ou rodas de samba: no meio de um círculo cujos participantes marcam o tempo batendo palmas, requebram-se dançarinos. O termo quimbundo *semba*, que significa "umbigada", tornou-se substantivo masculino da língua portuguesa do Brasil, uma palavra genérica cujo universo de significados está em perpétua expansão.

Apesar das rixas e das batidas policiais, a festa da Penha tende a se africanizar e serve para divulgar os artistas negros entre um público mais amplo. Os músicos vêm popularizar suas melodias alguns meses antes do carnaval e rivalizam entre si.[22] Em meados dos anos 1910, o Grupo da Cidade Nova, explícito quanto às suas origens, é assíduo frequentador da festa da Penha. Tem à frente o jovem Alfredo da Rocha Viana Júnior, dito Pixinguinha (1898-1973), genial flautista e compositor, que em 1922 forma o conjunto Oito Batutas. Este obtém sucesso nas boas salas do Rio de Janeiro e, em 1922, parte em turnê para São Paulo, Buenos Aires e Paris. Os Oito Batutas têm um repertório que cultiva o gênero instrumental do choro, ou as danças de salão. Além disso, executam maxixes, que resultam da fusão do lundu africano com a polca, estão em voga naquele momento e são exportados para a Europa como "matchiche". Eles também contribuem para difundir um ritmo fadado a um futuro glorioso.

De fato, em 1917 é gravado num disco de cera um "tango--samba carnavalesco" atribuído a Donga e intitulado *Pelo telefone*. Ainda não se encerrou, e provavelmente nunca se encerrará, o debate que consiste em saber se essa música, cuja letra ironiza um tema da atualidade – a cumplicidade de um chefe de polícia com os jogos clandestinos –, é um verdadeiro samba. Com efeito, citam-se gravações de samba anteriores a essa e, sobretudo, contesta-se a autoria de Donga.[23] Como muitas músicas que circulam ao redor da praça Onze, *Pelo telefone* é possivelmente uma criação coletiva, originada numa roda de samba. Nesse sentido, a usurpação de Donga não faz senão inaugurar uma prática que se espalhará com o sucesso do gênero.

Pelo telefone se inspira ao mesmo tempo no samba de roda vindo da Bahia e no maxixe já mestiçado. Desse casamento resulta uma verdadeira instituição destinada a prosperar e a confundir-se com a cidade do Rio de Janeiro: o samba carioca. O gênero apodera-se do carnaval em meados dos anos 1910 para, a seguir, reinar quase sozinho. A busca por uma certidão de nascimento exata do samba moderno participa da ilusão que desejaria ancorar os mitos e lendas numa cronologia segura.[24] Quando o samba se tornou símbolo nacional oficial, nos anos 1930, travou-se uma competição feroz para inventar-lhe uma paternidade. Essas inúteis querelas de puristas não devem mascarar uma realidade igualmente bela. A emergência do samba carioca estende-se por várias décadas; é inseparável das experimentações dos artistas, do entrecruzamento de meios culturais e sociais distintos, do desenvolvimento de novos meios de comunicação, de transformações sociais e políticas da capital do Brasil, pois a única estrela fixa dessa constelação é a cidade do Rio de Janeiro.

Não é tanto a metrópole que serve de inspiração aos sambistas, mas de preferência seus bairros, cantados como o são, na Europa, tantas aldeias cujo campanário é ciosamente defendido contra a arrogância das torres de vigia vizinhas. Paradoxalmente, temas bucólicos, como o canto do galo, o frescor do orvalho, a suavidade da aurora, inspiram numerosas letras desse gênero musical urbano, e mesmo metropolitano.[25] A música popular do Rio de Janeiro conserva também o senso da sátira. Marcha ou samba, os refrãos entoados pela rua zombam dos poderosos, ridicularizam – privilégio de capital – a atualidade nacional.

As batidas policiais contra manifestações tanto profanas quanto religiosas dos negros, a associação do samba com a delinquência, as operações urbanísticas que retalham as "pequenas Áfricas" mais próximas do centro da capital constituem uma das vertentes da "modernidade" à francesa que serve de guia aos edis e engenheiros da Primeira República. As citações desdenhosas à "cafraria", legadas ao Brasil por um colonizador retrógrado e inconsequente, são legião. No entanto, elas são contemporâneas da difusão da marca africana sobre o carnaval e a música popular, bem além do meio que o viu nascer. Os espectadores da festa da Penha pertencem a todas as camadas da sociedade. Os intelectuais encontram ali uma matéria de reflexão que os distrai da Europa. Em conformidade com uma tradição secular, os

O NOVO RIO DE JANEIRO
AS MUDANÇAS REALIZADAS EM TRÊS ANOS

MAPA INDICATIVO DAS NOVAS RUAS E AVENIDAS ASFALTADAS, DO INÍCIO DA CONSTRUÇÃO DO GRANDE PORTO E DE ALGUNS DOS EDIFÍCIOS CONSTRUÍDOS NO PERÍODO 1903-1906

BAHIA DE GUANABARA

LEGENDAS

artistas e as personalidades do mundo africano do Rio de Janeiro precisam de aliados nas classes sociais mais altas que a deles para esperar sobreviver e, se possível, ser aceitos.

Nos anos 1920, o modelo civilizador carioca, europeu e elitista, parece haver encontrado seus limites. A contestação vem principalmente de São Paulo, que tem força econômica e peso político suficientes para propor um outro projeto nacional. Em fevereiro de 1922, artistas "modernistas", na maioria oriundos da grande burguesia paulista e formados nos ateliês parisienses, gabam-se de vanguardismo e de arte "nacional". Zombam do academicismo antiquado da cultura erudita cujo templo é a capital federal. Por outro lado, a era das massas que se anuncia começa a perturbar o clube aristocrático que administrava a República desde a eleição de Prudente de Morais, em 1894.

IV

O laboratório e a vitrine

Vista da baía a partir do Corcovado, 1925 (página anterior).

10. Sob o signo de Zé Carioca

O crescente poderio de São Paulo, cuja produção industrial supera a do Rio de Janeiro depois da Primeira Guerra Mundial, faz-se acompanhar da formação de estereótipos pejorativos sobre o Rio e seus habitantes.[1] Ao rigor, ao empenho no trabalho, ao espírito empreendedor de São Paulo, ilustrado pelo mito em construção dos bandeirantes conquistadores do Brasil, as revistas e publicações especializadas dos anos 1920 opõem a preguiça displicente dos cariocas, o cosmopolitismo servil de suas criações e sua grandiloquência antiquada. Esses ataques à liderança moral do Rio de Janeiro são repelidos graças ao esboroamento do sistema republicano e à revolução de 1930. Uma das críticas dirigidas à Primeira República incidia precisamente na ascendência considerada excessiva do estado de São Paulo sobre o resto da Federação. Com a chegada de Getúlio Vargas ao poder, durante algum tempo São Paulo é tratado como um inimigo vencido, enquanto um regime centralizado e nacionalista impõe a capital do Brasil como a síntese do país. A partir dos anos 1930, as especificidades locais do Rio de Janeiro são erigidas em características nacionais. A "nacionalização" do Rio de Janeiro sobrevive à perda de seu estatuto de distrito federal, em 21 de abril de 1960.

O ano de todas as turbulências: 1922

A epidemia mundial de gripe espanhola não poupa o Brasil nem sua capital, onde mata seis mil pessoas em poucos meses.[2] Em janeiro de 1919, ela faz uma vítima famosa, o presidente eleito Rodrigues Alves, que sequer teve tempo de ser investido oficialmente em seu segundo mandato. Com ele, desaparece mais um representante da geração que servira ao Estado imperial e que se apaga no início dos anos 1920. Além disso, a morte de Rodrigues Alves abre uma crise institucional. Para resolvê-la, decide-se finalmente que o vice-presidente assumirá interinamente o poder executivo, até que se façam novas eleições em 12 de abril de 1919.

Tal peripécia dissimula mal as dificuldades das oligarquias em escolher entre elas o ocupante do Catete. Desde a presidência de Manuel de Campos Sales (1898-1902), as facções que detinham o poder nos estados entravam em acordo quanto aos candidatos à presidência e à vice-presidência, cujos nomes formavam a cédula oficial, de eleição garantida. Em geral, o futuro presidente é o antigo governador (na época, diz-se presidente) de um grande estado do Sudeste, e seu vice-presidente é escolhido entre os representantes dos estados mais modestos ou daqueles do Norte. As operações eleitorais em si não incidem sobre os resultados decididos de antemão entre os caciques da Federação. O suspense reina somente por ocasião dos entendimentos preliminares e quando a discórdia divide os estados. De fato, nenhuma unidade da Federação é forte o bastante para dispensar alianças. Algumas vezes, uma candidatura dupla dissidente se lança sem ilusões na batalha eleitoral, a fim de divulgar um programa de reformas ou suas críticas ao funcionamento da República. A partir de 1922, contudo, os opositores da cédula oficial procuram não mais fazer apenas figuração.

A contestação vem do estado do Rio de Janeiro. A crise do café, que se esboçara nos anos 1870, não faz senão aprofundar-se ao longo das décadas seguintes. A influência dos fluminenses sobre a marcha do país está bastante enfraquecida em relação ao que era ao tempo da "Velha Província", sob D. Pedro II. Depois de alguns anos catastróficos no início da República, o Rio de Janeiro recupera um pouco de brilho sob as duas gestões de Nilo Peçanha (1867-1924), fluminense de Campos, que o preside entre 1903 e 1906 e de 1914 a 1917, e consegue restabelecer as finanças de um estado à beira da bancarrota. Para remediar de outro modo que não por subterfúgios o declínio da cafeicultura, Peçanha estimula a diversificação agrícola e vê na proximidade do Distrito Federal uma saída potencial para a agricultura fluminense. Em 1906, é eleito vice-presidente da República, e em 1909 instala-se no Catete durante 17 meses, após a morte do presidente Afonso Pena. Até hoje, Nilo Peçanha é o único fluminense a ter alcançado a presidência da República Federativa do Brasil.[3]

Depois dessa curta experiência, Peçanha retoma a direção do estado do Rio de Janeiro, mas torna-se ministro das Relações Exteriores no momento em que o Brasil declara guerra à Alemanha, em 1917. Quando se aproxima o fim do mandato de Epitácio Pessoa (1919-1922), ele já possui a experiência e a envergadura nacional para disputar a presidência da República contra a chapa oficial formada pelo mineiro Artur Bernardes e pelo maranhense Urbano dos Santos. Contra a dominação dos estados de Minas Gerais e São Paulo sobre a União, Nilo Peçanha e seu companheiro de chapa, José Joaquim Seabra (Bahia), querem animar uma "reação republicana". Este é o nome da aliança deles, a qual recebe a adesão de dois outros estados "médios", Pernambuco e Rio Grande do Sul, nos quais a Reação Republicana controla a máquina eleitoral e tem como certa a vitória. Em outros lugares, nos quais a candidatura oficial pode contar com todas as fraudes necessárias ao seu sucesso, a Reação Republicana espera mobilizar os eleitores.[4] Pela primeira vez, candidatos fazem uma campanha dirigida às massas, e não a um punhado de notáveis reunidos em torno de um banquete, como tradicionalmente acontecia. O programa é exposto em praça pública, diante de multidões frequentemente numerosas. No Distrito Federal, onde Nilo Peçanha faz um comício em outubro de 1921, a acolhida é entusiástica. O orador defende vigorosamente os direitos dos "trabalhadores", sem, no entanto, fazer alguma proposta muito concreta nesse sentido. Os ardores reformistas da Reação Republicana, contudo, encontram eco entre os eleitores cariocas e os das principais cidades do país. Embora os candidatos dissidentes representem, tanto quanto os candidatos oficiais, as oligarquias no poder desde os primórdios da República federal, o movimento passa por antioligárquico.

A Reação Republicana busca a simpatia de todos os descontentes com o sistema político brasileiro, e particularmente a dos militares, que acumularam queixas contra o presidente em exercício. Mais uma vez, a política empolga os alunos oficiais e os oficiais subalternos da Escola Militar e das guarnições. Para eles, o regime é inepto, as forças vivas do país estão sufocadas por oligarquias corruptas, ultrapassadas e sem escrúpulos. O Exército, portanto, tem toda a legitimidade para intervir na vida política do Brasil, para desembaraçá-lo desses parlamentares verbosos, de todos esses "carcomidos".[5] Em 1921 e 1922, a situação é tanto mais explosiva quanto o alto comando está rompido com o presidente que sai, Epitácio Pessoa, e não tem maiores afeições pelo pretendente à sucessão, Artur Bernardes.

A derrota de Nilo Peçanha é oficialmente proclamada após a apuração do escrutínio de 1º de março de 1922, mas a Reação Republicana inova também no fracasso. Contrariamente ao que ocorrera em casos semelhantes, nos quais os dissidentes desafortunados haviam aceitado jogar com cartas marcadas e perder a partida, Nilo Peçanha e José Joaquim Seabra pedem justiça, apelam para o povo, mantêm conciliábulos com os militares. O clima no Rio de Janeiro e Niterói parece pré-revolucionário, enquanto o governo federal, como era costumeiro nesse tipo de circunstância, exclui os vencidos e seus aliados de todas as responsabilidades. O Catete ordena também o fechamento do Clube Militar e a prisão do seu chefe, o marechal Hermes da Fonseca, ex-presidente da República (1910-1914). A resposta não se faz esperar. Em 5 de julho de 1922, várias insurreições explodem em Niterói e no Distrito Federal. Todas são logo sufocadas, exceto a do forte de Copacabana.

Na manhã de 6 de julho, um punhado de oficiais, conhecidos como os Dezoito do Forte, não aceita render-se. Eles seguram a Bandeira Nacional e a seguir fazem uma espécie de investida suicida contra as tropas que os cercam. Disso resulta uma fuzilaria na praia da qual só escapam dois rebeldes, Eduardo Gomes, futuro candidato à presidência da República em 1945 e 1950, e Antônio de Siqueira Campos, que morrerá em 1930 num acidente de avião.

O dia 5 de julho de 1922 constitui a heroica certidão de nascimento do "movimento dos tenentes", ou tenentismo, e provoca uma grave cisão no seio do Exército brasileiro. Os tenentes desencadeiam em Copacabana uma guerra inexpiável contra o regime, atitude que os levará de motins a longas marchas. Contrariamente ao que ocorrera por ocasião da "questão militar" sob o Império ou em 1889, não há conluio entre os "tenentes" e seus superiores hierárquicos, legalistas em relação ao regime e hostis à politização das tropas. Os tenentes nunca ultrapassarão 10% do total dos oficiais do Exército, mas, a partir de julho de 1922, multiplicam as sublevações em todo o Brasil.

Enquanto se desenvolve a competição eleitoral entre as oligarquias, o movimento operário brasileiro entra numa nova fase de sua história. Nos anos 1910, as greves, frequentemente animadas pelos anarquistas, paralisaram várias vezes o Distrito Federal, mas a revolução russa acarreta a formação de grupos de estudos comunistas nos centros urbanos e industriais. No Rio, um intelectual não-pertencente à classe operária, Astrojildo Pereira (1890-1965), militante anarquista, converte-se à nova fé e transforma os sindicatos em locais de propaganda. É na casa de sua família que nasce, nos dias 25, 26 e 27 de março, o Partido Comunista do Brasil, seção brasileira da III Internacional Comunista, a partir da reunião de 73 delegados.[6] A sede nacional do PCB, situada no centro do Rio, é fechada já no mês de julho de 1922, por ocasião da revolta do forte de Copacabana. O Partidão, como é conhecido o PCB, começa assim sua longa história subterrânea. Entre 1922 e 1992, data em que o X Congresso transformará a velha organização em Partido Popular Socialista (PPS),[7] o PCB só se beneficiará de alguns anos de legalidade, mas garantirá uma presença e uma influência duráveis nos diversos setores e instituições da sociedade. Nos anos 1920, cerca de mil pessoas aderiram a esse partido, que tem a particularidade de ser nacional e revolucionário num país que só conhece organizações regionais de fins puramente eleitorais. Sua hostilidade às oligarquias é radical, e o PCB não escolhe entre candidatos oficiais e candidatos dissidentes do sistema republicano, por considerá-los iguais.

A conquista do Rio de Janeiro pelos gaúchos

Para poder governar, o presidente Artur Bernardes é obrigado a manter o estado de sítio durante quase todo o seu mandato. A repressão prevalece sobre as resistências e permite ao governador de São Paulo, Washington Luís, sucedê-lo no Catete, sem contestação, em 1926. Mas, quando se trata de preparar a eleição presidencial de 1930, os ingredientes que haviam produzido a Reação Republicana se misturam novamente, tendo como tempero suplementar a queda dos preços do café em 1929. Enquanto Washington Luís entroniza o governador de São Paulo, Júlio Prestes, como candidato oficial, o governador do Rio Grande do Sul, Getúlio Vargas, e o da Paraíba, João Pessoa, candidatam-se respectivamente à presidência e à vice-presidência da República sob a legenda da Aliança Liberal.

A Aliança Liberal, como outrora a Reação Republicana, congrega os descontentamentos mais contraditórios. O estado de Minas Gerais e especialmente o antigo carrasco de Nilo Peçanha, Artur Bernardes, exasperado pelas pretensões paulistas, apoia a dissidência, sem questionar fundamentalmente o sistema oligárquico sobre o qual repousa a República. De fato, os candidatos dissidentes não têm nada de muito perigoso para as instituições: Getúlio Vargas seguiu o *cursus honorum* do perfeito "carcomido", e João Pessoa é originário do clã que controla a Paraíba desde muitas décadas antes. Outros militantes da Aliança Liberal são mais radicais. Os "tenentes" encontram nela uma oportunidade de brandir a bandeira antioligárquica. Como seus predecessores da Reação Republicana, Getúlio Vargas e os líderes da Aliança Liberal lançam mão de todas as possibilidades de que dispõem e fazem comícios. A campanha de 1929-1930 é extremamente violenta e pontuada por confrontos físicos entre os dois lados.

O clímax da campanha acontece em 3 de janeiro de 1930, na esplanada aberta pela demolição do morro do Castelo.[8] Nessa ocasião,

Getúlio Vargas comunica suas intenções de anistiar os envolvidos com as sublevações tenentistas, denuncia as medidas de exceção e o comportamento ditatorial de Washington Luís, promete o voto secreto e o desenvolvimento da instrução. Enfatiza sobretudo a "questão social", a fim de seduzir o eleitorado urbano, decididamente muito disputado. Quando era governador do estado de São Paulo, Washington Luís reprimira greves e fizera em 1920 a infeliz declaração de que "a questão social era caso de polícia". Por sua vez, Júlio Prestes encomenda a compositores cariocas estribilhos que o glorifiquem.[9] Apesar dos esforços da Aliança Liberal, em 1° de março a candidatura oficial é majoritária no Distrito Federal.

O veredito das urnas é fiel à tradição republicana: Júlio Prestes se elege e Getúlio Vargas perde. Este último está disposto a transigir com os vitoriosos nos bastidores, a fim de limitar as represálias. Entre os que o cercam, no entanto, alguns não se desarmam. O assassinato de João Pessoa numa confeitaria de Recife, em 26 de julho de 1930, reabre as perspectivas de "revolução". João Pessoa foi vítima de um acerto de contas político resultante de sua gestão na Paraíba, mas a oposição imputa sua morte à vindita do governo. Ardentes catilinárias são lidas no Congresso, enquanto os despojos de João Pessoa são levados para o Distrito Federal. As exéquias, em pleno coração da capital, são de fato o pretexto para uma enorme manifestação contra Washington Luís e Júlio Prestes.

Os conspiradores decidem então impedir a transmissão dos poderes entre os dois. A insurreição explode a 3 de outubro em Porto Alegre (Rio Grande do Sul) e, a seguir, em Minas Gerais, na Paraíba e em Pernambuco. Resta às tropas revolucionárias conquistar a capital federal, que está mergulhada em desordens desde o desencadeamento das operações. A polícia e as tropas fiéis têm muito trabalho para desmantelar as barricadas que surgem em diversos locais do Rio. Os confrontos são sangrentos. Em 24 de outubro, a maior parte dos militares do Distrito Federal aderiu à revolução, e alguns generais intimam o presidente Washington Luís a renunciar. Refugiado no palácio Guanabara, este se recusa a fazê-lo. Contudo, após a mediação do cardeal-arcebispo do Rio de Janeiro, Dom Sebastião Leme, ele cede e é mantido preso no forte de Copacabana, antes

Manifestação em 1930.

de seguir para o exílio. Uma junta militar reconhece Getúlio Vargas como chefe do governo provisório, e os cavaleiros gaúchos amarram simbolicamente suas montarias no obelisco que marca o término da avenida Rio Branco.

A multidão se acotovela à passagem de Getúlio Vargas, que ao entardecer de 31 de outubro chega de São Paulo, de trem, e passa sua primeira noite no palácio do Catete. Uma de suas raras saídas em público consiste numa visita ao túmulo de João Pessoa, na véspera de sua investidura oficial como chefe do governo provisório, em 3 de novembro de 1930. A popularidade da revolução é perceptível por ocasião das festas de 15 de novembro, dia consagrado à República. O entusiasmo da multidão, estimada em duzentas mil pessoas, impede Vargas de passar as tropas em revista.[10]

O Cristo do Corcovado

A atuação pessoal do cardeal-arcebispo do Rio, monsenhor Sebastião Leme (1882-1942), no desfecho da revolução, demonstra suficientemente as posições reconquistadas pela Igreja Católica ao longo dos anos 1920. Desde a década de 1870, as relações entre a Igreja e o Estado, seja este imperial ou republicano, geralmente são ruins, pois a franco-maçonaria é muito influente no meio político brasileiro. Paradoxalmente, contudo, a laicização do Estado, em 1890, permitiu à Igreja livrar-se de uma tutela sufocante e almejar a reconquista das elites. Em maio de 1922, intelectuais católicos, apoiados por dom Leme, fundam no Rio o Centro Dom Vital, oficina de reflexão que adquire rapidamente uma forte influência. Os movimentos de ação católica, reunidos em 1923 pelo cardeal Leme na Confederação Católica do Rio de Janeiro, mobilizam os leigos e acentuam a presença da Igreja em diferentes meios. Em 1925, eles retomam a ideia de erguer uma estátua do Cristo Redentor sobre um dos morros do Rio.[11]

Havia-se pensado em instalar o monumento no cume do Pão de Açúcar, mas, com base em proposta do comitê de patrocínio, o presidente Epitácio Pessoa autoriza finalmente a construção sobre o Corcovado, porque este domina toda a cidade e é visível de qualquer ponto. O financiamento é garantido por doações e uma subscrição, e a realização é confiada ao escultor francês Paul Landowski – que nunca irá ao Rio – e ao engenheiro Heitor da Silva Costa. Os primeiros projetos assemelham-se a um Cristo que fora erigido em 1904 nos Andes, brandindo a cruz acima da fronteira entre o Chile e a Argentina.[12] A influência das artes decorativas e a especificidade do projeto carioca, que implica a visão do Redentor desde o mais fundo dos vales, impele à estilização de seus símbolos. O Cristo do Rio, portanto, abandonará a representação narrativa de seu homólogo andino para assumir uma postura hierática e confundir-se com a cruz, braços abertos sobre a baía de Guanabara. Após a ousadia estética, vem o momento da proeza técnica.

Um monumento de 38m de altura e fincado a 700m de altitude sobre um promontório, exposto a ventos e tempestades, supõe sólidas fundações. O pedestal e a estrutura interna, feita de pilares de concreto armado, são montados a partir de 1926. Cabeça, braços, mãos são em seguida reunidos, nessa ordem. Por fim, o concreto é revestido de mosaico. Para isso, as paroquianas da igreja da Glória são solicitadas a colaborar e colam pedacinhos de esteatita sobre telas com as quais os operários recobrem a estátua. Segundo os criadores, esse toque final mostra-se à imagem do monumento: "Pedra após pedra, óbolo após óbolo, do humilde, do pobre, o nada isolado que, uma vez associado, dá o todo grandioso".[13]

Feito grandioso exige inauguração grandiosa. As festividades, que compreendem a realização de um congresso católico, estendem-se por mais de uma semana, do domingo 4 à segunda-feira 12 de outubro de 1931.

Em 10 de outubro, a igreja da Candelária reúne para uma missa pontifical o cardeal-arcebispo do Rio de Janeiro, o cardeal-arcebispo da Bahia, primaz do Brasil, quarenta bispos e seiscentos membros do clero. Em 12 de outubro, aniversário da chegada de Cristóvão Colombo à América, o cardeal, rodeado pelo episcopado brasileiro, reza outra missa no estádio do Fluminense, diante de dezenas de milhares de fiéis. Mais tarde, na mesma manhã, a estátua é benta por dom Sebastião Leme, enquanto todas as igrejas do Rio fazem repicar seus sinos. À noite, os cariocas são convidados a participar de uma procissão à luz de velas, mas o clímax do espetáculo vem do céu. Os olhares voltam-se então para o alto do Corcovado e distinguem um halo luminoso: de seu iate ancorado na baía de Nápoles, o inventor da telegrafia sem fio, Guglielmo Marconi, acaba de dar o impulso elétrico que aciona a iluminação do Cristo do Corcovado, mergulhado entre as nuvens e a chuva. O sinal, na verdade, provém da estação de Jacarepaguá, que encobriu discretamente a falha do sistema...[14]

A inauguração tem também um alcance político. As mais altas autoridades (provisórias) do Estado assistem à cerimônia e ouvem as mensagens que o episcopado lhes envia, especialmente os alertas contra o comunismo. Por ocasião da bênção da estátua, dom João Becker, bispo de Porto Alegre, descreve o Corcovado como "o altar da Pátria" e a estátua como uma lembrança de que "Cristo deverá ser o Redentor da Nação, neste momento difícil que atravessamos". Por meio de suas palavras, a Igreja do Brasil denuncia os perigos de que são portadoras uma "sociologia inimiga de Deus e uma política agnóstica", e afirma que "só Cristo pode pacificar".[15]

Desde a formação do governo provisório, dom Leme se empenha em fazer ouvir a voz dos católicos na organização da nova República.[16] A Liga Eleitoral Católica, criada na perspectiva das eleições para a Assembleia Constituinte de 1933, recomenda com sucesso os candidatos fiéis aos valores da Igreja. A reaproximação entre a Igreja e o Estado, esboçada no tempo de Artur Bernardes (1922-1926), exprime-se pela referência a Deus no preâmbulo da Constituição de 1934. No início dos anos 1930, contudo, o Centro Dom Vital e os católicos cariocas se opõem à política de Pedro Ernesto, o homem escolhido por Getúlio Vargas para garantir na capital a vitória da revolução.

O Cristo do Corcovado.

A excessiva autonomia do Distrito Federal

Antes de ser nomeado interventor no Distrito Federal, em 30 de setembro de 1931, Pedro Ernesto adquiriu grande reputação no Rio de Janeiro. Originário de Recife, onde nasceu em 1884, Pedro Ernesto concluiu seus estudos de medicina no Rio e aí se instalou. Graças aos seus grandes talentos, dirige uma das melhores clínicas da cidade, em Botafogo, e torna-se um dos médicos mais procurados pela alta sociedade, mas também consagra uma parte do seu tempo ao atendimento gratuito dos pobres, em particular dos imigrantes portugueses do bairro de Fátima, ao pé do morro de Santa Teresa.[17] Suas simpatias políticas voltam-se para os tenentes, e a trágica sorte dos Dezoito do Forte, em julho de 1922, marca-o para sempre. No Rio, Pedro Ernesto é o artífice da aproximação, em 1929, entre os políticos da Aliança Liberal e os tenentes. Durante a sublevação, suas ambulâncias servem para transportar as armas dos revolucionários, cujo serviço de saúde ele organiza.[18]

Para obter a adesão dos eleitores do Distrito Federal ao chefe do governo provisório – pois estes, na maioria, haviam votado em Júlio Prestes em março de 1930 –, o novo interventor desenvolve o tema da autonomia municipal do Rio de Janeiro, o qual pretende livrar da tutela do governo. Funda então o Partido Autonomista do Distrito Federal (PADF), na perspectiva das eleições de 1933, e para ele atrai personalidades diversas, como a jornalista feminista Berta Lutz, uma das primeiras eleitas para o Congresso.* Também não poupa esforços para dar títulos de eleitor a numerosos órfãos da cidadania. Até então, a inscrição no corpo eleitoral fazia-se por intermédio de agentes a serviço dos chefes políticos da capital, que angariavam os votos de que necessitavam. Desta forma, o número de votantes passa de 64.000 em 1930 a 110.000 em 1934.[19] Pedro Ernesto, além disso, faz visitas regulares às favelas e às zonas desfavorecidas, que muito poucos políticos da agora "velha" República haviam frequentado. Ele inova também na

---

* O código eleitoral de 1932 concedeu às brasileiras o direito de sufrágio e de elegibilidade.

propaganda, utilizando o rádio para fins políticos, e lança programas de ação cultural. Assim é que o compositor Heitor Villa-Lobos preside ao ensino musical do Distrito Federal e desenvolve o canto coral nos morros. Em 7 de setembro de 1940, dia da festa nacional, Villa-Lobos dirige um coro de quarenta mil crianças.[20]

O PADF obtém ganho de causa na Assembleia Constituinte: a autonomia municipal do Distrito Federal é adotada em 2 de junho de 1934. Em vez de o prefeito ser designado pelo presidente da República, como era o caso antes de 1930, o primeiro magistrado do Rio será eleito pela Câmara Municipal, vinda do sufrágio universal direto.

As eleições municipais de 1934, portanto, revestem-se de máxima importância e seu saldo é o triunfo do PADF, que obtém 42% dos votos e vinte dos 24 assentos na Câmara Municipal. A título pessoal, Pedro Ernesto foi plebiscitado pelos eleitores e se elege, sem surpresa, prefeito do Rio. A partir de sua posse, em 8 de abril de 1935, ele faz da saúde e da educação suas prioridades, que correspondem oficialmente às do governo federal oriundo da revolução. De fato, já em 3 de novembro de 1930 Getúlio Vargas anunciou a criação de dois ministérios novos, o do Trabalho e o da Educação e Saúde. No entanto, os projetos educativos de Pedro Ernesto e os da União vão entrar em conflito.

Nesse domínio, Pedro Ernesto apoia-se em Anísio Teixeira, diretor-geral da Instrução Pública do Distrito Federal desde 1931. Este é muito influenciado pelas teorias acerca da escola nova, ensinadas por John Dewey na universidade de Columbia, em Nova York. Para Teixeira, trata-se de promover uma educação de massa, laica, gratuita e obrigatória, que garanta formação profissional ao trabalhador e lance os fundamentos de uma verdadeira democracia.[21]

Já em 1932, a Escola Normal foi transformada em Instituto de Educação, para dar a esse programa o corpo docente que o deve executar. A educação logo encontra seu lugar no seio de uma instituição ambiciosa, criada por decreto municipal em 4 de abril de 1935: a Universidade do Distrito Federal (UDF). Pedro Ernesto justifica essa fundação lembrando o papel do Rio de Janeiro como "centro da cultura nacional" e as novas responsabilidades que cabem ao município em virtude de sua recente autonomia.[22] A UDF reúne "escolas" –

educação, ciências, economia e direito, filosofia e letras, artes, artes aplicadas à pedagogia [23] – dedicadas ao ensino, mas também, o que é novidade, à pesquisa.

A ação de Pedro Ernesto à frente do Rio é de curta duração, porque o céu federal e municipal escurece consideravelmente por volta de 1935. A política educativa de Anísio Teixeira encontra a hostilidade explícita da Igreja Católica e a do Ministério (federal) da Educação, que, sob a égide do reacionaríssimo Francisco Campos e de Gustavo Capanema, não gosta muito de ver a UDF escapar ao seu controle.

A política de Pedro Ernesto em seu conjunto, assim como a organização de uma União Trabalhista, supostamente destinada a facilitar o diálogo entre a municipalidade e as classes populares, são interpretadas como outros tantos sinais inquietantes. O prefeito vê o PADF desagregar-se no decorrer de sua política e dividir-se quanto ao laicismo. Pedro Ernesto é suspeito de fomentar a "sovietização" da capital e Anísio Teixeira é acusado de marxista, no exato momento em que o governo federal se lança numa espécie de caça às bruxas. Em todo o Brasil, mas sobretudo no Rio, organizam-se os elementos de uma frente popular, a Aliança Nacional Libertadora (ANL), que reúne o conjunto das forças de esquerda. A direção do movimento é simbolicamente atribuída ao antigo líder tenentista Luís Carlos Prestes, que nesse intervalo tornou-se comunista, recebeu formação em Moscou e passou à clandestinidade. Em 5 de julho de 1935, aniversário da revolta de Copacabana, este publica um manifesto no qual convoca à revolução. Tal gesto significa a sentença de morte da ANL, imediatamente dissolvida pelo governo.

Luís Carlos Prestes está preparando uma insurreição da qual Filinto Müller, chefe de polícia do Distrito Federal, conhece os mínimos detalhes. Mal se desencadeia o levante, em 23 de novembro de 1935, e seus protagonistas são detidos. A polícia amplia as buscas e lota as prisões do Rio com opositores políticos e intelectuais "progressistas"; a tortura torna-se moeda corrente.

A catastrófica tentativa comunista é fartamente explorada pela fração autoritária do governo Vargas. A repressão atinge o círculo do prefeito do Rio, que em dezembro de 1935 tem de afastar-se de Anísio Teixeira. Em 3 de abril de 1936, Pedro Ernesto é detido por suposta cumplicidade com os insurretos. Acabou-se a autonomia da capital, novamente submetida à intervenção autoritária do governo federal.[24]

Em 14 de setembro de 1937, o prefeito destituído, inocentado de todas as acusações que lhe foram feitas, sai da prisão em meio a vivas e aplausos de seus partidários. O discurso que ele pronuncia na esplanada do Castelo resume suas principais ideias e ajuda a compreender a originalidade política de Pedro Ernesto, citado às vezes como um "protopopulista". A atuação do prefeito do Rio anuncia as práticas que caracterizarão os anos 1940 e 1950, mas também se distingue delas. Ele é sem dúvida o primeiro, no Brasil, a tentar fazer das massas um ator central da vida política, a utilizar de maneira importante o poder público para fins de reformas sociais, a usar os novos meios de comunicação como instrumentos de propaganda, a personalizar na mesma medida o poder. Como farão os populistas depois de 1945, Pedro Ernesto acreditava que abandonar os operários à própria sorte era entregá-los ao comunismo. À diferença dos tenentes, dos quais estivera próximo, ele se mantinha indefectivelmente fiel aos princípios da democracia representativa, fundamentada na mobilização eleitoral e no respeito às liberdades. Uma tal experiência já não tinha lugar no regime que o presidente Vargas, o general Góis Monteiro, Francisco Campos e outros preparavam, enquanto se aproximava a eleição presidencial de 1938.

O golpe de Estado não surpreendeu ninguém. Em setembro de 1937, a polícia política, inspirada pela imaginação antissemita dos integralistas – os fascistas brasileiros –, inventa um "plano Cohen" de subversão do Brasil. Em nome da segurança, o presidente Vargas impõe aos brasileiros uma nova Constituição, talhada sob medida: o Estado Novo substitui a curta Segunda República, nascida em 1934; o Congresso é fechado; os partidos políticos são dissolvidos. Os estados da Federação, cujas bandeiras são queimadas no Rio em 10 de dezembro de 1937 no decorrer de uma cerimônia, perdem toda a autonomia. Pedro Ernesto tem de renunciar a qualquer atividade política e morre em 1942. É ao prefeito Henrique Dodsworth, nomeado pelo presidente, que cabe a responsabilidade de moldar a capital à imagem do regime.

Estado Novo, novo Rio

Em 10 de novembro de 1937, nasce uma ditadura civil sustentada pelo Exército, a qual se concluirá em 29 de outubro de 1945 pela deposição de Vargas. O caráter autoritário do Estado Novo não significa que ele seja monolítico ou que seus oito anos de existência formem um bloco homogêneo. A primeira fase do Estado Novo, até 1941, resume-se ao uso da força, justificado por um discurso anticomunista e nacionalista. Ela simplesmente amplifica um movimento iniciado em 1935, que condenou ao silêncio ou ao exílio a maioria dos militantes de esquerda. Em 1938, o regime esmaga a contestação de extrema direita que, no entanto, havia contribuído para o golpe de Estado de 1937. Em 11 de maio de 1938, os fascistas brasileiros, que haviam sido afastados do poder e privados de sua organização pela dissolução dos partidos, atacam o palácio Guanabara e por um triz não assassinam o presidente e sua família. Os combates duram toda a noite. Esse golpe fracassado permite eliminá-los, além de acrescentar alguns liberais à nova lista de proscritos.

No fim de 1941, a repressão relaxa um pouco e abre espaço a um "novo Estado Novo".[25] Essa transformação está ligada às ambições econômicas do regime, que quer dotar o país de uma indústria pesada. O Brasil aproxima-se então dos Estados Unidos, que acabam de entrar em guerra contra o Japão e a Alemanha nazista. A ditadura brasileira passa para o campo das democracias e deve inventar os meios de manter-se no poder por outros artifícios além da simples coerção. Assim, o Estado Novo procura ganhar cada vez mais o apoio das massas e munir-se de uma ideologia construtiva.

Os órgãos de propaganda apelam a numerosos intelectuais e artistas, em certos casos hostis a Vargas, para que reflitam sobre o

Brasil e seu destino. Uma publicação do governo, a revista *Cultura Política*, traça ao longo dos artigos o retrato de um Brasil simultaneamente novo e eterno, o de uma nação mestiça que, por isso mesmo, se distingue das sociedades brancas europeias. Sob o Império e a Primeira República, as elites brasileiras tendiam a alinhar seu país com a Grã-Bretanha, a França e até os Estados Unidos. O Estado Novo martela a tese de que o Brasil é de outra natureza que não a dessas nações e deve seguir um caminho próprio. A mestiçagem, considerada como uma desvantagem desde o fim do século XIX, torna-se doutrina oficial. A história escrita pelo Estado Novo fornece a prova de que a democracia liberal representativa, boa para a Europa, é inadaptável ao Brasil, terra da "democracia racial".[26] Esse tema original permite ao regime conciliar democracia e autoritarismo.

O Rio de Janeiro é o laboratório de onde surge o Brasil mestiço e laborioso. Seus "trabalhadores" são exaltados pela propaganda como os heróis dos tempos modernos. A feijoada, inventada pelos escravos e mais típica do Rio de Janeiro que de outras regiões, ganha status de "prato nacional". Não é ela a receita da nação? Pois a carne é acompanhada por feijão-preto (os afro-brasileiros), arroz branco (o elemento português), couve verde e laranja (as riquezas e as cores nacionais).[27]

Em 1942, o Estado Novo inaugura um diálogo com as massas, a fim de enraizar-se na sociedade e proteger-se do retorno de todas as forças que Vargas eliminou em ondas sucessivas, a partir de 1930. Promove então o enquadramento da classe operária urbana em sindicatos controlados pelo ministério do Trabalho. Em 1945, quando os partidos são novamente autorizados, ele suscita a criação do Partido Trabalhista Brasileiro (PTB), que atrai as simpatias populares e permanecerá fiel a Getúlio Vargas ao longo de toda a sua história.

A aliança com o "povo" é também encenada por ocasião de manifestações simbólicas das quais o Rio de Janeiro é o palco privilegiado. O DIP, órgão governamental encarregado da imprensa e da propaganda, é parcialmente responsável pela construção progressiva da imagem carismática de Vargas, até então não muito convincente. Assim, orquestra o culto da personalidade do chefe de Estado no interior de manifestações diversas, desde a corrida automobilística cívica até o livro infantil. O retrato do presidente orna qualquer espécie de suporte. Doravante, o sorriso irresistível de Vargas acompanha todos os aspectos da vida do país. A partir de 1940, o aniversário de Getúlio, 19 de abril, tornou-se festa nacional e pretexto para todo tipo de celebração e de mensagem entre a população e seu chefe.

Já em 1938 o dia 1º de maio, que ocasionava confrontos com a polícia sob a Primeira República, é festejado oficialmente pelo Estado Novo. Em agradecimento às demonstrações de afeto recebido por seu aniversário, Vargas adquire o hábito de dirigir-se nessa data às massas, a quem saúda com a apóstrofe "Trabalhadores do Brasil!", em amplos comícios. Em 1º de maio de 1940, anuncia dessa forma a instituição do salário mínimo, que continua a ser considerado uma conquista social histórica. No Rio de Janeiro, o estádio do clube Vasco da Gama, o maior da cidade, acolhe essas festividades em que o chefe de Estado vem dirigir-se em pessoa aos trabalhadores, comportadamente reunidos em sindicatos, ramos de ofícios e associações diversas.

A exaltação do trabalhador dá um golpe fatal em um personagem típico dos morros do Rio de Janeiro, intimamente ligado à história do samba: o malandro. Quem vive na malandragem acha inútil dobrar-se à disciplina do trabalho em troca de um salário que mal permite sobreviver. Prefere os expedientes, os pequenos trambiques, ou mesmo o proxenetismo, e em suas canções reivindica o direito à preguiça. São ainda os sambas escritos pelos malandros que mais bem expressam a filosofia da malandragem:

> *Se eu precisar algum dia*
> *De ir pro batente*
> *Não sei o que será*
> *Pois vivo na malandragem*
> *E vida melhor não há*
>
> *(O que será de mim? Francisco Alves,*
> *Ismael Silva e Nilton Bastos, 1931.*[28]*)*

Meu chapéu do lado
Tamanco arrastando
Lenço no pescoço
Navalha no bolso
Eu passo gingando
Provoco e desafio
Eu tenho orgulho
Em ser tão vadio [...]
Eu vejo quem trabalha
Andar no miserê
Eu sou vadio
Porque tive inclinação

(Lenço no pescoço,
Wilson Batista e Ataulfo Alves, 1940.)

O Estado Novo esforça-se por substituir o malandro pelo operário laborioso, sustentáculo de sua família. Por discreto convite da censura, o mesmo Wilson Batista, autor de *Lenço no pescoço*, altera a letra de uma de suas canções, que ridicularizava os trabalhadores, para homenagear com a mesma melodia a labuta cotidiana e renegar a vida de boêmio:

Quem trabalha é que tem razão
Eu digo e não tenho medo de errar
O bonde São Januário leva mais um operário
Sou eu que vou trabalhar.
Antigamente eu não tinha juízo
Mas resolvi garantir meu futuro
Vejam vocês: sou feliz, vivo muito bem
A boemia não dá camisa a ninguém.

(O bonde São Januário, 1940.)

Avenida Presidente Vargas.

Do ponto de vista urbanístico, o Estado Novo aniquila os bastiões da malandragem. O centro do Rio de Janeiro exibe até hoje a marca dos anos 1940 e de sua inspiração contraditória.

O Ministério da Educação e Saúde – "ministério do Homem", segundo Gustavo Capanema, que por muito tempo detém essa pasta[29] – ganha um edifício digno de suas ambições. De fato, o governo confia o projeto a uma equipe adepta dos princípios dos Congressos Internacionais de Arquitetura Moderna (CIAM), das ideias de Gropius e de Le Corbusier. Iniciada em 1936 e inaugurada em 1945, é uma construção pioneira. Enormes pilotis permitem liberar o andar térreo e abrir o prédio para a cidade; o vidro e o aço predominam sobre a pedra e o concreto. Lúcio Costa e Oscar Niemeyer desenham o projeto arquitetônico, Roberto Burle Marx, os jardins, e o pintor Cândido Portinari é o autor dos azulejos que decoram a base do edifício e dos painéis que exprimem "a evolução econômica do Brasil". O resultado é um verdadeiro manifesto da modernidade artística do país.

Nem sempre as audácias arquitetônicas do Estado Novo são tão felizes quanto o ministério da Educação (atual palácio Capanema). As grandes realizações limitam-se a reproduzir sem imaginação um estilo internacional e monumental, mais próximo das esmagadoras construções stalinistas que das vertigens do Rockefeller Center de Nova York. Sob a administração Dodsworth, a esplanada do Castelo cobre-se de arranha-céus e ministérios maciços e austeros. O decreto-lei de 30 de outubro de 1940 dá ao prefeito os meios para abrir uma avenida gigantesca, de oitenta metros de largura, e perpendicular à avenida Rio Branco, em homenagem ao presidente Vargas.[30] O patrimônio colonial é a primeira vítima da iniciativa. A avenida Presidente Vargas risca do mapa do Rio ruas inteiras e quatro igrejas do século XVIII.[31] O Palácio Municipal, construído em 1876, no qual se ilustrara Pedro Ernesto, também desaparece. O Campo de Santana é mutilado e o bairro em torno da praça Onze é arrasado. De 1937 a 1941, um novo quartel-general se ergue no terreno assim liberado, e é consagrado à memória de Duque de Caxias, Patrono do Exército Brasileiro. Uma nova estação central ferroviária (1936-1943), cuja alta torre do relógio contrasta com a horizontalidade do edifício que ela substitui e que datava de D. Pedro II, acolhe desde então o vaivém dos suburbanos e dos fluminenses que vêm trabalhar no Rio.

O estado do Rio de Janeiro beneficia-se das atenções do presidente, que em 1937 confiou-o a Ernâni do Amaral Peixoto, futuro marido de sua filha Alzira. Amaral Peixoto exerce uma espécie de interventoria-modelo até 1945 e conquista seus administrados. Ele atrai para o Estado Novo o conjunto das forças políticas fluminenses, alternando cooptação e luta sem mercê contra os recalcitrantes. Em 1945, esses notáveis encontram naturalmente seu lugar no segundo partido criado para apoiar Vargas, o Partido Social Democrático (PSD), que se dirige às classes médias e altas. Além dessa tarefa política, o interventor se empenha em desenvolver as estradas, a indústria e as realizações sociais.[32] Uma fábrica de motores é instalada em 1940 em Duque de Caxias, na periferia imediata do Distrito Federal. Sobretudo, a Companhia Siderúrgica Nacional, símbolo do voluntarismo econômico do governo, que foi negociada com os americanos em troca da entrada do Brasil na guerra ao lado dos Aliados, é implantada no vale do Paraíba, em Volta Redonda, no município de Barra Mansa, e começa a produzir aço em 1946.

A oficialização das escolas de samba

No fim dos anos 1920, os habitantes miseráveis e marginalizados dos morros e dos subúrbios do Rio de Janeiro inventam em torno do samba um tipo de associação original, de alcance muito mais vasto do que parece à primeira vista. Em 1928, músicos e compositores do bairro do Estácio decidem, na mesa do botequim onde costumam se reunir e que fica ao lado de uma escola normal, criar também eles uma "escola", onde dariam aulas a seus rivais menos inspirados.[33] Esse repente, que sem dúvida muito deve aos efeitos da cachaça, inscreve-se na competição crescente entre os grupos carnavalescos populares e seus respectivos artistas. As "escolas de samba" fazem mais do que sobreviver a uma noite de confraternização regada a álcool: em poucos meses, começam a surgir em toda parte, nos espaços mais abandonados pelo poder público, os mais frequentados pela pobreza, os mais mal-afamados, e rapidamente ganham o reconhecimento das autoridades.

Contudo, na origem das associações mais prestigiosas, como a da Mangueira, encontram-se os desocupados das favelas, que às vezes têm dificuldade de convencer os vizinhos da pureza de suas intenções. Um grande compositor malandro, Cartola, foi assim um dos fundadores da Estação Primeira de Mangueira,* que reúne o conjunto dos habitantes em torno de suas cores: o verde da esperança e do futuro, e o rosa que significa o amor.[34] Por bairrismo e por desejo de, no carnaval, serem melhores que os do Estácio, os maridos e os pais da Mangueira acabam autorizando suas filhas e esposas a par-

---

* O nome da "escola", Estação Primeira, remete ao fato de que essa favela era a primeira estação ferroviária após a Central do Brasil.

Rio, 1925.

ticipar dos ensaios que começam um dia depois do Natal. Todas as boas-vontades são requisitadas para confeccionar os instrumentos musicais e os figurinos, com uma imaginação que deve suprir a falta de recursos. Desta forma, muitos gatos dos morros acabaram em churrasco e cederam seus couros para as cuícas, instrumentos que, conforme o caso, produzem um ronco característico ou – reprimenda póstuma? – um miado dilacerante.

Até os anos 1960, as "escolas de samba" são muito marcadas socialmente. Em 1960, a escola do Salgueiro é a primeira a apelar para um artista plástico oriundo das classes médias e a permitir que nela desfilem elementos vindos de outros meios.[35] Nos anos 1970, os bicheiros – os que bancam a loteria clandestina – começam a financiar as escolas de samba, o que permite a estas últimas entregar-se a muitas audácias, como as que o brilhante Joãosinho Trinta realiza para o Salgueiro e depois para a Beija-Flor.

As homenagens prestadas a personalidades vivas e fora do mundo das favelas se generalizaram durante a última década do século XX. A Mangueira, que atravessou uma crise séria, homenageou seus admiradores mais famosos, Antônio Carlos Jobim, os baianos Caetano Veloso, Gilberto Gil, Gal Costa e Maria Bethânia, e depois Chico Buarque, todos nascidos bem longe dos telhados de zinco e das ladeiras íngremes da Estação Primeira. Isso significa, antes de mais nada, que a Mangueira tornou-se há muito tempo uma instituição nacional que, por sua vez, tem o poder de consagrar outras; e, em segundo lugar, que ela precisa atrair patrocinadores para fazer boa figura no Sambódromo e diante das câmeras de televisão. Cinquenta mil passistas participam hoje do "maior espetáculo da terra".

O desfile evoluiu bastante desde que, em 1929, a Mangueira, a Estácio e a Portela, as três grandes escolas então existentes, disputaram seu primeiro concurso na praça Onze. Em 1932, um jornal patrocina a competição. No ano seguinte, o diário *O Globo* se envolve e esboça um regulamento e uma tabela dos pontos atribuídos à harmonia, à melodia, à originalidade, ao enredo. O sucesso de público vem na hora certa: a Mangueira vence diante de quarenta mil espectadores.[36]

No início dos anos 1930, a fundação das escolas de samba e suas apresentações são vistas prioritariamente com simpatia pela imprensa carioca, lida pelas classes médias e altas da sociedade, distantes dos barracos dos morros. Por essa época, a música negra deixa de ser bárbara ou exótica para tornar-se uma expressão da alma brasileira, uma manifestação específica que pode ser mostrada aos estrangeiros. A disciplina e a capacidade de organização dos negros das favelas impressionam favoravelmente seus conterrâneos da beira-mar. Os dirigentes das "escolas", aliás, insistem no traje irrepreensível em que seus integrantes devem se exibir. Paulo da Portela, líder da escola do mesmo nome, exigia que seus companheiros usassem sapatos e gravata para participar das apresentações do grupo.[37] Desde o começo, os enredos escolhidos se inspiram na história do Brasil e manifestam a adesão das favelas a uma vulgata cívica comum.

De 1934 data a União das Escolas de Samba (UES), uma federação que facilita as relações com as autoridades, defende os direitos dos compositores e vela pelo brilho da cultura das favelas.[38] Para as autoridades, ela é também o meio de atingir uma população cuja mobilização está doravante na ordem do dia. Em 1934, a UES engloba aproximadamente 12.000 pessoas, que passam a trinta mil cerca de dez anos mais tarde.

O desfile das escolas de samba é oficializado em 1935: dessa data em diante, é parcialmente subvencionado pela municipalidade e já não precisa negociar o direito de ocupar o espaço público durante algumas horas. Pedro Ernesto, o "bom doutor" que se tornou prefeito, é frequentador assíduo dos ensaios da Mangueira, à qual, além disso, cede terrenos.[39]

A destituição de Pedro Ernesto não extingue a benevolência oficial em relação às escolas de samba. Em 1936, uma emissão especial da estação pública de rádio destinada à Alemanha (nazista) é realizada na Mangueira, na presença de Lourival Fontes, responsável pela propaganda de Vargas.[40] O Estado Novo valoriza o folclore, concebido como um elemento constitutivo do nacionalismo, que é a própria essência de sua ideologia. Os responsáveis pela política cultural do regime analisam as manifestações das escolas de samba como uma expressão bruta, a qual, uma vez desembaraçada de sua ganga primitiva e uma vez polida, pode servir de instrumento pedagógico para o uso das massas. Um artigo de *Cultura Política* – a revista da *intelligentsia* oficial – explica em 1941 que, apesar do caráter indecente, feio e cacofônico do samba, é possível emendá-lo e civilizá-lo.[41] As ambiguidades do regime em relação ao mundo das favelas se expressam de maneira espetacular no início dos anos 1940. No momento em que o samba se torna para o governo uma marca nacional e um objeto de exportação, dirigido especialmente aos Estados Unidos, o prefeito do Distrito Federal manda destruir os últimos resíduos da "Pequena África", como o bairro da praça Onze, reduto autêntico das práticas religiosas e culturais dos afro-brasileiros do Rio.

O desfile das escolas de samba, por mais marcante que seja, não esgota por si só o universo do carnaval, nem o do samba, nem o da música popular brasileira. A "civilização" do samba difunde-se há muito tempo por intermédio da mestiçagem social e urbana, pela aproximação entre sambistas das favelas e artistas oriundos da pequena burguesia. Da colaboração entre uns e outros – frequentemente desigual e semeada de atritos – nascem centenas de canções populares que encontram no rádio um veículo privilegiado.

O triunfo de Zé Carioca

Os "cantores do rádio" – expressão genérica que designa as estrelas da canção brasileira desde os anos 1920 até a Bossa Nova dos anos 1960 – beneficiam-se da expansão dessa mídia, que difunde por todo o Brasil o samba carioca e suas múltiplas variantes. A história da transmissão radiofônica no Brasil começa em 1922, o ano de todas as mudanças. As estações, frequentemente associativas no início, como a Rádio Sociedade do Rio de Janeiro, multiplicam-se ao longo da década e se desenvolvem após a revolução de 1930, graças à renda que o "reclame" lhes garante. O magnata dos Diários Associados, Francisco de Assis Chateaubriand (1891-1968), chefia um enorme grupo de imprensa, que compreende numerosos jornais e também a Rádio Tupi, criada no Rio em 1935 e que prolifera em filiais em outras regiões do país. O Rio é também a sede das escutadíssimas Rádio Mayrink Veiga e Rádio Nacional.

Além da retransmissão de grandes concertos do Theatro Municipal e dos programas do governo, sobretudo sob o Estado Novo, a radiodifusão agrada ao público por suas apresentações ao vivo que revelam talentos desconhecidos. A mais famosa emissão desse tipo é a que o compositor Ary Barroso (1903-1964) anima na Rádio Tupi. Com seu humor cáustico, o maestro persegue os calouros que se experimentam na canção. Os que o desagradam são interrompidos por um violento soar de gongo, que subitamente destrói carreiras incipientes e sonhos de glória.[42]

Originário de Ubá, Minas Gerais, Ary Barroso abandonou cedo a carreira de jurista, à qual sua família o destinava, para acompanhar filmes mudos ao piano, escrever clássicos da canção popular e animar emissões de sucesso. É ele o autor de *Aquarela do Brasil* (1939), gravada inicialmente por Chico Alves, antes de ser utilizada pelos estúdios Walt Disney em *Saludos amigos* e de ser conhecida em Hollywood pelo título *Brazil*. A irresistível melodia de *Aquarela do Brasil*, que pertence ao gênero do "samba-exaltação", espalhou no mundo inteiro a ladainha das belezas que o Brasil encerra e faz figura de hino nacional oficioso. Com Ary Barroso, o samba tende

Carmen Miranda, estrela de Hollywood, em That Night in Rio *(1941).*

a se livrar de seus malandros. O compositor incorpora na variedade carioca as especialidades regionais do Brasil e faz da Bahia um de seus temas prediletos. Seus intérpretes são os ídolos da época, revelados pela revolução do microfone: Sílvio Caldas; o Rei da Voz, Chico Alves, cuja morte acidental em 1952 semeará consternação; o Cantor das Multidões, Orlando Silva ou a Pequena Notável, Carmen Miranda, que inventa a baiana de *music-hall*.

Nascida em Portugal, de uma família emigrada para o Rio, Carmen Miranda se torna, com sua irmã Aurora, a rainha das "cantoras de rádio", e faz-se notar nos filmes musicais como *A voz do carnaval* (1933) ou *Alô, alô, carnaval* (1936). Notada pelo produtor americano Lee Schubert, ela triunfa na Broadway em 1939 graças a um exótico traje de baiana e a um repertório cheio de humor. Diz-se até que, depois de aprender inglês, a cantora precisou reinventar um sotaque "típico", a fim de não desconcertar demais seus admiradores ianques.

À conquista da Copa do Mundo. Pintura em um muro do Rio, 1998.

Carmen Miranda, sempre popular, como o provou a emoção coletiva por ocasião de sua morte, em 1955, teve no entanto de enfrentar uma crítica acerba, que a censurava por sua "americanização".

A música de Ary Barroso vai de par com a personagem inventada por Walt Disney em 1939 para simbolizar o brasileiro típico, naqueles anos de "boa vizinhança" entre a administração Roosevelt e seus parceiros latino-americanos. A caricatura brasileira havia fixado, no início da República, a figura de Zé Povo, magricela escurinho, pés descalços e cabeça coberta por um chapéu de palha todo desfiado, para exprimir a *vox populi*. Os americanos exotizam e "carioquizam" a representação do brasileiro. No traço do pai de Mickey, este passa a ser Zé Carioca, um encantador papagaio colorido e despachado, que usa panamá e roupa de marinheiro.

As rádios cariocas e Hollywood recrutam nos arredores da praça Tiradentes os espetáculos e os artistas de sucesso. As revistas musicais de que são ávidos os teatros populares do centro do Rio permitem aos músicos trabalhar fora do período do carnaval e, às estrelas do corpo de baile do Theatro Municipal (instituído em 1936), encurtar seus difíceis fins de mês graças a apresentações mais desenvoltas. Certas bailarinas de formação clássica, como Eros Volúsia, elaboram uma dança "brasileira", lançando-se a coreografias negro-indígenas. Depois de consagrar um espetáculo inteiro ao "folclore" nacional em 1931, Eros Volúsia é considerada pela crítica como a "mais brasileira das [nossas] bailarinas". Essa qualidade, sem dúvida, permite-lhe ser incluída entre os artistas enviados pelo governo brasileiro para seduzir o Tio Sam nos anos 1940 e dançar na Casa Branca em 1942.[43] O estilo brasileiro, através de Hollywood, fará escola. Assim é que uma dançarina oriental, estrela do cinema egípcio dos anos 1940 e do pós-guerra, adotou o nome artístico de Taheya Carioca.

O Rio de Janeiro se impõe também, nos anos 1930, como o principal centro do cinema brasileiro. A capital abriga os estúdios da Cinédia, da Brasil-Vita Filmes e, a partir de 1941, da Atlântida. A produção carioca se caracteriza pelos filmes musicais, que adaptam para a película os sucessos dos teatros da praça Tiradentes. O Estado Novo estimula as adaptações dos clássicos da literatura brasileira e algumas epopeias nacionalistas. O fim da ditadura, em 1945, favorece o retorno a um cinema de entretenimento e o aparecimento das chanchadas, comédias populares em que a Atlântida e o diretor Carlos Manga se especializaram. A Atlântida compensa sua relativa falta de recursos com a inventiva, as paródias de filmes sobre história antiga e de *westerns*, e o talento de seus atores contratados. Sua dupla de estrelas é formada por Oscarito, um longilíneo imigrado espanhol, e pelo baixinho Sebastião Prata, mais conhecido sob o nome artístico de Grande Otelo, primeiro ator afro-brasileiro a conhecer a fama e a estima em seu país. As chanchadas cansam rapidamente o público, atraído cada vez mais pela televisão, e desaparecem das telas no fim dos anos 1950. A Atlântida fecha suas portas em 1962.[44]

Metamorfoses urbanas

O espaço carioca e seus equilíbrios são subvertidos entre os anos 1930 e 1960 pelo crescimento demográfico. Um novo fenômeno frustra as expectativas dos urbanistas do Estado Novo, que pensavam fazer da gigantesca avenida Presidente Vargas um prolongamento da avenida Rio Branco, uma via triunfal margeada por escritórios e sedes sociais de empresas: a poucas dezenas de metros do cruzamento com a Rio Branco, os imóveis já se fazem mais raros e os edifícios públicos dominam o vazio, abaixo de sua altura colossal. Pela primeira vez desde a fundação de São Sebastião do Rio de Janeiro, o Centro de fato perde moradores e atividades em benefício dos novos bairros da Zona Sul. Se Botafogo e Laranjeiras estão estagnados e são habitados por uma pequena e média burguesia, Copacabana* conhece um crescimento prodigioso, graças à verticalização. Entre 1920 e 1940, a população desse bairro aumenta 1.500%,

---

* Copacabana (mirante azul) não é um topônimo tupi, e sim quechua. A praia de Sacopenapã (ruído das garças-reais) ganhou o nome de uma capela que abrigava uma estátua de N. S. de Copacabana, trazida por mercadores, no século XVII, das margens do lago Titicaca.

enquanto o número total de cariocas cresce 240%.⁴⁵ Os arranha-céus invadem primeiro a beira-mar e, a seguir, ganham o conjunto das ruas, onde os palacetes sobrevivem apenas a título de lembrança ou de curiosidade. O soberbo e neoclássico Copacabana Palace, inaugurado em 1923, continua a ser o hotel mais apreciado da cidade, aquele cujo livro de ouro contém as assinaturas das estrelas e celebridades internacionais que passam pelo Rio, mas já não se destaca dos edifícios vizinhos como antes. As mais diversas e refinadas lojas poupam os moradores de ir até o Centro. A Confeitaria Colombo, endereço tradicional da rua Gonçalves Dias, no Centro, abre no pós-guerra uma filial em Copacabana. Os restaurantes da moda, os cinemas, o calçadão entre o oceano e a avenida Atlântica, as boates que ao alvorecer lançam os noctívagos à praia imensa, atraem fregueses e turistas. Dos anos 1930 ao fim dos anos 1950, Copacabana é a Princesinha do Mar, onde se harmonizam modernidade e prazer de viver. Por muito tempo, o bairro dita ao resto do país as novas modas de consumo: primeiro *fast-food* (1952), primeiro supermercado (1955), primeiras lojas de eletrodomésticos...

A excepcional densidade demográfica de Copacabana, alcançada em meados dos anos 1950, modifica sua composição social e "democratiza" um bairro cada vez mais misturado. No fim do século XX, a decadência de certas ruas, a prostituição que se aglutina nos pontos onde proliferam turistas, o fechamento dos espaços culturais, a poluição da praia, a sujeira da areia turvam a reputação do símbolo das classes médias triunfantes e do desenvolvimento econômico. Muitos fãs incondicionais, contudo, continuam a descobrir charme nesse desleixo geral e no mosaico social que compõe as ruas de Copacabana. Mesmo tendo perdido o viço, o bairro vai à forra a cada noite de Ano-Novo, quando milhões de visitantes vestidos de branco vêm contemplar os fogos de artifício que descem ao longo das fachadas da avenida Atlântica e lançar ao mar suas oferendas a Iemanjá, uma das principais divindades afro-brasileiras.

Os bairros periféricos e os subúrbios da Zona Norte, as municipalidades vizinhas do Distrito Federal, situados na pantanosa Baixada Fluminense, conhecem também uma expansão considerável.

Sob o Estado Novo, os poderes públicos haviam providenciado a drenagem e o saneamento da planície. Graças a essas obras, a região se tornara em poucos anos a principal produtora de laranjas do Brasil e fornecia ao estado do Rio sua renda mais importante. Esse sucesso foi de curta duração, porque a Segunda Guerra Mundial, que desviou do porto do Rio os navios frigoríficos estrangeiros, precipitou os produtores de laranja da Baixada Fluminense numa crise fatal.

A indústria, que se desenvolve ao redor de São Cristóvão, mas também nas proximidades das fontes de energia e ao longo das novas vias – como a avenida Brasil, inaugurada em 1946 –, muda a fisionomia do norte do Distrito Federal, bem como de sua periferia. Entre 1940 e 1950, o número de estabelecimentos industriais do Rio de Janeiro aumenta 30% e a mão de obra empregada no setor secundário cresce 40%.[46] Às grandes fábricas têxteis, presentes desde o fim do século XIX, acrescentaram-se a construção mecânica, as fábricas de papel, e, em 1961, a química e a refinaria de petróleo em Duque de Caxias.

Essas atividades estimulam o êxodo rural em direção à capital federal. O desenvolvimento das estradas facilita o acesso dos migrantes vindos do Nordeste, a bordo de caminhões de suspensões rústicas, os paus de arara, que acabam por designar também os que neles se penduram em busca de uma vida melhor. Os nordestinos do Rio moram perto das fábricas em que trabalham, na Zona Norte e na Baixada Fluminense. Um mercado, onde eles podem abastecer-se dos produtos que não se encontram no Sul, escutar sua música e falar de sua terra, surge em São Cristóvão.

Uma capital bipolarizada

Graças aos sindicatos, que dependiam do Ministério do Trabalho, ao PTB, que mobilizava o eleitorado popular, e ao PSD, que seduzia os notáveis recrutados pelos interventores, o Estado Novo esperava sobreviver à redemocratização. Em fevereiro de 1945, Getúlio Vargas anuncia eleições dentro de um prazo de noventa dias, e depois divulga seu apoio à candidatura do general Eurico Gaspar Dutra, mas sua intenção de deixar o Catete não parece tão sincera assim. O retorno dos soldados brasileiros da Itália e o desfile da vitória na avenida Rio Branco, em 18 de julho de 1945, valem ao presidente calorosas ovações e a confirmação de sua popularidade. Algumas semanas depois, manifestações orquestradas pelo Ministério do Trabalho e pelas organizações dele decorrentes começam a reclamar a permanência de "Getúlio" no poder. Esse movimento, cujo sucesso ultrapassa as expectativas de seus promotores, ganhou o nome de queremismo (de "queremos Getúlio"). À esquerda, o PCB, legalizado em razão da grande aliança contra o fascismo, e seu secretário-geral Luís Carlos Prestes lançam uma campanha que tem como *slogan* "Constituinte com Getúlio". Em 29 de outubro de 1945, a nomeação de Benjamin, irmão do presidente, para a chefia de polícia do Distrito Federal parece assinalar um iminente golpe de Estado, desta vez apoiado pelos comunistas. Na mesma noite, o Exército, com a aprovação de numerosos opositores da ditadura, depõe Getúlio Vargas, que se retira para sua fazenda no Rio Grande do Sul, sem perder de vista o desenrolar da vida política nacional.

O comportamento do Distrito Federal nas eleições gerais de 2 de dezembro de 1945 é cheio de contrastes. Os votos se dividem entre a União Democrática Nacional (UDN), profundamente hostil a Vargas, o PCB e o PTB.[47] O candidato da UDN à presidência da República, Eduardo Gomes, único sobrevivente dos Dezoito do Forte de 1922, recebe no Rio mais votos do que o general Dutra, que é eleito pelo conjunto do Brasil. A representação da capital no Senado Federal traduz essa bipolarização: Luís Carlos Prestes* (PCB) é o mais votado dos senadores cariocas, enquanto a outra cadeira é conquistada por um candidato da UDN.

O Partido Comunista Brasileiro tem várias oportunidades de mostrar sua força no Distrito Federal. Em maio de 1945, Luís Carlos

---

* Luís Carlos Prestes celebrizou-se por ocasião de uma insurreição de tenentes. Ele havia escapado às tropas legalistas ao percorrer, de 1925 a 1927, 25.000 km através do Brasil, à frente de uma coluna de mil rebeldes.

Prestes reuniu cem mil pessoas por ocasião de um comício no estádio do Vasco da Gama. Para festejar a República, em 15 de novembro de 1946, o Partido apadrinha o desfile de 22 escolas de samba, uma das quais celebra "Luís Carlos Prestes, o Cavaleiro da Esperança".[48] Em janeiro de 1947, ele ganha mais de um terço dos assentos na Câmara Municipal.[49]

O governo federal e a prefeitura do Rio, que depende dele, tentam limitar as conquistas do PCB e não apreciam muito a aproximação entre sambistas e comunistas.[50] Em 1947, sob os auspícios do prefeito Ângelo Mendes de Morais, o regulamento do desfile de carnaval impõe explicitamente às escolas a representação de um enredo de história nacional, e no ano seguinte especifica até que esse enredo deve obedecer a uma "finalidade nacionalista".[51]

A interdição do PCB em maio de 1947, por exigência da guerra fria, leva uma parte de seus eleitores para o PTB e para Getúlio Vargas, que em 19 de abril de 1950 anuncia sua candidatura às eleições presidenciais de 3 de outubro. Entrementes, a atenção dos cariocas é mobilizada pela construção de um templo consagrado a um culto tríplice: o futebol, o Rio de Janeiro e o Brasil.

Drama no Maracanã

No momento em que contribui para institucionalizar o desfile das escolas de samba, a imprensa carioca favorece também a organização dos torcedores dos clubes de futebol da capital, com suas bandeiras, seus hinos e sua parcialidade. Ary Barroso, que às atividades musicais acrescenta o comentário das partidas, distingue-se por tomar o partido do seu querido Flamengo.

A profissionalização do futebol, autorizada a partir de 1933, favorece a emergência de jogadores negros e mulatos que se cobrem de glória em suas equipes e também na seleção nacional. Esta obtém sua carta de nobreza por ocasião da III Copa do Mundo, disputada na França em 1938. O Brasil conquista o terceiro lugar e a imprensa internacional não poupa elogios ao virtuosismo de Leônidas da Silva, o Diamante Negro do time, e sobretudo ao "estilo" dos jogadores, inimitável e reconhecível entre todos. Os sucessos do futebol brasileiro ilustram na prática as virtudes da "nação mestiça" cantadas pelos intelectuais e pela propaganda do governo Vargas. Seu sucessor, o presidente Gaspar Dutra (1945-1950), obtém para o Brasil a organização da IV Copa do Mundo, prevista para 1950.[52]

Para estar à altura do evento, o prefeito do Rio de Janeiro, Ângelo Mendes de Morais, e a Câmara Municipal aprovam em outubro de 1947 a construção de um grande estádio. Em 20 de janeiro de 1948, dia de São Sebastião e aniversário da fundação da cidade, deposita-se a pedra fundamental da obra, no local desolado do antigo Derby Club, às margens do rio Maracanã. Graças aos esforços redobrados dos operários e das construtoras, os prazos são cumpridos e a fita inaugural é cortada em 2 de abril de 1950. Os discursos homenageiam essa primeira vitória, obtida pelo espírito de equipe dos trabalhadores, vitória que não deixa de prefigurar a da seleção nacional. Eles também apresentam o estádio como uma marca distintiva da cidade, tanto quanto o Pão de Açúcar e o Corcovado, uma obra que faz resplandecerem aos olhos do mundo as capacidades do povo brasileiro.[53]

O início da Copa do Mundo parece cumprir essas profecias. Em 24 de junho de 1950, na partida inaugural no Maracanã, o Brasil derrota o México por um placar de 4 x 0. A euforia e a tensão crescem paralelamente às proezas da seleção, até o dia da partida decisiva. Ninguém imagina que a vitória possa escapar a um time tão valente, de torcida unânime, que joga no maior e mais bonito estádio do mundo, construído com o dinheiro dos contribuintes e o suor do povo.

Em 16 de julho, um domingo, todo o Brasil está por trás dos duzentos mil espectadores do Maracanã – ou seja, 10% da população do Distrito Federal –, que incitam com gritos e hinos os onze jogadores de camisa branca que carregam todas as esperanças nacionais e devem enfrentar a "Celeste", a equipe nacional do Uruguai.

No primeiro tempo, o time brasileiro, apesar de seus esforços, não consegue furar a defesa uruguaia. Tudo parece estar indo bem no início do segundo tempo, quando um gol de Friaça, jogador do

São Paulo, arranca gritos entusiásticos, provoca uma trovoada de percussões e embarga as vozes dos comentaristas das rádios, mas, vinte minutos depois, quando a Celeste empata, o Maracanã vacila. Um quarto de hora mais tarde, o uruguaio Ghiggia vence o goleiro brasileiro Barbosa. Um silêncio mortal cai sobre a imensa elipse de concreto. Os últimos minutos da partida são desesperadores, tanto no gramado quanto nas arquibancadas. O árbitro inglês, Mr. Reader, apita o fim do jogo. O presidente da Federação Internacional de Futebol, entrega o troféu aos uruguaios, enquanto os jogadores brasileiros retornam ao vestiário, arrasados, num estádio emudecido pela dor. "Eu vi um povo de cabeça baixa, lágrimas nos olhos, sem voz, abandonar o estádio municipal como se voltasse do enterro de um país muito amado", escreveu em 18 de julho o romancista José Lins do Rego, no *Jornal dos Sports*.[54] Uma nova decepção, desta vez diante do Paraguai, por ocasião da final do Campeonato Sul-Americano disputado em Lima em 1953, dá o toque de finados da camisa branca do time brasileiro.[55] Foi com suas famosas cores amarelas, adotadas no ano seguinte, que a seleção trouxe da Suécia, em 1958, a taça que os uruguaios tinham tido a crueldade de arrebatar no Maracanã. Essa vitória, assim como as que se seguiram em 1962, 1970 e 1994, permitiu que o Brasil exultasse, mas não fez ninguém esquecer o eterno trauma de 16 de julho de 1950. No domínio político, um terremoto de natureza totalmente diversa abala os brasileiros em 24 de agosto de 1954.

Suicídio no Catete

Getúlio Vargas, candidato nas eleições presidenciais de 1950, obtém 62% dos sufrágios no Distrito Federal e reinstala-se no Catete, "levado pelos braços do povo", como gosta de lembrar. A UDN, ferozmente hostil ao presidente e àquilo que ela denuncia como "populismo", reage mal ao retorno do ditador através das urnas. Não acredita na conversão de Vargas às virtudes da alternância democrática e suspeita de que ele tende a soluções autoritárias ou ilegítimas. Também defende os princípios ortodoxos da economia liberal e teme os efeitos das "nacionalizações" e os ataques (puramente verbais) do governo contra os lucros das empresas estrangeiras. Move uma guerrilha impiedosa contra um governo a quem acusa de todas as corrupções. Em sua batalha contra Vargas, a UDN dispõe no Congresso de numerosos parlamentares e, sobretudo, influencia vários jornais. A imprensa do Distrito Federal é dominada por manchetes e um tom anti-Vargas. O diário mais temido é a *Tribuna da Imprensa*, dirigida por Carlos Lacerda (1914-1977), jornalista de profissão e inimigo pessoal do presidente.

Carlos Frederico Werneck de Lacerda é o herdeiro de uma família muito ligada à esquerda. Seus dois primeiros nomes, aliás, são uma homenagem a (Karl) Marx e (Friedrich) Engels. De início, quando estudante de direito, foi militante antifascista. Foi ele,

Nas eleições presidenciais de 1950, os eleitores plebiscitam o "Velho".

inclusive, quem sugeriu confiar a presidência de honra da Aliança Nacional Libertadora – a efêmera tentativa de organização de uma frente popular – a Luís Carlos Prestes. A partir de 1935, tem de viver na clandestinidade, por causa da repressão que se abate então sobre o Brasil, mas, em 1939, abandona qualquer proximidade com o PCB, do qual se torna inimigo resoluto.[56] É, portanto, lógica sua adesão à UDN desde a criação desta, em 1945, porque ela rejeita com o mesmo vigor o comunismo e o Estado Novo. Lacerda, contudo, encarna a ala direita mais radical desse partido. Contra Vargas e o "populismo", ele reúne a partir de maio de 1953 os opositores civis e militares no Clube da Lanterna, que cogita cada vez mais precisamente de depor o presidente antes do término do mandato. De sua redação na rua do Lavradio, a *Tribuna da Imprensa* não dá sossego ao governo nem ao seu popular ministro do Trabalho, João Goulart, apelidado "Jango", criador de gado de São Borja, no Rio Grande do Sul, como Getúlio Vargas. Apoiado pelos grandes proprietários de veículos de comunicação, Assis Chateaubriand e Roberto Marinho, Carlos Lacerda esbanja toda a sua eloquência antigovernamental nas ondas da Rádio Globo e da recente TV Tupi, que nasceu em São Paulo em 18 de setembro de 1950 e ainda alcança poucos espectadores.

O clima torna-se explosivo ao longo do ano de 1954. A marcação cerrada da oposição, que se aproveita das dificuldades econômicas e financeiras do Brasil, obriga Getúlio Vargas a radicalizar e a buscar nas massas o apoio que lhe falta na classe política. Em seu discurso de 1º de maio de 1954, o presidente concede aos "trabalhadores do Brasil" a duplicação do salário mínimo, que, no entanto, rejeitara alguns meses antes.[57]

Em agosto, a capital federal proporciona o cenário para o último ato da tragédia. Na noite do dia 5, Carlos Lacerda, odiado pelos partidários de Getúlio Vargas e apelidado o Corvo, volta para casa, situada no nº 180 da rua Toneleros, em Copacabana, depois de mais uma reunião contra o governo. Na hora em que se despede do major da Aeronáutica, Rubens Vaz, dois atiradores abrem fogo contra eles. Lacerda e uma testemunha ficam levemente feridos, mas o major Vaz morre a caminho do hospital. Para Carlos Lacerda e a UDN, não há dúvida de que o mandante do atentado reside no Catete. Os militares se encarregam do inquérito e interrogam os suspeitos nas instalações da Aeronáutica, no Galeão, na ilha do Governador, para a qual se voltam todos os olhares. As conclusões são rapidamente conhecidas: os assassinos pertencem à guarda presidencial e agiram por ordem de seu chefe, Gregório Fortunato, um gigante negro responsável pela segurança pessoal de Getúlio Vargas.⁵⁹

Em 14 de agosto, o Clube Militar, por trás do qual se encontra a maioria dos oficiais superiores das forças armadas brasileiras, pede a destituição do presidente. Na noite do dia 23, este reúne seus ministros no Catete. As opiniões se dividem entre aqueles para quem é possível a resistência ao golpe de Estado em andamento e aqueles que pregam o licenciamento de Vargas, pelo menos temporário. O presidente retira-se para os seus aposentos, declarando que só morto deixará o palácio presidencial. Por volta das cinco horas da manhã, ouve-se um tiro. A filha de Getúlio, Alzira Vargas do Amaral Peixoto, e o ministro da Justiça, Tancredo Neves, que estava redigindo o relatório do conselho, precipitam-se para o quarto onde o presidente acaba de atirar no próprio coração.

De manhã cedo, a notícia do suicídio espalha-se pelas ruas da capital e depois por todo o Brasil. A carta encontrada ao lado do corpo, desde então arquivada como o evangelho do "trabalhismo brasileiro" e gravada em bronze, aponta os culpados desse sacrifício supremo, os "grupos internacionais e nacionais unidos contra o povo".⁵⁹ Em certos momentos, a dor popular se transforma em raiva contra os adversários do falecido.

Ocorrem violências no centro do Rio. Os revoltosos saqueiam a sede da UDN e dos jornais que haviam denunciado a corrupção e pressionado o governo a renunciar. A Standard Oil, a embaixada dos Estados Unidos e até bares de nomes americanos são atacados. Carlos Lacerda precisa exilar-se por alguns meses. Ao longo de todo o dia 24 de agosto, centenas de milhares de pessoas desfilam no Catete, onde esperam "ver" Getúlio. No dia seguinte, são milhões a se acotovelar na praia do Flamengo e a querer reter o caixão, que é embarcado no aeroporto Santos Dumont com destino a São Borja.⁶⁰

270 O LABORATÓRIO E A VITRINE

Praia do Flamengo, no trajeto do cortejo fúnebre de Vargas, 25 de agosto de 1954. Foto F. Campanella Neto.

O repúdio

Dois anos após a morte de Vargas, a coalizão entre PTB e PSD garante a vitória do mineiro Juscelino Kubitschek (PSD) para a presidência da República, com João Goulart (PTB) como vice-presidente. Kubitschek, contudo, comprometeu-se a ser o último a entrar no

Catete: em 4 de abril de 1955, durante um comício em Jataí, Goiás, ele prometeu construir uma nova capital federal no Planalto Central, em pleno cerrado, e inaugurá-la antes do fim de seu mandato. Além do alcance simbólico – a fundação de um Brasil moderno –, Brasília deve facilitar a integração do território nacional, reequilibrar o espaço em benefício do interior e estimular a economia brasileira.

Apesar da fúria da UDN, que considera a ideia faraônica e populista, e do descontentamento dos cariocas, "J. K." mantém a promessa. Depois de descer solenemente os degraus do palácio do Catete, o presidente voa para Brasília, capital federal a partir de 21 de abril de 1960.

A amargura no Rio é tanto maior quanto nada parece ter sido decidido sobre a sorte administrativa da cidade. Em 6 de abril de 1960, menos de duas semanas antes da transferência dos poderes, o jornal carioca *Correio da Manhã* se perguntava: "A União se separa do Rio, mas que estado civil resta ao Rio? Divorciado, repudiado, simplesmente abandonado, depois de dois séculos de vínculos legais, deixado na incerteza da autonomia, da fusão, da intervenção".[61] Por fim, o antigo Distrito Federal não é vinculado ao estado do Rio de Janeiro, mas transformado em estado da Guanabara. As administrações e as representações diplomáticas levaram cerca de quinze anos para deixar a "Belacap" por uma "Novacap" em obras e plantada no meio de lugar nenhum.

Em junho de 1960, Carlos Lacerda, candidato ao governo da cidade-estado, exprime sentimentos largamente partilhados pelos políticos cariocas e seus administrados: "Nós não somos uma capital decaída, mas uma cidade libertada. Os que partiram daqui com saudade sabem que o Rio é uma cidade insubstituível, uma cidade na qual todos os brasileiros, ontem, hoje e sempre, estarão em casa. Esses brasileiros sabem que nós somos uma região sem regionalismo. Pensamos nossos problemas em termos mundiais, não só continentais ou nacionais. Eles achavam que, ao nos abandonarem, levavam a civilização para o interior, mas foi aqui que a deixaram. Porque nós somos a síntese do Brasil, porque somos a porta do Brasil para o mundo, e somos para o mundo a verdadeira imagem que ele faz de nós".[62] Se a "Novacap" tem uma enorme repercussão no mundo dos anos 1960, o Rio continua a representar a forma mais conhecida no exterior do *Brazilian way of life*.

"A voz do morro" e "Garota de Ipanema"

O desenvolvimento econômico que o Brasil dos anos 1950 conhece, e que a indústria automobilística de São Paulo ilustra particularmente, constata-se na paisagem do Rio de Janeiro e nas ruas da Zona Sul. O enriquecimento de uma parte da sociedade, o desenvolvimento das classes médias – as quais, no Brasil, englobam os

Calçada da praia de Ipanema.

altos funcionários e os quadros superiores – se refletem na renovação cultural de que o Rio é o fulcro.

O diretor Nelson Pereira dos Santos aplica à capital do Brasil os princípios do cinema neorrealista. O fio condutor de *Rio, 40 graus* (1955) é um dia na vida de alguns garotos pobres através dos bairros da capital. Em *Rio, Zona Norte* (1957), o cineasta retrata as relações entre as favelas e "o asfalto", contando como um compositor pobre, representado por Grande Otelo, tem suas obras furtadas pelos cavalheiros das gravadoras e das rádios. Esses dois fi lmes traduzem o interesse militante dos intelectuais pela cultura popular carioca. *Rio, 40 graus*, dedicado pelo autor ao "povo carioca", é o primeiro longa-metragem que descreve o trabalho infantil e os contrastes sociais da Cidade Maravilhosa. Aliás, ele enfrentará dificuldades com a censura. A trilha sonora desses dois filmes foi confiada por Nelson Pereira dos Santos ao sambista Zé Keti (1921-1999), cujas canções dão grande espaço às preocupações sociais e procuram fazer ouvir "a voz do morro".

Contudo, é na Zona Sul, e precisamente em Copacabana e Ipanema, que nasce a revolução musical da Bossa Nova. Em 1956, o poeta e diplomata Vinícius de Moraes conhece, no bar Vilarino, Antônio Carlos – "Tom" – Jobim, um pianista quase desconhecido. Vinícius de Moraes estava procurando um compositor capaz de escrever uma partitura para sua peça *Orfeu da Conceição* – uma transposição do mito de Orfeu para o carnaval do Rio –, criada dois anos antes em São Paulo, por ocasião do Quarto Centenário da cidade.

A associação entre os dois é frutífera e se prolonga em canções que propiciarão várias gravações, entre as quais o elepê *Canção do amor demais*, da cantora Elizeth Cardoso, em abril de 1958. A influência do jazz é perceptível no estilo dos arranjos e dos músicos. Ela é mais brilhante e mais original no disco de 78 rotações lançado em julho de 1958 pela gravadora Odeon. Nele, um violonista baiano, João Gilberto, interpreta *Chega de saudade* (na versão americana, *No more blues*), com música de Tom Jobim e letra de Vinícius de Moraes. Seu jeito de sussurrar e seus acordes dissonantes rompem com os *crooners* da idade de ouro do rádio, que repentinamente saem de moda. Os gracejos que chovem a respeito dos supostos deslizes vocais de João Gilberto cedem ante o entusiasmo do público esclarecido, que gosta ao mesmo tempo de jazz e de samba. Os artistas que se dedicam ao novo estilo, à Bossa Nova, apresentam-se nos lugares importantes da classe média carioca, nas universidades e nos bares de Copacabana, como o Beco das Garrafas, na rua Duvivier, ou o Beco da Fome, na avenida Prado Júnior.

A Palma de Ouro e depois o Oscar obtidos por *Orfeu negro*, versão francesa da obra de Vinícius de Moraes feita pelo cineasta Marcel Camus, e sobretudo o concerto dado, entre outros músicos, por Agostinho dos Santos, Luís Bonfá, Carlos Lyra, Tom Jobim e João Gilberto no Carnegie Hall, em Nova York, a 21 de novembro de 1962, ganham para a Bossa Nova o reconhecimento internacional. Em 1963, Tom Jobim e Vinícius de Moraes, sentados a uma mesa do bar Velloso, na rua Montenegro, em Ipanema, homenageiam com uma canção uma criatura bronzeada que ondula displicentemente em direção à praia. *Garota de Ipanema* foi objeto de milhares de versões em todas as línguas e ritmos do mundo e emprestou seu nome ao bar Velloso, na rua que, desde a morte do poeta, passou a chamar-se Vinícius de Moraes.

Na esteira da Bossa Nova, o epicurismo dos jovens burgueses do Rio, seus banhos de mar, o Corcovado e a garota de Ipanema partem para a conquista de Charlie Parker, Stan Getz, Frank Sinatra, Ella Fitzgerald, dos clubes e casas noturnas do mundo inteiro. Por essa razão, a Bossa Nova esteve no centro de um inútil debate por parte dos incensadores da autenticidade brasileira, que a consideram uma cópia tropical do jazz, um simples gênero de importação. Antes da Bossa Nova, o maxixe e o samba já se haviam exportado para o hemisfério Norte, mas tinham alimentado somente o universo da variedade popular e do divertimento. A *blue note* brasileira, em contrapartida, inspira nos anos 1960 as pesquisas da vanguarda musical. A geração seguinte, que impõe a música popular brasileira (MPB), assume essa herança tipicamente carioca.

11. Política e frustrações

A consagração de Brasília como capital federal do Brasil acontece em 21 de abril de 1960, data do aniversário do martírio de Tiradentes e da conjuração de Minas Gerais. Sob o impulso de Juscelino Kubitschek, realizam-se assim os desejos formulados no século XVIII pelos idealizadores de um império luso-brasileiro, por José Bonifácio de Andrada, pouco após a independência, e finalmente pelos constituintes de 1891. Nem por isso a transferência é fato consumado, e o Rio de Janeiro leva ainda vários anos para assimilar realmente a perda de seu estatuto. Até 1968, o estado da Guanabara é, mais do que Brasília, o ponto nevrálgico onde se elaboram as decisões que afetam o país como um todo. Ele também persiste, mais do que São Paulo, em servir de caixa de ressonância para os movimentos políticos e sociais. Por muito tempo, o Rio de Janeiro conserva a ilusão de falar em nome do Brasil.

O enrijecimento da ditadura sob a presidência do general Emílio Garrastazu Médici (1970-1974) atinge mais fortemente a antiga capital do que o resto do Brasil. Nos anos 1970, a concentração dos poderes em Brasília acaba de esvaziar a cidade de suas antigas atribuições. Além disso, as opções econômicas do regime aceleram o retrocesso industrial da região, enquanto a repressão reduz praticamente a nada qualquer participação nos debates nacionais. A fusão dos estados da Guanabara e do Rio de Janeiro, em 1975, acrescenta a essa situação difícil uma reorganização administrativa complicada, que se faz acompanhar de uma crise de identidade.

A longa "transição democrática", que vai da anistia (29 de agosto de 1979) até a saída do general João Baptista de Figueiredo do Planalto (15 de março de 1985) e mesmo até a eleição presidencial direta de 1989, é marcada pela efervescência da sociedade civil e pela extrema mobilização em torno dos prazos eleitorais. Essa euforia, que se alimenta dos anseios por uma "mudança" cujo conteúdo permanece vago, estiola-se brutalmente no início dos anos 1990. A cidade do Rio de Janeiro não só não encontrou na Nova República uma posição à altura do seu passado, mas aparece como capital do crime, com estatísticas que a situam entre as metrópoles mais violentas do mundo.

Carlos Lacerda, rei da Guanabara

A campanha eleitoral de 1960 dá ao "Corvo" arrasador de "populistas" a desforra sobre as derrotas eleitorais que o PTB e o PSD tinham infligido à UDN. É curta, no entanto, a vitória de Carlos Lacerda, eleito governador do jovem estado da Guanabara. Embora seja o preferido das classes médias e da Zona Sul, o candidato da UDN não conseguiu seduzir os bairros populares da Zona Norte e os favelados, apesar da vigorosa campanha dirigida a eles. Para ganhar, Lacerda beneficiou-se da dissidência de um antigo pilar da UDN fluminense, Tenório Cavalcanti, que decidiu arriscar a sorte no antigo Distrito Federal sob outra legenda.

Tenório Cavalcanti (1906-1987) é uma figura sinistra da vida política do estado e da cidade do Rio de Janeiro, e sua trajetória, por si só, resume uma sociedade e sua evolução. Nascido em Alagoas, de família pobre, ele imigra em 1926 para a Baixada Fluminense, às portas da capital federal, e exerce todo tipo de bico antes de tornar-se administrador de uma fazenda no município de Nova Iguaçu. Como administrador, Tenório Cavalcanti é mais utilizado por sua arte do gatilho e sua falta de escrúpulos do que por seus talentos de contador. Graças às suas funções e a investimentos judiciosos, amealha uma fortuna suficiente para fazer dele um notável e autorizá-lo a

POLÍTICA E FRUSTRAÇÕES 277

lançar-se numa carreira política no seio da UDN fluminense, a partir de 1945. Em suas próprias memórias, Tenório Cavalcanti, que esteve oito vezes preso por períodos curtos, reconhece sua participação em 28 episódios sangrentos, entre 1928 e 1953. Seu corpo trazia as cicatrizes de 47 ferimentos a bala.[1]

Esse homenzinho magro, que não sai nunca sem a capa preta que esconde sua metralhadora, a Lurdinha, exerce nos anos 1950 uma ascendência indiscutível sobre o eleitorado de Duque de Caxias, município emancipado de Nova Iguaçu em 1943 e povoado por numerosíssimos imigrados nordestinos. Seu sucesso e seu Cadillac impressionam, tanto quanto a reputação de invulnerabilidade e de intrepidez viril que ele cultiva cuidadosamente. Os favores que distribui ao seu clã e aos indigentes de Duque de Caxias são seus principais trunfos. Em 1982, o *Jornal do Brasil* assim descreverá a ação do antigo deputado da Baixada Fluminense, que então já não é mais que a sombra de sua grandeza passada: "Em sua residência bucólica de Duque de Caxias, no centro de sua Fundação São José, Tenório recebe diariamente uma centena de pessoas que o vêm procurar para pedir comida, remédios, dinheiro ou casa. A fundação São José abriga cerca de dez mil pessoas em suas casas de tijolo, construídas para abrigar as vítimas de uma inundação em 1958. Ele também financia a escola Maria Tenório – nome de sua mãe –, frequentada por quase cinco mil crianças necessitadas. [...] As casas dispõem de eletricidade, água corrente e esgoto, e Tenório não esconde o orgulho quando evoca sua obra: 'O que seria dessas pessoas se eu não existisse?'".[2]

Tenório Cavalcanti alistou-se nas fileiras da UDN em razão da luta que o opunha ao genro de Vargas, Ernani do Amaral Peixoto, interventor do Rio de Janeiro entre 1937 e 1945 e governador do estado entre 1951 e 1955. Amaral Peixoto havia conseguido cooptar as forças políticas mais influentes do estado do Rio e integrá-las, quando da redemocratização, ao Partido Social Democrático (PSD), favorável a Getúlio Vargas e aos herdeiros deste, que Tenório Cavalcanti estigmatiza com termos cada vez mais duros, antes de mudar de opinião.

No fim dos anos 1950, as ideias trabalhistas começam a abrir caminho dentro do campo eleitoral do "homem da capa preta". Não adianta que este dê à burguesa UDN uma conotação popular, e até francamente populista: sua legenda torna-se uma desvantagem para seduzir a população cada vez mais operária e cada vez menos nordestina de Duque de Caxias. Em 1958, Cavalcanti rompe com a UDN fluminense e, dois anos depois, disputa o cargo de governador da Guanabara. Paradoxalmente, sua candidatura permite a eleição de Lacerda, pois atrai para o seu nome um eleitorado que, sem ele, se voltaria para o candidato do PTB, principal rival de Lacerda. Nos anos 1960, o chefão de Duque de Caxias continua a correr atrás dos eleitores, apoiando com entusiasmo as reformas de base prometidas pelo presidente João Goulart.

Com Carlos Lacerda, o estado da Guanabara tem à frente o mais feroz adversário de Vargas, Kubitschek e João Goulart. Contra um PSD continuamente no poder desde os primórdios da "Nova República", o novo governador quer fazer de sua gestão um modelo capaz de leva-lo à presidência da Federação. Sua primeira tarefa consiste em fazer nascer o estado da Guanabara e em dotá-lo de uma administração e de serviços públicos. Lacerda também implementa obras cuja amplitude até seus opositores mais determinados reconhecem.

Como o desenvolvimento da educação foi um de seus principais lemas de campanha, ele utiliza o orçamento para a implantação de escolas primárias e, em dois anos, aumenta em 50% o número de alunos matriculados.[3] Obras gigantescas permitem melhorar o abastecimento de água, sempre problemático, da cidade do Rio. As comunicações e os transportes mobilizam os principais esforços do governo. Os bondes, que predominam nas ruas, deixam de circular no Rio para dar lugar a frotas de ônibus. Longos túneis são abertos através do maciço da Tijuca a fim de ligar a Zona Norte à Zona Sul, evitando um centro cada vez mais congestionado. Assim é que os túneis Santa Bárbara, entre Laranjeiras e o Catumbi, e Rebouças, 2.720m entre o Rio Comprido e a Lagoa, datam da administração Lacerda.[4]

A margem da baía, do Castelo a Botafogo, é objeto de uma obra grandiosa, o Aterro do Flamengo, iniciada em meados dos anos 1950. Por sobre a massa de terra oriunda sobretudo da demolição do morro de Santo Antônio, largas pistas acompanham a orla, em meio a um parque desenhado pelo paisagista Roberto Burle Marx. Este último é também o autor dos jardins do Museu de Arte Moderna. Em 1970, será alargada a avenida Atlântica, em Copacabana, cujo calçadão será decorado por ele.⁵

Em 1962, um escândalo enlameia a política do governador da Guanabara. O rio da Guarda, que forma o limite com o estado do Rio de Janeiro, começa a lançar às margens cadáveres de mendigos. Tendo escapado a um massacre, uma mulher denuncia as práticas bárbaras do setor de repressão à mendicidade, então dirigido por um policial, antigo torturador do Estado Novo.⁶ Tais métodos anunciam os "esquadrões da morte", formados de matadores de aluguel, de policiais e de ex-policiais, que aparecem nos anos 1970 e pretendem extirpar a delinquência exterminando os delinquentes ou os que eles consideram como tais. Depois desse episódio, o PTB vincula ao nome de Lacerda a alcunha de "Mata-mendigos".

A antecâmara do golpe de Estado

A bipolarização que dividia o antigo Distrito Federal entre a direita e a esquerda sobrevive à perda do estatuto de capital e ganha uma dimensão dramática após a investidura do presidente João Goulart, em setembro de 1961. Em 1º de maio de 1962, na melhor tradição getulista, João Goulart revela aos operários da Companhia Siderúrgica Nacional de Volta Redonda a lista das "reformas de base" que pretende executar. Estas compreendem a redistribuição de terras, a modificação do sistema bancário, a regulamentação dos investimentos estrangeiros e de seus lucros, uma representação política mais favorável às camadas populares. A realização desse programa, contudo, implica emendar a Constituição de 1946. Desencadeia-se, então, e cresce em intensidade, uma queda de braço que opõe o presidente e uma parte da sociedade civil às forças políticas conservadoras. Em 5 de julho de 1962, as grandes centrais sindicais, o PCB e o PTB dão início a uma greve geral nacional de três dias. Nos estados da Guanabara e

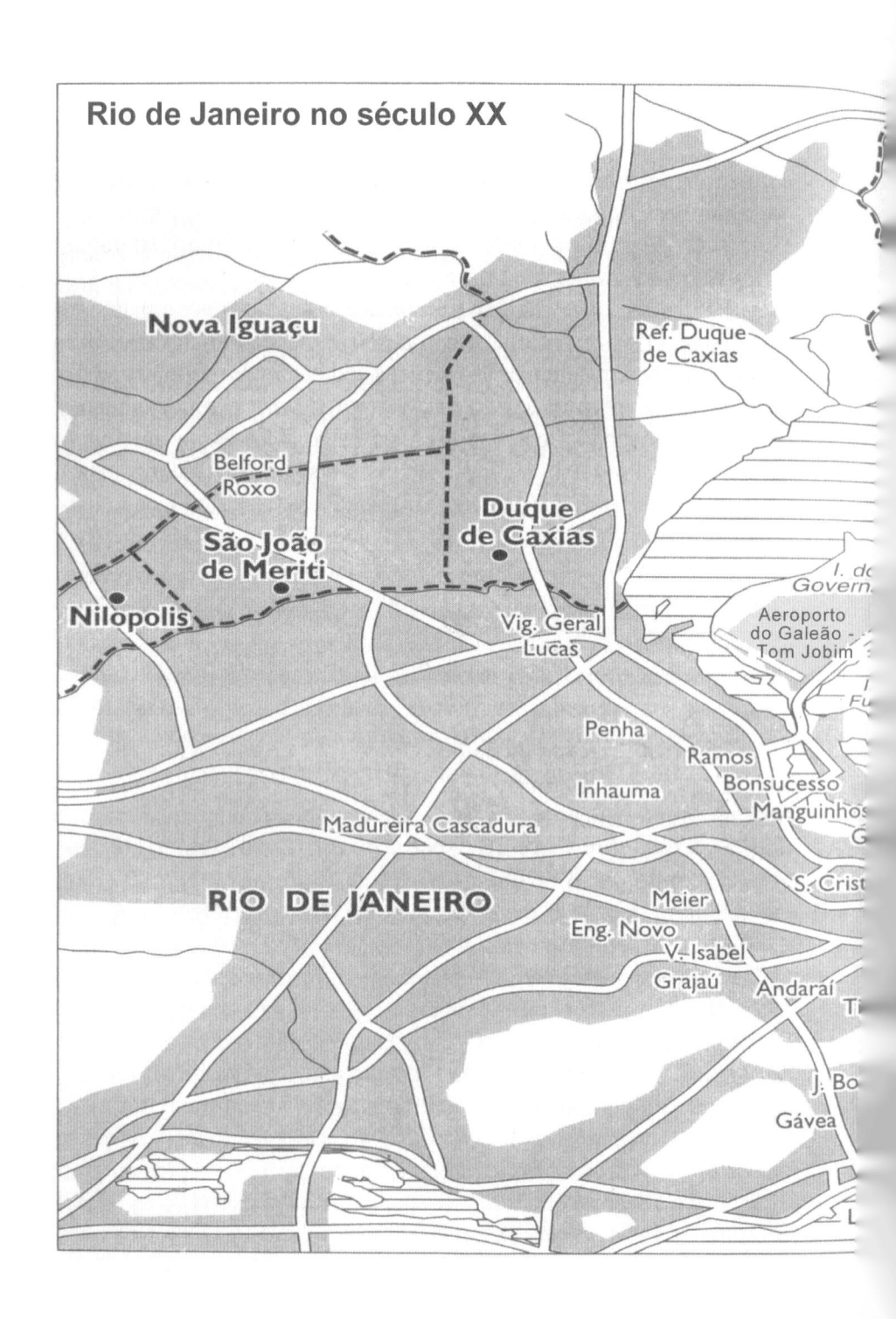

Rio de Janeiro no século XX

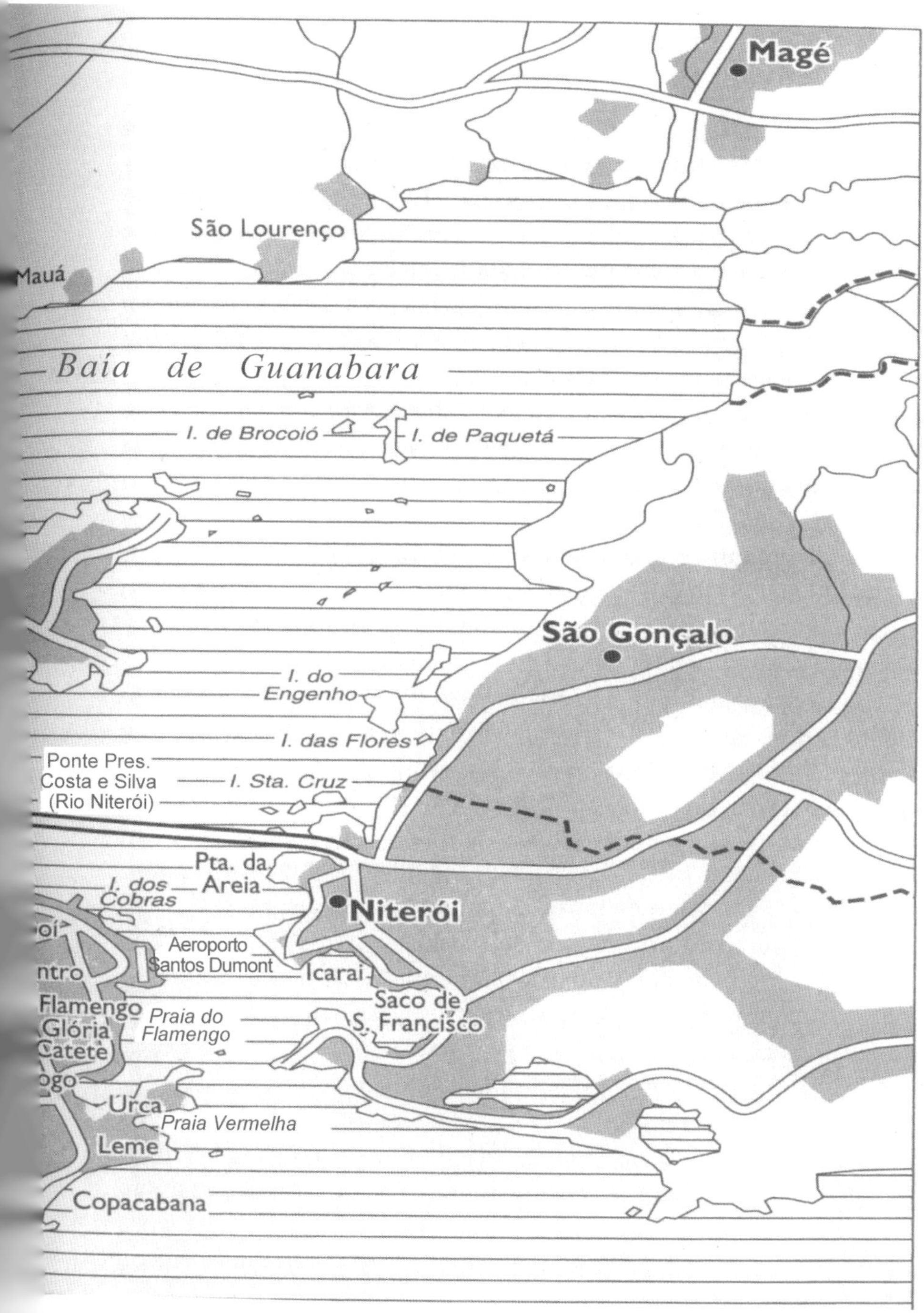

Magé
São Lourenço
Mauá
Baía de Guanabara
I. de Brocoió
I. de Paquetá
São Gonçalo
I. do Engenho
I. das Flores
Ponte Pres. Costa e Silva (Rio Niterói)
I. Sta. Cruz
Pta. da Areia
I. dos Cobras
Niterói
Aeroporto Santos Dumont
Icaraí
Flamengo
Glória
Catete
Praia do Flamengo
Saco de S. Francisco
Urca
Praia Vermelha
Leme
Copacabana

do Rio de Janeiro, ela se faz acompanhar de saque a numerosas casas de produtos alimentícios e armazéns.⁷

Em sua cidade-estado, Carlos Lacerda, principal opositor de João Goulart, tem de haver-se com a União Nacional dos Estudantes (UNE), que é particularmente antiamericana e adepta das "reformas de base", e com um PTB conquistador. De fato, em 1962, a Guanabara elege para a Câmara Federal o cunhado de João Goulart, Leonel Brizola (PTB), que recebe nessa ocasião a maior votação de todo o Brasil. Lacerda, por sua vez, domina a UDN nacional e tem em sua linha de mira as eleições presidenciais de 1965. No contexto das greves, das manifestações e das tensões que afetam o Brasil dos anos 1960, o governador da Guanabara pronuncia-se a favor de soluções anticonstitucionais, como a deposição do presidente João Goulart. Em setembro de 1963, Lacerda afirma ao *Los Angeles Times* que o governo brasileiro está com os dias contados, e recomenda a suspensão da ajuda americana ao Brasil.⁸

A radicalização dos primeiros meses de 1964 devolve ao Rio de Janeiro o peso de capital. Contra as resistências do Congresso, que rejeita as "reformas de base", João Goulart mobiliza os "trabalhadores", mais numerosos e mais politizados no Rio do que no novo Distrito Federal. Nesse sentido, a ideia de transferir a capital do Brasil para um lugar "neutro", que preservasse da pressão das ruas os poderes da República, revelou-se um cálculo acertado. Brasília, menos povoada, de difícil acesso, mais enquadrada pela força pública, raramente foi palco de grandes manifestações, as quais, de todo modo, se perdem na imensidão dos espaços e cujo eco só chega ao resto do país já bem atenuado. No momento da "transição democrática" e da campanha pela eleição direta do presidente da República em 1984, os comícios de grande repercussão ocorrem em São Paulo, na praça da Sé, e no Rio de Janeiro, na Candelária.

Em 13 de março de 1964, 250.000 pessoas, concentradas na avenida Presidente Vargas, entre a estação Central do Brasil, símbolo operário, e o edifício do Ministério da Guerra, trazem seu apoio a João Goulart, o qual anuncia que vai proceder a nacionalizações e expropriações. No palanque, atrás do presidente, alinha-se toda a

POLÍTICA E FRUSTRAÇÕES 283

esquerda brasileira, de Luís Carlos Prestes a Miguel Arraes e Leonel Brizola. Estes dois últimos líderes afirmaram que o Brasil se encontra diante da alternativa entre reformas de base ou revolução.

O estado-maior das Forças Armadas inquieta-se com a crescente politização da tropa e dos oficiais subalternos, com a difusão do marxismo nas casernas e, de maneira geral, com a subversão da hierarquia. O mês de março de 1964 confirma esses temores. No dia 25, marinheiros desobedecem aos seus superiores e recebem o apoio de João Goulart. No dia 30, o presidente prestigia com sua presença uma reunião de sargentos da Polícia Militar, no Automóvel Clube do Rio.

O alto comando militar e alguns civis, como Carlos Lacerda, decidem passar à ação. Em 31 de março, por iniciativa do general Olímpio Mourão Filho, um antigo integralista que participou do golpe de Estado de 1937, tropas deixam Belo Horizonte em direção ao Rio. Apesar das tentativas de resistência, a "revolução" controla o país em poucos dias. João Goulart segue para Brasília e depois para Porto Alegre, de onde finalmente embarca para o exílio, em 4 de abril.

O Ato Institucional nº 1 (AI-1), decretado em 9 de abril pela junta militar, mantém a Constituição e os prazos eleitorais normais,

Soldados no Rio, em 1º de abril de 1964.

mas faculta ao governo o poder de suspender os funcionários e os responsáveis políticos que "atentaram contra a segurança do país" ou faltaram com a probidade. Já em 10 de abril de 1964, cem pessoas, entre as quais Luís Carlos Prestes, João Goulart, Jânio Quadros, Miguel Arraes, Leonel Brizola, Darcy Ribeiro, Celso Furtado e Josué de Castro, são destituídas de seus mandatos e privadas por dez anos de seus direitos políticos. Alguns dias depois, Juscelino Kubitschek sofre a mesma sorte. Muitos parlamentares do estado da Guanabara figuram nessas primeiras listas negras da ditadura militar.

Longe de constituir uma grande vitória para Carlos Lacerda, a "revolução de 1964" é uma sequência de desilusões que o fazem passar rapidamente à oposição. Ele constata que a junta militar defende uma linha que lhe é própria e não pretende confiar as rédeas do Brasil a políticos civis, ainda que sejam estes fiéis companheiros de estrada. Antes que o ano de 1964 termine, Carlos Lacerda já dirige todo o ardor de sua eloquência contra o governo federal. Contudo, em 3 de outubro de 1965, não consegue eleger seu sucessor para o governo da Guanabara. Essas eleições, que ocorrem em onze unidades da Federação, configuram uma desaprovação ao novo regime, porque a oposição, mesmo decapitada, vence em cinco estados. No Rio, a vitória cabe a Francisco Negrão de Lima, o que é sentido como uma afronta tanto pela junta militar quanto por Carlos Lacerda. Homem de Getúlio Vargas e do Estado Novo, membro do PSD, chegado a Juscelino Kubitschek, que em 1956 o nomeou prefeito do Distrito Federal, Negrão de Lima encarna de fato o "populismo" amaldiçoado.

A reação intervém a 27 de outubro com a promulgação do Ato Institucional nº 2 (AI-2), que dissolve os partidos políticos, logo substituídos por duas formações, uma de oposição, o Movimento Democrático Brasileiro (MDB), e outra, a Aliança Renovadora Nacional (Arena), favorável ao governo militar. Além disso, é decretado que os próximos governadores serão eleitos indiretamente pelas assembleias legislativas dos estados. O governador Negrão de Lima não adere nem ao MDB nem à Arena e tem dificuldade de conter as manifestações estudantis que se multiplicam.

Em 28 de março de 1968, os militantes da UNE protestam contra o fechamento do restaurante universitário Calabouço, no Rio. A polícia intervém e provoca a morte do estudante Edson Luís de Lima Souto, cujo enterro é acompanhado no dia seguinte por sessenta mil pessoas, até o cemitério São João Batista, em Botafogo.⁹ No dia 31, novas manifestações assinalam o fim da apatia que reinava desde

Manifestação estudantil em 19 de junho de 1968.

abril de 1964, mas resultam em quatro mortos, 58 feridos e várias centenas de detenções. A repressão, assim como as operações espetaculares dos CCC (Comandos de Caça aos Comunistas), matadores paramilitares, não fazem desaparecer os cortejos que desfilam em junho com *slogans* cada vez mais políticos. Ao preço de longas negociações com Negrão de Lima e com o presidente da República, Costa e Silva, os líderes do movimento estudantil obtêm autorização para desfilar na Cinelândia.

A Passeata dos Cem Mil, em 26 de junho de 1968, marca o apogeu dessas manifestações. Ela compreende os líderes estudantis Vladimir Palmeira e José Dirceu, que hoje são figuras de destaque do Partido dos Trabalhadores (PT), representantes da Igreja Católica hostis à ditadura, intelectuais, mães de família, artistas como Chico Buarque e Edu Lobo. No dia 5 de julho seguinte, o ministro da Justiça, Gama e Silva, proíbe qualquer manifestação de rua.[10]

Por ocasião do III Festival Internacional da Canção – evento popular nos anos 1960 e 1970 –, que ocorre em 29 de setembro de 1968 no Maracanãzinho, o público ovaciona Geraldo Vandré, que tem o topete de interpretar um hino explicitamente hostil ao regime militar. Ele se inspirou na frase de Bertolt Brecht, "Tristes tempos estes em que falar de flores é calar-se sobre tantos crimes", para escrever *Pra não dizer que não falei das flores*. O humorista Millôr Fernandes qualificou a canção de "*Marselhesa* da oposição".[11]

A "linha dura", uma das facções da junta militar, denuncia o risco de subversão generalizada e exige do marechal Costa e Silva medidas para acabar com todas as dissidências que se atrevem a contestar a "revolução de 1964". Prepara-se um golpe de Estado dentro do golpe de Estado.

Uma sexta-feira 13 que durou dez anos

Em 12 de dezembro de 1968, uma larga maioria de deputados, tanto do MDB quanto da Arena, recusa-se a suspender a imunidade do deputado Márcio Moreira Alves, que em setembro pronunciou um discurso considerado insultuoso pelos militares. Essa reação dos parlamentares serve de pretexto para o rumo bastante autoritário que o regime assume então. Na sexta-feira 13 de dezembro, 24 ministros e personalidades do governo se reúnem no palácio das Laranjeiras, no Rio de Janeiro, e adotam por unanimidade, menos a abstenção do presidente e a recusa do vice-presidente Pedro Aleixo, as disposições drásticas formuladas pelos 12 artigos do Ato Institucional nº 5 (AI-5). O ministro Gama e Silva, autor do projeto, havia preparado uma segunda versão, ainda mais severa.[12]

Por volta das 22 horas, os brasileiros são informados pelo porta-voz oficial de que, a partir desse momento, o governo, sem controle nem apelação possível, pode suspender as sessões do Congresso Nacional, intervir à vontade nos estados, invalidar mandatos, cassar direitos políticos, confinar indivíduos em suas residências, decretar aposentadorias obrigatórias, confiscar bens de particulares e aplicar uma censura ilimitada.

Em 14 de dezembro, o *Jornal do Brasil* consegue publicar duas tiradas irreverentes. Sendo 13 de dezembro a data de Santa Luzia, o periódico lembra que a véspera havia sido "o dia dos cegos", enquanto a rubrica meteorológica se faz política: "Tempo negro. Temperatura sufocante. O ar está irrespirável. O país está sendo varrido por ventos violentos. Máxima: 38 graus em Brasília. Mínima: 5 graus em Laranjeiras".[13]

As primeiras detenções são concomitantes à publicação do AI-5, o qual, até sua revogação em 1º de janeiro de 1979, dizimará os meios intelectuais, políticos e jornalísticos brasileiros. O ex-presidente Juscelino Kubitschek é preso. Carlos Lacerda encontra na prisão seu velho adversário, o ator Mário Lago. Em 18 de dezembro, a polícia prova ao compositor e cantor Chico Buarque que ele já não é mais uma "unanimidade nacional". Importunado por causa de suas ideias "de esquerda", do espetáculo *Roda Viva*, que causou escândalo, e de sua participação na Passeata dos Cem Mil, ele é arrastado às sete horas da manhã para o Ministério do Exército, na avenida Presidente Vargas, e por fim liberado, ao cabo de um dia inteiro de azucrinação. Chico Buarque exila-se então na Itália, e só retornará ao Rio em 1970.[14]

Menos sortudos ou mais implicados que esses a que acabamos de nos referir, muitos suspeitos pertencentes às classes médias travam então conhecimento com os maus-tratos policiais e a tortura. Até o início dos anos 1970, o estatuto social os preservava das surras, que os delinquentes pobres conheciam desde sempre, e das temporadas no "pau de arara". As delegacias e as instalações da polícia do Exército, na rua Barão de Mesquita, e do Departamento de Ordem Política e Social (DOPS), na rua da Relação nº 40, são lugares de detenção e de tortura. O Centro de Informação da Marinha (Cenimar) é uma das mais temidas instituições. Ele confina os presos nas sinistras ilhas das Cobras e das Flores. A penitenciária da Ilha Grande, no sul do estado do Rio, mistura os prisioneiros políticos e os comuns. Durante a ditadura, serão detidas no Brasil dez mil pessoas, e repertoriados dois mil casos de tortura.[15]

O AI-5 foi precedido pelo desencadeamento da luta armada por uma fração da oposição, que fez suas as teorias guevaristas dos "focos de guerrilha". Para essa extrema esquerda, o caso brasileiro é apenas uma das frentes da guerra entre o capitalismo imperialista e seus inimigos. Para a "linha dura" do regime militar, essa guerra mundial opõe o comunismo ao campo da liberdade. Os dois pontos de vista ultrapassam a questão da manutenção da ordem ou a do fim da ditadura, e defendem projetos de sociedade antagonistas.

A vitória, em 1967, do Exército brasileiro contra os guerrilheiros de Caparaó, Minas Gerais, foi relativamente fácil e acabou de convencer as direções do PCB e do PTB clandestinos que a luta armada era um impasse e só servia para reforçar o aparelho repressivo e a influência da "linha dura" no seio do governo. O PCB perde então uma parte dos seus militantes e simpatizantes, que se juntam às fileiras da dissidência comunista e de diversas organizações como o MR-8, Movimento Revolucionário 8 de Outubro (data da morte de Che Guevara). O AI-5 precipita na clandestinidade os agitadores, definitivamente decepcionados pela falência da esquerda brasileira. Muitos estudantes, oriundos da burguesia da Zona Sul, prestam uma colaboração mais ou menos ativa a essas redes e tentam fazer propaganda no meio operário.

Fernando Gabeira, antigo guerrilheiro, contou num livro diletante, e pouco apreciado por uma parte de seus antigos companheiros, a trajetória de um jornalista em direção à clandestinidade e ao terrorismo.[16] Como a finalidade da guerrilha urbana é proporcionar à guerrilha rural o dinheiro e as armas de que ela necessita, as ações dos revolucionários cariocas consistem em furtar placas de automóveis, ocultar dólares, e depois em roubar carros, arrombar apartamentos e atacar bancos, em assaltos espetaculares. A impressão artesanal de panfletos ocupa as horas em que eles se escondem, entre uma ação e uma apressada mudança de casa. A organização a que pertence Gabeira se destaca pelo sequestro do embaixador dos Estados Unidos no Brasil, Charles Burke Elbrick, mantido numa casa em Santa Teresa durante alguns dias de setembro de 1969. Desta vez, o resgate é especial: o MR-8 exige a libertação de quinze presos políticos e a divulgação de seus comunicados. A troca é aceita pelas autoridades brasileiras, que, constrangidas e forçadas, deixam os prisioneiros partirem para o México. Após a liberação de Elbrick, a polícia vai à forra detendo os sequestradores, que por sua vez serão trocados pelo embaixador da República Federal da Alemanha, sequestrado por outro grupo guerrilheiro.

Além das prisões e das depurações, abate-se sobre o Brasil uma pesada censura, que impede a reflexão e a criação, tanto quanto estimula a incansável malícia dos numerosos resistentes ao AI-5. Em dez anos, as tesouras dos censores fazem cortes em cerca de quinhentos filmes, 450 peças de teatro, duzentos livros, várias dezenas de emissões radiofônicas, uma centena de revistas, mais de quinhentas letras de canções e uma dúzia de roteiros e episódios de novelas televisivas.[17] Após voltar da Itália, em 1970, Chico Buarque coleciona convocações aos gabinetes da polícia federal. Os censores obrigam-no a alterar seus versos, mudar uma palavra considerada "ofensiva ao povo brasileiro" ou aos bons costumes, a substituir uma canção por um trecho instrumental. Em 1970, os ouvidos do governo esperam que noventa mil discos do samba *Apesar de você* sejam vendidos para perceber que a letra, a qual proclama que o autoritarismo não terá a última palavra, pode ser aplicada perfeitamente ao presidente Médici!

Chico Buarque, mas também Tom Jobim, Edu Lobo, Paulinho da Viola e muitos outros, sofrem igualmente o ostracismo por parte dos meios de comunicação, particularmente da TV Globo, que, desde sua fundação em 1965, não recusa muita coisa ao governo.

A repressão dos anos 1970 não se limita ao domínio político e à furiosa preservação da "segurança nacional". Ela visa também a instaurar uma verdadeira ordem moral, o que, na Zona Sul carioca, em plena época da liberação sexual e do psicodelismo, parece um desafio. Enquanto a praia de Copacabana tende a ser cada vez mais frequentada aos domingos pelos moradores da Zona Norte, Ipanema permanece como o refúgio e a válvula de escape da burguesia intelectual e boêmia durante esses "anos de chumbo". No comecinho dos anos 1970, um dique provisório, montado para servir à construção de um emissário submarino, e as dunas artificiais que resultam dessas obras tornam-se ponto de encontro dos surfistas e de toda uma juventude, entre as ruas Farme de Amoedo e Montenegro (Vinícius de Moraes a partir de 1980), antes de migrar para a altura do hotel Sol de Ipanema, no Posto 9.*[18] Os frequentadores do Posto 9 são psicanalistas conhecidos, cineastas como Joaquim Pedro de Andrade, Glauber Rocha, Júlio Bressane ou Carlos Diegues, atores e músicos como Caetano Veloso, Gal Costa, Ney Matogrosso, os Novos Baianos, Norma Benguell, Regina Casé...[19] O Posto 9 lança modas audaciosas, como o *topless*, ou a tanga exibida em 1979 pelo ex-guerrilheiro Fernando Gabeira – ele havia tomado emprestado ao biquíni de uma prima seu famoso tapa-sexo, que pelo corte e pelo colorido rompia com os modelos masculinos clássicos.[20]

O Posto 9 sobreviveu ao retorno à democracia, ainda que seus ilustres banhistas o tenham abandonado por areias mais brancas e águas mais límpidas. A cada fim de semana ensolarado, os doze quilômetros de orla entre o Leme e o Leblon são tomados de assalto por adeptos de caminhadas. A poluição, que um quarto de século atrás

---

* No início dos anos 1980, os números dos postos de salvamento que balizam a orla marítima começam a servir de referência, para marcar encontro ou especificar um endereço.

tornou impróprias para o banho as praias do Flamengo e da ilha de Paquetá, na baía de Guanabara, corrói desde então o litoral atlântico, mais propício ao banho de sol do que ao mergulho no oceano.

O Posto 9 não é o único reduto de liberdade que consegue dissipar a sufocante atmosfera dos anos 1970. Paradoxalmente, o período do AI-5 representa uma espécie de idade do ouro das folhas satíricas como *O Pasquim* e dos caricaturistas como Ziraldo ou Henfil. As tiragens são frequentemente limitadas, a qualidade do papel e da impressão deixa a desejar, a censura às vezes acha motivo para reclamar, mas os ataques acertam em cheio e alegram leitores capazes de decifraras entrelinhas. É ao tabloide *O Pasquim* que, em 1969, a atriz Leila Diniz concede uma entrevista notável, em que revela abertamente sua libido muito ativa. Essa pioneira da emancipação feminina tampouco hesita em exibir na praia uma gravidez bem adiantada, numa época em que era recomendável a uma mulher de bom tom esconder o volume da barriga sob o mais opaco dos maiôs.[21]

Uma cidade domada

Podado pelas sucessivas depurações do ambiente político, o MDB carioca se deixa facilmente induzir por Antônio de Pádua Chagas Freitas (1914-1991), um opositor bastante indulgente do regime militar. Chagas Freitas se torna governador do estado da Guanabara em 1971, com o beneplácito do presidente Emílio Garrastazu Médici.[22]

Contrariamente a Carlos Lacerda, o novo governador não tem ambições políticas que verdadeiramente ultrapassem as fronteiras da Guanabara. Ele faz do MDB local uma máquina para permutar empregos ou dinheiro públicos por uma adesão política e, à sombra da ditadura, edifica uma complexa rede de clientela. O MDB chaguista controla assim 85% da Assembleia Legislativa do Estado.[23] Chagas Freitas integra em seu sistema as associações da sociedade civil, as escolas de samba, os clubes esportivos e as incontáveis confissões que, por volta de 1900, o jornalista João do Rio havia chamado de "religiões do Rio": assim é que espíritas, umbandistas, batistas, testemunhas de Jeová e o arcebispo do Rio, dom Eugênio Sales, têm acesso regular às colunas do periódico *O Dia*, de propriedade do governador, e em alguns casos a assentos na Assembleia Legislativa da Guanabara.[24]

Mais que a "capital moral" do Brasil que seus dois predecessores buscavam preservar, Chagas Freitas considera o Rio de Janeiro um estado que deve se manter tanto da indústria quanto do setor terciário. Em 1968, os técnicos da Fundação Getúlio Vargas estimam que a Guanabara sobrevive dos serviços em 70%, da indústria em 20% e do setor primário em 10%.[25] De fato, a alta dos preços dos terrenos empurra as empresas para a Baixada Fluminense, que faz parte do estado do Rio. O governador dirige a expansão urbana e industrial para as áreas ainda disponíveis da zona oeste da cidade, na Barra da Tijuca, em Santa Cruz e em Jacarepaguá.

A atitude de Chagas Freitas corrobora a política do governo Médici, que deseja fazer de Brasília algo mais que uma luxuosa concha vazia pousada no deserto e dar-lhe verdadeiras atribuições de capital. A obra de Juscelino Kubitschek, criticada em seu tempo como um esbanjamento delirante e populista, é recuperada nos anos 1970 pelo regime militar. Assim, o quartel-general das forças armadas, apelidado "Forte Apache", é transferido para Brasília.[26]

O Rio de Janeiro recebe ainda investimentos da União, os quais se traduzem por grandes obras. Sob o regime militar, a cidade conhece a última grande onda de demolições de seu patrimônio arquitetônico. Desta vez, os vestígios do período colonial são poupados, mas muitos imóveis dos séculos XIX e XX são vítimas das escavações do metrô. O palácio Monroe (1904), sede do Senado Federal até 1960, desaparece em 1975. A avenida Perimetral, um tobogã que atravessa o centro do Rio, permite escapar aos engarrafamentos e oferece uma vista incomparável para o centro histórico da cidade, mas ao mesmo tempo o desfigura, corta a perspectiva da praça XV e agrava a fragmentação que caracteriza esse bairro deslocado.

A fusão dos estados da Guanabara e do Rio de Janeiro ou, mais precisamente, o retorno da cidade do Rio de Janeiro à unidade territorial do mesmo nome tinham sido debatidos por ocasião de quase todas as constituintes que o Brasil independente conhecera. Em 1960, a UDN tinha militado por essa solução contra o PTB, que finalmente obtivera a criação do estado da Guanabara. O patronato da Guanabara, preocupado com a desindustrialização, reivindicava a fusão, finalmente decretada pelo governo do general Ernesto Geisel (1974-1979).

O projeto se coaduna com a visão geopolítica dos militares no poder. Sob o impulso do general Golbery do Couto e Silva, um dos "pensadores" do regime, a região Sudeste do Brasil é concebida como o núcleo central sobre o qual se enxertam as três penínsulas formadas pelo Nordeste, o Sul e o Centro-Oeste, constituindo a Amazônia uma ilha à parte.[27] Os militares esperam reforçar a coesão do núcleo central e corrigir suas divisões. Em 1974, inaugura-se a ponte de 14 km que atravessa a baía de Guanabara, entre o Rio de Janeiro e Niterói. Tal realização não apenas faz parte das obras gigantescas empreendidas pelos militares no tempo do "milagre brasileiro" e do "Brasil, grande potência": ela também testemunha a intervenção federal a favor da fusão. Esta, além disso, teria como vantagem a retomada do Rio de Janeiro pela Arena pró-governamental, num momento em que se esboçam a "distensão" e a "abertura" políticas.

Em 1º de julho de 1974, o presidente Geisel decreta a fusão das duas unidades federais, a qual se torna efetiva em 15 de março de 1975. A cidade do Rio passa a ser capital do estado do Rio, em detrimento de Niterói. Depois de muitas peripécias, Chagas Freitas sai vencedor da fusão entre o MDB carioca e o MDB fluminense, dirigido por Amaral Peixoto, e consegue eleger-se (indiretamente) governador do novo estado do Rio de Janeiro em 1978. À medida que se desenha a transição para a democracia sob a presidência de Geisel, ele aparece cada vez mais como homem da ditadura do que da oposição. A nível nacional, o MDB se transforma em Partido do Movimento Democrático Brasileiro (PMDB), quando o Congresso, em novembro de 1979, volta a autorizar a formação de partidos políticos e extingue o binômio constituído pelo MDB e a Arena.

Em contrapartida, a "abertura" não agrada à "linha dura", que tenta intimidar os governos Geisel e Figueiredo por uma série de atentados com vistas a frear o processo. Assim, uma bomba é lançada contra a sede da escola de samba Salgueiro, pouco antes de uma reunião do PMDB, em janeiro de 1980. Outra é desativada alguns dias mais tarde no hotel onde reside Leonel Brizola, que voltou ao país depois da anistia de 29 de agosto de 1979. Advogados, jornalistas, sindicalistas, bancas onde se vendem publicações de oposição são visados por coquetéis Molotov ou pacotes suspeitos.[28] Em 30 de abril de 1981, escapou-se por pouco a um drama. No momento em que vinte mil espectadores assistem a um show em homenagem ao 1º de maio no galpão do Riocentro, na Barra da Tijuca, ouve-se uma explosão no estacionamento: dois homens, um capitão e um sargento, são vítimas da bomba que eles se preparavam para lançar no local do show. A implicação dos militares é evidente, mas os mandantes dessa operação foram encobertos até hoje por sua hierarquia.

A primeira metade dos anos 1980 constitui um período muito estranho. Ao gosto recuperado pelas liberdades, outorgadas progressivamente pelo regime, mistura-se a angústia. Muitos brasileiros temem que repentinas manobras autoritárias anulem as conquistas da "abertura". O renascimento da vida política, o retorno dos proscritos, as amarguras acumuladas fazem temer novos confrontos.

O bastião do "socialismo moreno"

A anistia traz Leonel Brizola de volta ao Rio de Janeiro. O líder gaúcho estava instalado nas margens da baía de Guanabara desde sua eleição triunfal para deputado federal em 1962, depois de ter sido uma das vozes da esquerda radical cujas exigências e ameaças serviram de pretexto ao golpe de Estado de 1964, ao qual ele tentou resistir. Sua trajetória lhe valera a colocação em décimo lugar na primeira lista dos cassados pelo AI-1 e a fuga para um movimentado exílio. Quando se esboçou a distensão, a ideia de seu retorno ao país indignou a tal ponto os militares no poder que seu caso retardou a anistia.

Brizola volta ao Brasil pelo Rio Grande do Sul e segue primeiro para São Borja, cidade de Getúlio Vargas e João Goulart. Sobre os túmulos dos dois, pronuncia em 7 de setembro, dia de festa nacional, um discurso memorável. Depois de apresentar-se ao estilo do "pai dos pobres", desembarca no aeroporto do Galeão em meio a uma balbúrdia indescritível. Militantes do PTB vindos de toda a Baixada Fluminense formam uma caravana em torno do carro que o conduz.[29] Em maio de 1980, Brizola, que não obteve o direito de retomar a velha sigla PTB, funda o Partido Democrático Trabalhista (PDT). O PDT faz a síntese entre o trabalhismo anterior a 1964, o nacionalismo e os temas da social-democracia europeia. As bandeiras e os lenços vermelhos que lembram a revolução de 1930 se fazem acompanhar da rosa no punho da Internacional socialista.

O brizolismo, todavia, caracteriza-se por uma cultura política e uma sociologia particulares. O termo "povo" pontua textos e alocuções, mas o "povo" de Brizola é bem menos ordenado e uniformizado do que o eram os trabalhadores enfileirados dois a dois de Getúlio Vargas. O povo dos discursos e dos comícios de Brizola é parente do lumpemproletariado: miserável, oprimido, abandonado e despossuído. É, sobretudo, desdentado. A dentição serve de limite simbólico entre a indigência e o resto da sociedade no Brasil contemporâneo. Foi por isso que o presidente Fernando Henrique Cardoso prometeu, em meio a sarcasmos, uma dentadura para todos, por ocasião da campanha eleitoral de 1998. O PDT, que se vangloria de ser verdadeiramente popular, pode opor-se ao Partido dos Trabalhadores (PT), nascido em 1979 da aproximação entre sindicalistas, universitários e católicos progressistas, e considerá-lo um partido "burguês". O PT representa uma esquerda indiferente e até hostil à herança de Vargas. No Rio de Janeiro, os petistas estão profundamente divididos entre os que são favoráveis a uma aliança com o PDT e os que denunciam ferozmente uma tal possibilidade.

A primeira grande batalha travada pelo PDT e seu líder é a eleição, por sufrágio universal direto, do governador do estado do Rio de Janeiro, em novembro de 1982. As primeiras pesquisas, realizadas a partir de março, creditam a Brizola apenas 5,4% das intenções de voto, colocando-o bem atrás dos protegidos do regime militar, que continua em vigor.[30] Brizola não renega nada do seu passado numa campanha por ele conduzida de forma enérgica, com a ajuda de seu companheiro de chapa, o antropólogo Darcy Ribeiro. Ele recebe o apoio de Luís Carlos Prestes, defende a instauração de um "socialismo moreno", dá lugar de destaque aos direitos dos negros e das mulheres em seu programa. O PT faz o mesmo: em 1982, Benedita da Silva, cujo *slogan* é "Mulher, negra e favelada", elege-se para a Câmara de Vereadores do Rio sob as cores do PT. A seguir, ela será deputada federal (em 1986 e 1990), senadora e, em 1998, vice-governadora do estado do Rio.

Partidários de Brizola decidem, em 2 de abril de 1982 – porque, segundo eles, se o 1º de abril é o dia da mentira, o 2 deve ser o da verdade –, instalar-se na praça Marechal Floriano, em plena Cinelândia, e informar os passantes sobre tudo o que deles se esconde. Pouco a pouco, o "Movimento Popular Leonel Brizola" se organiza. Barracas onde se vendem retratos do líder e insígnias do partido enchem a Cinelândia, logo rebatizada de "Brizolândia". Todos os dias, travam-se conversas entre desconhecidos que denunciam de cambulhada a ditadura, o grande capital, a TV Globo e seu "diabólico" proprietário, Roberto Marinho.[31] A "Brizolândia" permanecerá viva até 1994.

Apesar dos entraves administrativos, da eficácia da máquina política do governador Chagas Freitas, das manobras da TV Globo e das tentativas de fraude, Brizola ganha a eleição graças aos votos colhidos no Grande Rio. No resto do estado, o PMDB deixa-o longe. Para muitos cariocas, o voto em Brizola equivale a uma revolta contra o regime militar e seus sequazes fluminenses. Os compromissos do PMDB e de Chagas Freitas impeliram numerosos eleitores para os braços de Brizola. Esse sucesso, assim como o bom desempenho do PDT em seu Rio Grande do Sul natal, instala a ovelha negra dos conspiradores de 1964 no centro da vida política nacional.[32]

A educação primária é a prioridade do governo Brizola no Rio de Janeiro. A tarefa de reformá-la é confiada a Darcy Ribeiro – que colaborou com Anísio Teixeira para a fundação da Universidade de Brasília e se refere de bom grado ao movimento da "escola nova" dos anos 1930 – e a Maria Yedda Linhares, professora de história na Universidade Federal do Rio de Janeiro. Do Programa Especial de

Educação (PEE) emerge em 1984 a noção, original e controvertida, de Centro Integrado de Educação Popular (CIEP).

Tais centros, na realidade, são escolas dirigidas aos meios desfavorecidos. O termo "integrado" tem duas acepções. Significa que os alunos são alvo de atenção em tempo integral, algo excepcional no sistema educativo brasileiro, que funciona sobretudo em meio horário. E também quer dizer que eles recebem não apenas instrução, mas, de modo mais global, uma educação que os torne cidadãos conscientes de seus direitos e deveres.[33] Para Darcy Ribeiro, trata-se de romper com as sequelas da escravidão: "O fracasso brasileiro na educação [...] é paralelo", escreve ele, "à nossa incapacidade de organizar a economia para que todos trabalhem e comam. [...] Trata-se da habilidade pavorosamente coerente de uma classe dominante deformada, que condena seu povo ao atraso e à penúria mantendo intocada há séculos, e continuamente, sua dominação hegemônica".[34] Os CIEPs exprimem as crenças e os valores essenciais do brizolismo e, desta forma, veiculam uma certa leitura da história brasileira.

No programa dos CIEPs, os alunos recebem alimentação e cuidados básicos de higiene e saúde. A pedagogia deve privilegiar as qualidades da expressão oral, as disciplinas artísticas, e partir do ambiente dos pequenos favelados. À ideologia dos CIEPs corresponde uma arquitetura particular. Oscar Niemeyer, idealizador de Brasília e da sede do Partido Comunista Francês, na Place du Colonel-Fabien, concebe esses monumentos de concreto bruto, identicamente reproduzidos em todo o estado, e cuja silhueta maciça faz com que sejam notados à primeira olhada. Perto da fachada do edifício principal, escandida por aberturas repetitivas, encontram-se geralmente um pátio e quadras de esporte. As salas de aula apresentam a particularidade de ser separadas umas das outras por meias paredes que deixam o barulho circular e se amplificar.[35]

Brizola inaugura em 1984 a empresa que fornece os elementos pré-fabricados necessários à construção de trezentos "brizolões". Essa técnica permite edificar um centro em quatro meses e a menor custo. Ao sair do palácio Guanabara em 1986, Leonel Brizola deixa atrás de si 150 estabelecimentos, que empregam 1.500 professores, e resultados decepcionantes. Faltam recursos para o acabamento de tais construções, que se deterioram muito depressa. Também faltam recursos para garantir um funcionamento satisfatório dessas instituições. Os alunos conhecem o fracasso nas mesmas proporções que nas instituições públicas tradicionais e, na maioria, não deixam de ser forçados a trabalhar após a escola, "para ajudar" os pais.

A segunda realização marcante do governo Brizola relaciona-se à mobilização popular, mais precisamente ao carnaval. Oscar Niemeyer constrói o "sambódromo", conjunto igualmente monumental e dedicado ao desfile das escolas de samba. Uma longa pista leva à praça da Apoteose e é encimada por tribunas fixas, transformadas em CIEPs no resto do ano. Durante o carnaval, os camarotes do sambódromo são mais ocupados pelos VIPs do que pelo povo.

O apogeu do sufrágio universal direto

A difícil vitória de Brizola em 1982 era mais um sintoma do enfraquecimento do regime militar. Com a sucessão do presidente João Baptista de Figueiredo, a interminável "transição democrática" parece chegar ao fim. No início de 1984, os principais líderes da oposição nacional desencadeiam uma campanha de opinião em favor do restabelecimento da eleição do presidente da República por sufrágio universal direto (Diretas-Já). A afluência aos comícios que são organizados nas grandes cidades brasileiras surpreende os observadores. No Rio de Janeiro, em 10 de abril de 1984, a avenida Rio Branco mostra-se estreita demais para acolher o milhão de cariocas que vêm exigir do Congresso o direito de escolher seu presidente: o ajuntamento acontece atrás da igreja da Candelária e é descrito pela imprensa como a manifestação política mais importante da história do país. A reunião é ecumênica: em torno de Leonel Brizola ocupam o palanque o antigo ministro da UDN, Afonso Arinos de Melo Franco, líderes históricos da esquerda dos anos 1960, partidários de Chagas Freitas. As organizações comunistas, no entanto, foram afastadas, e tomou-se o cuidado de evitar que as bandeiras vermelhas perturbassem a maré de estandartes amarelos (a cor das Diretas). Alguns dias depois, o recorde da Candelária é batido por uma manifestação mais numerosa ainda, na praça da Sé, em São Paulo.

Embora não alcance seu objetivo, a campanha das Diretas traduz a insuspeitada amplitude do interesse dos brasileiros pela política. As palpitações da opinião pública inquietam a maioria dos líderes do PDS (partido governamental), mas também os do PMDB (partido de oposição). Sondagens mostraram as preferências do eleitorado por Brizola, em caso de eleição. Para a direita brasileira, a possibilidade de o governador do Rio de Janeiro chegar ao Planalto pelas urnas parece repetir o pesadelo da eleição de Vargas em 1950. Tal vitória significaria que o golpe de Estado de 1964 e os vinte anos de regime militar, concebidos para limpar o Brasil do "populismo", são um fracasso doloroso. Uma parte das forças políticas tampouco sente a menor dúvida sobre o futuro apocalíptico que a ascensão de Brizola ao poder prometeria ao Brasil. Além disso, é impensável que a "linha dura" deixe a "abertura" concluir-se dessa maneira.

O mineiro Tancredo Neves, 74 anos, que fez toda a sua carreira nas fileiras do PSD, antes de transferir-se para o PMDB, torna-se o candidato da oposição diante do Colégio Eleitoral – composto pelo Congresso Nacional e por representantes dos estados – que deve eleger o presidente. Nele, é majoritário o PDS, pilar do regime. A única certeza é a de que um civil ocupará o assento do general Figueiredo em 15 de março de 1985. O regime militar escolhe Paulo Maluf, devotado membro do PDS de São Paulo, para concorrer à presidência. Este arrasta atrás de si uma tal fama de corrupção e brutalidade que uma fração do PDS se transfere com armas e bagagens para o lado de Tancredo Neves e adota a legenda de Partido da Frente Liberal (PFL). Tal defecção é essencial para garantir à oposição uma vitória sem surpresas, na terça-feira 15 de janeiro de 1985.

Embora a eleição tenha sido indireta, a campanha se desenvolveu à vista dos meios de comunicação e na efervescência das ruas, como se os cidadãos brasileiros tivessem sido convocados às urnas. A vitória talvez seja sem surpresas – de fato, desde a véspera sabe-se que Tancredo Neves obterá, por volta das 11 horas, o 344º voto necessário à maioria absoluta –, mas não sem emoção. A difusão dos procedimentos de votação faz parte dos grandes eventos que levam as pessoas a sentir vontade de sair de casa e reunir-se diante do telão instalado na Cinelândia, sob o toldo do Circo Voador, na Lapa, ou nos botequins de esquina. O palpitar dos corações acompanha a contagem dos votos. Em Brasília, Tancredo Neves é eleito (480 votos contra 180 para Paulo Maluf) e faz seu primeiro pronunciamento como candidato eleito, no qual evoca Tiradentes e a liberdade restaurada. Na Cinelândia, onde o PMDB organizou a "festa da mudança", uma efígie de Tancredo digna de figurar num carro alegórico de carnaval está cingida pela faixa presidencial e toma a palavra para anunciar, sob vivas, que "o Brasil vai mudar".[37] As escolas de samba Mangueira, Salgueiro e Portela participam da festa, e uma chuva de papéis picados cai dos prédios. Até mesmo ardentes militantes do PT, que se situam a anos-luz da trajetória política conciliadora do presidente eleito, choram copiosas lágrimas.

A mesma mistura entre manifestação de rua e transmissão televisiva se reproduz a partir de meados de março: Tancredo Neves é operado de urgência na noite que precede sua posse. Trinta e nove dias depois, ele morre num dos mais renomados hospitais de São Paulo. O Rio de Janeiro acompanha de longe um drama cujos atos se desenrolam entre Brasília, São Paulo e São João del Rei, Minas Gerais, onde será sepultado.[38] O desaparecimento de Tancredo Neves e sua substituição pelo vice-presidente José Sarney (ex-Arena, ex-PDS, PFL), num cenário de comoção nacional, têm repercussões sobre o brizolismo carioca.

A emoção provocada pelo calvário de Tancredo Neves, que acabara literalmente encarnando o fim do regime militar, é capitalizada pelo PMDB, que em 1985 e 1986 se beneficia de uma verdadeira hegemonia nas urnas. No Rio de Janeiro, o PMDB, conduzido por Wellington Moreira Franco, está na oposição a Brizola e ao seu herdeiro escolhido, Darcy Ribeiro. Chovem críticas ao desperdício representado pelos CIEPs e, sobretudo, à inação do chefe do PDT ante a criminalidade crescente. Em meados dos anos 1980, os temas da delinquência, do tráfico de drogas, da insegurança substituem as figuras da subversão na demonologia política brasileira, e particularmente carioca.[39]

Wellington Moreira Franco vence facilmente. O novo governador (1986-1990) abandona os CIEPs à erosão e à invasão pelo mato e faz do prolongamento do metrô o emblema de sua ação. Ao retornar ao governo do estado em 1990, Brizola interromperá essas obras e deixará quilômetros de galerias inacabadas e estações inconclusas.

A credibilidade da Nova República e a popularidade de seus dirigentes se desgastam no mesmo ritmo que a moeda, lacerada pela hiperinflação e pela falência das fórmulas destinadas a combatê-la. José Sarney, adotado em março de 1985 como o ungido de Tancredo Neves, é execrado após o fracasso do Plano Cruzado, em 1986. A dignidade presidencial é espezinhada no Rio de Janeiro, em 25 de junho de 1987, quando o presidente, também poeta e romancista, dirige-se à Academia Brasileira de Letras sob piadas grosseiras e pedradas. Alguns dias depois, o aumento brutal de 49% no preço dos transportes coletivos do Grande Rio provoca uma celeuma. Cerca de sessenta ônibus são virados e incendiados.[40] Nesse contexto, a perspectiva de eleições presidenciais diretas, as primeiras desde 1960, alimenta novas esperanças. Uma maioria de brasileiros espera apagar as frustrações da campanha das Diretas e da morte de Tancredo Neves.

As tão desejadas eleições ocorrem finalmente nos dias 15 de novembro e 17 de dezembro de 1989. A política se apodera de todos os espaços, quer sejam privados ou públicos. Os comitês de apoio organizam intermináveis carreatas que percorrem as ruas ao som das buzinas, difundem incansavelmente os hinos de campanha de seus candidatos, distribuem panfletos, convidam para concentrações ou comícios de todo tipo.

Para além do dinamismo dos aparelhos partidários, a campanha de 1989 é única por causa da fortíssima mobilização dos cariocas, a maioria dos quais nunca votou para eleger o presidente. A Constituição de 1988, além disso, atribuiu o direito de voto aos analfabetos e baixou para 16 anos a idade mínima para ser cidadão ativo. Jamais o país legal esteve tão próximo do país real, pelo menos em teoria. A política invade as conversas e a paisagem cotidianas. As janelas dos apartamentos se cobrem de cartazes nos quais se destacam os dois "L" em verde e amarelo de Collor, o punho com a rosa de Brizola, a estrela do PT, o tucano do social-democrata Mário Covas, ou os símbolos distintivos dos outros candidatos. Nos automóveis, adesivos indicam as preferências de seus proprietários. O frenesi de votar é tamanho que as pessoas organizam eleições simuladas nas refeições familiares, nos escritórios, nos clubes, nas festas, nas associações... Nas manhãs de domingo, as praias se transformam numa ágora descontraída, onde se cruzam os mais diversos cortejos.

O primeiro turno de 1989 é rico em ensinamentos. A contagem nacional dos votos coloca Brizola em 3º lugar, atrás de Luís Inácio "Lula" da Silva, candidato do PT, e elimina-o da corrida para o Planalto. O PDT não conseguiu propagar-se para além de seus bastiões gaúchos e cariocas. Contrariamente aos cálculos de Brizola, que esperava uma confrontação entre as "elites" e o "povo", os brasileiros rejeitaram aqueles que lhes lembravam demasiado as clivagens anteriores à Nova República [41] e preferiram a novidade.

A temperatura sobe entre os dois turnos quando as sondagens creditam a Lula boas chances de ganhar a eleição. Momento raro na história da cidade, a política parece então uma pura exultação. A conjuntura de 1989 deixa entrever a possibilidade de uma alternância política sem a ameaça de um golpe de Estado, ou de um ato institucional que suspenda brutalmente o processo. Um dos *slogans* do PT, "Sem medo de ser feliz", remete a essa jubilação para incitar os eleitores à audácia de um voto a seu favor. Na primeira quinzena de dezembro de 1989, a cidade do Rio é tomada pelo fervor petista. Os transeuntes se saúdam alegremente, afastando o polegar e o indicador, de modo a desenhar o "L" de Lula. O público dos espetáculos retoma em coro o estribilho do PT, "Lula-lá", em que o "lá" designa implicitamente o Planalto.

Após certa hesitação, Leonel Brizola aceita convocar seus eleitores a votar em Lula. É ele a verdadeira estrela de um comício grandioso em torno do presidenciável, na Avenida Presidente Vargas, junto à igreja da Candelária, onde a entrada do líder do PDT em cena é saudada por uma ovação próxima da histeria.

POLÍTICA E FRUSTRAÇÕES

A embriaguez democrática recebe uma verdadeira ducha fria com os resultados do escrutínio. Se quase 70% dos eleitores cariocas preferiram Lula a Fernando Collor, 53% dos brasileiros deram a vitória a este último. Em 19 de dezembro, o *Jornal do Brasil* dá a manchete: "A ressaca do Rio" para descrever a depressão coletiva que se apodera da cidade, como após um carnaval de muita bebida ou uma final de campeonato perdida.

Depois disso, nenhum acontecimento político suscitou uma tal paixão. As eleições presidenciais de 1994 e 1998 se desenrolaram numa morna rotina democrática. A campanha de rua no Rio limitou--se principalmente a alguns cabos eleitorais que, nos cruzamentos da Zona Sul, agitavam sem convicção as cores de um candidato, em troca de alguns trocados. Em certo sentido, a vitória de Fernando Collor fecha o ciclo da politização maciça da população, que se iniciara com a campanha das Diretas e fizera do exercício do sufrágio universal uma festa cívica. Ela também assinala um novo golpe na ascensão de Brizola. Em 1990, o líder do PDT retorna ao palácio Guanabara com maioria bastante confortável. Ele deixa o cargo para concorrer às eleições presidenciais de 1994, em que obtém uma votação ridícula. Quatro anos depois, é obrigado a exercer um papel secundário em relação a Lula e ao PT. Seu segundo governo no Rio de Janeiro, considerado pela maioria dos fluminenses como desastroso em todos os aspectos, minou de fato suas bases eleitorais mais sólidas. A história do PDT é também famosa pelas cisões, rupturas e excomunhões, que abriram um vazio em torno de seu líder. O brizolismo político encolheu como pele de onagro, mas o brizolismo ideológico ainda flutua no ar da Cinelândia, como se se tratasse do avatar de um fundo de cultura política tipicamente carioca.[42]

Embora permeável ao "populismo", São Paulo manteve-se hermético diante do charme de Leonel Brizola, que jamais conseguiu furar esse bloqueio. Desde 1962, o líder trabalhista apresenta a cidade do Rio de Janeiro como vítima do vasto complô tramado pelas "elites" contra o "povo", e cujas provas seriam a transferência da capital para Brasília e a fusão dos estados da Guanabara e Rio de Janeiro. O gaúcho, que em nada renegou suas maneiras regionais nem seu sotaque, soube fazer ressoarem cordas sensíveis nos meios populares do antigo Distrito Federal. É fácil descobrir-lhe ancestrais na galeria dos políticos que suscitaram fervor no Rio. O personalismo, o autoritarismo, a intemperança verbal, a tentação das medidas de exceção contra o jogo formal das instituições, a teoria do complô, o nacionalismo exacerbado não deixam de evocar, *mutatis mutandis*, o florianismo e o jacobinismo dos primórdios da República. A tônica dada à emancipação do povo através da educação pode lembrar Pedro Ernesto. Assim como Brizola, Floriano Peixoto, originário de Alagoas, Pedro Ernesto, nascido em Recife, e Getúlio Vargas, gaúcho de São Borja, são todos "estrangeiros" que foram adotados pelo Rio de Janeiro e encarnaram a dimensão nacional da cidade.

Todas essas razões explicam por que Brizola resiste a uma imagem deplorável, às derrotas eleitorais e às sondagens desanimadoras. Em 1998, o PDT obteve grande sucesso com a eleição, para o governo do Rio de Janeiro, do prefeito (PDT) de Campos, Anthony Garotinho. A vitória de um "provinciano" constituiu uma pequena revolução numa capital habituada a impor seus candidatos ao resto do estado. Mas logo se evidenciou que as relações entre Garotinho e Brizola não seriam nada fáceis. O estilo do novo governador, dotado para as negociações e empenhado em fortalecer sua reputação de bom administrador, mais do que em lançar realizações faraônicas, rompe com as fulgurâncias e as cóleras de Leonel Brizola.

12. "Rei de Janeiro"[1]

Após os primeiros tempos da "Nova República", a história do Rio de Janeiro assemelha-se à vida da Fênix. Deixando de ser capital em 1960, rebaixada da posição de estado federativo a um simples município em 1975, empobrecida durante a "década perdida" – os anos 1980 –, vilipendiada por sua miséria e sua violência, a cidade conheceu um longo período depressivo do qual só saiu na virada do século XX para o XXI. Por volta do ano 2000, a melhora econômica do Brasil e a visibilidade crescente do país no cenário internacional gratificam enormemente a Cidade Maravilhosa, que retoma, graças a essa abertura para o mundo, o papel de capital simbólica.

A beleza excepcional da baía da Guanabara e da orla marítima não basta para justificar que o Rio seja o cartão de visita privilegiado da "marca Brasil" no estrangeiro, pois ao país não faltam paisagens suntuosas a valorizar. É exatamente a história, a indissolúvel associação do Rio de Janeiro com os desenvolvimentos do Estado-nação brasileiro e de todas as consequências culturais, que explica seu lugar à parte na federação. O Rio de Janeiro permaneceu implicitamente a capital nacional. Depois da Cúpula da Terra em 1992 (ECO-92), cujos vinte anos foram celebrados em 2012 por outro encontro, "Rio+20", o Rio de Janeiro não cessa de afirmar sua vocação para receber os eventos planetários. Em 2007, a cidade acolhe os Jogos Pan-Americanos. Em 2013, recebe o papa Francisco na primeira viagem de seu pontificado, por ocasião das Jornadas Mundiais da Juventude. Em 2014, é no Maracanã, e não em Brasília ou São Paulo, que se disputa a final da Copa do Mundo de futebol organizada no Brasil pela FIFA. Para coroar, no final de 2009, o Rio

Jornada Mundial da Juventude, 2013.

de Janeiro supera Chicago, Tóquio e Madri, por ocasião da votação final do Comitê Olímpico Internacional, e ganha o direito de entrar no clube elitista das cidades olímpicas para suceder Londres como cidade-sede dos jogos em 2016. A praia de Copacabana torna-se a praça central da aldeia global, um cenário capaz de acolher tanto os Rolling Stones quanto o Papa. Por enquanto, as outras metrópoles brasileiras contentam-se com as migalhas, nenhuma reunindo atualmente os mesmos trunfos que a capital fluminense.

A projeção global do Rio de Janeiro, vitrine de um Brasil como nova grande potência, tem fortes incidências locais e determina numerosas políticas, como as da manutenção da ordem e da luta contra a insegurança, da locomoção e dos transportes urbanos. Ela envolve não somente a prefeitura do Rio, mas também os governos estadual e federal.

Aqui desfaz-se o consenso e elevam-se as críticas, que acusam os poderes públicos de não atacar os problemas pela raiz, de preferir a má gestão à satisfação das necessidades elementares dos cidadãos, de empreender ações brutais para dar segurança aos bairros onde circulam os turistas, de redesenhar o mapa do Rio de Janeiro, reduzido apenas à Zona Sul e a alguns logradouros estratégicos e pitorescos.

Essas tensões trazem à luz as contradições do Rio de Janeiro, certa vez capital provincial e megalópole global, a persistência das desigualdades sociais, a distância que separa sempre a Zona Sul das outras partes da cidade, a desproporção entre a municipalidade carioca e as outras 91 que compõem o estado do Rio de Janeiro. A procrastinação em torno do destino reservado às favelas constitui uma boa ilustração.

"Aglomerados subnormais"

Elemento consubstancial da paisagem carioca, as favelas destacam por sua vez a questão social, o urbanismo, a segurança pública e o imaginário. Em 1997, eles inspiraram uma grande obra literária, *Cidade de Deus*, escrita por Paulo Lins. O contraste gritante entre o morro e o asfalto vem simbolizando há muito tempo o dualismo social, como se a topografia do Rio de Janeiro tornasse visíveis e explícitos os impasses do modelo brasileiro. É esse dualismo ainda válido no século XXI, em um país onde a *classe média* é majoritária? A alta dos preços de imóveis atinge também o território das comunidades, onde alguns não escapam a formas de "gentrificação".

O crescimento das favelas, surgido no fim do século XIX, relaciona-se estreitamente com a nova industrialização dos anos 1940. Em 1948, contavam-se 105 favelas e 150.000 favelados no Distrito Federal. As favelas situam-se nas proximidades dos empregos, industrial na Zona Norte e de serviço na Zona Sul.[2] Em 1960, os barracos abrigam mais de 330.000 habitantes e invadem os arredores da avenida Brasil, que serve à área industrial da Zona Norte. Em 2010, 1.400.000 pessoas, ou seja, 22% dos 6.300.000 cariocas vivem nas 763 favelas recenseadas, classificadas de "aglomerados subnormais". Em dez anos, a população favelada cresceu a um ritmo oito vezes superior ao da população citadina. Em áreas de risco, em restos de parques ou de regiões protegidas, são objeto de uma colonização que nada tem de espontânea e obedece a lógicas especulativas mais ou menos ocultas.

Os planos urbanísticos começaram por considerar as favelas como aberrações a serem extirpadas. Sob o Estado Novo, três "parques proletários", de instalações precárias, acolhem cerca de quatro mil pessoas que por muito tempo esperam ser ali realojadas e acabam sendo expulsas em consequência da valorização dos terrenos.[3] O Estado e sobretudo a Igreja sobem os morros "antes que os comunistas desçam de lá". A Fundação Leão XIII, em 1946, e mais tarde a Cruzada São Sebastião, em 1954, desenvolvem uma pastoral destinada aos favelados e conseguem levar água, eletricidade e rede de esgotos para alguns acampamentos deserdados.[4]

Após os anos 1980, são as igrejas evangélicas que tomam a frente da Igreja católica nas favelas e nos bairros pobres e demonstram maior dinamismo. As igrejas protestantes, sobretudo pentecostais, fazem numerosíssimos adeptos, aos quais oferecem solidariedade e alguma educação. Entre essas muitas denominações, a Igreja Universal do Reino de Deus (IURF) aparece como bastante singular. Presente em todos os continentes, a IURF foi fundada em 1977, no Rio de Janeiro, por Edir Macedo, antigo funcionário da Loteria Federal. Seus templos proliferam em cinemas desativados e instalam-se em imóveis próprios nas grandes artérias do Rio. Marcelo Crivella, sobrinho de Edir Macedo, chegou ao segundo turno da eleição para governador do estado do Rio de Janeiro em 2014, comprovando a força do voto evangélico.

Por volta de 1960, esboça-se a ideia de urbanizar as áreas ocupadas por barracos, ao invés de erradicá-las. Mas o governo de Carlos Lacerda escolhe a segunda alternativa. Ele ordena a demolição de doze favelas, cujos ocupantes são removidos para aglomerações operárias financiadas com o auxílio de créditos norte-americanos: Vila Kennedy (Senador Camará), Vila Aliança (Bangu), Vila Esperança (Vigário Geral), Cidade de Deus (Jacarepaguá). Por um aluguel módico, as famílias deslocadas recebem uma casinha de alvenaria, exígua, padronizada, dotada de um mínimo conforto. Essas poucas vantagens não compensam os vínculos de vizinhança perdidos, as horas de transporte para chegar ao trabalho e voltar, a desolação dos novos ambientes. O descontentamento reflete-se nas urnas. Em 1965, é nessas circunscrições que o candidato apoiado por Lacerda para sua própria sucessão obtém os piores resultados.[5]

Os favelados e suas associações opõem-se de forma ferrenha, às vezes vã, à demolição de seus barracos, a qual expulsa cem mil pessoas entre 1968 e 1975.[6] A resistência ao realojamento prossegue de outras maneiras: revenda das casinhas, insolvência, retorno às favelas... Em 1982, os favelados são em grande parte responsáveis pela vitória de Leonel Brizola, que abandonará a política das mudanças forçadas.

As pesquisas realizadas no início do ano de 1980 mostram que 6% dos moradores das 365 favelas então recenseadas no Rio de Janeiro têm acesso, pelo menos parcialmente, à rede de esgotos da cidade. O governo Brizola esforça-se, com certo sucesso, para facilitar-lhes a integração na infraestrutura urbana. No começo dos anos 90, 85% dos favelados têm eletricidade, 60% dispõem de água corrente e menos de 20% contam com rede de esgoto.[7] A grande maioria ainda é invasora e não possui nem título de propriedade nem contrato de aluguel. O governo Brizola regulariza centenas de milhares de casos, distribuindo títulos de propriedade às mulheres, reconhecidas como as verdadeiras chefes de famílias pobres. Em 1993, sob a gestão municipal de César Maia, é lançado o programa Favela-Bairro, que visa a reabilitar ou criar os equipamentos coletivos, de acordo com os moradores, e dar prosseguimento à inclusão das seiscentas favelas no resto do tecido urbano.

A Rocinha, que no início dos anos 1930 era apenas uma aldeola pendurada nas encostas de São Conrado, tornou-se nesse intervalo uma das maiores favelas da América Latina, antes de ser urbanizada. Mais que um bairro, é uma cidade de 70.000 habitantes segundo o IBGE 2010 – o dobro segundo os moradores – com suas pequenas empresas, algumas confecções mantidas por mulheres, suas setecentas biroscas dominadas por nordestinos, e até algumas franquias.

Apesar de ter sido desacreditada pela administração Lacerda e pela ditadura militar, a realocação de comunidades é uma possibilidade que ressurge periodicamente, em especial no bojo de obras realizadas por ocasião da Copa do Mundo ou para os Jogos Olímpicos de 2016. A remoção das favelas é também evocada por ocasião das chuvas diluvianas que se abatem, em certos verões, sobre o estado e a cidade do Rio de Janeiro, causando a morte de dezenas, às vezes centenas de pessoas, e arruinando milhares de habitações. Em abril de 2010, deslizamentos e inundações fizeram cinquenta vítimas no Rio e uma centena em Niterói, onde uma favela, erguida sobre um antigo lixão, foi sepultada por um deslizamento de terra. Em janeiro de 2011, mais de 800 fluminenses, na maior parte de Nova Friburgo e Teresópolis, pereceram em consequência das intempéries. Em dezembro de 2013, chuvas torrenciais fizeram 5 mortos e deixaram 10.000 desabrigados. Essas catástrofes recorrentes dão margem a realojamentos e reacendem o debate acerca da remoção de favelas, reivindicadas por muitos cariocas por vários outros motivos.

Rio, cidade perigosa

Após trinta anos, o aumento contínuo de delinquência cotidiana e da grande criminalidade modificou profundamente a vida dos cariocas e apontou as favelas como a causa do mal. Estas últimas são percebidas como sinistros pátios de milagres onde os traficantes de drogas, os novos senhores de uma guerra civil, são os reis de uma contrassociedade, um submundo bárbaro, um "poder paralelo", que espalha o terror e torna impossível o estado de direito. No início do século XX, a representação dos morros como o avesso da civilização é concomitante com as reformas urbanas destinadas a colocar o Rio no diapasão da Europa e da América branca. Quanto mais o Rio de Janeiro se civilizava, mais os "acampamentos africanos" visíveis a partir da avenida Rio Branco se tornavam antros intoleráveis da barbárie e do atraso aos olhos da burguesia carioca.[8] A questão social ainda era explicitamente racial. A recrudescência da violência, a difusão de imagens atrozes pela TV, o hipermachismo, a prostituição, o sensacionalismo de encenações macabras atualizaram e dramatizaram a oposição entre barbárie e civilização.

Os favelados são as primeiras vítimas da violência. Vários tipos de violência entrecruzam-se no Rio, assim como nas outras metrópoles brasileiras. Nesse sentido, a distribuição geográfica da delinquência é reveladora. A Zona Sul, Tijuca e Barra da Tijuca, bairros de classe média, são vítimas principalmente de arrombamentos e roubos de carro.

A Zona Oeste – Bangu, Santa Cruz, Jacarepaguá – caracteriza-se, em contrapartida, pelos assassinatos, que representam 21% dos crimes registrados pela polícia entre maio de 1998 e 1999.[9] Com frequência, os homicídios premeditados ligam-se ao tráfico de drogas, aos acertos de contas e às guerras travadas entre quadrilhas mais ou menos organizadas pelo controle de um setor. O tráfico de drogas, em todas as suas ramificações, é designado como a principal causa da insegurança e da violência no Rio de Janeiro. O Complexo do Alemão, reunião inexpugnável de 15 comunidades onde vivem mais de 60.000 pessoas em 2010,[10] concentra a economia da cocaína.

O tráfico é a causa de batalhas sangrentas entre gangues pertencentes às três grandes organizações criminosas rivais: Comando Vermelho, Terceiro Comando e Amigos dos Amigos. Os favelados sofrem diretamente os efeitos, mas esses extrapolam os morros, paralisando a circulação e provocando cenas de faroeste em plena via pública. Nos anos de 1990 e 2000, rajadas de armas automáticas faziam parte da brutal rotina da noite carioca. Balas perdidas mataram ou mutilaram cidadãos, surpreendidos nas suas ocupações mais banais, em casa ou nos ambientes mais familiares. Em 1994, os tiroteios nas favelas ganham tal amplitude que certas escolas situadas bem no meio do campo de batalha têm de ser evacuadas, com algumas ruas sendo interditadas ao trânsito. Com 82% de aprovação dos cariocas (segundo as pesquisas), o Exército intervém e ocupa as favelas.[11] A "Operação Rio" dá um refresco aos habitantes da cidade, mas nem por isso reduz as estatísticas criminais ou resolve os problemas em profundidade, pois os confrontos entre quadrilhas não cessam e acontecimentos sinistros continuam a ocupar as manchetes.

Em junho de 2002, o jornalista Tim Lopes, autor de reportagens sobre a criminalidade, é torturado e assassinado no Complexo do Alemão, um dos feudos do Comando Vermelho.

Algumas semanas mais tarde, em plena campanha eleitoral para o governo do estado, os traficantes lançam uma grande ofensiva a fim de intimidar os candidatos em disputa e fazer a demonstração de seu poder de prejudicar. Em outubro, eles impõem um toque de recolher em diferentes locais, como Ilha do Governador, mas também em Copacabana, Ipanema e Leblon, bairros socialmente simbólicos e situados bem longe, em princípio, de suas áreas de influência.

Guerra e paz?

O envolvimento da polícia, particularmente a PM, em muitas ocorrências criminais, sua corrupção, seu pesado passivo de brutalidade, sua impunidade são apontados como uma das causas principais do mal. Policiais estão regularmente metidos em massacres sórdidos, dois dos quais, pelo menos, fizeram as manchetes da imprensa internacional. Na noite de 23 para 24 de julho de 1993, meia dúzia de agentes da PM abatem oito adolescentes de rua, que dormiam diante da igreja da Candelária, no centro do Rio. Graças ao testemunho de um sobrevivente, obrigado a se exilar do Brasil para escapar às ameaças de morte, os supostos assassinos caem em contradição e são levados à justiça. Pela primeira vez condenações a dezenas de anos de reclusão foram pronunciadas contra três dos sete indiciados, mas nenhum deles se encontra na prisão.

Um mês após o massacre da Candelária, policiais vão vingar a morte de quatro de seus colegas e saem matando aleatoriamente 21 inocentes na favela de Vigário Geral. Pode-se acrescentar a essa triste relação de desatinos da polícia três funcionários do governo, destinados a lutar contra o crime, e que querem justiça pela morte de infelizes cujo único erro é residir na favela. Em março de 2000, o sociólogo Luís Eduardo Soares, que coordenava a política do governo de Antony Garotinho contra a violência, é demitido após ter denunciado as ações da "banda podre" da polícia.

Certos policiais e ex-policiais integram as milícias, bandos organizados clandestinos, que surgiram nas favelas e bairros populares da Zona Oeste a pretexto de dar caça aos traficantes e proteger os moradores. Essa "proteção" não tem nada de nobre nem é desinteressada e a ordem aparentemente restabelecida custa um alto preço. As milícias, que na verdade não passam de máfias e empregam a mesma violência, impõem "taxas" e diversos tipos de propinas, abarcando tudo que é lucrativo na vida das comunidades: venda de botijões de gás indispensáveis na cozinha, circulação de vans, "gatos" na rede elétrica ou na internet... Em 2007 diversas milícias controlavam 86 favelas no Rio de Janeiro.[12] A repressão que começou a combater as milícias a partir de 2008 não conseguiu deter sua expansão. O território das milícias mais que dobrou em seis anos. Ele se estende em 2014 a 45% das favelas cariocas e abarca numerosos municípios do estado do Rio de Janeiro. Essa questão constituiu um dos temas da campanha eleitoral em outubro de 2014, quando a equipe de saída (e reeleita), aquela de Sérgio Cabral e de Luiz Fernando Pezão, foi acusada de ter manifestado no mínimo complacência em relação às milícias.

A situação desastrosa da segurança pública no Rio de Janeiro, acrescida da perspectiva de eventos internacionais a cuja organização a cidade deseja candidatar-se, impele o governo do estado a se lançar em 2008 numa política de "pacificação" das favelas, inspirada pelas experiências locais, mas também estrangeiras, como aquelas levadas a cabo em Medellín, na Colômbia. O termo "pacificação" pertence ao registro das guerras coloniais, guerras com frequência assimétricas, onde se trata por sua vez de vencer os combatentes e de conseguir a adesão das populações por uma ação psicológica e social.

É exatamente o espírito que norteia a empreitada de "pacificação", dividida em quatro fases. A primeira consiste da reconquista militar das favelas, a entrada das forças da ordem em territórios que lhes eram proibidos, a prisão ou expulsão dos traficantes ou dos milicianos.

Essa tarefa é geralmente confiada ao Batalhão de Operações Policiais Especiais (BOPE), criado em 1978, e até ao Exército, nos casos mais difíceis. Segue-se um período de ocupação mais ou menos longo para consolidar a reconquista, após o qual, a situação é julgada adequada à instalação de uma Unidade de Polícia Pacificadora (UPP), com o fim de restabelecer a confiança entre os moradores e a polícia. A quarta e última fase compreende um viés social, trabalhos de saneamento, a implantação de serviços e atividades capazes de melhorar as condições de vida da comunidade e dissuadi-la de dar apoio aos traficantes.

A favela Santa Marta, situada no morro Dona Marta, no bairro de Botafogo, sobre os flancos escarpados do Corcovado, foi a primeira a receber uma UPP em 2008 e serve como vitrine da pacificação. Entre outros serviços, foi instalado um teleférico para facilitar a locomoção de seus moradores. Até 2014 são em número de quarenta as UPPs que funcionam nas favelas do Rio de Janeiro. As ofensivas contra as capitais do "poder paralelo", o imenso emaranhado de favelas do Complexo do Alemão, em novembro de 2010 e da Rocinha e Vidigal, um ano depois, assemelharam-se a operações de guerra, mobilizando milhares de militares, helicópteros e veículos blindados, os famosos "caveirões" utilizados pelo BOPE. As intervenções terminam, sob as lentes das câmeras, pelo inventário do butim de guerra – as armas, a droga, os símbolos do luxo mal adquirido – e a transferência dos presos para presídios de segurança máxima. O içar da bandeira nacional no ponto culminante do território conquistado sacramenta a vitória.

A pacificação das favelas do Rio, servida por seus resultados imediatos e espetaculares e uma comunicação muito eficaz, foi acolhida com genuíno alívio pela população. Pela primeira vez depois de muito tempo, os cariocas experimentaram uma nítida melhoria sobre o *front* das violências urbanas. Pela primeira vez sem dúvida na sua história, o poder público e os serviços sociais fazem-se presentes nas favelas. A 7 de julho de 2011, as mais altas autoridades - a presidente Dilma Roussef, o governador Sérgio Cabral e o prefeito Eduardo Paes – inauguram sorridentes os 3,5 km do teleférico do Alemão, que serve a várias comunidades. O teleférico atrai visitantes estrangeiros e é testemunha da integração dos bairros "pacificados". Certas favelas, como a do Vidigal, em razão de sua posição privilegiada de balcão sobre o oceano Atlântico, atraem o turismo e novos moradores de condições de vida mais elevado, cuja presença faz subir os preços dos aluguéis e indica uma possível evolução da composição social do bairro.

No entanto, a marcha triunfal do BOPE e das UPPs foi retardada por diversas rachaduras e episódios perturbadores. Apesar dos vários meses de ocupação militar, a "pacificação" mostra seus limites nos territórios onde os traficantes oferecem resistência e retomam posições. Entre 2008 e 2014, treze policiais trabalhando nas UPPs foram mortos, a maioria deles no Complexo do Alemão. As operações por sua vez parecem ter simplesmente empurrado para longe e disseminado a criminalidade em outros municípios do estado. Sobretudo, a "nova" polícia, encarregada de manter com a população relações de confiança e ser incorruptível, parece ter muitos pontos em comum com a antiga. Em julho de 2013, explode o "caso Amarildo", a partir do nome de um morador da Rocinha, Amarildo Dias de Sousa, que desaparece do posto da UPP e mancha de forma duradoura a reputação da "polícia pacificadora". Durante uma ampla operação de limpeza na Rocinha, oficialmente "pacificada", trinta pessoas sem qualquer ligação com os traficantes são presas e interrogadas pelos policiais militares da UPP. Amarildo jamais saiu do posto da UPP. Todos os dispositivos que permitem monitorar as ações dos policiais, câmeras de vigilância, GPS das viaturas, entram inexplicavelmente em pane e o corpo do pedreiro até hoje não foi encontrado. Amarildo Dias de Sousa, pobre, analfabeto, chefe de família numerosa, sem ficha criminal, termina por encarnar todos os desaparecimentos de cidadãos inocentes atribuídos à polícia. Sob a pressão de uma insistente campanha de opinião pública, baseada na lancinante pergunta "Cadê Amarildo?", a enquete leva à acusação de 25 policiais da UPP da Rocinha de tortura seguida de morte. Alguns devem, além disso, responder perante a justiça por ocultação de cadáver, fraude processual e formação de quadrilha.

Em setembro de 2012, o chefe do Comando de Operações Especiais, que inclui o BOPE, é preso, juntamente com outros 21 policiais militares, por crime de prevaricação. Mesmo o BOPE, exaltado por dois filmes de José Padilha, *Tropa de elite: missão dada é missão cumprida* (2007) e *Tropa de elite 2: agora o inimigo é outro* (2010), dois enormes sucessos de bilheteria e de pirataria, vê-se atingido pela corrupção! A avaliação do BOPE resume as duas grandes concepções que se opõem frontalmente em matéria de segurança pública.

Muito ambíguo, o primeiro *Tropa de elite* retrata os comandos empenhados numa implacável guerra interior contra os traficantes, sem poupar meios. Como o Brasil está em "guerra" – a expressão era comumente empregada nos anos 2000 –, e esta guerra não é uma guerra convencional, em que o "inimigo" não veste uniforme e não respeita nenhuma regra, a ele é lícito torturar, brutalizar, assassinar. Essa concepção apressada vai de encontro ao sentimento de exasperação de parte da opinião pública, que não faz distinção entre os bandidos e acredita na mão forte. Ela lembra igualmente a guerra contra a subversão da qual a ditadura pretendia se livrar, com os meios que o relatório da Comissão Nacional da Verdade detalhou. A polícia tem uma tradição de violência bem anterior à ditadura militar, mas foi respaldada e utilizada por ela.

Os detratores do BOPE e da violência mórbida que o anima podem sempre chamar a atenção para o símbolo dessa unidade especial, a insígnia da caveira, que raramente é associada às formas de manutenção da ordem respeitosas aos cidadãos. Além das questões de segurança, a luta contra as máfias remete a um projeto de sociedade e de democracia.

Rio de Janeiro, rei do petróleo

No setor econômico, o Rio de Janeiro conheceu uma forte evolução depois de trinta anos. O início da "Nova República", tanto no Distrito Federal quanto no resto do Brasil, é marcado pela crise generalizada que se seguiu ao fim do "milagre brasileiro", a estagnação dos anos 1980, e pela hiperinflação cujas taxas atingem 5.130% ao ano em 1994. A antiga capital acrescenta os seus problemas específicos ao marasmo geral. A fusão não reverteu a tendência à desindustrialização que os empresários cariocas vinham denunciando desde o fim dos anos 1950. Em 1990, o estado do Rio tem um milhão de funcionários públicos, dos quais 400.000 são servidores da União e os demais trabalham para o estado e as prefeituras. O Rio, portanto, é vulnerável à crise do Estado provedor e aos planos de ajuste que se sucedem nos anos de 1980 a 1990 para reduzir o quadro da administração pública. Assim, a redução das despesas federais atinge em cheio a antiga capital, que havia continuado a beneficiar-se amplamente delas. É como se só então, um quarto de século após a inauguração de Brasília, o Rio de Janeiro tomasse finalmente consciência da perda de seu estatuto, do esgotamento das medidas compensatórias que haviam acompanhado a transferência dos poderes e das consequências de uma longa desindustrialização.[13] A tendência inverteu-se com a aproximação do novo século. A Volkswagen abre uma fábrica em Resende, em 1997, e a Peugeot-Citroën instala-se pouco depois em Porto Real, não muito longe dali.

A grande reviravolta para a economia fluminense foi a descoberta e a extração de petróleo e gás natural *off shore* da bacia de Campos, principal jazida do Brasil. O Rio de Janeiro abrigava, depois de sua criação de 1954, a sede social da Petrobras, empresa pública, embora de capital aberto. O desenvolvimento da indústria petrolífera justifica plenamente *a posteriori* esta localização.

As primeiras explorações começaram em 1974 a partir de Macaé, porto mais próximo da bacia de Campos, a grande cidade do petróleo. O ouro negro começou a jorrar em 1977 e a partir de então as descobertas de campos gigantes, cada vez mais profundos, se multiplicam, ao mesmo tempo em que progridem as tecnologias que permitem a extração em maiores profundidades. Em 2006, o Brasil anuncia a sua autossuficiência em petróleo e, no ano seguinte, começa-se a demarcar as enormes reservas repousando sob a camada do pré-sal, 7 km abaixo da superfície do oceano, na bacia de Campos e na bacia de Santos. A sua exploração, que permitirá aumentar sensivelmente a produção brasileira a partir de 2017, envolve investimentos consideráveis.

O petróleo revelou-se um maná para o estado do Rio de Janeiro, onde representa quase 20% do PIB. Ele permitiu a renovação de uma indústria naval em declínio, mobilizada para a fabricação de plataformas e navios petroleiros. O Rio de Janeiro orgulha-se de possuir um PIB equivalente ao do Chile e de contribuir para elevar em 15% a riqueza nacional, mas ainda está bem atrás de São Paulo, o estado mais rico da Federação.

O turismo, outro setor importante da economia fluminense, lucra diretamente com os grandes eventos que o Rio sedia e com as mudanças que suscitam.

Trabalhos olímpicos

Depois dos anos 1990, a municipalidade esforça-se para reconquistar e valorizar o Centro, ou seja, a área que correspondia à cidade do Rio de Janeiro entre sua fundação e o século XIX: um quadrilátero situado entre os quatros morros do Castelo, Santo Antônio, São Bento e da Conceição. Ao longo de todo o século XX, as demolições avançaram na cidade histórica. Nos anos 70, a construção do metrô deu um golpe fatal no Palácio Monroe, o antigo Senado federal e em edifícios veneráveis do Largo do Machado, como aquele que abrigava desde 1874 o Café Lamas, transferido para um prédio moderno na rua Marquês de Abrantes. Existe então um Rio de Janeiro fantasma que só subsiste na iconografia e na literatura.

Na década de 1990, dedicou-se nova atenção ao patrimônio. Os sucessivos prefeitos cuidaram de revitalizar o Centro, que não é mais residencial – excetuando os sem-teto – depois de muito tempo, e permanecia deserto nos fins de semana. Essas ações consistiam em restaurar os sobrados antigos e transformá-los na sua maior parte em centros culturais. A Casa França-Brasil (antigo prédio da Bolsa desenhado por Grandjean de Montigny), depois a sede do Banco do Brasil, o Centro Cultural dos Correios, o Centro de Arte Hélio Oiticica oferecem assim novos espaços de exposição ao público e fazem do Centro um alvo de passeio dominical. Os grandes eventos internacionais dos anos de 2010, principalmente os jogos olímpicos de 2016, estimulam operações de muito maior envergadura. A partir de 2009, a prefeitura lançou o projeto Porto Maravilha, que prevê a reconstrução completa da zona portuária do Rio de Janeiro, depois de muito tempo degradada, assim como a reabilitação dos bairros da Gamboa e Saúde, tão fundamentais para a cultura e a memória afro-brasileiras.[14] Foi, com efeito, nas ruas situadas nas proximidades da Pedra do Sal, tão impressionante com seus degraus escavados na rocha pelos escravos, que se desenvolveu a Pequena África, refúgio do candomblé, conservatório das tradições religiosas e musicais e berço do samba carioca.

Uma das operações mais espetaculares consistiu em pôr abaixo o elevado da Perimetral, a via expressa área que desfigurava o Centro, particularmente a Praça XV e o Paço Imperial. A demolição por explosivo da Perimetral agrava num primeiro momento a circulação numa cidade cada vez mais congestionada pelo automóvel, mas seu desaparecimento areja o centro histórico e embeleza as perspectivas e os sobrados que o elevado ocultava.

Além da reconstrução das infraestruturas, a reabilitação da zona portuária compreende a construção de instalações de prestígio, como o Museu de Arte do Rio de Janeiro (MAR), inaugurado em 2013, ou o Museu do Amanhã, que deverá abrir suas portas em 2015, sobre um cais há muito desativado.

Durante as obras, os arqueólogos puderam trazer à luz trechos inteiros da história do Rio de Janeiro e do Brasil, sua dimensão negreira e seus furos de memória. Na zona portuária, alusiva à *Belle Époque*, foi implantado, onde se manteve por mais de 60 anos, o maior mercado de escravos das Américas. Dos anos de 1770 aos anos de 1830, as décadas mais intensas do tráfico negreiro para o Brasil, os cativos desembarcavam nesse local e recuperavam alguma força nas pequenas casas disseminadas ao longo do cais do Valongo, antes de serem vendidos.

Em 1996, foi descoberto, debaixo de uma casa na Gamboa, o cemitério dos pretos novos, as fossas onde eram jogados os cadá-

Cais do Valongo.

veres dos recém-chegados. As novas escavações revelaram muitos objetos, bijuterias, amuletos, cachimbos, fragmentos de baixela, que materializam a presença dessas mulheres e homens e testemunham a vida cotidiana no Valongo.

Após a interdição "para o inglês ver" de 1831, as atividades do Valongo tornam-se cada vez mais discretas e migram para outros desembarcadouros. Em 1843, para acolher Teresa Cristina, mulher de dom Pedro II, o cais dos escravos é pavimentado com belas pedras e torna-se o "Cais da Imperatriz", que os trabalhos do Porto Maravilha exumaram. Pendendo sobre o Valongo, os jardins criados quando da reforma empreendida por Pereira Passos foram restaurados e, do alto do morro da Conceição, suas estátuas pseudogregas, de maneira surrealista, parecem montar guarda.

As transformações da zona portuária previam o reforço de seu caráter residencial. Segundo os objetivos oficiais, trata-se não somente de manter no lugar os 32.000 habitantes da região, mas também de atrair, em dez anos, 70.000 novos residentes. Essa questão é sem dúvida a mais espinhosa, visto que parece difícil oferecer condições de vida atraentes a preços acessíveis, mas ela é determinante para a revitalização durável do Centro.

A despoluição da baía da Guanabara engoliu, em troca, os milhões da ajuda internacional depois de 1992, sem resultado comprovado. As águas poluídas continuam a desembocar sem tratamento na mais bela paisagem do mundo. O rio Carioca, canalizado, é um esgoto. O Rio de Janeiro, além de se colocar sob o signo do meio ambiente, reflorestar seus morros com a mata atlântica, construir ciclovias, ainda tem muito que fazer.

As instalações olímpicas propriamente ditas concentram-se na Zona Oeste do Rio de Janeiro, onde os terrenos disponíveis são mais abundantes.[15] No prolongamento da Zona Sul, entre o maciço da Tijuca e o da Pedra Branca, estendem-se, com efeito, a baixada de Jacarepaguá e os 18 quilômetros da praia da Barra da Tijuca, que oferecem feições bem distintas. O litoral da Barra da Tijuca foi progressivamente colonizado, a partir dos anos 70. A população da região administrativa da Barra multiplicou-se seis vezes em trinta anos. A urbanização progrediu paralelamente às grandes autoestradas, de maneira que lembra mais Miami Beach do que Ipanema ou Leblon. Jacarepaguá, menos visado pela burguesia emergente, é cada vez mais refúgio das famílias de renda intermediária, excluídas da Zona Sul pela explosão dos aluguéis. Em compensação, gastam-se longas horas em transportes coletivos para ir trabalhar em outras regiões do Rio de Janeiro. Não se ressaltará jamais suficientemente a importância dos deslocamentos na vida dos trabalhadores cariocas, das diaristas que se levantam bem antes da aurora para chegar às nove na casa de seus patrões na Zona Sul, do custo que as passagens representam para os baixos salários, das condições penosas das viagens e dos riscos de agressão.

A integração territorial do município pelas infraestruturas de transportes, como linhas de ônibus em pista própria (BRT), o prolongamento e a construção de linhas de metrô e de abertura de vias expressas, podem ser o legado mais frutuoso para os cariocas dos jogos olímpicos de 2016.

"Avenida Brasil"

Entre março e outubro de 2012, o Brasil inteiro, ou quase, acompanha com paixão os capítulos da novela "Avenida Brasil", de João Emanuel Carneiro. O folhetim bate recordes de audiência e é considerado um marco na evolução do gênero. Ele fornece sobretudo a oportunidade para todo tipo de debates da sociedade. Se essa novela se situa totalmente numa história do Rio de Janeiro, é porque cabe à cidade fazer as vezes de cenário e de personagem principal. Através de personagens cariocas, é da sociedade brasileira em seu conjunto que João Emanuel Carneiro pretende falar. A velha capital continua a representar o resto do país e este se identifica tanto mais facilmente com ela, pois é cada vez mais urbanizado. O Rio de Janeiro deve essa influência cultural em parte à TV Globo, que a elegeu como seu domicílio, principalmente para suas ficções. De seus escritórios do Jardim Botânico a seus vastos estúdios instalados em Jacarepaguá (Projac), a emissora divulga a fotogenia do Rio de Janeiro, as práticas culturais e o linguajar de seus habitantes através do Brasil e do mundo afora, pois a Globo exporta suas produções para numerosos países.[16]

"Avenida Brasil", o título da novela de João Emanuel Carneiro, remete a esses dois registros, do nacional e do carioca, do concreto e do metafórico. A avenida Brasil na realidade é uma via expressa de 50 quilômetros que liga de leste a oeste os bairros periféricos ou afastados do centro da cidade. Essa avenida, com frequência congestionada, atravessa favelas, estacionamentos de imensos hipermercados, zonas mal-afamadas, tudo que o urbano designa ao suburbano, o inverso da Zona Sul. Ela gera pequenos negócios e tráficos de todos os gêneros para vir em auxílio de (ou roubar) motoristas presos nos engarrafamentos ou vítimas de um enguiço no motor ou das trombas d'água que se despejam do céu durante o verão. Ela resume tão bem as tensões entre conforto e miséria e a urbanização caótica, que seu nome às vezes parece tingido de ironia. A avenida Brasil aparece com efeito como um indicador da distância que separa o Brasil real do Brasil fantasma dos *slogans* oficiais, um choque de realidade.

Por detrás de uma intriga principal palpitante e de fervilhantes tramas secundárias, a novela é uma comédia de costumes que trata das mobilidades sociais no Brasil de Lula e Dilma, através da topografia tão socialmente diferenciada do Rio de Janeiro.

Ao final dos anos 2000, o Brasil descobre-se, com efeito, como um país onde a classe média se tornou majoritária. Em 2003 a classe C, cuja renda mensal se situa entre R$ 291,00 e R$ 1.019,00 (critérios fixados em 2012) representava 26,7% da sociedade brasileira. Em 2014, são 54% de brasileiros que dispõem de renda suficiente para entrar nessa categoria. Para o governo federal, essa revolução resulta de sua política de inclusão social e de redistribuição que retirou 35 milhões de pessoas da linha de pobreza. Essa "nova classe média", reservatório de consumidores e eleitores, torna-se objeto de todas as solicitações. É a esse público que "Avenida Brasil" visou inicialmente, cada capítulo gerando a venda de produtos derivados, como o CD das músicas que permeiam o folhetim. A "nova" classe média, à qual se procura seduzir, distingue-se da classe média "tradicional" pelos gastos e pelos valores que seriam mais populares.

O cenário principal de "Avenida Brasil" é um bairro fictício da Zona Norte, o Divino, que teria sido inspirado em Madureira. O "Divino" aproveitou-se do crescimento econômico e é a terra de escolha dessa nova burguesia, saída dos meios populares e, para algumas personagens, da indigência. Esta é representada, no folhetim, por um lixão onde são explorados órfãos e menores abandonados saídos não se sabe de onde. Os novos ricos devem seu sucesso aos méritos pessoais, ao talento ou ao trabalho árduo. O protagonista em torno do qual gravita a intriga é o jogador de futebol Tufão, que se cobriu de glória (e de dinheiro) nos campos do mundo inteiro mas que, após pendurar as chuteiras, foi morar no Divino de sua infância. Seu amor da juventude, Monalisa, com quem Tufão só se casa ao fim dos 179 capítulos, fez fortuna galgando um por um os degraus da sua profissão. Nordestina que migrou para o Rio de Janeiro, passou de cabeleireira a proprietária de um salão de beleza famoso e de uma marca de cosméticos. Na outra extremidade da avenida Brasil encontra-se a Zona Sul e sua classe média tradicional, descrita por um prisma pouco lisonjeiro. Em plena decadência econômica em relação aos emergentes, ela é pintada com as cores de uma classe parasitária, de espírito colonizado pela velha Europa com desprezo pelo próprio país. "Avenida Brasil", desforra do pagode sobre a bossa nova, é toda elogios à nova burguesia do Divino, que não se deixa assimilar pela antiga burguesia e prefere a simplicidade nacional à sofisticação importada, a atmosfera provinciana e a alimentação nutritiva aos ambientes afetados. Paradoxalmente, o folhetim, que é uma fábula sobre a sociedade brasileira a partir do Rio de Janeiro e de seus tipos sociais, valoriza o provincianismo carioca em detrimento da vocação cosmopolita e internacional da metrópole global. "Avenida Brasil" interioriza o Rio de Janeiro de algum modo, mas valoriza uma outra Cidade Maravilhosa que não aquela dos cartões-postais habituais.

A ficção de João Emanuel Carneiro, apesar de sua agudeza, apresenta algumas distorções das evoluções em curso. A pobreza reduziu-

-se de maneira espetacular no Brasil no início do século XXI, mas, em conformidade com o que se passa na maior parte das sociedades, a parcela dos ricos também aumentou. O Leblon, bairro de classe média alta, tende a se tornar cada vez mais exclusivo e as grandes fortunas dos que lá residem provêm mais do meio financeiro e da indústria do que dos salões de beleza. Quanto à ascensão social de certos homens e mulheres que se fizeram por si mesmos, ela começou nos anos 1980 e se aproveitou da forte demanda de serviços provocada pela urbanização. Essa camada social, logo classificada de "emergente" pela classe média mais antiga, elegeu a Barra da Tijuca como seu bairro predileto.[17] É formada por famílias de açougueiros ou padeiros que investiram seu dinheiro em imóveis, cadeias de lojas, clínicas, escolas e faculdades privadas, motéis de menor ou maior *status*.

A "nova" classe média dos anos de 2000 e 2010 é mais modesta, mesmo tendo maior acesso à propriedade e ao consumo. A inclusão da "classe C" entre a "classe média" também se presta à discussão. Se a renda aumentou, notadamente graças aos auxílios sociais, à elevação do salário mínimo e à situação de quase pleno emprego que o Rio de Janeiro conhece, as ocupações dos novos membros da "classe média" não evoluíram em nada: estes últimos são sempre pedreiros, empregados subalternos, diaristas, porteiros, manicures e moram nos mesmos bairros...[18] A classe média dos quadros medianos, como dos professores, viu, em troca, seu poder de compra seriamente prejudicado pelas altas de preços, atribuídos, a torto e a direito, à proximidade de grandes eventos que são a Copa do Mundo e os jogos olímpicos. Em junho de 2013, essa classe média formou grandes batalhões de manifestantes que invadiram as ruas não só do Rio de Janeiro, mas, fato novo, da maior pare das cidades do Brasil, para exigir serviços públicos de educação e saúde que funcionem, protestar contra o custo de vida e a corrupção. O movimento, que havia suscitado muitos comentários, foi malsucedido, mas constituiu um indicador suplementar de que o Brasil estava em vias de mudar.

As novas tecnologias, as redes sociais, a democratização das viagens, a internacionalização do Rio de Janeiro têm o efeito de uma nova abertura dos portos, pelo menos tão determinante quanto aquela

Protestos em junho de 2013.

de 1808. O ano de 2015, que marca os 450 anos da fundação do Rio de Janeiro, abre-se sob os auspícios desagradáveis da estagnação e da crise que se anunciam. Uma vez extinta a tocha olímpica em 2016, a cidade encontrar-se-á, talvez, diante de seus problemas de sempre. Mas pelo menos o Rio de Janeiro, graças à extraordinária vitalidade de seus habitantes, reencontrou de forma duradora a sua majestade.

Notas

SAMBA DO AVIÃO

1. Um arquipélago de oito ilhas foi aterrado em 1944 e passou a formar uma única ilha, a do Fundão, na qual está instalada a cidade universitária (*Jornal do Brasil*, 17 de maio de 1998).
2. Paul Claudel, "Nijinsky", *L'œil écoute*, Paris, Gallimard, Bibliothèque de la Pleiade, p. 384.
3. *Jornal do Brasil*, 17 de maio de 1998.
4. *Guia sócio-econômico dos municípios do estado do Rio de Janeiro*, vol. 1: *Região metropolitana*, Rio de Janeiro, Gráfica JB, 1993. Em 1996, o estado do Rio de Janeiro contava 13, 4 milhões de habitantes.
5. Gastão Cruls, *Aparência do Rio de Janeiro (Notícia histórica e descritiva da cidade)*, Rio de Janeiro, José Olympio, 1949, p. 442.
6. *Pára com isso, dá cá o meu*, de Beto Sem Braço, Aluísio Machado e Bicalho, citado por Marieta de Moraes Ferreira em *A República na Velha Província*, Rio de Janeiro, Rio Fundo ed., 1989, p. 11.
7. *Jornal do Brasil*, "Domingo", 28 de fevereiro de 1999.
8. John Luccock, *Notes on Rio de Janeiro and the Southern parts of Brazil; taken during a residence of ten years in that country from 1808 to 1818*, Londres, impresso por Samuel Leigh no Strand, 1820, p. 109.

I
Na órbita de Lisboa

1. O RIO ANTES DO RIO

1. "Comme ainsi soit que ce bras de mer et rivière de Guanabara, ainsi appelée par les sauvages, et par les Portugallois Genevre (parce que comme on dit, ils la descouvrirent le premier jour de Janvier, qu'ils nomment ainsi)", Jean de Léry, *Histoire d'un voyage faict en terre du Brésil (1578)*, 2ª edição, 1580, editado por Frank Lestringant, Montpellier, Max Chaleil ed., "Classiques du protestantisme", 1992, p. 81. Ver também Eduardo Bueno, *Náufragos, traficantes e degredados. As primeiras expedições ao Brasil*, Rio de Janeiro, Objetiva, 1998, p. 47.

2. Joaquim Veríssimo Serrão, *O Rio de Janeiro no século XVI: Estudo histórico*, Lisboa, Edição da Comissão Nacional das Comemorações do IV Centenário do Rio de Janeiro, 1965, p. 21.

3. Geneviève Bouchon, *Vasco de Gama*, Paris, Fayard, 1997, p. 112. Ver também Eduardo Bueno, *A viagem do descobrimento. A verdadeira história de Cabral*, Rio de Janeiro, Objetiva, "Terra Brasilis", 1998.

4. Ver *La Découverte du Brésil. Les premiers témoignages choisis et présentés par Ilda Mendes dos Santos (1500-1530)*, Paris, Chandeigne, 2000.

5. Harold Johnson e Beatriz Nizza da Silva (ed.), *O império luso-brasileiro, 1500-1620*, Lisboa, Estampa, 1992, p. 75-80.

6. Alberto Ribeiro Lamego, *O homem e a Guanabara*, Rio de Janeiro, IBGE, 1948, p. 3-4.

7. "La lettre de Pero Vaz de Caminha sur la découverte du Brésil", traduzida do português, apresentada e anotada por Jacqueline Penjon & Anne-Marie Quint, em *Le Voyage de Gonneville (15031505) et La Découverte de la Normandie par les Indiens du Brésil*, estudos e comentários de Leyla Perrone-Moisés traduzidos por Ariane Witkowski, Paris, Chandeigne, 1995, p. 166.

8. Warren Dean, *With Broadax and Firebrand. The Destruction of The Brazilian Atlantic Forest*, Berkeley and Los Angeles, University of California Press, 1995.

9. André Prous, "L'archéologie au Brésil, 300 siècles d'occupation humaine", *L'Anthropologie*, t. 90, nº 2, Paris, p. 257.

10. Manuela Carneiro da Cunha (ed.), *História dos índios do Brasil*, São Paulo, Fapesp/SMC/Companhia das Letras, 1992, p. 14.

11. André Prous, "L'archéologie au Brésil...", *op. cit.*, p. 275.

12. Warren Dean, *With Broadax...*, *op. cit.*, p. 61.

13. John Manuel Monteiro, *Negros da terra. Índios e bandeirantes nas origens de São Paulo*, São Paulo, Companhia das Letras, 1995, p. 19.

14. Jean de Léry, *Histoire d'un voyage...*, *op. cit.*, p. 138 e ss.

15. Joaquim Veríssimo Serrão, *O Rio de Janeiro no século XVI...*, *op. cit.*, p. 29.

16. Alexander Marchant, *Do escambo à escravidão*, São Paulo, Brasiliana, vol. 225, 1980, p. 19.

17. Alexander Marchant, *Do escambo...*, *op. cit.*, p. 16.

18. Joaquim Veríssimo Serrão, *O Rio de Janeiro no século XVI...*, *op. cit.*, p. 25.

19. "Livre de la nef Bretoa qui va à la terre du Brésil", *in La Découverte du Brésil...*, *op. cit.*, p. 151.

20. *Ibid.*, p. 147.

21. *Ibid.*, p. 150.

22. Eduardo Bueno, *Náufragos...*, *op. cit.*, p. 57.

23. Jean de Léry, *Histoire d'un voyage...*, *op. cit.*, p. 125-126.

24. Jean de Léry, *ibid.*, p. 74.

25. Citado por Philippe Haudrère, *L'Empire des rois, 1500-1789*, Paris, Denoël, 1997, p. 21.

26. *Ibid.*

27. Entrevista com Nireu Cavalcanti, *Jornal do Brasil*, "Domingo", 28 de fevereiro de 1999.

28. Joaquim Veríssimo Serrão, *O Rio de Janeiro no século XVI...*, *op. cit.*, p. 42.

29. Texto citado por Jean Marcel Carvalho França, *Visões do Rio de Janeiro colonial. Antologia de textos 1531-1800*, Rio de Janeiro, Eduerj-José Olympio, 1999, p. 14.
30. Warren Dean, *With Broadax...*, *op. cit.*, p. 51.
31. Charles R. Boxer, *Salvador de Sá and the Struggle for Brazil and Angola 1602-1686*, Londres, Universidade de Londres, The Athlone Press, 1952, p. 13.
32. Francisco Bethencourt e Kirti Chaudhuri (ed.), *História da expansão portuguesa: a formação do Império (1415-1570)*, vol. I, Lisboa, Círculo de Leitores, 1998, p. 204.
33. Citado por J. V. Serrão, *O Rio de Janeiro...*, *op. cit.*, p. 46.
34. Citado por J. V. Serrão, *ibid.*
35. Arno Wehling e Maria José C. de Wehling, *Formação do Brasil colonial*, Rio de Janeiro, Nova Fronteira, 1994, p. 69.
36. A lista das capitanias e de seu estatuto na segunda metade do século XVII é fornecida por Charles R. Boxer, *Salvador de Sá...*, *op. cit.*, p. 294.
37. Francisco Bethencourt, "O complexo atlântico", *in* Francisco Bethencourt e Kirti Chaudhuri (ed.), *História da expansão portuguesa: Do Índico ao Atlântico (1570-1697)*, vol. 2, Lisboa, Círculo de Leitores, 1998, p. 332.
38. Francisco Bethencourt, "O complexo atlântico"..., *op. cit.*, p. 331; e Maria Beatriz Nizza da Silva (ed.), *O Império luso-brasileiro, 1750-1822*, Lisboa, Estampa, 1986, p. 276.
39. Citado por J. V. Serrão, *O Rio de Janeiro...*, *op. cit.*, p. 50.
40. Jean de Léry, *Histoire d'un voyage...*, *op. cit.*, p. 38 e p. 65.
41. John Hemming, *Red Gold. The Conquest of The Brazilian Indians*, Londres, Macmillan Ltd., 1978, p. 122.
42. Jean de Léry, *Histoire d'un voyage...*, *op. cit.*, p. 86.
43. Jean de Léry, *ibid.*, p. 92-93.
44. Jean de Léry, *ibid.*, *op. cit*, p. 107.
45. Sobre a França Antártica, ler a introdução escrita por Frank Lestringant para *Les Singularités de la France antarctique* de André Thevet, Paris, Chandeigne, 1997.
46. Villegagnon citado por Jean de Léry, *Histoire d'un voyage...*, *op. cit.*, p. 76.

47. Jean de Léry, *Histoire d'un voyage...*, *op. cit.*, p. 204.

48. *La Mission jésuite du Brésil. Lettres et autres documents (1549-1570)*, edição e tradução de Jean-Claude Laborie em colaboração com Anne Lima, Paris, Chandeigne, 1998, p. 46.

49. Charles R. Boxer, *Salvador de Sá...*, *op. cit.*, p. 4.

50. Carta de Manuel da Nóbrega ao cardeal infante D. Henrique, São Vicente, 1° de junho de 1560, *in La Mission jésuite du Brésil...*, *op. cit.*, p. 253-261.

51. John Hemming, *Red Gold...*, *op. cit.*, p. 125.

52. Carta de Manuel da Nóbrega *in op. cit.*, p. 261.

53. *Ibid.*, p. 260.

54. John Hemming, *Red Gold...*, *op. cit.*, p. 131.

2. UMA FORTALEZA NO ATLÂNTICO SUL

1. Nireu Oliveira Cavalcanti, *A cidade de São Sebastião do Rio de Janeiro: suas muralhas, sua gente, os construtores (1710-1810)*, tese de doutorado, IFCS-UFRJ, 1997, p. 30 e ss.

2. Nireu Oliveira Cavalcanti, *ibid.*, p. 33.

3. Charles R. Boxer, *Salvador de Sá...*, *op. cit.*, p. 6. Ver também Nuno Gonçalo Monteiro, "Os concelhos e as comunidades", *in* José Mattoso (ed.), *História de Portugal*, vol. 4, *O Antigo Regime (16201807)*, Lisboa, Estampa, 1993, p. 304.

4. Charles R. Boxer, *Salvador de Sá...*, *op. cit.*, p. 31.

5. Padre Fernão Cardim, *Tratados da terra e da gente do Brasil*, São Paulo, Cia. Editora Nacional, "Brasiliana", vol. 168, 1939, p. 308.

6. Charles R. Boxer, *Salvador de Sá...*, *op. cit.*, p. 35-36 e 86.

7. Nireu Oliveira Cavalcanti, *A cidade...*, *op. cit.*, p. 76.

8. José C. Curto, "Vinho versus Cachaça...", *op. cit.*, p. 69-97.

9. Anthony Knivet, *The Admirable Adventures and Strange Fortunes of Master Antonie Knivet, which went with Master Candish in his second voyage to the South Sea, 1591*, *in* Samuel Purchas, *Purchas his Pilgrimes*, Londres, 1625, p. 196.

10. Charles R. Boxer, *Salvador de Sá...*, *op. cit*, p. 128.
11. Charles R. Boxer, *ibid.*, p. 139-140.
12. Charles R. Boxer, *ibid.*, p. 287.
13. J. V. Serrão, *O Rio de Janeiro...*, *op. cit.*, p. 185. Ver também Eulália Maria Lahmeyer Lobo, *História do Rio de Janeiro (Do capital comercial ao capital industrial e financeiro)*, Rio de Janeiro, Instituto Brasileiro de Mercado de Capitais, 1978, 2 vol.
14. Myriam Ellis, "A pesca da baleia no Brasil colonial (século XVIII)", *Anais do Congresso Comemorativo do Bicentenário da Transferência da sede do governo do Brasil*, Rio de Janeiro, t. 2, 1963, p. 71-166.
15. Jean de Léry, *Histoire d'un voyage...*, *op. cit.*, p. 84.
16. Padre Fernão Cardim, *Tratados da terra...*, *op. cit.*, p. 306.
17. Beatriz Perrone-Moisés, "Índios livres e índios escravos. Os princípios da legislação indigenista do período colonial (séculos XVI a XVIII)", *in* Manuela Carneiro da Cunha (ed.), *História dos índios do Brasil...*, *op. cit.*, p. 117.
18. Beatriz Perrone-Moisés, *ibid.*, p. 120.
19. John Hemming, *Red Gold*, *op. cit.*, p. 134.
20. Padre Fernão Cardim, *Tratados da terra...*, *op. cit.*, p. 307.
21. Nireu Oliveira Cavalcanti, *A cidade...*, *op. cit.*, p. 197-198.
22. Beatriz Perrone-Moisés, "Índios livres e índios escravos...", *op. cit.*, p. 127.
23. Anthony Knivet, *The Admirable Adventures...*, *op. cit.*, p. 224.
24. Anthony Knivet, *ibid.*, p. 227.
25. Ver John Manuel Monteiro, *Negros da terra...*, *op. cit.*
26. Charles R. Boxer, *Salvador de Sá...*, *op. cit.*, p. 22.
27. Anthony Knivet, *The Admirable Adventures...*, *op. cit.*, p. 197.
28. Anthony Knivet, *ibid.*, p. 208-215.
29. Charles R. Boxer, *Salvador de Sá...*, *op. cit.*, p. 138.
30. Charles R. Boxer, *ibid*, p. 126-130.
31. Charles R. Boxer, *ibid.*, p. 133.
32. Charles R. Boxer, *ibid.*, p. 135.

33. Charles R. Boxer, *ibid.*, p. 303.
34. Stuart Schwartz, "Os escravos: 'remédios de todas as outras coisas'", *in* Francisco Bethencourt e Kirti Chaudhuri (ed.), *História da expansão portuguesa*, vol. 2, Lisboa, Círculo de Leitores, 1998,
p. 235.
35. Charles R. Boxer, *Salvador de Sá...*, *op. cit.*, p. 135.
36. Thomas Holloway, *Polícia no Rio de Janeiro. Repressão e resistência numa cidade do século XIX*, Rio de Janeiro, Fundação Getúlio Vargas, 1997, p. 62.
37. Alice P. Canabrava, *O comércio luso-brasileiro no Rio da Prata (1580-1640)*, São Paulo, 1944.
38. Charles R. Boxer, *Salvador de Sá...*, *op. cit.*, p. 82-86.
39. Charles R. Boxer, *ibid.*, p. 151.
40. Charles R. Boxer, *Salvador de Sá...*, *op. cit.*, p. 195.
41. Charles R. Boxer, *ibid.*, p. 184.
42. Corcino Medeiros dos Santos, *O Rio de Janeiro...*, *op. cit.*, p. 42-43.
43. Charles R. Boxer, *Salvador de Sá...*, *op. cit.*, p. 260 e ss.
44. Charles R. Boxer, *Salvador de Sá...*, *op. cit.*, p. 295.
45. Charles R. Boxer, *ibid.*, p. 301 e ss.
46. Charles R. Boxer, *ibid.*, p. 325.
47. Joaquim Romero Magalhães, "A construção do espaço brasileiro", *in* Francisco Bethencourt e Kirti Chaudhuri (ed.), *História da expansão portuguesa*, vol. 2, Lisboa, Círculo de Leitores, 1998, p. 58.

3. DA PERIFERIA AO CENTRO

1. Maria Fernanda Baptista Bicalho, *A cidade e o Império: o Rio de Janeiro na dinâmica colonial portuguesa. Séculos XVII e XVIII*, tese de doutorado, Universidade de São Paulo, 1997.
2. Charles R. Boxer, *The Golden Age of Brazil, 1695-1750. Growing Pains of a Colonial Society*, Berkeley, University of California Press, 1962, p. 39-40.

3. Corcino Medeiros dos Santos, *O Rio de Janeiro...*, *op. cit.*, p. 52.
4. Daniel Dessert, *La Royale. Vaisseaux et marins du Roi-Soleil*, Paris, Fayard, 1996.
5. Charles R. Boxer, *The Golden Age of Brazil...*, *op. cit.*, p. 86.
6. Charles R. Boxer, *ibid.*, p. 88 e ss.
7. Charles R. Boxer, *ibid.*, p. 91.
8. *Vie de Duguay-Trouin écrite de sa main*, Paris, éditions Bossard, 1922, p. 193-194.
9. Charles R. Boxer, *The Golden Age of Brazil...*, *op. cit.*, p.
10. Nireu Oliveira Cavalcanti, *A cidade...*, *op. cit.*, p. 76-79.
11. Augusto C. da Silva Telles, "Le baroque à Rio de Janeiro", *in Brésil baroque. Entre ciel et terre*, Paris, Union Latine/Petit Palais, musée des Beaux-Arts de la ville de Paris, 1999-2000, p. 151-158.
12. Isabel dos Guimarães Sá, "As Misericórdias", *in* Francisco Bethencourt e Kirti Chaudhuri (ed.), *História da expansão portuguesa*, vol. 1, Lisboa, Círculo de Leitores, 1998, p. 361-368.
13. Nireu Oliveira Cavalcanti, *A cidade...*, *op. cit.*, p. 348.
14. Mariza de Carvalho Soares, *Identidade étnica, religiosidade e escravidão. Os "pretos minas" no Rio de Janeiro (século XVIII)*, tese de doutorado, Universidade Federal Fluminense, 1997, p. 15.
15. *Brésil baroque...*, *op. cit.*, p. 500-501.
16. Nireu Oliveira Cavalcanti, *A cidade...*, *op. cit.*, p. 337 e ss. Em 1808, a igreja de Nossa Senhora do Carmo torna-se catedral do Rio de Janeiro.
17. Nireu Oliveira Cavalcanti, *ibid.*, p. 505.
18. Mariza de Carvalho Soares, *Identidade étnica...*, *op. cit.*, p. 136 e ss.
19. Martha Campos Abreu, *"O Império do divino". Festas religiosas e cultura popular no Rio de Janeiro, 1830-1900*, tese de doutorado, Universidade de Campinas, 1996, 2 vol.
20. Martha Campos Abreu, *"O Império do divino"...*, *op. cit.*, p. 152.
21. Manuel Antônio de Almeida, *Memórias de um sargento de milícias*, Porto Alegre, L & M Pocket, 1997, p. 91-93.

22. Kenneth Maxwell, *Marquês de Pombal. Paradoxo do Iluminismo*, Rio de Janeiro, Paz e Terra, 1996.

23. Kenneth Maxwell, "Pombal e a nacionalização da economia luso-brasileira", in *Chocolate, piratas e outros malandros*, São Paulo, Paz e Terra, 1999, p. 91.

24. Stuart Schwartz, "De ouro a algodão: a economia brasileira no século XVIII", *in* Francisco Bethencourt e Kirti Chaudhuri (ed.), *História da expansão portuguesa*, vol. 3, Lisboa, Círculo de Leitores, 1998, p. 93.

25. Citado por Kenneth Maxwell, *Marquês de Pombal...*, *op. cit.*, p. 61.

26. Citado por Nireu Oliveira Cavalcanti, *A cidade...*, *op. cit.*, p. 150.

27. Frédéric Mauro (ed.), *O Império luso-brasileiro, 1620-1750*, Lisboa, Estampa, 1991, p. 47-52.

28. Joaquim Romero Magalhães, "As novas fronteiras do Brasil"..., *op. cit.*, p. 14.

29. Dauril Alden, *Royal Government in Colonial Brazil, with special reference to the Administration of the Marquis of Lavradio, viceroy, 1769-1779*, Berkeley & Los Angeles, University of California Press, 1968, p. 45.

30. Joaquim Romero Magalhães, "As novas fronteiras do Brasil"..., *op. cit.*, p. 14.

31. Joaquim Romero Magalhães, *ibid.*, p. 32.

32. Kenneth Maxwell, *Marquês de Pombal...*, *op. cit.*, p. 126.

33. Joaquim Romero Magalhães, "As novas fronteiras do Brasil"..., *op. cit.*, p. 34.

34. Joaquim Romero Magalhães, *ibid.*, p. 34.

35. Kenneth Maxwell, *Marquês de Pombal...*, *op. cit.*, p. 143.

36. Arno Welhing, *Administração portuguesa no Brasil de Pombal a D. João (1777-1808)*, Brasília, Fundação Centro de Formação do Servidor Público, 1986, p. 29.

37. Nireu Oliveira Cavalcanti, *A cidade...*, *op. cit.*, p. 105 e ss.

38. Dauril Alden, *Royal Government in Colonial Brazil...*, *op. cit.*, p. 379.

39. Nireu Oliveira Cavalcanti, *A cidade...*, *op. cit.*, p. 367.

40. Dauril Alden, *Royal Government in Colonial Brazil...*, *op. cit.*, p. 376.
41. Dauril Alden, *Royal Government in Colonial Brazil...*, *op. cit.*, p. 372.
42. Stuart Schwartz, "De ouro a algodão: a economia brasileira no século XVIII", *in* Francisco Bethencourt e Kirti Chaudhuri (ed.), *História da expansão portuguesa*, vol. 3, Lisboa, Círculo de Leitores, 1998, p. 99.
43. Nireu Oliveira Cavalcanti, *A cidade...*, *op. cit.*, p. 124.
44. Nireu Oliveira Cavalcanti, *ibid.*, p. 126.
45. Nireu Oliveira Cavalcanti. *Ibid.*, p. 260-262.
46. Kenneth Maxwell, *Chocolate...*, *op. cit.*, p. 158.
47. Kenneth Maxwell, *ibid.*, p. 159-160.
48. Ver Kenneth Maxwell, *Conflicts & Conspiracies: Brazil and Portugal 1750-1808*, Cambridge, Cambridge University Press, 1973. Traduzido para o português: *A devassa da devassa. A Inconfidência Mineira: Brasil e Portugal 1750-1808*, São Paulo, Paz e Terra, 1995 (4ª ed.).
49. Nireu Oliveira Cavalcanti, *A cidade...*, *op. cit.*, p. 547.
50. Nireu Oliveira Cavalcanti, *ibid.*
51. Kenneth Maxwell, *Chocolate...*, *op. cit.*, p. 171.
52. Maria de Lourdes Vianna Lyra, *A utopia do poderoso império. Portugal e Brasil: bastidores da política, 1798-1822*, Rio de Janeiro, Sette Letras, 1994, p. 61-62.
53. *Ibidem.*
54. Citado por Maria de Lourdes Vianna Lyra, *A utopia...*, *op. cit.*, p. 69.

II
A fabricação de uma capital

4. AS REVOLUÇÕES DO RIO (1808-1822)

1. Valentim Alexandre, "O processo de independência do Brasil", *in* Francisco Bethencourt e Kirti Chaudhuri (ed.), *História da expansão portuguesa*, vol. 4, Lisboa, Círculo de Leitores, 1999, p. 13.

2. Nireu Oliveira Cavalcanti, *A cidade...*, *op. cit.*, p. 538 e ss.

3. Nireu Oliveira Cavalcanti, *ibid.*, p. 160 e ss.

4. Luiz Felipe de Alencastro, "Vida privada e ordem privada no Império", *in* Fernando Novaes (ed.), *História da vida privada no Brasil*, t. 2: *Império: a corte e a modernidade nacional*, São Paulo, Companhia das Letras, 1997, p. 3.

5. Maria Odila Silva Dias, "A interiorização da Metrópole (1808-1853), *in* Carlos Guilherme Mota (ed.), *1822: dimensões*, São Paulo, Perspectiva, 1972.

6.0Valentim Alexandre, "O processo de independência do Brasil", *in op. cit.*, p. 15.

7. Valentim Alexandre, "O processo de independência do Brasil", *in op. cit.*, p. 14.

8. Tereza Maria Rolo Fachada Levy Cardoso, *A Gazeta do Rio de Janeiro: subsídios para a história da cidade, 1808-1821*, mestrado, Universidade Federal do Rio de Janeiro – Instituto de Filosofia e Ciências Sociais, 1988.

9. Nireu Oliveira Cavalcanti, *A cidade...*, *op. cit.*, p. 274.

10. Adolfo Morales de los Rios Filho, *Grandjean de Montigny e a evolução da arte brasileira*, Rio de Janeiro, Empresa A Noite, 1941, p. 31.

11. Ana Maria Tavares Cavalcanti, *Les Artistes brésiliens et les "prix de voyage en Europe" à la fin du XIXe siècle: vision d'ensemble et étude approfondie sur le peintre Eliseu d'Angelo Visconti (1866-1944)*, tese de doutorado, Universidade de Paris-I. 1999, p. 20 e ss.

12. Sérgio Buarque de Holanda (ed.), *História geral da civilização brasileira*, São Paulo, Difel, 1985, t. II, vol. 1, p. 123-124.

13. *À la découverte de l'Amazonie. Les carnets du naturaliste Hercule Florence*, apresentado por Mario Carelli, Paris, Gallimard, "Découvertes Gallimard Albums", 1992, p. 99 e ss.

14. John Luccock, *Notes on Rio de Janeiro and the Southern parts of Brazil*, Londres, 1820, p. 569.

15. Maria de Lourdes Vianna, *A utopia do poderoso império. Portugal e Brasil: bastidores da política, 1798-1822*, Rio de Janeiro, Sette Letras, 1994, p. 238.

16. John Luccock, *Notes on Rio de Janeiro...*, *op. cit.*, p. 569.
17. John Luccock, *ibid.*, p. 571-572.
18. John Luccock, *ibid.*, p. 571.
19. Maria Odila Silva Dias, "A interiorização...", *in op. cit.*, p. 171-172.
20. Maria Beatriz Nizza da Silva (ed.), "O Império luso-brasileiro, 1750-1822", *in* José Serrão e A. H. Oliveira Marques (ed.), *Nova história da expansão portuguesa*, vol. VIII, Lisboa, Editorial Estampa, 1986, p. 390.
21. Sérgio Buarque de Holanda (ed.), *História geral da civilização brasileira*, *op. cit.*, t. II, vol. 1, p. 316.
22. Valentim Alexandre, "O processo de independência do Brasil"..., *op. cit.*, p. 20-21.
23. Carta de José Bonifácio de Andrada e Silva a Domingos de Sousa Coutinho citada por Maria Odila Silva Dias, "A interiorização da metrópole...", *op. cit.*, p. 174.
24. Maria Odila Silva Dias, "A interiorização...", *in op. cit.*, p. 182.
25. John Luccock, *Notes on Rio de Janeiro...*, *op. cit.*, p. 557.
26. John Luccock, *ibid.*, p. 266.
27. Thomas Holloway, *Polícia no Rio de Janeiro. Repressão e resistência numa cidade do século XIX*, Rio de Janeiro, FGV, 1997, p. 46.
28. Nireu Oliveira Cavalcanti, *A cidade...*, *op. cit.*, p. 167.
29. Maria Beatriz Nizza da Silva, *Cultura e sociedade no Rio de Janeiro, 1808-1821*, São Paulo, Cia. Editora Nacional, 1977, p. 153-154.
30. Joaquim Manuel de Macedo, *Memórias da Rua do Ouvidor*, Brasília, UnB, 1988, p. 99.
31. Maria Beatriz Nizza da Silva, *Cultura e sociedade...*, *op.cit.*, p. 43.
32. Jurandir Malerba, *A Corte no exílio. Interpretação do Brasil joanino (1808 a 1821)*, doutorado, Universidade de São Paulo, 1997, p. 217-218.
33. Lília Moritz Schwartz, *As barbas do imperador. D. Pedro II, um monarca nos trópicos*, São Paulo, Companhia das Letras, 1998, p. 159.

34. Victor Andrade de Melo, "O mar e o remo no Rio de Janeiro no século XIX", *Estudos históricos*, Rio de Janeiro, vol. 13, nº 23, 1999, p. 44.

35. Lília Moritz Schwartz, *As barbas do imperador...*, *op. cit.*, p. 217.

36. Martha Campos Abreu, *"O Império do Divino". Festas religiosas e cultura popular no Rio de Janeiro, 1830-1900*, tese de doutorado, Universidade de Campinas, 1996, p. 150-151.

37. Marcus Tadeu Daniel Ribeiro, *As razões da arte...*, *op. cit.*, p. 408.

38. Marcus Tadeu Daniel Ribeiro, *ibid.*, p. 410.

39. Ver Maristela Chicharo de Campos, *Riscando o sol. O primeiro plano de edificação para a Vila Real da Praia Grande*, Niterói, Niterói-livros, 1998.

40. John Luccock, *Notes on Rio de Janeiro...*, *op. cit.*, p. 98.

41. Manuel de Oliveira Lima, *Dom João VI no Brasil*, Rio de Janeiro, Topbooks, 1996 (1ª ed.: 1908), p. 180.

42. Gladys Sabina Ribeiro, *A liberdade em construção: identidade nacional e conflitos antilusitanos no Primeiro Reinado*, tese de doutorado, Universidade de Campinas, 1997, p. 88.

43. Francisco Falcón e Ilmar Rohloff de Matos, "O processo de Independência no Rio de Janeiro", *in* Carlos Guilherme Mota (ed.), *1822: Dimensões*, São Paulo, Perspectiva, 1972, p. 312.

44. Francisco Falcón e Ilmar Rohloff de Matos, "O processo de Independência no Rio de Janeiro", *in op. cit.*, p. 313.

45. Ruth Maria Kato, *Revoltas de rua. O Rio de Janeiro em 3 momentos (1821-1828-1831)*, dissertação de mestrado, Universidade Federal do Rio de Janeiro – Instituto de Filosofia e Ciências Sociais, 1988, p. 58-59.

46. Gladys Sabina Ribeiro, *A liberdade em construção...*, *op. cit.*, p. 94.

47. Ruth Maria Kato, *Revoltas de rua...*, *op. cit.*, p. 63.

48. Ruth Maria Kato, *ibid.*, p. 84.

5. NOVAS REVOLUÇÕES (1822-1840)

1. Gladys Sabina Ribeiro, *A liberdade em construção...*, op. cit., p. 69.
2. Valentim Alexandre, "O processo de Independência do Brasil", *in op. cit.*, p. 36.
3. *Ibid.*
4. Manifesto de 6 de agosto de 1822, citado por Maria Eurydice de Barros Ribeiro, *Os símbolos do poder*, Brasília, Editora da Universidade de Brasília, 1995, p. 40.
5. Marcus Tadeu Daniel Ribeiro, *As razões da arte...*, op. cit., p. 430.
6. Gladys Sabina Ribeiro, *A liberdade em construção*, op. cit., p. 269.
7. Marcus Tadeu Daniel Ribeiro, *As razões da arte...*, op. cit., p. 423.
8. Marcus Tadeu Daniel Ribeiro, *ibid.*, op. cit., p. 436.
9. Gladys Sabina Ribeiro, *A liberdade em construção...*, op. cit., p. 261.
10. Maria Eurydice de Barros Ribeiro, *Os símbolos do poder...*, op. cit., p. 84.
11. Citado por Marcus Tadeu Daniel Ribeiro, *As razões da arte...*, op. cit., p. 446.
12. Lília Moritz Schwartz, *As barbas do imperador...*, op. cit., p. 40-42.
13. Afonso Arinos de Melo Franco, *A Câmara dos Deputados. Síntese histórica*, Brasília, Centro de Documentação e Informação, 1976, p. 16-23.
14. Sérgio Buarque de Holanda (ed.), *História geral da civilização brasileira*, São Paulo, Difel, 1985, t. II, vol. 1, p. 244.
15. Ver José Bonifácio de Andrada e Silva, *Projetos para o Brasil*, editado por Miriam Dollnikoff, São Paulo, Companhia das Letras, "Retratos do Brasil", 1998.
16. *Constituições do Brasil*, Brasília, Senado Federal, 1986, p. 25.

17. Roderick J. Barman, *Brazil. The Forging of a Nation, 17981852*, Stanford, Stanford University Press, 1988, p. 173.
18. Ruth Maria Kato, *Revoltas de rua...*, *op. cit.*, p. 114 e ss.
19. Gladys Sabina Ribeiro, *A liberdade em construção...*, *op. cit.*, p. 236.
20. Ruth Maria Kato, *Revoltas de rua...*, *op. cit.*, p. 152.
21. Citado por Ruth Maria Kato, *ibid.*, p. 163.
22. Milton Luz, *A história dos símbolos nacionais*, Brasília, Senado Federal, 1999, p. 134 e ss.
23. Thomas H. Holloway, *Polícia no Rio de Janeiro...*, *op. cit.*, p. 78 e ss.
24. Thomas H. Holloway, *ibid.*, p. 87-90.
25. Thomas H. Holloway, *ibid.*, p. 93.
26. Thomas H. Holloway, *ibid.*, p. 100.
27. Thomas H. Holloway, *ibid.*, p. 100.
28. Roderick J. Barman, *Brazil. The Forging of a Nation...*, *op. cit.*, p. 178.
29. Roderick J. Barman, *ibid.*, p. 177.
30. Américo Oscar Guichard Freire, *Uma capital para a República. Poder federal e forças locais no campo político carioca (1889-1906)*, tese de doutorado, Universidade Federal do Rio de Janeiro – Instituto de Filosofia e Ciências Sociais, 1998.
31. Américo Oscar Guichard Freire, *ibid.*, p. 49.
32. Américo Oscar Guichard Freire, *ibid.*, p. 53.
33. Américo Oscar Guichard Freire, *ibid.*, p. 54.
34. Sérgio Buarque de Holanda (ed.), *História geral da civilização brasileira*, *op. cit.*, t. II, vol. 2, p. 348.
35. José Luís Fragoso, *Homens de grossa aventura. Acumulação e hierarquia na praça mercantil do Rio de Janeiro, 1790-1830*, Rio de Janeiro, Civilização Brasileira, 1998, p. 15.
36. Citado por Sérgio Buarque de Holanda (ed.), *História geral da civilização brasileira*, *op. cit.*, t. II, vol. 2, p. 350.
37. Warren Dean, *With Broadax...*, *op. cit.*, p. 188.
38. Stanley J. Stein, *Vassouras. Um município do café, 18501900*, Rio de Janeiro, Nova Fronteira, 1990, p. 43.

39. Francisco Peixoto de Lacerda Werneck, *Memória sobre a fundação de uma fazenda na província do Rio de Janeiro*, Brasília, Senado Federal/Fundação Casa de Rui Barbosa, 1985.
40. "O baú rachado. Descendentes de Breves trabalham para viver", *Veja*, 11 de maio de 1988.
41. Stanley J. Stein, *Vassouras...*, *op. cit.*, p. 156.

6. A ESCRAVIDÃO NO SEIO DA SOCIEDADE FLUMINENSE (c.1750-1850)

1. Américo Jacobina Lacombe, Eduardo Silva, Francisco de Assis Barbosa, *Rui Barbosa e a queima dos arquivos*, Rio de Janeiro, Fundação Casa de Rui Barbosa, 1988.
2. *Casa Grande & Senzala* foi publicado pela primeira vez em francês em 1952 sob o título: *Maîtres et esclaves. La formation de la société brésilienne.*
3. Cf. *Lusotopie. Enjeux contemporains dans les espaces de langue portugaise*, "Lusotropicalisme. Idéologies coloniales et identités nationales dans les mondes lusophones", Paris, Karthala, 1997.
4. Manolo Garcia Florentino, *Em costas negras: uma história do tráfico atlântico de escravos entre a África e o Rio de Janeiro*, Rio de Janeiro, Arquivo Nacional, 1995, p. 45.
5. Manolo Garcia Florentino, *ibid.*, p. 46.
6. Mary C. Karash, *Slave Life in Rio de Janeiro*, Princeton, Princeton University Press, 1987, p. 35.
7. Manolo Garcia Florentino, *Em costas negras...*, *op. cit.*, p. 50.
8. Mary C. Karash, *Slave Life...*, *op. cit.*, p. 61.
9. Manolo Garcia Florentino, *Em costas negras...*, *op. cit.*, p. 64.
10. Manolo Florentino e José Roberto Góes, *A paz das senzalas. Famílias escravas e tráfico atlântico, Rio de Janeiro, c.1790--c.1850*, Rio de Janeiro, Civilização Brasileira, 1997, p. 61.
11. Mary C. Karash, *Slave Life...*, *op. cit.*, p. 8.
12. Mary C. Karash, *ibid.*, p. 22.
13. Mary C. Karash, *ibid.*, p. 17-27.

14. Manolo Garcia Florentino, *Em costas negras...*, *op. cit.*, p. 129.
15. Manolo Garcia Florentino, *ibid.*, p. 128.
16. Manolo Garcia Florentino, *ibid.*, p. 136.
17. Manolo Garcia Florentino, *ibid.*, p. 156-157.
18. Manolo Garcia Florentino, *ibid.*, p. 134-135 e 194.
19. Dauril Alden, *Royal government in Colonial Brazil...*, *op. cit.*, p. 49.
20. João Luís Fragoso, *Homens de grossa aventura. Acumulação e hierarquia na praça mercantil do Rio de Janeiro, 1790-1830*, Rio de Janeiro, Civilização Brasileira, 1998, p. 355.
21. John Luccock, *Notes on Rio de Janeiro...*, *op. cit.*, p. 99.
22. Manolo Garcia Florentino, *Em costas negras...*, *op. cit.*, p. 201.
23. João Luís Fragoso, *Homens de grossa aventura...*, *op. cit.*, p. 354-355.
24. João Luís Fragoso, *ibid.*, p. 24.
25. Mary C. Karash, *Slave Life...*, *op. cit.*, p. 211.
26. Nireu Oliveira Cavalcanti, *A cidade...*, *op. cit.*, p. 303.
27. Mary C. Karash, *Slave Life...*, *op. cit.*, p. 35.
28. Mary C. Karash, *ibid.*, p. 40.
29. Citado por Tereza Maria Rolo Fachada Levy Cardoso, *A Gazeta do Rio de Janeiro...*, *op. cit.*, p. 156.
30. Mary C. Karash, *Slave Life...*, *op. cit.*, p. 11.
31. Jorge Caldeira, *Mauá, empresário do Império*, São Paulo, Companhia das Letras, 1995, p. 192.
32. Mary C. Karash, *Slave Life...*, *op. cit.*, p. 204.
33. Lília Moritz Schwartz, *As barbas do Imperador...*, *op. cit.*, p. 225.
34. Sidney Chalhoub, *Cidade febril. Cortiços e epidemias na Corte imperial*, São Paulo, Companhia das Letras, 1996, p. 60 e ss.
35. Eduardo Silva, *Prince of the People. The life and times of a Brazilian free man of colour*, Londres-Nova York, Verso, 1993, p. 43-44.
36. João José Reis e Flávio dos Santos Gomes (ed.), *Liberdade por um fio. História dos quilombos no Brasil*, São Paulo, Companhia das Letras, 1996, p. 28.

37. *Folha de São Paulo*, 15 de agosto de 1998.
38. *Jornal do Brasil*, 11 de março de 1999.
39. Thomas Holloway, *Polícia no Rio de Janeiro...*, op. cit., p. 49.
40. Flávio dos Santos Gomes, "Quilombos do Rio de Janeiro no século XIX", in João José Reis e Flávio dos Santos Gomes (ed.), *Liberdade por um fio...*, op. cit., p. 285.
41. Nireu Oliveira Cavalcanti, *A cidade...*, op. cit., p. 213.
42. Mary C. Karash, *Slave Life...*, op. cit., p. 308 e ss.
43. Mary C. Karash, ibid., p. 336 e ss.
44. Mary C. Karash, ibid., p. 369.
45. Hebe M. Mattos de Castro, *Das cores do silêncio. Os significados da liberdade no sudeste escravista. Brasil, século XIX*, Rio de Janeiro, Arquivo Nacional, 1995, p. 107.

III
Da civilização à modernidade

7. CAPITAL IMPERIAL, DISTRITO FEDERAL

1. Lília Moritz Schwartz cita essas palavras, escritas pelo imperador à margem do poema épico *A confederação dos tamoios*, de Gonçalves de Magalhães, in: *As barbas do Imperador. Dom Pedro II, um monarca nos trópicos*, São Paulo, Companhia das Letras, 1998, p. 124.
2. Jeffrey D. Needell, *Belle Époque tropical. Sociedade e cultura de elite na virada do século*, São Paulo, Companhia das Letras, 1993, p. 77.
3. Lúcia Maria Paschoal Guimarães, "Debaixo da imediata proteção de Sua Majestade Imperial", *Revista do IHGB*, Rio de Janeiro, 156 (388), jul./set. 1995, p. 459-613.
4. Lúcia Maria Paschoal Guimarães, "Debaixo...", art. citado, p. 485.
5. Manoel Luís Lima Salgado Guimarães, "Nação e civilização nos trópicos: o Instituto Histórico e Geográfico Brasileiro e o projeto de uma história nacional", *Estudos históricos,* Rio de Janeiro, nº 1, 1988, p. 12.

6. Lília Moritz Schwartz, *As barbas...*, *op. cit.*, p. 326.
7. Karl Friedrich von Martius, "Como se deve escrever a história do Brazil", *Revista do IHGB*, nº 24, 1845, p. 381-403.
8. *Ibid.*, p. 399.
9. *Ibid.*, p. 383.
10. *Ibid.*, p. 385.
11. *Ibid.*, p. 402.
12. Alfredo Bosi, *História concisa da literatura brasileira*, São Paulo, Editora Cultrix, 1982, p. 106-109.
13. A lista foi feita por Lília Moritz Schwartz, *As barbas...*, *op. cit.*, p. 178.
14. M. D. Moreira Azevedo, *O Rio de Janeiro. Sua história, monumentos, homens notáveis, usos e curiosidades*, Rio de Janeiro, Livr. Brasiliana Editora, 1969, 3ª ed. (1ª ed.: 1877), 2° vol., p. 13 e ss.
15. M. D. Moreira Azevedo, *ibid.*, p. 18.
16. Lília Moritz Schwartz, *As barbas...*, *op. cit.*, p. 75.
17. Ver Armelle Enders, *Histoire du Brésil contemporain, XIXe-XXe siècle*, Bruxelas, Complexe, 1997.
18. Boris Fausto, *História do Brasil*, São Paulo, editora da USP, 1995, p. 208-217; Ricardo Salles, *Guerra do Paraguai: escravidão e cidadania na formação do exército*, Rio de Janeiro, Paz e Terra, 1990; Maria Eduarda Castro Magalhães Marques (ed.), *Guerra do Paraguai, 130 anos depois*, Rio de Janeiro, Relume Dumará, 1995.
19. Eduardo Silva, "O príncipe Obá, um voluntário da pátria", *in* Maria Eduarda Castro Magalhães Marques (ed.), *Guerra do Paraguai, 130 anos depois*, Rio de Janeiro, Relume Dumará, 1995, p. 69.
20. Ricardo Salles, *Guerra do Paraguai...*, *op. cit.*, p. 66.
21. Ricardo Salles, *ibid.*, p. 66.
22. Lília Moritz Schwartz, *As barbas...*, *op. cit.*, p. 324.
23. Lília Moritz Schwartz, *ibid.*, p. 421.
24. Ministère des Affaires Étrangères, Paris, correspondance politique, 1889, vol. 53, F° 89.
25. Ângela Alonso, "De positivismo e de positivistas: Interpretações do positivismo brasileiro", *Boletim Informativo e Bibliográfico de Ciências Sociais (BIB)*, Rio de Janeiro, nº 42, 2° semestre 1996, p. 109-134.

26. Ângela Alonso, *ibid.*, p. 116.

27. Celso Castro, *Os militares e a República. Um estudo sobre cultura e ação política*, Rio de Janeiro, Jorge Zahar Editor, 1995, p. 105-123. Ver também Renato Luís do Couto Neto e Lemos, "Benjamin Constant: biografia e explicação histórica", *Estudos Históricos*, Rio de Janeiro, vol. 10, n° 19, 1997, p. 67-81.

28. Ver Arno Welhing, *De Varnhagen a Capistrano. Historismo e cientificismo na construção do conhecimento histórico*, tese apresentada no concurso para professor titular de metodologia da história do Instituto de Filosofia e Ciências Sociais da Universidade Federal do Rio de Janeiro, 1992, 2 vol.

29. Reproduzida em Marcus Tadeu Daniel Ribeiro, *Revista Ilustrada (1876-1898), síntese de uma época*, mestrado, Universidade Federal do Rio de Janeiro-IFCS, 1988, p. 140.

30. José Murilo de Carvalho, *Un théâtre d'ombres: la politique impériale au Brésil, 1822-1889*, Paris, MSH, 1990, p. 71.

31. José Murilo de Carvalho, *ibid.*, p. 72.

32. Jaime Larry Benchimol, *Pereira Passos: um Haussmann tropical. A renovação urbana da cidade do Rio de Janeiro no início do século XX*, Rio de Janeiro, Prefeitura da Cidade do Rio de Janeiro, "Biblioteca Carioca", 1990, p. 219.

33. Marieta de Moraes Ferreira, *Em busca da idade de ouro. As elites políticas fluminenses e a Primeira República (1889-1930)*, Rio de Janeiro, Ed. UFRJ/Edições Tempo Brasileiro, 1994, p. 38.

34. Discurso do trono, 13 de maio de 1888, citado por Roberto Moura, *Tia Ciata e a pequena África no Rio de Janeiro*, Rio de Janeiro, Secretaria Municipal de Cultura, "Biblioteca Carioca", 1995, p. 19.

35. Eduardo Silva, "Qual abolição?", *Jornal do Brasil*, 9 de maio de 1998.

36. Citado por Hebe M. Mattos de Castro, "Laços de família e direitos no final da escravidão", in *História da vida privada no Brasil*, vol. 2, São Paulo, Companhia das Letras, 1997, p. 364.

37. O Clube Militar continua em atividade até hoje.

38. Rodrigo Octávio, *Festas nacionais*, livro aprovado pelo Conselho Superior de Instrução Pública do Distrito Federal e de diversos estados da União, 3ª ed., Rio de Janeiro, 1905.

39. *Ibid.*, p. 136.
40. *Ibid.*, p. 225.
41. Lília Moritz Schwartz, *As barbas,,,, op. cit.*, p. 465 e ss.
42. Lília Moritz Schwartz, *ibid.*, p. 503.
43. Ministère des Affaires Étrangères, Paris, correspondance politique, vol. 53, 18/11/1889, Fº 268.
44. Aristides Lobo, carta endereçada em 18/11/1889 ao *Diário Popular*: "O povo assistia àquilo bestializado, sem voz, surpreso, sem saber o que aquilo significava. Muitos acreditavam sinceramente estar vendo uma parada."
45. Ver o debate aberto a partir do livro de José Murilo de Carvalho, *Os bestializados. O Rio de Janeiro e a República que não foi*, São Paulo, Companhia das Letras, 1987.
46. Américo Oscar Guichard Freire, *Uma capital para a República..., op. cit.*, p. 62.
47. Sobre os acontecimentos, ver Edgard Carone, *A República Velha: II – Evolução política (1889-1930)*, São Paulo, Difel, 1983.
48. Sobre essa distinção, ver Lincoln de Abreu Penna, *O progresso da ordem. O florianismo e a construção da República*, Rio de Janeiro, Sette Letras, 1997. Ver também Suely Robles Reis de Queiroz, *Os radicais da República. Jacobinismo: ideologia e ação, 1893-1897*, São Paulo, Brasiliense, 1986.

8. RUA DO OUVIDOR

1. Citado por Celso Castro, *Os militares e a República..., op. cit.*, p. 33.
2. Joaquim Manuel de Macedo, *Memórias da Rua do Ouvidor*, Brasília, ed. UnB, 1988, p. 72.
3. Joaquim Manuel de Macedo, *ibid.*, p. 77.
4. Gastão Cruls, *Aparência do Rio de Janeiro (Notícia histórica e descritiva da cidade)*, Rio de Janeiro, José Olympio, 1949, 2 vol., p. 424.
5. Nireu Oliveira Cavalcanti, *Rio de Janeiro. Centro Histórico, 1808-1998. Marcos da colônia*, Rio de Janeiro, Dresdner Bank Brasil, 1998, p. 15.

6. Rachel Soihet, *A subversão pelo riso. Estudos sobre o carnaval carioca, da* Belle Époque *ao tempo de Vargas*, Rio de Janeiro, Fundação Getúlio Vargas, 1998, p. 50 e ss.

7. Lília Moritz Schwartz, *As barbas...*, *op. cit.*, p. 234.

8. Lília Moritz Schwartz, *ibid.*, p. 235.

9. José Augusto Drummond, "O jardim dentro da máquina. Breve história ambiental da floresta da Tijuca", *Estudos Históricos*, Rio de Janeiro, vol. 1, n° 2, 1988, p. 276-298. Ver também Cláudia Heynemann, *Floresta da Tijuca. Natureza e civilização*, Rio de Janeiro, Prefeitura da cidade do Rio de Janeiro, "Biblioteca carioca", 1995.

10. José Augusto Drummond, "O jardim dentro da máquina...", *op. cit.*, p. 289.

11. Cláudia Heynemann, *Floresta da Tijuca...*, *op. cit.*, p. 46 e ss.

12. Maurício de A. Abreu, *Evolução urbana...*, *op. cit.*, p. 44.

13. *Rio de Janeiro. Cidade e Estado*, "Guides verts", Clermont-Ferrand/Rio de Janeiro, Manufacture française des pneumatiques Michelin, 1990, p. 226.

14. Maurício de A. Abreu, *Evolução urbana do Rio de Janeiro*, Rio de Janeiro, IPLANRIO/Jorge Zahar, 1988, p. 44.

15. Sylvia F. Damazio, *Retrato social do Rio de Janeiro na virada do século*, Rio de Janeiro, UERJ, 1996, p. 33.

16. Eduardo Silva, *Prince of the People. The life and times of a Brazilian free man of colour*, Londres-Nova York, Verso, 1993.

17. Eduardo Silva, *ibid.*, p. 27 e ss.

18. Eduardo Silva, *ibid.*, p. 73.

19. Eduardo Silva, *ibid.*, p. 102.

20. Roberto Moura, *Tia Ciata e a pequena África no Rio de Janeiro*, Rio de Janeiro, Secretaria Municipal de Cultura, "Biblioteca carioca", 1995, p. 96.

21. Roberto Moura, *Tia Ciata...*, *op. cit.*, p. 97.

22. Roberto Moura, *ibid.*, p. 100.

23. Roberto Rowland, "O problema da emigração: dinâmica e modelos", *in* Francisco Bethencourt e Kirti Chaudhuri (ed.), *História da expansão portuguesa*, vol. 4, Lisboa, 1998, p. 304.

24. *Ibid.*, p. 307.

25. Roberto Rowland, "Portugueses no Brasil: projectos e contextos", *in* Francisco Bethencourt e Kirti Chaudhuri (ed.), *História da expansão portuguesa, op. cit.*, vol. 4, p. 355.

26. Luís Felipe de Alencastro e Maria Luisa Renaux, "Caras e modos dos migrantes e imigrantes", *in* Fernando A. Novais (ed.), *História da vida privada no Brasil*, vol. 2, São Paulo, Companhia das Letras, 1997, p. 304.

27. Sidney Chalhoub, *Cidade febril*. Cortiços e epidemias na corte imperial, São Paulo, Companhia das Letras, 1996, p. 30-31.

28. Lilian Fessler Vaz, "Notas sobre o Cabeça de Porco", *Revista do Rio de Janeiro*, Niterói, vol. 1, nº 2, jan-abril 1986, p. 30.

29. Sidney Chalhoub, *Cidade febril..., op. cit.*, p. 15, 17.

30. Sobre os capoeiras no século XIX, ver Thomas H. Holloway, *Polícia no Rio de Janeiro. Repressão e resistência numa cidade do século XIX*, Rio de Janeiro, Fundação Getúlio Vargas, 1997, p. 206211 e p. 243-247.

31. Ministère des Affaires Étrangères, Paris, Correspondance politique, 1887-1888, vol. 52, Fº 134-136.

32. Ministère des Affaires Étrangères, Brésil, Correspondance politique, 1889, vol. 53, Fº 10.

33. Thomas H. Holloway, *Polícia no Rio de Janeiro..., op. cit.*, p. 246-247.

34. José Murilo de Carvalho, *Os bestializados..., op. cit.*, p. 86.

35. Max Leclerc, *Lettres du Brésil*, Paris, Plon, 1890, p. 4-5.

36. Flora Süssekind, *As revistas..., op. cit.*, p. 66.

37. Maria Luiza Marcílio, "Santé et mort dans la ville impériale de Rio de Janeiro, 1830-1889", *in* Jean-Pierre Bardet, François Lebrun e René Le Mée (ed.), *Mélanges offerts à Jacques Dupâquier*, Paris, PUF, 1993, p. 384.

38. Maria Luiza Marcílio, *ibid.*, p. 381-390.

39. Sidney Chalhoub, *Cidade febril..., op. cit.*, p. 86 e ss.

40. Ver Jaime Larry Benchimol e Luiz Antônio Teixeira, *Cobras, lagartos & outros bichos. Uma história comparada dos institutos Oswaldo Cruz e Butantan*, Rio de Janeiro, ed. UFRJ/Fundação Oswaldo Cruz/Casa de Oswaldo Cruz, 1993.

41. Jeffrey D. Needell, "The Revolta contra Vacina of 1904: TheRevolt Against "Modernization" in Belle Époque Rio de Janeiro", *Hispanic American Historical Review*, Duke University, vol. 67, n° 2, 1987, p. 238.
42. José Murilo de Carvalho, *Os bestializados...*, *op. cit.*, p. 118.
43. Jeffrey D. Needell, "The Revolta contra Vacina of 1904...", art. cit., p. 267.

9. AVENIDA CENTRAL

1. Jeffrey D. Needell, *Belle Époque tropical. Sociedade e cultura de elite na virada do século*, São Paulo, Companhia das Letras, 1998, p. 49.
2. Jaime Larry Benchimol, *Pereira Passos: Um Haussmann tropical. A renovação urbana da cidade do Rio de Janeiro no início do século XX*, Rio de Janeiro, Prefeitura da Cidade do Rio de Janeiro, "Biblioteca carioca", 1990, p. 192 e ss.
3. Ver Jaime Larry Benchimol, *Pereira Passos...*, *op. cit.*, p. 277 e ss.
4. Citado por Luiz Edmundo, *in* Jaime Larry Benchimol, *Pereira Passos...*, *op. cit.*, p. 204.
5. Jaime Larry Benchimol, *Pereira Passos...*, *op. cit.*, p. 229.
6. João Máximo, *Cinelândia. Breve história de um sonho*, Rio de Janeiro, Salamandra, 1997, p. 75 e ss.
7. *Revista da Semana*, n° 51, 29 de janeiro de 1916.
8. Marly Silva da Motta, *A Nação faz cem anos: O centenário da Independência e a "questão" nacional no início dos anos 20*, Rio de Janeiro, FGV/CPDOC, 1992.
9. Edgard Carone, *A República Velha II...*, *op. cit.*, p. 272; José Murilo de Carvalho, "Os bordados de João Cândido", *Pontos e bordados. Escritos de história e política*, Belo Horizonte, editora UFMG, 1998, p. 15-33; *Jornal do Brasil*, 31 de outubro de 1999.
10. Edgard Carone, *A República Velha: I – Instituições e classes sociais (1889-1930)*, São Paulo, Difel, 1988, p. 373.
11. *Jornal do Brasil*, 31 de outubro de 1999.

12. Jean-Pierre Blay, "Élites urbaines et monde hippique, Rio de Janeiro, 1848-1932", *Revue d'histoire moderne et contemporaine*, Paris, julho-setembro 1999, 46 (3), p. 514-531.

13. Victor Andrade de Melo, "O mar e o remo no Rio de Janeiro no século XIX", *Estudos históricos*, Rio de Janeiro, vol. 13, nº 23, 1999, p. 56 e ss.

14. Gisella de Araújo Moura, *O Rio corre para o Maracanã*, Rio de Janeiro, ed. FGV, 1998, p. 17.

15. Gisella de Araújo Moura, *O Rio corre...*, op. cit., p. 18.

16. Ver Maria Isaura Pereira de Queiroz, *Carnaval brésilien. Le vécu et le mythe*, Paris, Gallimard, 1992.

17. Rachel Soihet, *A subversão pelo riso...*, op. cit., p. 90-91.

18. Rachel Soihet, *ibid.*, p. 91.

19. *Ibid.*

20. Renata de Castro Menezes, *Devoção, diversão e poder: um estudo antropológico sobre a festa da Penha*, mestrado, Universidade Federal do Rio de Janeiro/Museu Nacional, 1996, p. 8.

21. Renata de Castro Menezes, *Devoção...*, op. cit., p. 65.

22. Roberto Moura, *Tia Ciata...*, op. cit., p. 112. Ver também Rachel Soihet, *A subversão pelo riso...*, op. cit., p. 20-46.

23. Roberto Moura, *Tia Ciata...*, op. cit., p. 118.

24. Hermano Vianna, *O mistério do samba*, Zahar/UFRJ, 1995.

25. Santuza Cambraia Neves, *O violão azul. Modernismo e música popular*, Rio de Janeiro, FGV, 1998, p. 150 e ss.

IV
O laboratório e a vitrine

10. SOB O SIGNO DE ZÉ CARIOCA

1. Mônica Pimenta Velloso, "A 'cidade-voyeur': o Rio de Janeiro visto pelos paulistas", *Revista do Rio de Janeiro*, Niterói, nº 1, set.-dez. 1986, p. 55-66.

2. *O álbum dos presidentes. A história vista pelo JB*, Rio de Janeiro, *Jornal do Brasil*, Edição do Centenário da República, 1989, p. 26.

3. Dois outros presidentes, o general Figueiredo e Fernando Henrique Cardoso, são cariocas de nascimento, mas não fizeram carreira política no Rio.

4. Marieta de Moraes Ferreira (ed.), *A República na Velha Província*, Rio de Janeiro, Rio Fundo Ed., 1989, p. 241 e ss.

5. José Augusto Drummond, *O movimento tenentista: intervenção militar e conflito hierárquico (1922-1935)*, Rio de Janeiro, Graal, 1986.

6. Dulce Pandolfi, *Camaradas e companheiros. História e memória do PCB*, Rio de Janeiro, Relume Dumará, 1995.

7. Irredutíveis guardiões do templo ressuscitaram o PCB em 1993.

8. Edgard Carone, *A República Velha II...*, op. cit., p. 420.

9. Rachel Soihet, *A subversão pelo riso...*, op. cit., p. 104-105.

10. Getúlio Vargas, *Diário*, vol. 1, 1930-1936, Rio de Janeiro, Siciliano/FGV, 1995, p. 25.

11. Mauro Rubinstein, com a colaboração de Miriam Blandina, *O Cristo do Rio/The Redeemer of Rio*, Rio de Janeiro, M. Rubinstein, 1999.

12. *Ibid.*, p. 41-42.

13. *Ibid.*, p. 52.

14. *Ibid.*, p. 60.

15. *Ibid.*, p. 58.

16. Regina de Luz Moreira e César Benjamin, "Leme, Sebastião", in Alzira Abreu e Israel Beloch (ed.), *Dicionário biográfico-histórico brasileiro, 1930-1983*, Rio de Janeiro, Forense/Finep, 1983, vol. 2, p. 1.795-1.798.

17. Carlos Eduardo B. Sarmento, *Autonomia e participação. O Partido Autonomista do Distrito Federal e o campo político carioca (1933-1937)*, mestrado, UFRJ-IFCS, 1996.

18. Carlos Eduardo B. Sarmento, *ibid.*, p. 101.

19. *Ibid*, p. 166.

20. Luiz Paulo Horta, *Villa Lobos. Uma introdução*, Rio de Janeiro, Jorge Zahar Editor, 1987, p. 67.

21. *Ibid.*, p. 215 e ss.

22. *Ibid.*, p. 223.

23. Marieta de Moraes Ferreira, "Os professores franceses e o ensino da história no Rio de Janeiro nos anos 30", in Marcos Chor Maio e Gláucia Villas Bôas (ed.), *Ideias de modernidade e sociologia no Brasil. Ensaios sobre Luiz de Aguiar Costa Pinto*, Porto Alegre, Ed. da Universidade/UFRGS, 1999, p. 280.

24. Carlos Eduardo B. Sarmento, *Autonomia...*, *op. cit.*, p. 318.

25. Ângela de Castro Gomes, "Estado Novo. Ambiguidades e heranças de um regime autoritário", *Ciência Hoje*, Rio de Janeiro, vol. 23, nº 132, novembro 1997, p. 40.

26. Ângela de Castro Gomes, *A invenção do trabalhismo*, Rio de Janeiro, IUPERJ/Vértice, 1988; *História e historiadores. A política cultural do Estado Novo*, Rio de Janeiro, FGV, 1996; "L'histoire du Brésil écrite par l'*Estado Novo*: démocratie raciale contre démocratie libérale", *Lusotopie 1997*, Paris, Karthala, p. 267-273.

27. Lília Moritz Schwarcz, "Le complexe de Zé Carioca. Notes sur une certaine identité métisse et *malandra*", *Lusotopie 1997*, Paris, Karthala, p. 258.

28. Citado por Lília Moritz Schwarcz, "Le complexe de Zé Carioca...", *op. cit.*, p. 261.

29. Lauro Cavalcanti, "Modernistas, arquitetura e patrimônio", in Dulce Pandolfi (ed.), *Repensando o Estado Novo*, Rio de Janeiro, FGV, 1999, p. 180.

30. Evelyn Furkim Werneck Lima, *Avenida Presidente Vargas: uma drástica cirurgia*, Rio de Janeiro, Prefeitura da Cidade do Rio de Janeiro, "Biblioteca Carioca", 1990.

31. S. Pedro dos Clérigos (1773), Bom Jesus do Calvário (1719), São Domingos (1791), N. S. da Conceição (1758), ver Evelyn Furkim Werneck Lima, *Avenida Presidente Vargas...*, *op. cit.*

32. Ver Sílvia Regina Pantoja Serra de Castro, *Amarelismo e pessedismo fluminense. O PSD de Amaral Peixoto*, tese de doutorado, Universidade Federal Fluminense, Niterói, 1995.

33. Ver Rachel Soihet, *A subversão pelo riso...*, *op. cit.*, p. 119-152.

34. Rachel Soihet, *A subversão pelo riso...*, *op. cit.*, p. 129.

35. *Ibid.*, p. 131.

36. *Ibid.*, p. 140.

37. *Ibid.*, p. 145.
38. *Ibid.*, p. 141.
39. *Ibid.*, p. 143.
40. *Ibid.*, p. 147.
41. Citado por Monique Augras, *O Brasil do samba-enredo*, Rio de Janeiro, FGV, 1998, p. 52.
42. Ver o fascículo consagrado a Ary Barroso em *Nova história da música popular brasileira*, São Paulo, Abril Cultural, 1977 (2ª ed.).
43. *Nosso Século, 1930/1945 (II)*, São Paulo, Abril Cultural, 1980, p. 132.
44. *Nosso Século, 1930/1945 (II)*, São Paulo, Abril Cultural, 1980, p. 58.
45. Gilberto Velho, *A utopia urbana. Um estudo de antropologia social*, Rio de Janeiro, Jorge Zahar, 1973, p. 22.
46. Maurício de A. Abreu, *Evolução urbana do Rio de Janeiro*, Rio de Janeiro, IPLANRIO/Jorge Zahar, 1988, p. 96.
47. Marly Silva da Motta, *O Rio de Janeiro continua sendo... De cidade-capital a Estado da Guanabara*, tese de doutorado, Universidade Federal Fluminense, Niterói, 1997, p. 132.
49. Marly Silva da Motta, *O Rio de Janeiro continua sendo...*, op. cit., p. 130.
50. Monique Augras, *O Brasil do samba-enredo*, op. cit., p. 60.
51. Citado por Monique Augras, *O Brasil do samba-enredo*, p. 63.
52. Ver Gisella de Araújo Moura, *O Rio corre para o Maracanã*, Rio de Janeiro, FGV, 1998.
53. *Ibid.*, p. 45.
54. Citado por Gisella de Araújo Moura, *O Rio corre...*, op. cit., p. 121.
55. *Jornal do Brasil*, 28 de janeiro de 1998. O novo uniforme dos jogadores brasileiros se deve ao projeto do gaúcho Aldyr Schlee, que se inspirou no do Esporte Clube Pelotas (Rio Grande do Sul).
56. Marly Silva da Motta, *O Rio de Janeiro continua sendo...*, op. cit., p. 144.

57. Citação reproduzida em "Vargas, Getúlio Dornelles", *in* Alzira Alves de Abreu e Israel Beloch (ed.), *op. cit....*, vol. 4, p. 3.499.
58. *Nosso Século, 1945/1960 (I)*, São Paulo, Abril Cultural, 1980, p. 147.
59. *Ibid.*, p. 152.
60. Jorge Luís Ferreira, "O carnaval da tristeza: os motins urbanos do 24 de agosto", *in* Angela de Castro Gomes, *Vargas e a crise dos anos 50*, Rio de Janeiro, Relume Dumará, 1994, p. 61-96.
61. Citado por Marly Silva da Motta, *O Rio de Janeiro continua sendo...*, *op. cit.*, p. 90.
62. *Ibid.*, p. 168.

11. POLÍTICA E FRUSTRAÇÕES

1. Israel Beloch, *Capa preta e Lurdinha. Tenório Cavalcanti e o povo da Baixada*, Rio de Janeiro, Record, 1986.
2. Citado por Israel Beloch, *Capa preta...*, *op. cit.*, p. 94.
3. Marly Silva da Motta, *O Rio de Janeiro continua sendo...*, *op. cit.*, p. 194.
4. *Ibid.*, p. 197.
5. Sobre Roberto Burle Marx, ver Jacques Leenhardt (ed.), *Dans les jardins de Roberto Burle Marx*, Arles, Actes Sud, 1994; e William Howard Adams, *Roberto Burle Marx: The Unnatural Art of the Garden*, Nova York, Museum of Modern Art, 1991.
6. Marly Silva da Motta, *O Rio de Janeiro continua sendo...*, *op. cit.*, p. 244 e ss.
7. *Nosso Século, 1960/1980 (I)*, São Paulo, Abril Cultural, 1980, p. 51.
8. Marly Silva da Motta, *O Rio de Janeiro continua sendo...*, *op. cit.*, p. 263.
9. "Lima, Negrão de", *in* Alzira Abreu e Israel Beloch (ed.), *Dicionário biográfico-histórico brasileiro, 1930/1983*, Rio de Janeiro, Forense/Finep, 1983, vol. 3, p. 1.851-1.856.
10. *Nosso Século, 1960/1980 (I)...*, *op. cit.*, p. 14 e 23.
11. *Jornal do Brasil*, 13 de dezembro de 1998.

12. *Ibid.*
13. *Época*, Rio de Janeiro, 7 de dezembro de 1998, p. 78.
14. Chico Buarque, *Letra e Música*, São Paulo, Companhia das Letras, 1989, p. 122 e ss.
15. *Jornal do Brasil*, 14 de junho de 1999.
16. Fernando Gabeira, *Les guérilleros sont fatigués*, Paris, Métailié, 1980 (ed. brasileira: *O que é isso, companheiro?* 1979). Adaptação cinematográfica por Bruno Barreto em 1997. Ver também, num gênero mais acadêmico, Alzira Alves de Abreu, *Intelectuais e guerreiros. O Colégio de Aplicação da UFRJ de 1948 a 1968*, Rio de Janeiro, ed. UFRJ, 1992.
17. *Jornal do Brasil*, 13 de dezembro de 1998.
18. Scarlet Moon de Chevalier, *Areias escaldantes. Inventário de uma praia*, Rio de Janeiro, Rocco, 1999, p. 18.
19. *Ibid.*, p. 31-32.
20. *Ibid.*, p. 59.
21. *Nosso Século, 1960/1980 (II)*, São Paulo, Abril Cultural, 1980, p. 147.
22. Ver Carlos Eduardo Sarmento (ed.), *Chagas Freitas*, Rio de Janeiro, FGV/Assembleia Legislativa do Rio de Janeiro, "Perfil político", 1999.
23. Marieta de Moraes e Mário Grynspan, "A volta do filho pródigo ao lar paterno? A fusão do Rio de Janeiro", *Revista Brasileira de História*, São Paulo, Finep/Anpuh/CNPq/Marco Zero, vol. 14, nº 28, p. 94.
24. Marly Silva da Motta, "O governador da Guanabara", *in* Carlos Eduardo Sarmento (ed.), *Chagas Freitas...*, op. cit., p. 150.
25. Marieta de Moraes e Mário Grynspan, "A volta do filho pródigo...", art. cit., p. 84.
26. Marly Silva da Motta, "O governador da Guanabara", *in* op. cit., p. 140.
27. Marieta de Moraes e Mário Grynspan, "A volta do filho pródigo...", art. cit., p. 90.
28. Maria Celina d'Araujo, Celso Castro e Gláucio Ary Dillon Soares (ed.), *A volta aos quartéis. A memória militar sobre a Abertura*, Rio de Janeiro, Relume Dumará, 1995, p. 312-315.

29. João Trajano Sento Sé, *Estetização da política e liderança carismática. O caso do Rio de Janeiro*, tese de doutorado, Rio de Janeiro, IUPERJ, 1997, p. 83 e ss.
30. *Ibid.*, p. 242.
31. *Ibid.*, p. 340 e ss.
32. *Ibid.*, p. 250.
33. Camille Goirand, *Le populisme à l'assaut de la "Nouvelle République": les CIEPs à Rio de Janeiro, de 1983 à 1987*, dissertaçãodo Institut d'Études Politiques de Paris, 1991.
34. Citado por Camille Goirand, *Le populisme à l'assaut...*, *op. cit.*, p. 49-50.
35. Camille Goirand, *Le populisme à l'assaut...*, *op. cit*, p. 84
36. *Jornal do Brasil*, 15 de janeiro de 1985.
37. *Jornal do Brasil*, 16 de janeiro de 1985.
38. Armelle Enders, "Saint Tancredo de l'Espérance. La mort du président Tancredo Neves et la démocratie brésilienne", *in* Jacques Juillard (ed.), *La Mort du roi. Autour de François Mitterrand. Essai d'ethnographie politique comparée*, Paris, Gallimard, 1999, p. 327-358.
39. João Trajano Sento Sé, *Estetização da política...*, *op. cit.*, p. 287.
40. *Veja*, 14 de março de 1990, p. 44.
41. João Trajano Sento Sé, *Estetização da política...*, *op. cit.*,
42. Sobre esses aspectos, ver João Trajano Sento Sé, *Estetização da política...*, *op. cit.*, p. 384 e ss.

12. "REI DE JANEIRO"

1. "Rei de Janeiro", música de Jards Macalé e letra de Glauber Rocha (1998).
2. Maurício de A. Abreu, *Evolução urbana*, *op.cit*, p. 106.
3. Marcel Baumann Burgos, "Dos parques proletários ao Favela-Bairro. As políticas públicas nas favelas do Rio de Janeiro, em Alba Zaluar e Marcos Alvito (ed.), *Um século de favela*, Rio de Janeiro, FGV, 1998, p. 25-60.

4. *Ibid.*, p. 29.
5. Marly Silva da Motta, *O Rio de Janeiro continua sendo...*, op.cit, p. 37-38.
6. Marcel Baumann Burgos, "Dos parques proletários ao Favela-bairro...", *op. cit.*, p. 37-38.
7. *Ibid.*, p. 14.
8. Maria Lais Pereira da Silva, "A favela e o subúrbio: associações e dissociações na expansão urbana da favela" in: Márcio Piñon de Oliveira e Nelson da Nóbrega Fernandes (coord.), *150 anos de subúrbios cariocas*, Niterói-Rio de Janeiro, UFF-Lamparina, 2010, p. 176 e ss.; ver também Marly da Motta Silva, *A nação faz cem anos...*, op.cit, passim.
9. *Jornal do Brasil*, 23 de maio de 1999.
10. Dados demográficos do IBGE. <http://www.riomaissocial.org/territorios/complexo-do-alemao> (consultado em dezembro de 2012).
11. *La Croix*, de 8 de dezembro de 1994.
12. Alba Zaluar; Isabel Siqueira Conceição, "Favelas sob o controle das milícias no Rio de Janeiro: que paz?" São Paulo em Perspectivas, São Paulo, Fundação Seade, v. 21, n° 2, p. 89-101, jul./dez. 2007. Disponível em: http://www.seade.gov.br>; http://www.scielo.br
13. Ver Sulamis Dean, "Crise econômica", *Série Estudos*, "Rio de todas as crises", Rio de Janeiro, IUPERJ, n° 80, dezembro de 1990, p. 1-8.
14. Ver o site oficial http://www.portomaravilha.com.br (consultado em janeiro de 2005).
15. <http://www.cidadeolimpica.com.br> (consultado em janeiro de 2015).
16. O filme *Um porco em Gaza* (2010), de Sylvain Estibal, mostra até palestinos e um soldado israelense assistindo e chorando juntos a uma novela brasileira na Faixa de Gaza.
17. Ver Márcia Cezimbra e Elizabeth Orsini, *Os emergentes da Barra*, Rio de Janeiro, Relume Dumará, 1996.
18. Márcio Pochman, *O mito da grande classe média: capitalismo e estrutura social*, São Paulo, Boitempo Editorial, 2014.

Cronologia

1494	Tratado de Tordesilhas entre a Espanha e Portugal.
1498	21 de maio: Vasco da Gama chega à costa da Índia.
1499	29 de agosto: Retorno de Vasco da Gama a Lisboa.
1500	22 de abril: Pedro Álvares Cabral avista a ilha de Vera Cruz (o Brasil). 2 de maio: Cabral prossegue sua rota para a Índia.
1501	10 de maio: Partida da frota de Gonçalo Coelho (com Américo Vespúcio) em direção à terra abordada por Cabral. 28 de agosto: Carta de D. Manuel aos Reis Católicos para anunciar que tomou posse da "Terra de Santa Cruz".
1502	1º de janeiro: Gonçalo Coelho chega à baía de Guanabara, que recebe o nome de "Rio de Janeiro".
1503	10 de junho: Segunda expedição dirigida por Gonçalo Coelho, com a participação de Américo Vespúcio.
1504	maio: Fundação de feitorias em Cabo Frio e no Rio de Janeiro.
1515	Escala, na baía do Rio, da frota de João Dias de Solis.
1516	Escala, na baía do Rio, da frota de Cristóvão Jacques.
1519	Escala da frota de Magalhães. Mapa *Terra Brasilis* de Lopo Homem, em que aparece o topônimo "R. de Janeyro".
1530	Instituição das capitanias confiadas a donatários hereditários.
1532	Fundação da vila de São Vicente.

1534	Martin Afonso de Sousa recebe do rei D. João III as capitanias de São Vicente e do Rio de Janeiro.
1536	Fundação da vila de Santos.
1549	Tomé de Sousa, governador-geral do Brasil. Fundação de São Salvador de Todos os Santos.
1554	Manuel da Nóbrega funda o colégio de São Paulo.
1555	Nicolas de Villegagnon funda a França Antártica na baía do Rio de Janeiro.
1560	Destruição da França Antártica.
1565	Estácio de Sá funda São Sebastião do Rio de Janeiro.
1567	Estácio de Sá e Mem de Sá expulsam os últimos franceses do Rio de Janeiro. Deslocamento da cidade da península da Urca para o morro do Castelo.
1572-1577	Separação administrativa do Brasil em torno da Bahia (Norte) e do Rio de Janeiro (Sul).
1573	Manuel da Nóbrega funda o colégio São Sebastião no Rio de Janeiro.
1575	Expedição de Antônio de Salema, governador do Rio de Janeiro, contra os franceses e os tupinambás de Cabo Frio.
1578	4 de agosto: Morte de D. Sebastião I na batalha de Alcácer-Quibir (Marrocos).
1580	Filipe II da Espanha torna-se rei de Portugal.
1624-1625	Ocupação da Bahia pelos holandeses.
1630	Os holandeses apoderam-se de Pernambuco.
1637	Salvador Correia de Sá e Benevides, governador do Rio de Janeiro.
1640	Revolta contra os jesuítas e a liberdade dos índios no Rio, em Santos e São Paulo. Secessão de Portugal e advento do duque de Bragança ao trono de Portugal (D. João IV).
1641	Os holandeses tomam Luanda, Sergipe e Maranhão.
1645	Início do sistema de frotas entre Rio, Bahia e Lisboa.
1648	Salvador Correia de Sá e Benevides retoma Luanda dos holandeses.

CRONOLOGIA 361

1654	Os holandeses deixam o Brasil.
1658	Descobre-se ouro em Paranaguá.
1660	Revolta no Rio contra a dominação dos Correia de Sá.
1676	Criação da diocese do Rio de Janeiro.
1680	Fundação da Colônia do Sacramento.
1694	Notícia da descoberta de ouro no futuro estado de Minas Gerais.
1710	Ataque do corsário Duclerc contra o Rio de Janeiro.
1711	Duguay-Trouin toma e saqueia o Rio de Janeiro.
1737	Fundação de Rio Grande de São Pedro (atual Rio Grande do Sul).
1750	Tratado de Madri.
1759	Expulsão dos jesuítas.
1763	Rio de Janeiro, capital do vice-reino do Brasil.
1777	Tratado de Santo Ildefonso.
1789	Denunciada a conjuração de Minas Gerais.
1792	21 de abril: Execução, no Rio de Janeiro, de Joaquim José da Silva Xavier (Tiradentes).
1807	29 de novembro: A Corte Portuguesa deixa Lisboa pelo Brasil. 30 de novembro: Entrada das tropas francesas comandadas por Junot na capital portuguesa.
1808	22 de janeiro: A Corte desembarca na Bahia. 8 de março: A Corte se instala no Rio de Janeiro. 13 de maio: D. João VI funda a Impressão Régia. Fundação do Banco do Brasil.
1813	Inaugurado no Rossio o Teatro Real São João.
1815	16 de dezembro: O Brasil é elevado ao nível de reino.
1816	Morte de D. Maria. Advento de D. João VI. Chegada da missão artística francesa.
1817	Revolta de Pernambuco. Chegada da princesa Leopoldina e de uma missão científica austro-bávara.

1818	6 de fevereiro: Aclamação de D. João VI no Rio de Janeiro. 6 de junho: Fundação do Museu Real (atual Museu Nacional). Fundação da Colônia Suíça de Nova Friburgo na província do Rio de Janeiro.
1820	24 de agosto: Revolução do Porto. 15 de setembro: Revolução de Lisboa. novembro: criação da Academia de Belas-Artes.
1821	26 de fevereiro: Dom João VI presta juramento ao projeto de constituição, no Rossio. 8 de abril: Eleição dos deputados do Brasil para o parlamento de Lisboa. 21-22 de abril: Revolta da Praça do Comércio. 26 de abril: Retorno de D. João VI a Portugal.
1822	9 de janeiro: Dia do Fico. 13 de maio: Dom Pedro "Defensor Perpétuo e Constitucional do Brasil". 7 de setembro: "Grito do Ipiranga". 12 de outubro: Aclamação de D. Pedro como imperador do Brasil. 1º de dezembro: Coroação e sagração de D. Pedro I.
1823	3 de maio: Abertura da Assembleia Constituinte. 12 de novembro: Dispersão e dissolução da Assembleia.
1824	25 de março: "Outorga" da Carta. Confederação do Equador.
1825	29 de agosto: Tratado de reconhecimento e de amizade entre Portugal e o Brasil. 2 de dezembro: Nascimento do príncipe D. Pedro de Alcântara.
1826	Dom Pedro I abdica da coroa de Portugal em favor de sua filha D. Maria da Glória.
1831	7 de abril: Abdicação de D. Pedro I. 7 de novembro: Proibição oficial do tráfico de escravos.
1834	Morre, em Portugal, D. Pedro I.
1835	25 de janeiro: Revolta dos malês (Salvador da Bahia). Regência de Diogo Feijó. Secessão do Rio Grande do Sul.
1837	18 de setembro: Diogo Feijó deixa a Regência.

1838	Araújo Lima, futuro marquês de Olinda, regente. 21 de outubro: Fundação do Instituto Histórico e Geográfico Brasileiro.
1840	23 de julho: Maioridade antecipada de D. Pedro II e início de seu reinado pessoal.
1841	julho: D. Pedro II é sagrado Imperador do Brasil.
1842	Revoltas liberais.
1844	Tarifas Alves Branco, que protegem a indústria nacional.
1850	4 de outubro: Lei Eusébio de Queirós, que extingue o tráfico negreiro.
1851	Início de um serviço regular de vapores entre a Europa e a América do Sul.
1854	30 de abril: Início da estrada de ferro no Brasil. Iluminação a gás do Rio de Janeiro.
1858	Inauguração da Estrada de Ferro Dom Pedro II.
1864	Francisco Solano López declara guerra ao Brasil,
1865	1º de maio: Acordo da Tríplice Aliança (Argentina, Brasil e Uruguai) contra o Paraguai.
1870	Fim da guerra do Paraguai. Manifesto republicano.
1871	Lei do Ventre Livre.
1874	O Brasil é ligado por cabo à Europa.
1883	Início da questão militar.
1885	Lei dos Sexagenários.
1888	13 de maio: Abolição da escravatura.
1889	9 de novembro: Baile da Ilha Fiscal. 15 de novembro: Proclamação da República.
1891	24 de fevereiro: Promulgação da Constituição. novembro: Floriano Peixoto sucede a Deodoro da Fonseca.
1893	Início da guerra civil no Sul do Brasil. Revolta da Marinha no Rio.
1894	Eleição de Prudente de Morais, primeiro presidente civil. Derrota dos federalistas no Sul.

1895	29 de junho: Morre o Marechal Floriano Peixoto.
1897	Revolta de Canudos (Bahia).
	Fundação da Academia Brasileira de Letras.
1904	Revolta da Vacina no Rio.
1908	Exposição Nacional no Rio de Janeiro.
1909	Inauguração do Theatro Municipal.
1910	Revolta da Chibata.
1917	25 de outubro: O Brasil declara guerra à Alemanha.
	Primeira gravação de um samba: *Pelo telefone*, de Donga.
1919	junho: Greves em várias cidades do país.
1922	13, 15 e 17 de fevereiro: Semana de Arte Moderna, em São Paulo.
	25, 26 e 27 de março: Fundação do Partido Comunista do Brasil.
	1º de março: Eleição contestada de Artur Bernardes.
	25 de março: Fundação, em Niterói, do Partido Comunista do Brasil. julho: A sede do PCB é fechada.
	3 de julho: Fechamento do Clube Militar pelas autoridades.
	5 de julho: Insurreição dos tenentes.
	6 de julho: Episódio dos Dezoito do Forte de Copacabana.
	setembro: Exposição do centenário da Independência, no Rio.
1926	Inauguração do Hipódromo da Gávea.
1930	1º de março: Derrota de Getúlio Vargas nas eleições presidenciais.
	26 de julho: Assassinato de João Pessoa, em Recife.
	3 de outubro: Início, no Rio Grande do Sul, do processo revolucionário. 24 de outubro: Deposição de Washington Luís.
	3 de novembro: Getúlio Vargas, chefe do governo provisório.
1931	setembro: Nomeação de Pedro Ernesto como interventor no Rio.
	12 de outubro: Inauguração da estátua do Cristo Redentor no Corcovado.
1932	9 de julho-1º de outubro: Revolução constitucionalista de São Paulo.
1934	16 de julho: Nova Constituição.
	outubro: Vitória de Pedro Ernesto nas eleições municipais do Distrito Federal.

1935	janeiro: Formação da Aliança Nacional Libertadora. Primeiro desfile oficial das escolas de samba. 4 de abril: Lei de Segurança Nacional. 5 de julho: Proibição da Aliança Nacional Libertadora. 23 de novembro: Tentativa de revolução comunista.
1936	março-abril: Numerosas prisões nas fileiras da esquerda brasileira.
1937	10 de novembro: Dissolução do Congresso e instauração do Estado Novo. 2 de dezembro: Dissolução dos partidos políticos.
1938	março-maio: Tentativas integralistas de golpe de Estado.
1939	27 de dezembro: Criação do Departamento de Imprensa e Propaganda (DIP).
1940	19 de abril: O aniversário de Vargas torna-se festa nacional. 1º de maio: Instituição do salário mínimo.
1941	janeiro: Criação da Companhia Siderúrgica Nacional e construção da usina de Volta Redonda (Rio de Janeiro).
1942	janeiro: Conferência dos ministros das Relações Exteriores da América no Rio. O Brasil rompe relações diplomáticas com o Eixo. fevereiro: Suicídio de Stefan Zweig e de sua mulher em Petrópolis (Rio de Janeiro). março: Torpedeamento de navios brasileiros. 31 de agosto: O Brasil declara guerra ao Eixo.
1943	1º de maio: Carta recapitulativa da legislação social (CLT).
1945	fevereiro: Abrandamento da censura. 18 de abril: Anistia dos presos políticos. 13 de agosto: Primeira manifestação de apoio a Vargas (queremismo). 29 de outubro: Deposição de Vargas. 2 de dezembro: Eleições gerais. Dutra presidente.
1946	30 de abril: Decreto que ordena o fechamento de todos os cassinos.
1947	7 de maio: Interdição do PCB.

1950	2 de abril: Inauguração do Estádio do Maracanã. 6 de julho: A seleção uruguaia derrota a seleção brasileira na Copa do Mundo, estádio do Maracanã. 3 de outubro: Getúlio Vargas é eleito presidente com 49% dos votos válidos.
1954	1º de maio: Vargas anuncia a duplicação do salário mínimo. 5 de agosto: Atentado frustrado na rua Toneleros (Rio) contra Carlos Lacerda. 24 de agosto: Ultimato das Forças Armadas, que apelam a Getúlio Vargas para renunciar. Suicídio de Vargas.
1955	4 de abril: O candidato J. Kubitschek anuncia sua intenção de transferir a capital federal para o Planalto Central brasileiro. 3 de outubro: Kubitschek eleito presidente da República.
1956	31 de janeiro: Posse de Juscelino Kubitschek.
1958	Primórdios da Bossa Nova. Vitória da seleção brasileira na Copa do Mundo, Suécia.
1960	21 de abril: Brasília capital. Nascimento do Estado da Guanabara. Carlos Lacerda governador da Guanabara.
1961	31 de janeiro: Posse de Jânio Quadros na presidência da República. 25 de agosto: Renúncia de Jânio Quadros. 26 de agosto: O governador do Rio Grande do Sul, Leonel Brizola, toma posição em favor da posse de João Goulart e, com esse objetivo, organiza a cadeia de estações de rádio chamada "rede da legalidade". 7 de setembro: Posse de João Goulart na presidência da República.
1963	7 de outubro: Brizola, Arraes, a UNE e a principal central sindical rompem com o governo Goulart, considerado muito tímido na condução das reformas. fim de outubro: Brizola cria o "Grupo dos Onze Companheiros" para lutar em favor das reformas.

1964	13 de março: Comício da Central do Brasil.
25 de março: Reunião dos fuzileiros navais na sede do sindicato dos metalúrgicos.
30 de março: Festa dos sargentos da Polícia Militar no Automóvel Clube, na presença de João Goulart.
31 de março: As tropas do general Mourão Filho deixam Belo Horizonte e iniciam sua marcha para o Rio.
2 de abril: O general Costa e Silva organiza o Comando Supremo da Revolução.
3 de abril: O Congresso declara vaga a presidência da República, que é confiada ao presidente da Câmara dos Deputados.
9 de abril: Promulgação do Ato Institucional no 1 (AI-1), redigido por Francisco Campos.
10 de abril: Primeira lista de personalidades privadas de seus direitos políticos.
11 de abril: Eleição indireta do marechal Humberto de Alencar Castelo Branco para a presidência da República. José Maria Alkmin (PSD) é o vice-presidente.
22 de julho: O Congresso aprova a Emenda Constitucional no 9, que prolonga o mandato de Castelo Branco até 15 de março de 1967.
6 de novembro: Lei Suplicy, que proíbe às organizações estudantis qualquer atividade política.
1965	3 de outubro: Eleição dos governadores em onze estados. A oposição vence em Minas Gerais e no estado da Guanabara (Negrão de Lima). 27 de outubro: Ato Institucional no 2 (AI-2), que dissolve os partidos políticos existentes, reforça os poderes presidenciais, torna passíveis de julgamento por tribunais militares os civis culpados de crimes contra a "segurança nacional", instaura a eleição indireta para presidente da República.
20 de novembro: Instauração do bipartidarismo.
1966	24 de março: Criação do partido oposicionista Movimento Democrático Brasileiro (MDB).
4 de abril: Criação do partido governista Aliança Renovadora Nacional (Arena).

1967	15 de março: Costa e Silva, presidente da República.
1968	28 de março: O estudante Edson Luís é morto pela polícia durante um confronto no restaurante universitário Calabouço (Rio). Greve geral dos estudantes.
29 de março: Manifestação de várias dezenas de milhares de pessoas no Rio e nas grandes cidades.
4 de abril: Repressão policial durante as manifestações em torno da missa de sétimo dia por Edson Luís.
26 de junho: Passeata dos Cem Mil, no Rio.
5 de julho: Proibição de toda manifestação de rua.
13 de dezembro: Promulgação do Ato Institucional no 5 (AI-5).
1969	27 de fevereiro: O Ato Institucional no 8 suspende todas as eleições.
31 de agosto: Costa e Silva, vítima de uma trombose, é substituído por uma junta composta pelos três ministros militares.
4 de setembro: Sequestro do embaixador americano Charles Elbrick por militantes da ALN e do MR-8.
30 de outubro: Emílio Garrastazu Médici, presidente da República.
1970	janeiro: Entrada em ação dos CODI e dos DOI, que atribuem ao Exército o papel principal na luta contra a subversão.
14 de fevereiro: Introdução da censura prévia à imprensa.
7 de dezembro: Sequestro do embaixador da Suíça pela VPR e o MR-8 (Rio).
1974	15 de março: Ernesto Geisel, presidente da República. Inauguração da Ponte Rio-Niterói.
1975	Fusão dos estados da Guanabara e Rio de Janeiro.
1976	14 de abril: Morte suspeita da opositora Zuzu Angel num acidente no Rio de Janeiro.
22 de agosto: Morte de Juscelino Kubitschek num acidente de carro entre São Paulo e Rio.
2 de setembro: O bispo de Nova Iguaçu (Rio de Janeiro) é sequestrado e espancado.

CRONOLOGIA

1979	1º de janeiro: Fim da validade do AI-5. 29 de agosto: Entrada em vigor da anistia. setembro: Retorno de Leonel Brizola ao Rio. outubro: Retorno de Luís Carlos Prestes ao Rio.
1980	Recrudescência dos atentados de extrema direita.
1981	30 de abril: Atentado do Riocentro.
1982	15 de novembro: 45 milhões de brasileiros votam para escolher seus representantes no Congresso e os governadores dos estados. No Rio, vitória de Leonel Brizola.
1983	15 de março: Leonel Brizola governador do Rio de Janeiro.
1984	10 de abril: Comício das Diretas-Já, atrás da igreja da Candelária (Rio).
1985	15 de janeiro: Eleição de Tancredo Neves pelo Colégio Eleitoral. 15 de março: Tancredo Neves hospitalizado. Posse de José Sarney. 21 de abril: Morte de Tancredo Neves.
1990	15 de março: Fernando Collor presidente da República.
1991	Segundo governo Brizola no Rio de Janeiro.
1992	2 de junho: Abertura, no Rio, da Conferência Mundial sobre o Meio Ambiente (ECO-92). 29 de setembro: Processo de *impeachment* contra Fernando Collor.
1993	madrugada de 24 de julho: Integrantes da Polícia Militar abatem oito adolescentes adormecidos em frente à Igreja da Candelária. César Maia (eleito pelo PMDB, filia-se ao PFL em 1995).
1994	Plano Real. Intervenção do Exército nas favelas do Rio. Morte de Antônio Carlos Jobim.
1995	Fernando Henrique Cardoso (PSDB), presidente da República.
1996	Luís Paulo Conde (PFL), prefeito do Rio.
1998	O metrô chega a Copacabana.

1999	janeiro: Segundo mandato de Fernando Henrique Cardoso. Anthony Garotinho (PDT), governador do Rio de Janeiro. Crise do real. junho: Conferência da União Europeia e dos países da América Latina e do Caribe. O Aeroporto do Galeão ganha o nome de Antônio Carlos Jobim.
2000	Língua negra na baía de Guanabara. Os esgotos da cidade poluem as praias e a lagoa Rodrigo de Freitas. A corrupção da polícia do Rio de Janeiro provoca uma crise política dentro do governo do Estado.
2001	Cesar Maia (eleito pelo PTB, filia-se ao PFL em 2002) prefeito do Rio de Janeiro.
2002	Renúncia do governador Anthony Garotinho. Benedita da Silva (PT) assume o governo.
2003	Lula (PT) presidente do Brasil. Rosinha Garotinho (PSB) governadora.
2005	César Maia (DEM) prefeito (reeleito) do Rio de Janeiro.
2007	Sérgio Cabral (PMDB) governador. Operação policial no Complexo do Alemão. 19 mortos. Jogos panamericanos.
2008	"Pacificação" da favela Santa Marta: primeira UPP.
2009	Eduardo Paes (PMDB) prefeito do Rio de Janeiro.
2011	Dilma Rousseff, presidenta do Brasil. Início do segundo mandato de Sérgio Cabral como governador. Inauguração do teleférico do Alemão.
2013	Eduardo Paes prefeito do Rio de Janeiro (reeleito). Jornadas Mundiais da Juventude.
2014	Abril: renúncia de Sérgio Cabral. Luiz Fernando Pezão governador. 15 de setembro o coronel Alexandre Fontenelle e 21 PM são presos por crime de concussão. 10 de dezembro entrega oficial do relatório final da Comissão Nacional da Verdade. Copa do mundo da FIFA 2014.
2015	Luiz Fernando Pezão governador. 450 anos da fundação da Cidade.

Siglas

AIB: Ação Integralista Brasileira
ANL: Aliança Nacional Libertadora Arena: Aliança Renovadora Nacional
CCC: Comando de Caça aos Comunistas
Cenimar: Centro de Informação da Marinha
CIEP: Centro Integrado de Educação Popular
CLT: Consolidação das Leis do Trabalho
CSN: Companhia Siderúrgica Nacional
DIP: Departamento de Imprensa e Propaganda
DOPS: Departamento de Ordem Política e Social
IHGB: Instituto Histórico e Geográfico Brasileiro
IURD: Igreja Universal do Reino de Deus
LEC: Liga Eleitoral Católica
MDB: Movimento Democrático Brasileiro
MPB: Música Popular Brasileira
MR-8: Movimento Revolucionário 8 de Outubro
NOVACAP: Companhia Urbanizadora da Nova Capital
PADF: Partido Autonomista do Distrito Federal
PCB: Partido Comunista Brasileiro
PDS: Partido Democrático Social
PDT: Partido Democrático Trabalhista
PFL: Partido da Frente Liberal
PMDB: Partido do Movimento Democrático Brasileiro
PPS: Partido Popular Socialista

PSD: Partido Social Democrático
PSDB: Partido da Social Democracia Brasileira
PT: Partido dos Trabalhadores
PTB: Partido Trabalhista Brasileiro
UDN: União Democrática Nacional
UES: União das Escolas de Samba
UNE: União Nacional dos Estudantes
VPR: Vanguarda Popular Revolucionária

Bibliografia

Fontes, depoimentos, instrumentos de trabalho

ABREU, Alzira Alves de, e BELOCH, Israel, *Dicionário Histórico-Biográfico Brasileiro, 1930-1983*, Rio de Janeiro, Forense Universitária/Finep, 2001, 4 vol.

AZEVEDO, Manuel Duarte Moreira de, *O Rio de Janeiro. Sua história, monumentos, homens notáveis, usos e curiosidades*, 3ª ed., Rio de Janeiro, Livr. Brasiliana Editora, 1969, 2 vol. (1ª ed.: 1877).

BARREIROS, Eduardo Canabrava, *Atlas da evolução urbana da cidade do Rio de Janeiro – Ensaio – 1565-1965*, Rio de Janeiro, Instituto Histórico e Geográfico Brasileiro, Ano do IV Centenário, 1965.

Bibliografia Carioca, Rio de Janeiro, Departamento de Documentação e Informação Cultural, Diretório de Bibliotecas, 1995.

BOSI, Alfredo, *História concisa da literatura brasileira*, São Paulo, Editora Cultrix, 1982 (3ª ed.).

CRULS, Gastão, *Aparência do Rio de Janeiro (Notícia histórica e descritiva da cidade)*, Rio de Janeiro, José Olympio, "Documentos brasileiros", 1949.

FERREZ, Gilberto, *A muito leal e heróica cidade de São Sebastião do Rio de Janeiro. Quatro séculos de expansão e evolução.* Iniciativa de Raymundo de Castro Maya em comemoração ao IV Centenário da fundação da cidade, editado por Raymundo de Castro Maya, Cândido Guinle de Paula Machado, Fernando Machado Portella, Rio de Janeiro, Banco Boavista, 1995 (1ª ed., 1965).

FRANÇA, Jean Marcel de Carvalho, *Visões do Rio de Janeiro colonial. Antologia de textos 1531-1800*, Rio de Janeiro, José Olympio, 1999.

KNIVET, Anthony, *The Admirable Adventures and Strange Fortunes of Master Antonie Knivet, which went with Master Candish in his second voyage to the South Sea, 1591, in* Samuel Purchas, *Purchas his Pilgrimes*, Londres, 1625.

La Découverte du Brésil. Les premiers témoignages choisis & présentés par Ilda Mendes dos Santos (1500-1530), Paris, Chandeigne, 2000.

La Mission jésuite du Brésil. Lettres & autres documents (15491570). Introduction & notes de Jean-Claude Laborie. Textes traduits du portugais & de l'espagnol en collaboration avec Anne Lima, Paris, Chandeigne, 1998.

Le Brésil d'André Thevet. Les singularités de la France antarctique (1557), édition intégrale établie, présenté & annoté par Frank Lestringant, Paris, Chandeigne, 1997.

LÉRY, Jean de, *Histoire d'un voyage faict en la terre du Brésil (1578)*, 2ᵉ édition, 1580, texte établi, présenté et annoté par Frank Lestringant, Montpellier, Max Chaleil éditeur, "Classiques du protestantisme", 1992.

LUCCOCK, John, *Notes on Rio de Janeiro and the Southern Parts of Brazil; taken during a residence of ten years in that country from 1808 to 1818*, Londres, impresso por Samuel Leigh in the Strand, 1820.

MACEDO, Joaquim Manuel de, *Um passeio pela cidade do Rio de Janeiro*, Rio de Janeiro-Belo Horizonte, Livraria Garnier, 1991, (1ª ed.: 1862 e 1863).

MACEDO, Joaquim Manuel de, *Memórias da Rua do Ouvidor*, Brasília, ed. UnB, 1988 (1ª ed.: 1878).

Rio de Janeiro. Cidade e Estado, "Guias Verdes", Clermont Ferrand/Rio de Janeiro, CBP Michelin, 1990.

Saudades do Brasil. A era JK, Rio de Janeiro, Memória Brasil--CPDOC/FGV, 1992.

SILVA, Maria Beatriz Nizza da (ed.), *Dicionário da história da colonização portuguesa no Brasil*, Lisboa-São Paulo, Verbo, 1994.

VALLADARES, Lícia do Prado, e SANT'ANNA, Maria Josefina (ed.), *O Rio de Janeiro em teses. Catálogo bibliográfico 1960-1990*, Rio de Janeiro, Urbandata/CEP-RIO, UERJ, 1992.

VENTURA, Zuenir, *Cidade partida*, São Paulo, Companhia das Letras, 1994.

WOLF, Fausto, *Rio de Janeiro: um retrato (a cidade contada pelos seus habitantes). Os anos 80*, Rio de Janeiro, Fundação Rio, 1990.

História do Brasil

ALDEN, Dauril, *Royal Government in Colonial Brazil, with special reference to the Administration of the Marquis of Lavradio, viceroy, 1769-1779*, Berkeley & Los Angeles, University of California Press, 1968.

ARAÚJO, Maria Celina d', e SOARES, Gláucio Ary Dillon (ed.), *21 anos de regime militar. Balanços e perspectivas*, Rio de Janeiro, Fundação Getúlio Vargas, 1994.

ARAÚJO, Maria Celina d', CASTRO, Celso, e SOARES, Gláucio Ary Dillon (ed.), *Visões do golpe. A memória militar sobre 1964*, Rio de Janeiro, Relume Dumará, 1994.

—, *Os anos de chumbo. A memória militar sobre a repressão*, Rio de Janeiro, Relume Dumará, 1994.

—, *A volta aos quartéis. A memória militar sobre a Abertura*, Rio de Janeiro, Relume Dumará, 1995.

BARMAN, Roderick J., *Brazil. The Forging of a Nation, 17981852*, Stanford, Stanford University Press, 1988.

BENEVIDES, Maria Vitória de Mesquita, *O governo Kubitschek. Desenvolvimento econômico e estabilidade política, 1956-1961*, Rio de Janeiro, Paz e Terra, 1976.

BETHENCOURT, Francisco, e CHAUDHURI, Kirti (ed.), *História da expansão portuguesa*, Lisboa, Círculo de Leitores, 19981999, 5 vol.

BOXER, Charles Ralph, *The Golden Age of Brazil, 1695-1750. Growing Pains of a Colonial Society*, Berkeley, University of California Press, 1962.

BUENO, Eduardo, *A viagem do descobrimento. A verdadeira história da expedição de Cabral*, Rio de Janeiro, Objetiva, "Terra Brasilis", 1998.

—, *Náufragos, traficantes e degredados. As primeiras expedições ao Brasil, 1500-1531*, Rio de Janeiro, Objetiva, "Terra Brasilis", 1998.

—, *Capitães do Brasil. A saga dos primeiros colonizadores*, Rio de Janeiro, Objetiva, "Terra Brasilis", 1999.

CAMARGO, Aspásia (ed.), *O golpe silencioso*, Rio de Janeiro, Rio Fundo, 1989.

CANABRAVA, Alice Piffer, *O comércio português no Rio da Prata (1580-1640)*, São Paulo, 1944.

CARONE, Edgard, *A República Velha: I – Instituições e classe sociais*, São Paulo, Difel, 1970.

—, *A República Velha: II – Evolução política*, São Paulo, Difel, 1971.

CARVALHO, José Murilo de, *A construção da ordem: a elite política imperial*, Rio de Janeiro, Campus, 1980.

—, *A formação das almas: o imaginário da República no Brasil*, São Paulo, Companhia das Letras, 1990.

—, *A monarquia brasileira*, Rio de Janeiro, ed. Ao Livro Técnico, 1993.

—, *Pontos e bordados. Escritos de história e política*, Belo Horizonte, Editora UFMG, 1998.

CASTRO, Celso, *Os militares e a República. Um estudo sobre cultura e ação política*, Rio de Janeiro, Jorge Zahar Editor, 1995.

CASTRO, Hebe Maria Mattos de, *Das cores do silêncio. Os significados da liberdade no sudeste escravista. Brasil séc. XIX*, Rio de Janeiro, Arquivo Nacional, 1995.

DEAN, Warren, *With Broadax and Firebrand. The Destruction of The Brazilian Forest*, Bekerley, University of California Press, 1997.

FERREIRA, Jorge e DELGADO, Lucília de Almeida Neves (coord.), *O Brasil republicano,* Rio de Janeiro, Civilização Brasileira, 2003

GOMES, Ângela de Castro, *A invenção do trabalhismo*, Rio de Janeiro, IUPERJ/Vertice, 1998.

GOMES, Ângela de Castro (ed.), *O Brasil de JK*, Rio de Janeiro, FGV/CPDOC, 1991.

—, *Vargas e a crise dos anos 50*, Rio de Janeiro, Relume Dumará, 1994.

GOMES, Ângela de Castro, OLIVEIRA, Lúcia Lippe, e VELLOSO, Mônica Pimenta, *Estado Novo. Ideologia e poder*, Rio de Janeiro, Zahar Editores, 1982.

GRAHAM, Richard, *Patronage and Politics in Nineteenth- -Century Brasil*, Stanford, Stanford University Press, 1990.

GRINBERG, Keila e SALLES, Ricardo (coord.), *O Brasil imperial*, Rio de Janeiro, Civilização Brasileira, 2009, 3 vol.

HEMMING, John, *Red Gold. The Conquest of the Brazilian Indians, 1500-1760*, Cambridge, Harvard University Press, 1978.

HOLANDA, Sérgio Buarque, e FAUSTO, Boris, *História geral da civilização brasileira*, São Paulo, Difel, 1986, 11 vol.

LESSA, Renato, *A invenção republicana: Campos Sales, as bases e a decadência da Primeira República brasileira*, Rio de Janeiro, IUPERJ-Vértice, 1988.

LEVINE, Robert M., *Father of the poor? Vargas and his Era*, Cambridge, Cambridge University Press, 1998.

LIMA, Manuel de Oliveira, *Dom João VI no Brasil*, Rio de Janeiro, Topbooks, 1996 (1ª ed., 1908).

LYRA, Maria de Lourdes Viana, *A utopia do poderoso império*, Rio de Janeiro, Sette Letras, 1994.

—, "Memória da Independência: marcos e representações simbólicas", *Revista Brasileira de História. Representações*, Órgão da Associação Nacional de História, São Paulo, Anpuh, vol. 15, Contexto, 1995, p. 173-206.

MATTOS, Ilmar Rohloff de, e ALBUQUERQUE, Luís Affonso Seigneur de, *Independência ou morte. A emancipação política do Brasil*, São Paulo, Atual, 1991.

MATTOS, Ilmar Rohloff de, *O tempo Saquarema. A formação do Estado imperial*, Rio de Janeiro, Access, 1994.

MAURO, Frédéric, *Le Portugal, le Brésil et l'Atlantique au XVII siècle (1570-1670). Étude économique*, Paris, Fondation Calouste Gulbenkian/ Centre culturel portugais, 1983.

MAXWELL, Kenneth, *Conflicts and Conspiracies: Brazil & Portugal 1750-1808*, Cambridge, Cambridge University Press, 1973.

—, *Marquês de Pombal: Paradoxo do Iluminismo*, Rio de Janeiro, Paz e Terra, 1996.

—, *Chocolate, Piratas e outros Malandros. Ensaios Tropicais*, São Paulo, Paz e Terra, 1999.

MOTA, Carlos Guilherme (ed.), *1822: dimensões*, São Paulo, Perspectiva, 1972.

NOVAES, Fernando, *Portugal e Brasil na crise do antigo sistema colonial (1777-1808)*, São Paulo, Hucitec, 1986.

NOVAES, Fernando (ed.), *História da vida privada no Brasil*, São Paulo, Companhia das Letras, 1997-1999, 5 vol.

PANDOLFI, Dulce (ed.), *Repensando o Estado Novo*, Rio de Janeiro, Editora FGV, 1999.

PANTOJA, Selma e SARAIVA, José Flávio Sombra (ed.), *Angola e Brasil nas rotas do Atlântico Sul*, Rio de Janeiro, Bertrand Brasil, 1999.

PENA, Lincoln de Abreu, *O progresso da ordem. O florianismo e a construção da República*, Rio de Janeiro, Sette Letras, 1997.

PINHEIRO, Paulo Sérgio e HALL, Michael M., *A classe operária no Brasil: documentos (1889-1930)*, vol. 2: *Condições de vida e trabalho, relações com os empresários e o Estado*, São Paulo, Brasiliense, 1981.

SCHWARCZ, Lília Moritz, *As barbas do Imperador. D. Pedro II, um monarca nos trópicos*, São Paulo, Companhia das Letras, 1998.

SCHWARCZ, Lília Moritz (dir.), *História do Brasil Nação*, Madrí-Rio de Janeiro, Fundación Mapfre-Objetiva, 2011-2013.

SERRÃO, Joel e MARQUES, A. H. de Oliveira (ed.), *Nova História da expansão portuguesa: O Império luso-brasileiro*, Lisboa, Estampa, 1986-1992, 3 vol.

SKIDMORE, Thomas, *Brasil: de Getúlio a Castelo*, Rio de Janeiro, Paz e Terra, 1982.

—, *Brasil: de Castelo a Tancredo*, Rio de Janeiro, Paz e Terra, 1988.
WEFFORT, Francisco, *O populismo na política brasileira*, Rio de Janeiro, Paz e Terra, 1978.
WEHLING, Arno, e WEHLING, Maria José C. de, *Formação do Brasil colonial*, Rio de Janeiro, Nova Fronteira, 1994.

Obras sobre a história do Rio de Janeiro

ABREU, Martha Campos, *"O Império do Divino". Festas religiosas e cultura popular no Rio de Janeiro, 1830-1900*, Rio de Janeiro, Nova Fronteira, 2000.
ABREU, Maurício de, *Evolução urbana do Rio de Janeiro*, Rio de Janeiro, IPLANRIO/Jorge Zahar, 1988.
ARAÚJO, Rosa Maria Barboza de, *A vocação do prazer. A cidade e a família no Rio de Janeiro republicano*, Rio de Janeiro, Rocco, 1993.
AUGRAS, Monique, *O Brasil do samba-enredo*, Rio de Janeiro, FGV, 1998.
BELOCH, Israel, *Capa preta e lurdinha. Tenório Cavalcanti e o povo da Baixada*, Rio de Janeiro, Record, 1986.
BENCHIMOL, Jaime Larry, *Pereira Passos: um Haussmann tropical*, Prefeitura da cidade do Rio de Janeiro, "Biblioteca Carioca", 1992.
BERNARDES, Lysia M. C., e SOARES, Maria Therezinha de Segadas, *Rio de Janeiro. Cidade e região*, Rio de Janeiro, "Biblioteca Carioca", 1987.
BOXER, Charles Ralph, *Salvador de Sá and the Struggle for Brazil and Angola 1602-1686*, Londres, University of London, The Athlone Press, 1952.
BRETAS, Marcos Luiz, *Ordem na cidade. O exercício cotidiano da autoridade policial no Rio de Janeiro: 1907-1930*, Rio de Janeiro, Rocco, 1997.
CARDOSO, Ciro, e ARAÚJO, Paulo Henrique da Silva, *Rio de Janeiro,* Madrid, Mapfre, 1992.

CARDOSO, Tereza Maria Rolo Fachada Levy, *A Gazeta do Rio de Janeiro: subsídios para a história da cidade, 1808-1821*, mestrado, Universidade Federal do Rio de Janeiro-Instituto de Filosofia e Ciências Sociais, 1988.

CARVALHO, José Murilo de, *Os bestializados: O Rio de Janeiro e a República que não foi*, São Paulo, Companhia das Letras, 1989.

CASTRO, Sílvia Regina Pantoja Serra de, *Amaralismo e pessedismo fluminense. O PSD de Amaral Peixoto*, tese de doutorado, Universidade Federal Fluminense, 1995.

CAVALCANTI, Nireu Oliveira, *A cidade de São Sebastião do Rio de Janeiro: suas muralhas, sua gente, os construtores (17101810)*, tese de doutorado, Universidade Federal do Rio de Janeiro-Instituto de Filosofia e Ciências Sociais, 1997, 2 vol.

CHALHOUB, Sidney, *Cidade febril. Cortiços e epidemias na Corte imperial*, São Paulo, Companhia das Letras, 1996.

CONNIFF, Michael L., *Urban Politics in Brazil. The Rise of Populism 1925-1945*, Pittsburgh, UPP, 1981.

DAMAZIO, Sylvia F., *Retrato social do Rio de Janeiro na virada do século*, Rio de Janeiro, UERJ, 1996.

DE LOS RIOS FILHO, Adolfo Morales, *Grandjean de Montigny e a evolução da arte brasileira*, Rio de Janeiro, Empresa A Noite, 1941.

EVANGELISTA, Hélio de Araújo, *A fusão dos estados da Guanabara e do Rio de Janeiro*, Rio de Janeiro, Arquivo Público do Estado do Rio de Janeiro, 1998.

FERREIRA, Marieta de Moraes, *A República na Velha Província*, Rio de Janeiro, Rio Fundo, 1989.

—, *Em busca da idade de ouro: as elites políticas fluminenses na Primeira República (1889-1930)*, Rio de Janeiro, UFRJ/edições Tempo Presente, 1994.

FERREIRA, Marieta de Moraes (coord.), *Rio de Janeiro: uma cidade na história*, Rio de Janeiro, 2000.

FLORENTINO, Manolo, e GÓES, José Roberto, *A paz das senzalas. Famílias escravas e tráfico atlântico, Rio de Janeiro, c. 1790-c. 1850*, Rio de Janeiro, Civilização Brasileira, 1997.

FRAGOSO, João Luís, *Homens de grossa aventura. Acumulação e hierarquia na praça mercantil do Rio de Janeiro, 1790-1830*, Rio de Janeiro, Civilização Brasileira, 1998.

FRAGOSO, João Luís, e FLORENTINO, Manolo, *O arcaísmo como projeto. Mercado atlântico, sociedade agrária e elite mercantil no Rio de Janeiro, c. 1790-c. 1840*, Rio de Janeiro, Diadorim Editora Ltda., 1993.

FREIRE, Américo Oscar Guichard, *Uma capital para a República. Poder federal e forças locais no campo político carioca (1889-1906)*, Rio de Janeiro, Revan, 2000.

FREIRE, Américo, *Sinais trocados. O Rio de Janeiro e a República brasileira,* Rio de Janeiro, Sete Letras, 2012.

FRIDMAN, Fania, *Donos do Rio em nome do rei. Uma história fundiária da cidade do Rio de Janeiro*, Rio de Janeiro, Jorge Zahar Editor-Editora Garamon, 1999.

GALVÃO, Walnice Nogueira, *Le Carnaval de Rio*, Paris, Chandeigne, 2000.

GOMES, Ângela de Castro, *Essa gente do Rio... Modernismo e nacionalismo*, Rio de Janeiro, FGV, 1999.

HEYNEMANN, Cláudia, *Floresta da Tijuca: natureza e civilização no Rio de Janeiro, século XIX*, Prefeitura da cidade do Rio de Janeiro, "Biblioteca Carioca", 1994.

HOLLOWAY, Thomas H., *Polícia no Rio de Janeiro: repressão e resistência numa cidade do século XIX*, Rio de Janeiro, Fundação Getúlio Vargas, 1997.

HORTA, Luiz Paulo, *Villa Lobos. Uma introdução*, Rio de Janeiro, Jorge Zahar Editor, 1987.

KARASH, Mary C., *A vida dos escravos no Rio de Janeiro 1808-1850*, São Paulo, Cia Das Letras, 2000.

KATO, Ruth Maria, *Revoltas de rua: o Rio de Janeiro em três momentos (1821-1828-1831)*, mestrado, Universidade Federal do Rio de Janeiro-Instituto de Filosofia e Ciências Sociais, 1988.

KNAUSS, Paulo, e MARTINS, Ismênia de Lins (ed.), *Cidade múltipla. Temas de história de Niterói*, Niterói, Niterói Livros, 1997.

LAMARÃO, Sérgio Tadeu de Niemeyer, *Dos trapiches ao porto: um estudo sobre a área portuária do Rio de Janeiro*, Prefeitura da Cidade do Rio de Janeiro, "Biblioteca Carioca", 1991.

LAMEGO, Alberto Ribeiro, *O homem e a Guanabara*, Rio de Janeiro, Conselho Nacional de Geografia, 1948.

LOBO, Eulália Maria Lahmeyer, *História do Rio de Janeiro (Do capital comercial ao capital industrial e financeiro)*, Rio de Janeiro, Instituto Brasileiro de Mercado de Capitais, 1978, 2 vol.

LOBO, Eulália Maria Lahmeyer (ed.), *Rio de Janeiro operário. Natureza do Estado, conjuntura econômica, condições de vida e consciência de classe, 1930-1970*, Rio de Janeiro, Access Editora, 1992.

MAGALHÃES, Felipe, *Ganhou, leva ! o jogo do bicho no Rio de Janeiro (1890-1960)*, Rio de Janeiro, Editora FGV, 2011.

MALERBA, Jurandir, *A Corte no exílio. Interpretação do Brasil joanino (1808 a 1821)*, tese de doutorado, Universidade de São Paulo, 1997.

MENDONÇA, Paulo Knauss de, *O Rio de Janeiro da pacificação*, Prefeitura da cidade do Rio de Janeiro, "Biblioteca Carioca", 1991.

MENEZES, Renata de Castro, *Devoção, diversão e poder: um estudo antropológico sobre a festa da Penha*, mestrado, Universidade Federal do Rio de Janeiro-Instituto de Filosofia e Ciências Sociais-Museu Nacional, 1996.

MOURA, Gisella de Araújo, *O Rio corre para o Maracanã*, Rio de Janeiro, FGV, 1998.

MOURA, Roberto, *Tia Ciata e a Pequena África no Rio de Janeiro*, Prefeitura da cidade do Rio de Janeiro, "Biblioteca Carioca", 1995.

NAVES, Santuza Cambraia, *O violão azul. Modernismo e música popular*, Rio de Janeiro, FGV, 1998.

NEEDELL, Jeffrey D., *Belle Époque tropical. Sociedade e cultura de elite no Rio de Janeiro na virada do século*, São Paulo, Companhia das Letras, 1993.

OLIVEIRA, Márcio Piñon de e FERNANDES, Nelson da Nóbrega (coord.) *150 anos de subúrbios carioca,* Niterói-Rio de Janeiro, UFF-Lamparina, 2010.

PEREIRA, Júlio César Medeiros da Silva, *À flor da terra: o cemitério dos pretos novos no Rio de Janeiro,* Rio de Janeiro, Garamond, 2007.

QUEIROZ, Suely Robles Reis de, *Os radicais da República,* São Paulo, Brasiliense, 1986.

RIBEIRO, Gladys Sabina, *A liberdade em construção: identidade nacional e conflitos antilusitanos no Primeiro Reinado,* tese de doutorado, Universidade Estadual de Campinas, 1997, 2 vol.

RIBEIRO, Marcus Tadeu Daniel, *As razões da arte. A questão artística brasileira: política ilustrada e neoclassicismo,* tese de doutorado, Universidade Federal do Rio de Janeiro-Instituto de Filosofia e Ciências Sociais, 1998, 2 vol.

ROCHA, Oswaldo Porto, e CARVALHO, Lia de Aquino, *A era das demolições: 1870-1920,* Rio de Janeiro, Secretaria Municipal de Cultura, "Biblioteca Carioca", 1986.

SANTOS, Afonso Carlos Marques dos, *No rascunho da Nação: Inconfidência no Rio de Janeiro,* Prefeitura da cidade do Rio de Janeiro, "Biblioteca Carioca", 1992.

SANTOS, Corcino Medeiros dos, *O Rio de Janeiro e a conjuntura atlântica,* Rio de Janeiro, Expressão e Cultura, 1993.

SARMENTO, Carlos Eduardo, *Autonomia e participação. O Partido Autonomista do Distrito Federal e o campo político carioca (1933-1937),* mestrado, Universidade Federal do Rio de Janeiro-Instituto de Filosofia e Ciências Sociais, 1996.

SARMENTO, Carlos Eduardo (ed.), *Chagas Freitas,* Rio de Janeiro, "Perfil político", FGV/ALERJ, 1999.

SENTO-SÉ, João Trajano, *Brizolismo,* Rio de Janeiro, FGV, 1999.

SERRÃO, Joaquim Veríssimo, *O Rio de Janeiro no século XVI,* Lisboa, Edição da Comissão Nacional das Comemorações do IV Centenário do Rio de Janeiro, 1965, 2 vol.

SEVCENKO, Nicolau, *Literatura como missão: tensões sociais e criação cultural na Primeira República,* São Paulo, Brasiliense, 1989 (1ª ed.: 1983).

SILVA, Eduardo, *O dom Obá II, príncipe do povo*. Vida, tempo e pensamento de um homem livre de cor, São Paulo, Companhia Das Letras, 1997.

SILVA, Lina Gorenstein Ferreira da, *Heréticos e impuros: a Inquisição e os cristãos-novos no Rio de Janeiro, século XVIII*, Prefeitura da cidade do Rio de Janeiro, "Biblioteca Carioca", 1994.

SILVA, Marly da Motta, *A nação faz cem anos: o centenário da independência e a "questão" nacional dos anos 20*, Rio de Janeiro, FGV/CPDOC, 1992.

SILVA, Marly da Motta, *Saudade da Guanabara: o campo político da cidade do Rio de Janeiro (1960-1975)*, Rio de Janeiro, 2000.

SOARES, Mariza de Carvalho, *Devotos da cor: identidade étnica, religiosidade e escravidão no Rio de Janeiro do século XVIII*, Rio de Janeiro, Civilização Brasileira, 2000.

SOIHET, Rachel, *A subversão pelo riso. Estudo sobre o carnaval da* Belle Époque *ao tempo de Vargas*, Rio de Janeiro, FGV, 1998.

SOUZA, Miguel Arcanjo de, *Política e economia no Rio de Janeiro seiscentista: Salvador de Sá e a bernarda de 1660-1661*, mestrado, Universidade Federal do Rio de Janeiro-Instituto de Filosofia e Ciências Sociais, 1994.

STEIN, Stanley J., *Vassouras: um município brasileiro do café, 1850-1900*, Rio de Janeiro, Nova Fronteira, 1985.

VALENÇA, Suetônio Soares, *Tra-lá-lá Lamartine Babo*, Rio de Janeiro, Velha Lapa Impressora e Editora Ltda., 1981 (ed. revisada, 2014).

VELLOSO, Mônica Pimenta, *Modernismo no Rio de Janeiro*, Rio de Janeiro, Editora FGV, 1996.

VIDAL, Dominique, *Les bonnes de Rio. Emploi domestique et société démocratique au Brésil,* Villeneuve d'Ascq, Septentrion, 2007.

ZALUAR, Alba, e ALVITO, Marcos (ed.), *Um século de favela*, Rio de Janeiro, FGV, 1999.

Índice onomástico

Abreu, João Capistrano de: 161, 174
Agostini, Ângelo: 168, 175
Albuquerque, Antônio de: 62
Aleixo, Pedro: 287
Alembert, Jean Le Rond d': 86
Alencar, José de: 165, 193
Almeida, Hilária Batista de (Tia Ciata): 200, 201, 221
Almeida, Manuel Antônio de: 67
Alvarenga, Tomé Correia de: 54
Alves, Ataulfo: 249
Alves, Chico: 257, 258
Alves, (Francisco de Paula) Rodrigues: 232
Alves, Márcio Moreira: 286
Amoedo, Rodolfo: 222
Anchieta, José de: 31, 33
Andrada, Antônio Carlos de: 117
Andrada e Silva, José Bonifácio de: 101, 112, 113, 115, 117, 118, 124, 125, 161, 275
Andrada, Martim Francisco Ribeiro de: 117
Andrade, Gomes Freire de: 39, 72
Andrade, Joaquim Pedro de: 290
Antônio de Noto (santo): 64
Aranha, Graça: 193
Arariboia, Martim Afonso: 43, 44
Archer, major: 195
Arraes, Miguel: 283, 284
Assis, Joaquim Maria Machado de: 193
Avelino, André: 217
Azevedo, Aluísio: 193, 202
Azevedo, José Joaquim de: 99

Barata, Cândido: 202
Barbacena, visconde de: 82
Barbalho, Jerônimo: 54
Barbosa (goleiro): 266
Barbosa, Januário da Cunha: 107, 112, 117, 161

Barbosa, Rui: 140, 185, 218
Barca, conde da: 95
Barreto, Lima: 186
Barreto, Luís Pereira: 172, 173
Barroso, Ary: 256, 257, 259, 264
Bastos, Nilton: 248
Batista, Wilson: 249
Becker, Dom João: 240
Beira, príncipe da: 91
Benedito de Palermo (são): 64
Benevides, Maria de Mendoza e: 50
Benevides, Salvador Correia de Sá e: 36, 40, 49, 51, 52
Benguell, Norma: 290
Bernardelli, Henrique: 222
Bernardes, Artur: 233, 234, 236, 241
Bernhardt, Sarah: 214
Bethânia, Maria: 254
Bilac, Olavo: 213
Blanc, Aldir: 219
Blanchard, Pharamond: 166
Blondel, Camille: 182, 183
Boas, Franz: 140
Bocaiúva, Quintino: 174, 175, 180
Böhm, Johann Heinrich: 75
Bois-le-Comte: 29
Bolivar, Simon: 168
Bom Retiro, visconde do: 195
Bonfá, Luís: 274
Bonaparte, Jerônimo: 104
Bosco, João: 219
Botafogo, José de Souza: 39

Brás, Venceslau: 201
Brecht, Bertolt: 286
Bressane, Júlio: 290
Breves, Joaquim José de Sousa: 134
Brizola, Leonel: 282-284, 294, 295, 298, 299, 302, 304, 309
Buarque, Chico: 254, 286, 287, 289, 290

Cabral, Pedro Álvares: 12, 13
Cabral, Sérgio: 313-314
Caldas, Sílvio: 258
Calvino (Jean Cauvin, dito): 26, 29
Caminha, Pero Vaz de: 13, 14, 165, 166
Campos, Antônio de Siqueira: 235
Campos, Francisco: 244, 245
Camus, Marcel: 274
Candish, Thomas: 40
Cândido, João (Ver Felisberto, João Cândido)
Capanema, Gustavo: 244, 250
Cardim, Fernão: 36, 37, 42-44
Cardoso, Elizeth: 273
Cardoso, Fernando Henrique: 295
Carlota Joaquina de Bourbon: 91, 99, 106
Carneiro, João Emanuel: 322-323
Cartola: 252
Caruso: 214
Casé, Regina: 290
Castro, Josué de: 284

Cavalcanti, Nireu: 92
Cavalcanti, Tenório: 276-278
César, Moreira (coronel): 194
Chagas, Carlos: 207
Chateaubriand, Francisco de Assis: 256, 268
Claudel, Paul: 3
Clemente VII: 22
Coelho, Gonçalo: 13, 19
Coligny, Gaspard de: 26
Collor de Mello, Fernando: 302, 303
Colombo, Cristóvão: 239
Comte, Auguste: 172, 174
Conselheiro, Antônio (dito); Antônio Vicente Mendes Maciel: 188
Constant, Benjamin: 119
Costa, Cláudio Manuel da: 82, 84
Costa, Gal: 254, 290
Costa, Heitor da Silva: 239
Costa, Hipólito da: 107
Costa, Lúcio: 250
Cotejipe, barão de; João Maurício de Wanderley: 177
Coutinho, Marcos Antônio de Azevedo: 69
Coutinho, Rodrigo Domingos de Sousa; conde de Linhares: 85, 86, 93, 94, 99
Covas, Mário: 302
Cox, Oscar: 220
Cruz, Osvaldo: 207
Cunha, conde da: 72
Cunha, Luís da: 69, 99, 116

Debret, Jean-Baptiste: 94-96, 100, 116, 117, 154, 165, 212
D'Eu, Gastão (conde): 171, 183, 198, 202
Dewey, John: 243
Dias, Gonçalves: 161
Diegues, Carlos: 290
Diniz, Leila: 291
Dirceu, José: 286
Disney, Walt: 257, 259
Dodsworth, Henrique: 246, 251
Donga: 224
Drummond, barão de: 197
Dubocage, Gilles: 61
Duclerc: 59, 60, 62
Duguay-Trouin, René: 60, 61, 62
Dutra, Eurico Gaspar: 263, 265

Edson Luis (estudante): (Ver Souto, Edson Luis de Lima)
Efigênia (santa): 64
Elbriek, Charles Burke: 289
Elesbão (santo): 64
Ender, Thomas: 97
Engels, Friedrich: 267
Ernesto, Pedro: 241-245, 251, 255, 304
Estrada, Osório Duque: 125

Feijó, Diogo Antônio: 127, 130, 135
Felisberto, João Cândido: 217, 218
Fernandes, Millôr: 286
Ferraz, João Batista Sampaio: 205
Ferrez, Marc: 95, 96

Ferrez, Zéphyrin: 95
Figueiredo, João Baptista de Oliveira: 276, 293, 298, 299
Figueiredo, Aurélio de: 179
Filipe II: 47, 48
Fitzgerald, Ella: 274
Florence, Hercule: 97
Fonseca, Hermes da (marechal): 218, 234
Fonseca, Deodoro da (marechal): 180, 185, 186
Fontes, Lourival: 255
Fortunato, Gregório: 269
Francisco I: 22, 26
Franco, Afonso Arinos de Melo: 298
Franco, Wellington Moreira: 300, 301
Freitas, Antônio de Pádua Chagas: 291-293, 296, 298
Freyre, Gilberto: 140
Friaça (jogador da seleção brasileira, Copa do Mundo, 1950): 265
Funck, Jacques: 75
Furtado, Celso: 284
Furtado, Francisco Xavier Mendonça: 71

Gabeira, Fernando: 289, 290
Galvão, Cândido da Fonseca (D. Obá): 199, 200
Gama, Vasco da: 12, 219
Gândavo, Pero de Magalhães: 48
Garcia, José Maurício Nunes: 65

Garnier, B. L.: 193
Garotinho, Anthony: 304, 313
Geisel, Ernesto: 293
Getz, Stan: 274
Ghiggia (jogador da seleção uruguaia, Copa do Mundo, 1950): 266
Gil, Gilberto: 254
Gilberto, João: 273, 274
Glaziou, Auguste Marie: 196
Gobineau, Arthur de: 171
Góis, Luís de: 25
Góis, Pero: 25
Gomes, Carlos: 165
Gomes, Eduardo: 235, 263
Gonzaga, Tomás Antônio: 83
Goulart, João: 268, 270, 278, 279, 282-284, 294
Grande Otelo (dito); Sebastião Prata: 273
Grandjean de Montigny, Auguste: 95, 104, 105, 109
Gropius: 250
Guevara, Ernesto (Che): 288
Guimarães, Bernardo: 176, 193
Guise, cardeal de: 26
Guzmán, Luisa de: 53
Gusmão, Alexandre de: 74

Henfil: 291
Henrique, cardeal infante: 31, 49
Henrique II: 26
Heyn, Piet: 51
Hitchcock, Alfred: 219
Homem, João Vicente Torres: 164

ÍNDICE ONOMÁSTICO 389

Isabel, princesa: 171, 177, 179, 183, 198

Jacques, Cristóvão: 20
Jefferson, Thomas: 82
João II: 11
João III: 23, 25, 29
João IV: 49-51
João V: 69
João VI: 91, 93, 95, 97, 98-100, 104-106, 108, 110, 113, 121, 146, 147, 150, 154, 204
João do Rio: 291
Jobim, Antônio Carlos: 254, 273, 274, 290
Joinville, príncipe de: 171
José I: 69
Junot, Jean Andoche (duque de Abrantes): 91

Kéti, Zé: 273
Knivet, Anthony: 40, 45, 46
Koeler: 194
Kubitschek de Oliveira, Juscelino: 270, 275, 278, 284, 287, 292

Lacerda, Carlos Frederico Werneck de: 267-269, 271, 276, 278, 279, 282, 284, 287, 291, 308-310
Laffite, Pierre: 173
Lago, Mário: 287
Landowski, Paul: 239
Langsdorff, Georg Heinrich von (barão de): 97

Lavradio, marquês do: 78, 148
Leão, Brás Carneiro: 146, 147
Le Breton, Joachim: 95
Leclerc, Max: 206
Le Corbusier (Charles-Édouard Jeanneret, dito): 250
Ledo, Joaquim Gonçalves: 107, 117
Leite, Francisco José Teixeira: 134, 196
Leme, dom Sebastião: 237, 239
Lemos, Miguel: 173, 174
Leopoldina (princesa, mais tarde imperatriz): 97, 111, 162, 167
Léry, Jean de: 17, 20, 21, 27-29
Lima, Francisco Negrão de: 284, 286
Lima, Pedro de Araújo (marquês de Olinda): 135, 161
Linhares, Maria Yedda: 296
Lins, Paulo: 307
Littré, Émile: 173
Lobo, Aristides: 175, 180, 183
Lobo, Edu: 286, 290
Lobo, Manuel: 55
Londres, Albert: 193
Lopes, Elias Antônio: 103, 146
López, Francisco Solano: 169, 170, 175, 191
Lopo, Homem: 11
Loyola, Inácio de: 30
Luccock, John: 5, 93, 98, 102, 106, 147
Luís, Washington: 236, 237
Luís XIV: 59
Luís Filipe, rei dos franceses: 171

Lula (Luís Inácio da Silva): 302, 303
Lutz, Berta: 242
Lyra, Carlos: 274

Macamboa, padre: 108
Macedo, Joaquim Manuel de: 161, 191, 193
Mafra, João Maximiliano: 167
Magalhães, Benjamin Constant Botelho de: 173, 174, 180, 182
Magalhães, Domingos José Gonçalves de (visconde de Araguaia): 164
Magalhães, Fernão de: 17, 18
Maia, César: 309
Maia, José Joaquim da: 82
Maluf, Paulo: 299, 300
Manga, Carlos: 260
Mangaratiba, barão de: 211
Manuel I: 12
Marconi, Guglielmo: 240
Maria I: 80, 84, 91, 98, 106
Maria da Glória: 121
Marialva, marquês de: 95
Maria Teresa: 69
Marinho, Roberto: 268, 296
Marrocos, Luís dos Santos: 99
Martius, Karl Friederich Philipp von: 97, 162, 163, 164
Marx, Karl: 267
Marx, Roberto Burle: 250, 279
Massé, Jean: 62
Matogrosso, Ney: 290

Médici, Emílio Garrastazu: 275, 289, 291, 292
Meireles, Vítor: 165, 166, 206
Mendes, Raimundo Teixeira: 173, 174
Methuen, John e Paul: 58
Miguel, príncipe: 108, 121, 123
Miranda, Aurora: 258
Miranda, Carmen: 257-259
Monteiro, Góis: 245
Monteiro, Luís Vahia: 62
Montigny, Grandjean de: 319
Moraes, Vinícius de: 273
Morais, Ângelo Mendes de: 264, 265
Morais, Francisco de Castro: 59, 61
Morais, Prudente de: 186-189, 227
Mourão Filho, Olímpio: 283
Müller, Filinto: 244
Munier, Jacob: 81

Nabuco, Joaquim: 177, 193
Napoleão: 93, 116, 119
Nascimento, Gregório do: 217
Nassau, Maurício de: 51
Neukomm, Sigismund Von: 167
Neves, Tancredo: 269, 299-301
Niemeyer, Oscar: 250, 297, 298
Nóbrega, Manuel da: 30, 31, 33, 35
Noronha, Fernando de: 18

Orléans, Gastão d' (conde d'Eu): 171, 183, 198, 202

ÍNDICE ONOMÁSTICO

Orléans e Bragança, Francisca de: 171
Oscarito (dito); Oscar Lourenço da Imaculada Conceição: 260
Ouro Preto, visconde de; Afonso Celso de Assis Figueiredo: 180

Palmeira, Vladimir: 286
Palmela, marquês e conde de: 99, 100
Paranhos, José Maria da Silva (visconde do Rio Branco): 176
Parker, Charlie: 274
Passos, Francisco Pereira: 196, 211-213, 335
Patrocínio, José do: 177
Paulo III: 47
Paes, Eduardo: 314
Peçanha, Nilo: 233, 236
Pedro I (imperador do Brasil): 89, 90, 95, 97, 104, 105, 108, 111116, 118-121, 123-125, 127, 135, 147, 150, 154, 167, 168, 183, 191
Pedro II (imperador do Brasil): 65, 120, 125, 134, 136, 147, 156, 159, 162, 164, 167, 169-171, 178, 183, 194, 196, 199, 200, 232, 251
Pedro II (rei de Portugal): 58, 59
Peixoto, Ernani do Amaral: 251, 277, 293
Peixoto, Floriano (marechal): 182, 186-188, 216, 304

Peixoto, Inácio José de Alvarenga: 83
Pena, Afonso: 233
Pereira, Astrojildo: 235
Pereira, José Clemente: 112, 167
Pessoa, Epitácio: 233, 234, 239
Pessoa, João: 236, 237
Pezão, Luiz Fernando: 313
Pinheiro, Silvestre: 109
Pixinguinha (Alfredo da Rocha Viana Júnior): 220, 224
Pombal, marquês de; Sebastião José de Carvalho e Melo, marquês de: 69, 79, 82, 86
Portela, Paulo da: 254
Portinari, Cândido: 250
Porto Alegre, Manuel de Araújo: 164, 165, 167, 195
Pradier, Charles Amorim: 95
Prestes, Júlio: 236, 237, 242, 296
Prestes, Luís Carlos: 244, 263, 268, 283, 284

Quadros, Jânio: 284
Queirós, Eusébio de: 135, 152, 177

Raynal, abade: 82, 86
Rego, José Lins do: 266
Ribeiro, Darcy: 284, 296, 297, 300
Ribeiro, Demétrio: 180
Rio Branco, barão de: 161
Rocha, Glauber: 290
Rochet, Louis: 167
Romero, Sílvio: 174

Rosas, João Manuel: 168
Roosevelt, Franklin: 259
Roussef, Dilma: 314
Rugendas, Johann Moritz: 97, 154

Sá, Estácio de: 33, 37, 98, 216
Sá, Martim Correia de: 36, 46, 50
Sá, Mem de: 29, 30, 33, 36, 38, 216
Sá, Salvador Correia de: 36, 40, 47, 53-55
Saint-Hilaire, Auguste de: 97
Salema, Antônio de: 45
Sales, Manuel Ferraz de Campos: 180, 189, 232
Sales, dom Eugênio: 292
Santos, marquesa de (Domitila de Castro Canto e Melo): 44, 104
Santos, Agostinho dos: 274
Santos, Nelson Pereira dos: 273
Santos, Urbano dos: 233
Saraiva, José Antônio (ministro): 177
Sarney, José: 300, 301
Schubert, Lee: 258
Seabra, José Joaquim: 233
Sebastião I: 33, 49, 98
Serrador, Francisco: 214
Silva, Benedita da: 153, 296
Silva, Costa e (marechal): 286
Silva, Eduardo: 199
Silva, Francisco Alves de Lima e: 125, 127

Silva, Francisco Manuel da: 124, 167
Silva, Gama e (ministro): 286, 287
Silva, Golbery do Couto e: 293
Silva, Ismael: 248
Silva, João Batista da: 201
Silva, Leonarda Maria Velho da (baronesa de Macaé): 147
Silva, Leônidas da: 265
Silva, Luís Alves de Lima e (duque de Caxias): 127
Silva, Luis Vieira da: 83
Silva, Orlando: 258
Silva, Pereira da: 164
Sinatra, Frank: 274
Soares, João Teixeira: 196
Sodré, Lauro: 208
Solis, João Dias de: 17, 18
Sousa, Irineu Evangelista de (barão de Mauá): 150
Sousa, Martim Afonso de: 22
Sousa, Paulino José Soares de (visconde do Uruguai): 133, 134
Sousa, Pero Lopes de: 22, 23
Sousa, Tomé de: 25
Souto, Edson Luís de Lima: 285
Spix, Johann Baptist von: 97
Strangford (lord): 93

Taño, Francisco Diaz: 47
Taunay, Aimé Adrien: 97
Taunay, Auguste Marie: 95
Taunay, Nicolas Antoine: 95
Teixeira, Anísio: 243-245, 296

ÍNDICE ONOMÁSTICO

Tereza Cristina de Bourbon (imperatriz do Brasil): 165, 183
Thevet, André: 26, 30
Tia Ciata: (ver Almeida, Hilária Batista de)
Tibiriçá: 31
Tiradentes (dito); Joaquim José da Silva Xavier: 83, 84, 117, 168, 182, 275
Tomás, Fernandes: 112
Torres, Joaquim José Rodrigues (visconde de Itaboraí): 134
Trinta, Joãosinho: 253

Urbano VIII: 47
Valentim, mestre: 65
Vandré, Geraldo: 286
Vargas, Benjamin: 263
Vargas, Getúlio: 183, 231, 236-238, 241, 243-245, 247, 248, 251, 255, 262, 264-270, 277, 278, 284, 294, 295, 299, 304
Vargas do Amaral Peixoto, Alzira: 251, 269
Varnhagen, Francisco Adolfo: 174
Vasconcelos, Bernardo Pereira de: 135
Vasconcelos, Luís de: 65

Vaz, major Rubens: 268
Veiga, Evaristo da: 121, 124, 130, 161
Veloso, Caetano: 254, 290
Vernet, Horace: 166
Vespúcio, Américo: 13, 19
Vianna, Paulo Fernandes: 102, 103
Vidigal, Miguel Nunes: 154
Villa-Lobos, Heitor: 243
Villares, Décio: 183
Villegagnon, Nicolas Durand de: 26, 27, 29-31
Viola, Paulinho da: 290
Voltaire (dito); François-Marie Arouet: 85
Volúsia, Eros: 259

Wandenkolk, Eduardo (almirante): 180
Washington, George: 168
Werneck, Francisco de Lacerda (barão de Pati do Alferes): 134

Xeria, Luís de Céspedes: 50

Ziraldo: 291

Índice dos lugares

Acre: 208
aeroporto:
   do Galeão/Antônio Carlos Jobim: 1, 54, 269, 295
   Santos Dumont: 36, 269
África: 91
Alagoas: 153, 276, 304
Alcácer-Quibir: 49
Amazonas (rio): 15, 86, 167
Amazônia: 70, 116, 218
Andaraí: 197
Andes: 239
Angola: 48, 51, 52, 140, 143
Argentina: 120, 140, 169, 174, 239
Arsenal da Marinha: 110
Ásia: 91
Assunção: 50
Aterro do Flamengo: 65, 278
avenidas:
   Atlântica: 215, 279
   Beira-Mar: 215, 221
   Central (Rio Branco a partir de 1912): 212, 214, 215, 221, 222, 238, 251, 260, 298
   Passos: 85
   Perimetral: 292
   Prado Júnior: 274
   Presidente Vargas: 260, 282, 287, 302

Bahia: 3, 18, 52, 53, 115, 143
Baixada Fluminense: 261, 262, 276, 277, 292, 295
Bangu: 306, 311
Barra da Tijuca: 292, 294
Barra Mansa: 252
Belo Horizonte: 283
Benguela (São Felipe de): 48, 59, 143
Benim: 48, 143
Bolívia: 208
Boqueirão (lagoa e praia do): 65, 213

Botafogo: 2, 105, 196, 197, 198, 215, 260, 285
Brasília: 2, 197, 271, 275, 283, 287, 292, 300
Buenos Aires: 55, 75, 139, 168, 193
Búzios: 41

Cabinda: 143
Cabo da Boa Esperança: 12, 143
Cabo Frio: 15, 18, 19, 20, 25, 45, 132
Cabo Verde (ilhas de): 12, 48, 59
Cádiz: 75
Café Lamas: 319
Cais da Imperatriz, 321
Caju (praia): 104
Calvino: 26
Caminho Novo: 58
Caminho Velho: 58
Campinas: 129
Campos (dos Goytacazes): 41, 79, 85, 132, 142, 147, 177, 304
Cananeia: 13, 29
Candelária (igreja): 103, 122, 199, 202, 240, 282, 299, 302, 312
Canudos: 188, 189, 194, 203
Caparaó: 288
Carioca (rio): 5, 22, 29, 35
Casa França-Brasil: 319
Castelo (esplanada do): 36, 216, 245, 251
Castelo (morro do): 35, 38, 39, 47, 48, 63, 64, 213, 216, 236, 319

catedral:
  Nossa Senhora do Carmo: 116
  Nossa Senhora do Rosário: 91
  São Sebastião: 37, 63, 64, 216
Catete: 105, 197, 217, 222, 232-234, 236, 238, 266, 269, 271
Catumbi: 278
Ceará: 119
Central do Brasil (estação Dom Pedro II): 67, 198, 199, 282
Centro Cultural dos Correios: 319
Centro de Arte Hélio Oiticica: 319
Chile: 239
Chuí (arroio): 75
Cidade Nova: 199, 202, 221
Cidade Velha (no século XIX): 182, 202, 208
Cidade Velha (Urca): 35, 39, 104
Cinelândia: 65, 214, 296, 300
Cobras (ilha das): 61, 84, 128, 179, 218, 288
Coimbra: 81, 101, 117, 121, 130
Colégio Dom Pedro II: 159, 161
Colônia do Sacramento: 73, 75
Conceição (morro da): 37, 148, 319, 321
Congo: 143
Convento do Carmo: 77
Copacabana: 2, 5, 6, 198, 234, 235, 237, 260, 268, 273, 290
Corcovado: 4, 196, 239, 240, 265
Corrientes (província argentina): 169
Cuba: 51

ÍNDICE DOS LUGARES 397

Dieppe: 18
Duque de Caxias: 277, 278

Engenho Novo: 77
Engenho Velho: 77
Entre Ríos (província argentina): 169
Espírito Santo: 25, 27, 31, 43, 53
Estácio: 252

Fiscal (ilha): 179
Flamengo: 2, 35, 39, 198, 269, 291
Fluminense (estádio do): 240
Fundação Leão XIII: 308
Fundão (ilha do): 2

Gamboa: 199, 319
Gávea: 4, 219
Genebra: 26
Glória (Igreja da): 77, 222, 223, 240
Glória: 173, 198
Goa: 146
Goiás: 271
Governador (ilha do): 27, 105, 269
Grajaú: 197
Guaíra: 47
Guanabara (baía de): 3, 4, 11, 14, 15, 17, 25, 26, 29, 37, 39, 41, 43, 50, 65, 91, 105, 119, 122, 132, 164, 179, 195, 197, 215, 216, 218, 239, 246, 271, 275, 276, 278, 282, 291-294, 303

Guanabara (palácio): 297, 303
Guaratiba: 59
Guarda (rio): 279
Guiana (Francesa): 100
Guiné: 18, 48

Icaraí: 154
Ilha Grande: 41, 288
Índia: 25, 219
Ipanema: 2, 3, 5, 273, 290
Ipiranga (riacho): 90, 113
Itamarati (palácio): 188

Jacarepaguá: 195, 240, 292
Jardim Botânico: 97, 98, 105, 219
Jataí: 271

Lampadosa (igreja da): 65
Laranjeiras: 39, 220, 260, 278, 287
largo: do Paço, depois praça Dom Pedro II, depois praça XV: 76, 103, 104, 118, 191
Largo do Machado: 319
La Rochelle: 61
Leblon: 2
Leme: 290, 217
Lençóis: 199
Lisboa: 30, 50, 52, 53, 55, 58, 93, 109, 111, 115, 145
Livramento (morro do): 148, 193
Londres: 107
Luanda (São Paulo de): 48, 51, 53, 143, 149

Madeira (ilha da): 23, 91
Madeira (rio): 167
Madri (tratado de): 73
Mangueira: 252
Manguinhos: 207
Maracanã (estádio): 264, 266
Maracanã (rio): 103, 219, 265
Maranhão: 70
Mata Atlântica: 14, 16, 20, 28, 102, 132, 153, 196
Mato Grosso: 168, 169
Mbororé: 47
Mina (costa de): 65, 145
Minas Gerais (Conjuração de): 81, 85, 89, 182, 275
Minas Gerais (província de): 2, 57, 70, 73, 79, 81, 139, 141, 152
Misericórdia (ladeira da): 36
Moçambique: 84
Montevidéu: 100, 169
Montpellier: 82
Museu de Arte do Rio de Janeiro (MAR): 320
Museu de Arte Moderna: 279
Museu do Amanhã: 320
Museu Real (Museu Nacional): 97

Nápoles: 240
Nîmes: 82
Niterói: 14, 41, 45, 100, 106, 132, 150, 154, 173, 293
Nova Iguaçu: 276, 277
Nova York: 140, 243

Oiapoque (rio): 100

Olinda: 38
Olivença: 100
Ouro Preto (Vila Rica do): 82, 84

Paço Imperial: 319
Paineiras: 196
Palácio Monroe: 319
Palmares: 153
Pantanal: 3
Pão de Açúcar: 1, 4, 14, 33, 161, 239, 265
Paquetá (ilha de): 105, 119, 291
Pará: 70
Paraguai (província jesuítica): 74
Paraguai (república): 170
Paraguai (rio): 15, 23, 168
Paraíba (província, estado): 119, 237, 239
Paraíba do Sul (rio, vale): 132, 133, 142, 196, 252
Paraná (rio): 15, 167, 168
Parati: 58, 132, 153
Paris: 75, 213
Passa Três: 134
Passeio Público: 65, 196, 213
Penha (igreja e festa da): 222-224
Pernambuco: 18, 19, 38, 40, 51, 71, 101, 107, 108, 119, 177, 233, 237
Peru: 38, 50
Petrópolis: 183, 194, 195
Piratininga: 27, 30, 43, 46
Porto: 93, 99, 103, 106, 145
Porto Alegre: 240

ÍNDICE DOS LUGARES 399

Porto Seguro: 13, 14
Praça da Constituição: (ver Rossio)
Praça da Sé: 282
Praça do Comércio (Casa França-Brasil): 109, 110
Praça Onze: 251, 254, 255
Praça Quinze: (ver *largo*)
Praça Tiradentes (ver Rossio)
Praia do Peixe: 149
Praia Vermelha: 161
Príncipe (ilha de): 59
Providência (morro da): 203

Quinta da Boa Vista (São Cristóvão): 99, 103, 104, 109, 146, 162, 196

Recife: 161, 237, 304
Resende: 132, 133
Rio da Prata: 17, 18, 23, 26, 41, 47, 53, 55, 57, 72, 86, 92, 100, 116, 121, 168
Rio das Mortes: 57
Rio Grande do Norte: 13, 119
Rio Grande do Sul: 45, 73, 135, 141, 169, 186, 233, 237, 294, 296
Rio Tejo: 52
Rio Uruguai: 74
Rodrigo de Freitas (lagoa): 154, 198, 215, 219, 278
Rossio (praça da Constituição, depois praça Tiradentes): 84, 94, 105, 108, 109, 122, 127, 154, 167
Rouen: 18

Rua:
   da Cadeia (rua da Assembleia): 84, 103, 214
   da Carioca: 214
   da Quitanda: 123
   da Relação: 288
   da Vala (Uruguaiana): 37, 59, 103
   Direita (Primeiro de Março): 37, 76, 77, 103, 123
   do Ouvidor: 191, 193, 194, 214, 216, 220
   do Rosário: 103, 123
   do Sabão: 103
   dos Ourives: 71, 123
   do Valongo: 148, 149, 152
   Farme de Amoedo: 290
   Duvivier: 274
   Gonçalves Dias: 261
   Montenegro (Vinícius de Moraes, a partir de 1998): 274, 290
   São Clemente: 197
   São José: 103
   Toneleros: 268

Sacramento: 55
Saint-Malo: 60
Salvador da Bahia: 25, 35, 38, 51, 58, 75, 76, 85, 91, 93, 145, 155
Sambódromo: 298
Santa Casa de Misericórdia: 63, 64, 66, 148, 155
Santa Catarina: 15, 72, 75, 141, 165, 186, 194

Santa Cruz (fazenda): 77, 150, 292
Santa Cruz (Fortaleza): 59
Santa Luzia (praia de): 219
Santana (Campo de): 67, 77, 103, 114, 122, 124, 127, 128, 154, 183, 196, 199, 251
Santana (igreja de): 65, 67
Santa Rita (igreja): 103, 202
Santa Teresa (morro de): 154, 215, 242, 278, 289
São Bento (morro de): 319
Santo Antônio (morro de): 37, 63, 215, 319
Santo Ildefonso (tratado de): 75, 76
Santos: 46, 48, 53, 74, 176
São Bento (morro de): 37, 38, 61, 63, 127
São Borja: 74, 268, 269, 294, 304
São Conrado: 152
São Cristóvão: 77, 103, 104, 120, 162, 182, 196, 197, 262
São Domingos: 64, 85
São Francisco (rio): 58, 167
São Gabriel (ilha de): 55
São Gonçalo: 54
São João (forte): 59
São João (teatro): 95, 108, 117
São João del Rei: 300
São José (igreja): 103, 202
São Lourenço: 44
São Paulo: 2, 13, 27, 43, 46, 47, 48, 53, 54, 95, 129, 134, 161, 173, 176, 227, 231, 238, 268, 272

São Pedro do Rio Grande: 73, 75
São Tomé (ilha de): 48, 51, 59
São Vicente: 15, 17, 23, 25, 30, 31, 39, 46-48
Saquarema: 136
Saúde: 319
Serra da Bocaina: 132
Serra do Mar: 14
Serra dos Órgãos: 14
Sete Povos das Missões: 74, 75

Terra de Santa Cruz: 13, 18, 117
Tijuca (floresta, maciço da): 2, 4, 5, 39, 195, 196, 278
Tordesilhas: 11, 23, 29, 54, 73
Tucumán: 50
Tuiuti (batalha de): 170

Ubá: 256
Uruçu-mirim: 35
Uruguai: 47, 120, 168, 265
Utrecht (tratado de): 55

Valença: 132
Valongo: 320-321
Vasco da Gama (estádio de São Januário): 248
Vassouras: 132, 196
Vera Cruz (ilha de): 13
Viena (congresso de): 99
Vila Isabel: 197
Villegagnon, ilha de (Forte de Coligny): 26, 27, 29-31, 36, 219
Volta Redonda: 252, 279

Quadro das ilustrações e dos mapas

p. 09: Procissão marítima diante do hospital dos Lázaros. L. Joaquim. Museu Histórico Nacional. Rio de Janeiro. © Giraudon.
p. 12: A frota de Cabral. Academia de Ciências de Lisboa. © Giraudon.
p. 16: Vida dos brasileiros antes da conquista. Bibl. Forney. © Roger-Viollet.
p. 19: O brasileiro. © Fototeca Hachette.
p. 24: O sul do Brasil e o Peru. © Études et Cartographie.
p. 28: "A França Antártica, ou seja, o Rio de Janeiro", Paris, B.N.F. © Jean-Loup Charmet.
p. 34: O sítio do Rio de Janeiro. © Études et Cartographie.
p. 38: A lagoa do Boqueirão e o aqueduto da Carioca. Rio de Janeiro. Museu Histórico Nacional. © Giraudon.
p. 42: Pesca da baleia na baía de Guanabara. Rio de Janeiro. Museu Histórico Nacional. © Giraudon.
p. 61: Mapa da baía do Rio de Janeiro. BN. © Foto Hachette.
p. 67: "Rei" e seu cortejo. F. Julião. Rio de Janeiro, Biblioteca Nacional. © Giraudon.
p. 74: A cidade e seu sistema de defesa. Col. particular.
p. 78: Panorama da cidade em 1760. Col. particular.
p. 80: Revista militar no largo do Paço. Rio de Janeiro. Museu Histórico Nacional. © Giraudon.
p. 83: O martírio de Tiradentes. Rio de Janeiro. Museu Histórico Nacional. © G. Dagli Orti.
p. 87: Panorama da cidade do Rio de Janeiro. Desenho ao natural por Desmons. B. N. estampes. © Fototeca Hachette.

p. 95: Teatro São João. Gravura de J. Arago. 1830. Bibliothèque des Arts Décoratifs. © Jean-Loup Charmet.

p. 96: Desembarque da princesa Leopoldina no Rio de Janeiro. Litografia segundo Jean-Baptiste Debret para sua *Viagem pitoresca e histórica ao Brasil*. Paris, B.N.F. © Jean-Loup Charmet.

p. 105: Quinta da Boa Vista. Desenho de E. Boudiez. © Fototeca Hachette.

p. 108: Aceitação provisória da Constituição de Lisboa no Rio. Gravura, 1821. Paris, B.N.F. © Fototeca Hachette.

p. 114: Aclamação de D. Pedro I no Campo de Santana. Gravura de J.-B. Debret em 1839. Rio de Janeiro. Biblioteca Nacional. © G. Dagli Orti.

p. 116: Cerimônia da sagração de Pedro I, em 1º de dezembro de 1822. Litografia dos irmãos Thierry segundo um desenho de J.-B. Debret. BN. © Fototeca Hachette.

p. 123: Aclamação de Pedro II no Rio, em 7 de abril de 1831. Paris, B.N.F., Cabinet des estampes. © Fototeca Hachette.

p. 126: O Rio por volta de 1930. © Études et Cartographie.

p. 131: A província do Rio. © Études et Cartographie.

p. 137: Pedro II, no dia de sua coroação e de sua sagração. *Le Voleur*, 1841. © Fototeca Hachette.

p. 137: Laranjeiras e Botafogo. Desenho ao natural de Desmons. Litografia de E. Cicéri. B. N. estampes. © Fototeca Hachette.

p. 141: Serradores de prancha, J.-B. Debret. Rio de Janeiro, BN. © Giraudon.

p. 144: Negra mina. Desenho de A. de Neuville para ilustrar "Voyage au Brésil", pelo casal Agassiz. *Le Tour du monde*, 1868, 2º semestre. © Fototeca Hachette.

p. 145: A rua São Sebastião. Gravura de I. Fumagalli em *Le Costume ancien ou moderne* de J. Ferrario. Milão, Biblioteca de Artes Decorativas. © Jean-Loup Charmet.

p. 151: O Passeio Público. Desenho de E. Desmons (1855). Paris, B. N. estampes. © Fototeca Hachette.

p. 157: Avenida Central. Col. particular.

p. 160: Rua do Rio, por Vítor Meireles. Rio de Janeiro. Museu Nacional de Belas-Artes. © Giraudon.

QUADRO DAS ILUSTRAÇÕES E DOS MAPAS

p. 166: Primeira missa no Brasil. Vítor Meireles. Rio de Janeiro. Museu Nacional de Belas-Artes. Foto col. particular.
p. 172: Pedro II em 1872. Litografia editada em Paris, por F. Wentzel, 1872. Paris, B. N. estampes. © Fototeca Hachette.
p. 181: O governo provisório. Col. particular.
p. 184: O Distrito Federal. Col. particular.
p. 187: Os três presidentes. Col. particular.
p. 188: O porto e a igreja da Candelária. Col. particular.
p. 192: Rua do Ouvidor. © Coleção Viollet.
p. 198: Vista a partir do largo dos Leões. Foto M. Ferrez. © Fototeca Hachette.
p. 208: A escola de cadetes no Rio de Janeiro. © Harlingue-Viollet.
p. 212: Avenida Rio Branco (Central). Col. Cadier.
p. 213: Avenida Rio Branco (Central). © Fototeca Hachette.
p. 214: Avenida Beira-Mar. Col. particular.
p. 217: André Avelino e Gregório do Nascimento. © Roger-Viollet.
p. 223: A festa da Penha. Col. part. Dir. res.
p. 226: O novo Rio de Janeiro. Col. particular.
p. 229: Vista da baía. Col. Cadier.
p. 238: Manifestação de 1930. © Bettmann/Corbis.
p. 241: O Cristo do Corcovado. Col. particular. Dir. res.
p. 250: Avenida Presidente Vargas. Col. particular. Dir. res.
p. 253: Rio, 1925. Col. Cadier.
p. 257: Carmen Miranda. © Bettmann/Corbis.
p. 258: Zé Carioca. Col. particular.
p. 267: Eleições presidenciais de 1950. Col. particular.
p. 270: Praia do Flamengo. Foto F. Campanella Neto. © CPDOC/FGV.
p. 272: Calçada da praia de Ipanema. © Coleção Viollet.
p. 280-281: O Rio de Janeiro no século XX. © Études et Cartographie.
p. 283: Soldados em 1964. © Bettmann/Corbis.
p. 285: Manifestação estudantil. © Bettmann/Corbis.
p. 320: Jornada Mundial da Juventude. Col. particular. Dir. res.
p. 330: Cartaz. Col. particular. Dir. res.
p. 334: Cais do Valongo. Col. particular. Dir. res.
p. 340: Protestos. Col. particular. Dir. res.

https://www.facebook.com/GryphusEditora/

twitter.com/gryphuseditora

www.bloggryphus.blogspot.com

www.gryphus.com.br

Este livro foi diagramado utilizando a fonte Times New Roman e impresso pela Gráfica Vozes, em papel off-set 75g/m² e a capa em papel cartão 250g/m².